विश्व के
महान् गणितज्ञ

विश्व के महान् गणितज्ञ

राजेश कुमार ठाकुर

ज्ञान गंगा, दिल्ली

प्रकाशक : ज्ञान गंगा, 2/42 अंसारी रोड, दरियागंज, नई दिल्ली-110002
सर्वाधिकार : सुरक्षित / संस्करण : 2025 / मूल्य : छह सौ रुपए
मुद्रक : नरुला प्रिंटर्स, दिल्ली अनुवाद : वीना शर्मा

VISHWA KE MAHAN GANITAGYA
by Shri Rajesh Kumar Thakur ₹ 600.00
Published by **GYAN GANGA**
2/42 Ansari Road, Daryaganj, New Delhi-2
ISBN 978-93-82901-36-5

लेखकीय

गणित एक ऐसा विषय है, जिससे लगाव कुछ कम लोगों को ही होता है; लेकिन कम-से-कम अपनी स्कूली शिक्षा के दौरान इस विषय को पूरी तन्मयता के साथ सभी को पढ़ना और समझना होता है, क्योंकि इस विषय की शिक्षा प्राप्त किए बिना किसी भी क्षेत्र में सफलता प्राप्त नहीं की जा सकती; अपितु यह कहना अनुचित न होगा कि जिंदगी का गणित समझने के लिए गणित का ज्ञान अति आवश्यक है। स्कूल में गणितीय सूत्रों के बारे में पढ़ते हुए शायद ही हमने कभी यह सोचा हो कि इन सूत्रों का आविष्कार करनेवाले गणितज्ञों का जीवन कैसा रहा होगा। उनकी बौद्धिक क्षमता कितनी तीव्र होगी कि उन्होंने ऐसे जटिल सूत्रों के बारे में सोचा ही नहीं, अपितु उनकी रचना भी की।

पाइथागोरस, आर्यभट्ट, भास्कराचार्य, ब्लेज पास्कल, लियोनार्ड यूलर, यूक्लिड, हेनरी पोंकारे, आइजक न्यूटन, लाप्लेस इत्यादि कुछ ऐसे नाम हैं, जिनके आविष्कारों/सूत्रों के बारे में हम सबने पढ़ा व सुना है, लेकिन एक महान् शख्सियत के रूप में, इनके व्यक्तिगत जीवन के बारे में या तो बहुत कम जानते हैं अथवा जानते ही नहीं हैं। अनादिकाल से मानव को इंगित कर यह कहा जाता रहा है कि इसकी जिज्ञासु प्रवृत्ति ने ही इसके निरंतर विकास का मार्ग प्रशस्त किया है। कदाचित् गणित विषय में भी अब तक जितना विकास हुआ और आगे जो भी विकास होगा, उसमें हमारी इस प्रवृत्ति की महत्त्वपूर्ण भूमिका रही है और आगे भी रहेगी।

चिरकाल से ही प्राय: ऐसा देखा जाता रहा है कि बहुत से लोगों के मन में गणित को लेकर जटिलता का डर समाया रहता है, जिस कारणवश वे इससे दूर ही रहना अच्छा समझते हैं; लेकिन यदि हम अपने इस व्यवहार के बारे में विचार करें तो पाएँगे कि इसके पीछे भी हमारी जिज्ञासु प्रवृत्ति ही होती है। लेकिन यहाँ पर वह विपरीत दिशा में काम करती है, अर्थात् हमारे अंतर्मन में विषय की अनभिज्ञता को

लेकर भय होता है और इसलिए हम जितनी जल्दी संभव हो, केवल सरसरी तौर पर निगाह डालकर अथवा शीघ्रता से केवल परीक्षाओं से अपना बेड़ा पार लगाने के लिए इन्हें रटकर इनसे पीछा छुड़ाने की कोशिश करते हैं। यदि हम यह चाहते हैं कि हम भी उन लोगों की भाँति, जो गणित को अपना सबसे अच्छा मित्र मानते हैं, इस विषय को गहराई से समझें और जानें तो हमें भी अपनी जिज्ञासु प्रवृत्ति को जगाना होगा और गणित में प्रयोग होनेवाले अनगिनत सूत्रों का आविष्कार करनेवाले इन महान् गणितज्ञों के सूत्रों को केवल रटना नहीं, अपितु उनको समझना होगा; उनके व्यक्तिगत जीवन के बारे में जानना होगा, जिससे हमारे भीतर उनको लेकर जो अनभिज्ञता का डर समाया हुआ है, वह छू-मंतर हो जाए और उनके सूत्र उनके जीवन की खट्टी-मीठी स्मृतियों के साथ हमारे स्मृति-पटल पर सदा के लिए अंकित हो जाएँ।

इस पुस्तक में विश्व के कुछ महान् गणितज्ञों के जीवन पर प्रकाश डाला गया है। यहाँ पर विश्व भर में ख्याति प्राप्त गणितज्ञों के आविष्कारों का विस्तृत वर्णन न करते हुए उनका परिचय मात्र देकर उनके जीवन से संबंधित तमाम जानकारियों को प्रस्तुत करने के प्रयास किए गए हैं, जैसे—उनका जन्म, माता-पिता, परिवार, शिक्षा-दीक्षा, कॅरिअर, जीवन में आनेवाली कठिनाइयाँ व उनका संघर्ष, आविष्कार, सम्मान/पुरस्कार आदि ये कुछ ऐसी जानकारियाँ हैं, जो आपको इन महान् गणितज्ञों के और करीब कर देंगी और आप इनके साथ आत्मीय संबंध स्थापित कर पाएँगे। एक बार जब आप व्यक्तिगत तौर पर उन सभी को जान लेंगे तो आपकी रुचि स्वत: ही उनके द्वारा रचित सूत्रों में हो जाएगी।

भारत सरकार ने वर्ष 2012 को 'राष्ट्रीय गणित वर्ष' घोषित किया है और भारत के एक महान् गणितज्ञ श्रीनिवासन रामानुजन, जिनकी अल्पायु (32 वर्ष) में ही मृत्यु हो गई, को सम्मानित करने हेतु उनके जन्मदिवस 22 दिसंबर को 'राष्ट्रीय गणित दिवस' के तौर पर मनाए जाने की घोषणा की गई है। इस संदर्भ में गणित के क्षेत्र में अपना महत्त्वपूर्ण योगदान देनेवाले इन गणितज्ञों के बारे में जानना हम भारतीयों के लिए और भी आवश्यक हो जाता है।

हम इस आशा के साथ आपके समक्ष इस पुस्तक को प्रस्तुत कर रहे हैं कि यह विश्व के उन महान् गणितज्ञों के बारे में आपकी जानकारी को और बढ़ाएगी, जिन्होंने कुछ ऐसे कार्य किए, जिनके आधार पर वे हमारे बीच अपनी कभी न मिटनेवाली अपनी छाप को छोड़ गए, अर्थात् अमर हो गए!

अनुक्रमणिका

अल-ख्वारिज्मी

जन्म : सन् 780 के आस-पास बगदाद (वर्तमान इराक) में हुआ।

मृत्यु : सन् 850 के आस-पास।

महत्त्वपूर्ण योगदान : 'हिसाब अल-जबर व 'ल मुकाबल' (बीजगणित पर लिखी गई पुस्तक), वृत्त के चतुर्थ भाग का आविष्कार, धूप-घड़ी का संशोधन, हिंदू संख्याओं की पहचान यूरोपीय समाज से करवाना, त्रिकोणमिति की तालिका का आविष्कार।

अल-ख्वारिज्मी, जिनका पूरा नाम अबू-जफर-मुहम्मद इब्न मूसा अल-ख्वारिज्मी था, एक ईरानी थे, जिन्होंने इसलामिक विज्ञान के सुनहरे युग के दौरान गणितज्ञ, खगोल-शास्त्री व भूगोल-शास्त्री के रूप में किए गए अपने अद्भुत कार्यों के द्वारा इन क्षेत्रों में अपना अमूल्य योगदान दिया। विडंबना यह है कि आज दुनिया को इस महान् गणितज्ञ और बीजगणित की खोज करनेवाली अतुलनीय शख्सियत के जीवन के बारे में बहुत अधिक जानकारी प्राप्त नहीं हो पाई है। इनके बारे में हमें जो कुछ थोड़ी-बहुत जानकारी मिलती है, उसका आधार इतिहासकार अल-ताबीर के द्वारा पेश की गई जानकारियाँ हैं। ख्वारिज्मी के बारे में जानने के लिए यह भी आवश्यक है कि हम उनके कार्यकाल के बारे में भी कुछ जानकारियाँ प्राप्त करें, जिससे कि हम उनसे भलीभाँति परिचित हो सकें। इस संदर्भ में निम्न जानकारियाँ हमें उस काल से परिचित करवाती हैं।

14 सितंबर, 786 को हारून अल-रशीद अबु राजवंश के पाँचवें खलीफा बने। यह वही समय और स्थान था, जिस समय और जहाँ पर अल-ख्वारिज्मी का जन्म

हुआ। शासक हारून बगदाद शहर में स्थित अपने दरबार के माध्यम से अपने शासित राज्य, जो भूमध्य सागर से भारत तक फैला हुआ था, पर शासन करता था। उस समय बगदाद शहर वैज्ञानिक अध्ययन के लिए महत्त्वपूर्ण केंद्र माना जाता था और भारत व चीन से बहुत से व्यापारियों और वैज्ञानिकों ने इस शहर की यात्रा भी की थी। हारून ने पहले तो अपने दरबार में अपनी अमूल्य संस्कृति का समावेश किया और फिर उसे अपने संपूर्ण राज्य में इसे फैलाने के प्रयास भी किए। इस प्रकार उन्होंने एक ऐसे बौद्धिक अनुशासन की स्थापना करने के प्रयास किए। जिसमें कदाचित् उस समय का अरबी क्षेत्र अधिक समृद्ध नहीं माना जाता था। हारून के दो बेटे थे। बड़े का नाम अल-अमीन और छोटे का नाम अल-मामून था। वर्ष 809 में हारून की मृत्यु के पश्चात् इन दोनों भाइयों के बीच सशस्त्र संघर्ष हुआ, जिसमें अल-मामून की जीत हुई। अल-अमीन हार गया और 813 में उसे मार दिया गया।

इसके पश्चात् अल-मामून खलीफा बन गया और बगदाद शहर पर शासन करने लगा। उसने अपने पिता के द्वारा आरंभ किए गए सीखने के अभ्यास को जारी रखा और 'हाउस ऑफ विज्डम' नामक अकादमी की स्थापना की, जहाँ पर ग्रीक दार्शनिकता, तत्त्वज्ञान व वैज्ञानिक कार्यों का अनुवाद किया जाता था। बगदाद स्थित 'हाउस ऑफ विज्डम' अकादमी में अल-ख्वारिज्मी व उनके साथी बानू मूसा विद्वान् के रूप में कार्यरत थे। अकादमी में उनके द्वारा किए जानेवाले कार्यों में ग्रीक भाषा की वैज्ञानिक पांडुलिपियों का अनुवाद करना भी शामिल था। अपने काम के दौरान उन्होंने इस बारे में गहन अध्ययन करने के साथ-साथ बीजगणित, ज्यामिति व खगोलशास्त्र के बारे में भी लिखा। अल-मामून के द्वारा पांडुलिपियों को सहेजकर रखने के लिए एक पुस्तकालय का भी निर्माण किया गया था। इसका निर्माण बहुत बड़े स्तर पर किया गया था। इस पुस्तकालय में यूनानी साम्राज्य के महत्त्वपूर्ण कार्यों को भी एकत्र कर, सहेजकर रखा जाता था। हाउस ऑफ विज्डम में अल-मामून के द्वारा एक वेधशाला का भी निर्माण करवाया गया था, जहाँ पर मुसलिम खगोल-शास्त्री पहले से विभिन्न लोगों के द्वारा अर्जित किए गए ज्ञान को ग्रहण कर सकते थे।

अल-ख्वारिज्मी ही वह पहले व्यक्ति थे, जिन्होंने इसलामिक जगत् व यूरोपीय सभ्यता को हिंदू सभ्यता में उपजी और विकसित हुई दशमलव प्रणाली से अवगत करवाया। उन्होंने ही वृत के चतुर्थ भाग का आविष्कार किया। धूप-घड़ी का संशोधन भी ख्वारिज्मी के द्वारा ही किया गया। उन्होंने त्रिकोणमिति की तालिका और टॉल्मी की खगोल विद्या व भूगोल विद्या का भी विकास किया। ख्वारिज्मी के हिसाब की दुनिया के लिए जो भी काम किए गए, उनमें से सबसे महत्त्वपूर्ण और सबसे अधिक

प्रसिद्धि पानेवाला कार्य बीजगणित पर लिखी गई पुस्तक 'हिसाब अल-जबर व 'ल मुकाबला' है। इस पुस्तक के शीर्षक से ही हमें बीजगणित का नाम प्राप्त हुआ। इनकी इस पुस्तक से इनके व्यक्तित्व के बारे में यह जानकारी भी मिलती है कि वे एक कट्टर मुसलमान थे। अपनी इस पुस्तक में उन्होंने पहली बार प्राकृतिक संख्याओं, समीकरणों जैसे रेखीय और द्विघात का समाधान प्रस्तुत किया। इसके अतिरिक्त भी ख्वारिज्मी ने जो पुस्तकें लिखीं, वे इस प्रकार हैं—

- 'किताब अल जमा वल-ताफ्रीक बिल हिसाब अल-हिंदी' (इस पुस्तक का विषय अंकगणित था। इस पुस्तक के लैटिन भाषा में अनुवाद को ही सहेजकर रखा जा सका है। इसका मूल संस्करण, जिसे अरबी भाषा में लिखा गया था, नष्ट हो चुका है।)
- 'किताब सुरत-अल-अर्द' (इस पुस्तक का विषय भूगोल था।) 'इस्तिखरांज तारीख अल-याहूद' (इस पुस्तक को यहूदी कैलेंडर के विषय पर लिखा गया था।)
- 'किताब अल-तारीख'
- 'किताब अल-रुखमत' (इस पुस्तक को सूर्य धूप-घड़ी के विषय पर लिखा गया।)

ख्वारिज्मी की किताबों के बाद उनके द्वारा गणितीय समस्याओं को हल करने के लिए जो पद्धतियाँ अपनाई गईं, उन पर भी चर्चा अनिवार्य हो जाती है। रेखीय और द्विघाती समीकरणों को हल करने के लिए ख्वारिज्मी के द्वारा जो पद्धति अपनाई जाती थी, उसमें सबसे पहले वे छह स्तर के प्रारूप को एक तक घटाते थे (जहाँ पर a और b सकारात्मक पूर्णांक होते थे।)

वर्गमूल के समान मूल ($ax^2 = bx$)

वर्ग के समान संख्या ($ax^2 = c$)

मूल के समान संख्या ($bx^2 = c$)

वर्ग और मूल के समान संख्या ($ax^2 + bx = c$)

वर्ग और संख्या के समान मूल ($ax^2 = c = bx$)

मूल और संख्या के समान वर्ग ($bx + c = ax^2$)

एक द्विघात समीकरण के न्यूनीकरण में अल-जबर और अल-मुकाबल के दो परिचालनों को सम्मिलित किया गया था। इनमें से अल-जबर शब्द का अर्थ है—पूर्ण रूप से समापन और अल-मुकाबल का अर्थ है—संतुलन बनाना। आइए, हम इन दोनों शब्दों को उदाहरण के माध्यम से समझें—समीकरण के रूप में—

$x^2 = 40 - 4x^2$ अल–जबर इसे $5x^2 = 40x$ में रूपांतरित कर देता है और अल मुकाबल के दो एप्लीकेशन इसे घटाकर $5 + 3x + x^2 = 29 + 10x$ को $21 + x^2 = 7x$ कर देते हैं।

उन्होंने अभिव्यक्ति के गुणा होने की प्रक्रिया को और अधिक विस्तृत रूप से इस प्रकार समझाया, जैसे—

$$(a + bx)\,(c + dx)$$

अल–ख्वारिज्मी के बीजगणित के बारे में गेंट (सोलोमन गेंट विज्ञान के एक प्रसिद्ध इतिहासकार थे, जिनका जन्म ऑस्ट्रिया में 2 फरवरी, 1883 को हुआ। इनके द्वारा लिखी गई महत्त्वपूर्ण पुस्तकों में 'हिस्ट्री ऑफ मैथमेटिक्स' और 'एस्ट्रोनॉमी इन मेडिवियल ज्वेइश ऐंड इसलामिक सिविलाइजेशन' इत्यादि सम्मिलित हैं। गेंट के द्वारा गणित के क्षेत्र में किए गए महत्त्वपूर्ण योगदान में दशमलव विखंडन और घातीय कलन के उपयोग का आविष्कार शामिल है। 30 मार्च, 1954 को गेंट ने इस संसार को अलविदा कह दिया।) ने लिखा कि—

पुस्तक 'हिसाब अल–जबर व ' ल–मुकाबला'

'अल–ख्वारिज्मी के बीजगणित को विज्ञान की नींव और आधाशिला माना जाता है। एक प्रकार से, यदि किसी को बीजगणित के जनक की उपाधि देने के बारे में विचार किया जाए तो इस उपाधि के योग्य केवल ख्वारिज्मी को माना जाना चाहिए। उनके बाद डायोफंट्स (इनका जन्म काल 200 से 214 ईसा बाद का काल माना जाता है। डायोफंट्स एक यूनानी गणितज्ञ थे। डायोफंट्स के द्वारा किए गए दो महत्त्वपूर्ण काम हमारे पास मौजूद तो हैं, परंतु दुर्भाग्य की बात यह है कि ये दोनों ही अपूर्ण हैं। उनके द्वारा किया गया पहला कार्य बहुभुजी संख्या पर छोटे खंड, अर्थात् एक संख्या बहुभुजी होती है, यदि उसके समान संख्या के बिंदुओं को नियमित बहुभुजी के रूप में व्यवस्थित किया जाए। उनका दूसरा आविष्कार अर्थमैटिका नाम पुस्तकों की शृंखला थी। यह उनका सबसे प्रभावशाली कार्य था, जिस पर डायोफंट्स की संपूर्ण प्राचीनतम और आधुनिक प्रसिद्धि निर्भर करती है। उनके द्वारा किया गया यह ऐसा पहला कार्य था, जिसमें बीजगणित का आधुनिक शैली में प्रयोग किया गया और इसने संख्याओं की पद्धति के पुनर्जन्म को प्रेरित किया, इसलिए इसका ऐतिहासिक महत्त्व भी दोगुना हो गया।) का नाम आता है। क्योंकि अल–ख्वारिज्मी ही वे पहले शख्स थे, जिन्होंने बीजगणित को आरंभिक स्तर के लिए पढ़ाना आरंभ किया, डायोफंट्स का नाम प्रमुख तौर पर संख्या के सिद्धांत के साथ जोड़ा जाता है।''

अपनी पुस्तक के अगले भाग में अल–ख्वारिज्मी ने एक वक्र के क्षेत्रफल, क्षेत्र की मात्रा, शंकु और शुंडाकार को प्राप्त करने के लिए बीजगणित के एप्लीकेशन के बारे में लिखा। अल–ख्वारिज्मी के द्वारा हिंदू–अरबी संख्याओं पर भी एक पुस्तक लिखी गई, जिसमें विस्तारपूर्वक संख्याओं की हिंदू स्थान मूल्य की प्रणाली, जो कि 1, 2, 3, 4, 5, 6, 7, 8, 9, 0 पर आधारित थी, के बारे में चर्चा की गई थी। स्थितीय आधार संकेतन में शून्य का गतिधारक के तौर पर प्रथम बार प्रयोग संभवतः अल–ख्वारिज्मी के कारण ही किया गया। बीजगणित के अतिरिक्त अल–ख्वारिज्मी ने भूगोल, खगोल विज्ञान और ज्यामिति के बारे में भी लिखा। इनकी प्रशंसा करते हुए मोहम्मद खान ने अल–ख्वारिज्मी के बारे में कहा कि—

''आदि काल से लेकर अब तक के सभी गणितज्ञों को यदि पंक्तिबद्ध किया जाए तो अल–ख्वारिज्मी को हम सबसे शीर्ष स्थान पर पाते हैं। उन्होंने अंकगणित और बीजगणित पर सबसे प्राचीनतम कार्यों की रचना की। यह आनेवाली शताब्दियों में संसार के पूर्व और पश्चिम दोनों ही क्षेत्रों में रहनेवाले लोगों के लिए गणितीय ज्ञान के प्रमुख स्रोत बने रहेंगे। अंकगणित पर किया गया कार्य, हिंदू संख्याओं की पहचान यूरोपीय समाज से करवाना, अरबी दशमलव लेखन का नाम उनके कार्य के महत्त्व

को वर्णित करता है—और बीजगणित पर उनके द्वारा किए गए कार्य ने यूरोपीय संसार में गणित की अति महत्त्वपूर्ण शाखा को नाम और लोकप्रियता प्रदान की।

"उन्होंने इसलामिक संसार और यूरोप को हिंदू दशमलव प्रणाली से परिचित करवाया, घंटे के चतुर्थ भाग के वृत्त का आविष्कार किया, धूप-घड़ी में संशोधन किया, त्रिकोणमिति की तालिका का आविष्कार किया, टॉल्मी की खगोल विद्या और भूगोल विद्या में सुधार किया। उन्होंने 'अल-जबर' नामक पुस्तक लिखी, जिसमें साधारण बीजगणित और ज्यामिति को वर्णित किया गया था। इसके साथ ही उन्होंने कई अन्य प्रभावशाली पुस्तकों के लेखन का कार्य भी किया। डायोफंट्स के द्वारा गणित के क्षेत्र में किए गए सूत्रों, जो कि विशेष रूप से कुछ उदाहरणों तक ही सीमित थे, के विपरीत अल-ख्वारिज्मी के द्वारा सामान्य पद्धतियों को प्रस्तुत किया गया। कलथविधि (एल्गोरिथम) शब्द को अल-ख्वारिज्मी के नाम में से ही लिया गया। ऐसे कई मुसलिम गणितज्ञ हुए हैं, जिन्होंने इसलामिक विज्ञान के विकास में अपना महत्त्वपूर्ण योगदान दिया और बाद में आगे चलकर परोक्ष रूप से यूरोप के पुनर्जागरण में भी भागीदार बने, लेकिन अल-ख्वारिज्मी का नाम इनमें से प्राथमिक काल के और सबसे अधिक प्रभावशाली गणितज्ञ के तौर पर सम्मिलित किया जाता है।"

अल-ख्वारिज्मी ने भूगोलशास्त्र पर भी काम किया और हमारे समक्ष कई महत्त्वपूर्ण जानकारियाँ रखीं। उनके द्वारा किए गए कार्य में 2,402 बस्तियों के लिए अक्षांश और देशांतर प्रदान किया, जिसने विश्व मानचित्र के निर्माण की नींव रखी। ख्वारिज्मी के द्वारा लिखी गई पुस्तक 'किताब सुरत-अल-अर्द', जो टॉल्मी के भूगोल विद्या पर आधारित थी, में अक्षांश और देशांतरों, शहरों, पर्वतों, समुद्र, द्वीपों, भौगोलिक क्षेत्रों और नदियों को सूचीबद्ध किया गया था। इस पुस्तक में विश्व के मानचित्र का अभाव था, अन्यथा इसमें दी गई जानकारियाँ टॉल्मी के द्वारा उपलब्ध करवाई गई जानकारियों से अधिक सटीक थीं। यह आश्चर्य की बात है कि अल ख्वारिज्मी को इसलामिक क्षेत्र के अलावा अन्य क्षेत्रों की जानकारियाँ कैसे प्राप्त हुईं। ख्वारिज्मी की जानकारियों के सही होने के बावजूद यूरोप में टॉल्मी के द्वारा उपलब्ध जानकारियों को ही सही माना गया। ऐसा माना जाता है कि अल-ख्वारिज्मी वर्ष 850 के आस-पास इस दुनिया से रुख्सत हुए।

□

ऑगस्टिन लुइस कॉची

जन्म : 21 अगस्त, 1789।

मृत्यु : 23 मई, 1857।

महत्त्वपूर्ण योगदान : परिमित पूर्ण संख्याओं की गणना पर किया गया कार्य, एक अनियमित भारी तरल पदार्थ की सतह पर लहरों के प्रसार का सिद्धांत, कॉची का पूर्ण सिद्धांत।

यदि किसी गणितज्ञ के नाम को गणित में परिशुद्धता की क्रांति की शुरुआत करनेवाले पहले कदम की भाँति परिभाषित किया जाए तो वह नाम निस्संदेह ही फ्रेंच गणितज्ञ ऑगस्टिन लुइस कॉची का होगा। कॉची ने गणित की लगभग प्रत्येक शाखा में अपना योगदान बहुत ही व्यापक स्तर पर दिया है, इसलिए तो उनके सम्मान में प्राय: यह कहा जाता है कि कॉची ने गणित विषय में महारत प्राप्त नहीं की, अपितु गणित विषय ने ही कॉची में महारत प्राप्त कर ली थी।

ऑगस्टिन लुइस कॉची का जन्म पेरिस में 21 अगस्त, 1789 को हुआ था। उनको अगस्त के माह में पैदा होने के कारण 'ऑगस्टिन' नाम दिया गया था और उनके पिता का नाम लुइस फ्रांसोईस था, इसलिए उनके नाम के पश्चात् लुइस उपनाम के तौर पर जुड़ा। ऑगस्टिन लुइस कॉची के पिता पेरिस शहर में संसदीय वकील होने के साथ-साथ पुलिस के प्रतिनिधि भी थे। कॉची की माता मैरी-मैडेलाइन का संबंध पेरिस के प्रतिष्ठित परिवार से था। उन दिनों पेरिस में कॉची का बचपन अपने चारों ओर के क्रांतिकारी खूनी वातावरण (यह वह समय था, जब फ्रांसीसी क्रांति ने पूरे देश को अपनी चपेट में ले रखा था) से मुरझा गया था। सन् 1794 में कॉची का परिवार इस

आतंक भरे माहौल से बचने के लिए आर्कविल भाग गया। वहाँ पर लुइस फ्रांसोईस बड़ी मुश्किल से अपने परिवार का पेट भर पाते थे, जिसके परिणामस्वरूप नन्हे कॉची का बचपन बहुत ही नाजुक हालात में बीता और पोषण की कमी के चलते उनका शारीरिक विकास भी पूर्ण रूप से नहीं हो सका।

दो वर्ष के बाद कॉची का परिवार वापस पेरिस आ गया, जहाँ पर लुइस फ्रांसोईस ने नए प्रशासन तंत्र में अपने कॅरिअर को एक बार फिर से स्थापित करने के प्रयास किए और उनको वहाँ पर उस नवनिर्मित सीनेट में संयुक्त सचिव के पद पर नियुक्त किया गया, जिस सीनेट के कुलाधिपति लाप्लेस थे। लुइस फ्रांसोईस की लाप्लेस व लाग्रेंज से बहुत अच्छी मित्रता थी और वे लोग प्राय: नन्हे कॉची के घर पर आया करते थे। लाग्रेंज ऑगस्टिन कॉची की क्षमता से बहुत अधिक प्रभावित थे। उन्होंने ही कॉची को ईकोले सेंट्रेले दे पैंनेथोन विद्यालय में मानविकी विषय का अध्ययन करने हेतु भरती करवाने की सलाह दी थी। उन्होंने कॉची के बारे में टिप्पणी करते हुए एक बार उनके पिता लुइस फ्रांसोईस से कहा था कि—"हालाँकि हम सभी गणितज्ञ हैं, लेकिन यह अकेला ही इस विषय में काम करके हम सबकी कमी हो पूरा कर देगा। जब तक यह सत्रह वर्ष का नहीं हो जाता, तब तक इसे गणित विषय से संबंधित कोई भी पुस्तक मत पढ़ने देना।"

13 वर्ष की आयु में ऑगस्टिन कॉची को पैनेथोन के केंद्रीय विद्यालय में प्रवेश दिलवाया गया। वहाँ पर उन्होंने सर्वश्रेष्ठ विद्यार्थी के उस पुरस्कार को जीता, जिसे नेपोलियन के नाम पर संस्थापित किया गया था। सन् 1804 में विद्यालय छोड़ते समय कॉची ने अपनी तीव्र गति से शिक्षा प्राप्त करने के लिए पुरस्कार प्राप्त करने के साथ ही गणित विषय में एक विशेष पुरस्कार भी प्राप्त किया। अगले दस माह तक उन्होंने एक बहुत ही अच्छे अध्यापक के साथ पूर्ण गहनता के साथ गणित विषय का अध्ययन किया और 16 वर्ष की आयु में उन्होंने ईकोल पॉलिटेक्निक में प्रवेश ले लिया। सन् 1810 तक वह एक प्रशिक्षित इंजीनियर बन चुके थे।

मार्च 1810 में उन्होंने चेरबॉर्ग, नेपोलियन बंदरगाह पर नौसेना के जहाजी अड्डे के निर्माण पर काम करने के लिए पेरिस छोड़ दिया। चेरबॉर्ग में नेपोलियन बंदरगाह पर जाते समय कॉची अपने साथ चार पुस्तकों, जिनके नाम इस प्रकार थे—'द मैकेनिक्वे सेलेस्ते ऑफ लाप्लेस', 'द ट्रेटे देस फॉक्शंस एनेलेटिक्वे ऑफ लाग्रेंज', 'द इमिटेशन ऑफ क्रिस्ट बाय थॉमस', 'ए कैंपल्स' और 'द वर्क ऑफ वर्जिल' को ले गए थे। कॉची काम के लिए चेरबॉर्ग में तीन वर्षों तक रहे, जहाँ पर उन्होंने काम से मिले खाली समय के दौरान गणित विषय से संबंधित कई शोध भी किए।

सन् 1810 में उन्होंने एक बार फिर गणित की सभी शाखाओं में काम करना आरंभ किया। अपने इस काम की शुरुआत उन्होंने अंकगणित से की और इसका समापन खगोल विद्या के साथ किया। कॉची के द्वारा इस दौरान जो आविष्कार किए गए उनमें से कुछ ऐसे थे, जो पेरिस के बुद्धिजीवी समाज का ध्यान आकर्षित करने में पर्याप्त रूप से सक्षम थे। इनमें विशेष तौर पर बहुफलन पर वृत्तांत और क्रमबद्ध फलन का नाम सर्वोपरि था। इनमें आधारभूत विचारों के मूल भी सम्मिलित थे, जिन्हें अंततः समूह सिद्धांत में विकसित किया गया था। उन्होंने यूलर के सूत्र का भी विस्तार किया, जिसमें एक बहुफलक की संख्याएँ (E), मुख (F) और लंब (V) को इस प्रकार सूत्रबद्ध किया गया था—$E + 2 = F + V$

उन्होंने निर्धारक के सिद्धांत को भी विकसित किया; लेकिन एक प्रतिभाशाली गणितज्ञ के तौर पर उनको पहचान तब प्राप्त हुई, जब उन्होंने सन् 1814 में अकादमी में परिमित पूर्ण संख्याओं की गणना पर किए गए अपने कार्य को जमा करवाया। सन् 1815 में कॉची ने एक ऐसे सूत्र को सिद्ध करके खलबली मचा दी, जिसे फर्मेट के द्वारा आश्चर्यचकित स्थिति में वसीयत के तौर पर छोड़ा गया था। यह सूत्र इस प्रकार था—प्रत्येक सकारात्मक पूर्णांक तीन त्रिकोणों, चार वर्गों, पाँच पंचकोण, छह षट्कोण इत्यादि का जोड़ है।

सन् 1816 में कॉची को अकादमी के द्वारा एक अनियमित भारी तरल पदार्थ की सतह पर लहरों के प्रसार के सिद्धांत का आविष्कार करने हेतु भव्य पुरस्कार से सम्मानित किया गया था। सन् 1816 में कॉची को पेरिस अकादमी के सदस्य के तौर पर मनोनीत किया गया। दिनोदिन मिलती सफलता ने जहाँ एक ओर उनको प्रसिद्धि के शिखर पर पहुँचाया, वहीं दूसरी ओर उन कुछ महान् गणितज्ञों, जैसे मोगें व कारनॉट को उनका शत्रु भी बना दिया, जिन्हें उनके कारण अकादमी से हटा दिया गया था। इसी वर्ष उनको ईकोल पॉलिटेक्निक में विश्लेषण के संयुक्त प्राध्यापक के तौर पर भी नियुक्त किया गया।

कॉची के नाम के साथ वैसे ऐसे अनेक आविष्कारों का नाम जुड़ा हुआ है, जिन्होंने उनको दुनिया भर में प्रसिद्धि दिलवाई। लेकिन जिस आविष्कार से उनका नाम सबसे अधिक जोड़ा जाता है, वह मिश्रित विश्लेषण में उनका आधारभूत सूत्र है, उनका प्रथम प्रमुख सूत्र, जिसे उन्होंने सिद्ध किया। इसे अब कॉची के पूर्ण सूत्र के नाम से जाना जाता है और यह सूत्र इस प्रकार से है—

$$\int_c f(Z)\, dz = 0$$

यहाँ पर f(Z) एक मिश्रित मूल्य वाला स्व आकार से संबंधित फलन होता है और गैर-स्व प्रतिच्छेद सीमित वक्र c (आकार) होता है, जो मिश्रित समतल पर स्थित होता है। संपूर्ण आकार को आकार c के साथ लिया जाता है।

इस दिशा में कॉची के द्वारा किए गए कार्यों के कारण ही उनको 'मिश्रित विश्लेषण का जनक' कहा जाता है। सन् 1818 में कॉची का विवाह अलोईस दे बुरे के साथ हुआ। वे कॉची के अधिकतर कार्यों पर लिखी गई पुस्तकों को प्रकाशित करनेवाले प्रकाशक की निकटतम रिश्तेदार थीं। कॉची दंपती की दो पुत्रियों मैरी फ्रांकोईस अलाइसिया और मैरी माथिलडे का जन्म क्रमशः वर्ष 1819 व 1823 में हुआ। लाप्लेस के प्रोत्साहन पर सन् 1821 में कॉची के द्वारा ईकोल पॉलिटेक्निक में विश्लेषण पर दिए गए अपने व्याख्यानों को आधार बनाकर प्रकाशन हेतु एक पुस्तक लिखी। इस पुस्तक में सीमा व निरंतरता की परिभाषा व अनंत श्रृंखला के अभिसरण को शामिल किया गया था, जिसके बारे में हम आज भी कलन की पुस्तकों में पढ़ते हैं।

सन् 1835 में कॉची ने स्वयं अपनी मासिक पत्रिका 'एक्सेसाइज डे मैथेमालीक्वे' को आरंभ किया। इस पत्रिका के पृष्ठों को स्वयं कॉची के द्वारा भरा जाता था। इस पत्रिका में कॉची के द्वारा लिखे गए लेखों में कई महत्त्वपूर्ण विषयों को सम्मिलित किया गया था, जिनमें श्रृंखला का सिद्धांत भी शामिल था, जिसमें उन्होंने अभिसरण की धारणा को विकसित करने के साथ-साथ क्यू श्रृंखला के लिए कई आधारभूत सूत्रों का भी आविष्कार किया था। वास्तविक संख्याओं के जोड़े के रूप में मिश्रित संख्याओं को परिभाषित करनेवाले कॉची पहले गणितज्ञ थे।

सन् 1830 में पेरिस में उठी हलचल का कॉची के मस्तिष्क पर बहुत गहरा प्रभाव पड़ा। कॉची को संस्थान में प्राप्त अपने अधिकतर पदों को गँवाना पड़ा, क्योंकि उन्होंने नए राजा लुईस फिल्लिपे के प्रति निष्ठा की शपथ लेने से इनकार कर दिया। उन्हें पेरिस छोड़कर स्विट्जरलैंड जाना पड़ा, जहाँ पर उन्होंने आठ वर्षों तक स्वयं पर थोपे गए निर्वासन का जीवन व्यतीत किया। स्विट्जरलैंड में सारदिनिया के राजा, चार्ल्स अल्बर्ट के द्वारा उनको मैथेमेटिकल फिजिक्स में प्रोफेसर का पद प्रस्तावित किया गया। वर्ष 1832-1833 के दौरान उन्होंने टूरिन में पढ़ाया। इसी बीच उनको वर्ष 1831 में 'रॉयल स्वीडिश एकेडमी ऑफ साइंसेज' के विदेशी सदस्य के तौर पर मनोनीत किया गया था। वर्ष 1833 में कॉची को चार्ल्स (सारदिनिया के राजा) के पोते के शिक्षक के तौर पर नियुक्त किया गया।

सन् 1838 में कॉची के द्वारा जब प्रारागे में चार्ल्स x के साथ अपने काम को

पूरा कर लिया गया तो वे पेरिस वापस लौट आए और एक बार फिर से अकादमी के साथ अपने संबंध को स्थापित किया। इस बार चूँकि कॉची एक गणितज्ञ थे, उनको राजा के प्रति ली जानेवाली निष्ठा की शपथ से छूट प्रदान की गई। सन् 1848 में द्वितीय रिपब्लिक की स्थापना के बाद कॉची को एक बार फिर सोरबोने में अपना पद वापस मिल गया। इसके पश्चात् कॉची ने अपना शेष जीवन इसी स्थान पर अपने लेखों को लिखकर और उनको प्रकाशित करके व्यतीत किया। लेकिन प्रतिदिन लंबे समय तक काम करने के कारण कॉची बीमार रहने लगे। अपनी बीमारी के चलते चिकित्सकीय सलाह पर 12 मई, 1857 को उन्होंने पेरिस छोड़ दिया। लेकिन अचानक तबीयत बहुत अधिक खराब होने के कारण 23 मई, 1857 को 67 वर्ष की आयु में कॉची की मृत्यु हो गई। उन्हें सम्मानित करने के उद्देश्य से एफिल टावर पर उकेरे गए 72 प्रतिष्ठित नामों में से एक नाम उनका भी सम्मिलित किया गया है।

अपने संपूर्ण जीवनकाल में कॉची के द्वारा जितने भी अनुसंधान किए गए, उनमें से अधिकतर को उन्होंने अपनी पुस्तकों में समाहित किया। यहाँ पर उनकी पुस्तकों का जिक्र किया गया है—

1. कोर दा, एनेलाइज डे ईकोले रॉयल पोलिटेक्नक्वे (1821)।
2. ले कैलकुल इंफीनिटेसिमल (1823)।
3. एक्साइज डे एनालेसिस एट डे फिजिक्वे मैथमेटिक्वे। इस पुस्तक के चार संस्करण प्रकाशित हुए। इन संस्करणों का प्रकाशन सन् 1840 से लेकर 1847 के बीच हुआ।
4. एनालाइज अलजेब्रिक्वे (1821)।
5. नावाउक्स एक्ससाइज डे मैथमेटिक्वे (1895)।
6. कोर्स ऑफ मेकैनिक्स (इसे उन्होंने ईकोल पॉलीटेक्नीक के लिए तैयार किया)।
7. हायर अलजेबरा (इसे उन्होंने फैकल्टी ऑफ साइंस के लिए तैयार किया)।
8. मैथेमेटिकल फिजिक्स (इसे उन्होंने कॉलेज दे फ्रांस के लिए तैयार किया)।
9. मैमोरे सुर लैमपोई देस इक्वेशंस सिंबोलिके दांस ले कैलकुल इंफीनिटेसिमल एट दांस ले कैलकुल ऑक्स डिफरेंसेस फिनिस (1843)।

□

आइजक न्यूटन

जन्म : 25 दिसंबर, 1642 (तत्कालीन कैलेंडर के अनुसार); जबकि आज प्रयोग होनेवाले कैलेंडर से देखा जाए तो उनका जन्म दिवस 4 जनवरी, 1643 है, इंग्लैंड में।

***मृत्यु** : 31 मार्च, 1727 को लंदन, इंग्लैंड में*

***महत्त्वपूर्ण योगदान** : गुरुत्त्वाकर्षण का नियम, सतत परिवर्तन की पद्धति, न्यूटन का रंगों का सिद्धांत, एकीकरण व द्विपद सूत्रों का आविष्कार। पुस्तक : प्रिंसिपिया।*

अल्बर्ट आइंस्टाइन के जैसा अन्य कोई वैज्ञानिक नहीं हुआ। आइंस्टाइन के बारे में बनाई गई संपूर्ण मानव जाति की यह धारणा संभवत: अपवाद रूप से आइंस्टाइन के आविष्कारों को देखकर बदल गई। उनके द्वारा किए गए कार्यों ने संपूर्ण संसार ने अन्य आविष्कारकों, जैसे—कैप्लर और गैलीलियो को भी इस दिशा में काम करने के लिए आकर्षित किया, लेकिन न्यूटन की सोच केवल यहीं तक नहीं थी। इसके आगे बढ़कर सोचनेवाले न्यूटन ही थे, जिन्होंने गैलीलियो की यांत्रिकी और कैप्लर के ग्रहों की गति के नियम को एक नए ब्रह्मांड का निर्माण करने के लिए एक साथ लाए, एक ऐसा ब्रह्मांड, जो बिना किसी दैवी शक्ति के हस्तक्षेप के चल सकता था। उनके इस आविष्कार के सामने नतमस्तक होते हुए ही उनके उत्तराधिकारियों ने न्यूटन को एक ऐसी सर्वोच्च बौद्धिक क्षमता का स्वामी बताया, जिसे मानव जाति ने उत्पन्न किया। न्यूटन वे व्यक्ति थे, जो मानव शक्ति की सीमा के पार पहुँच चुके थे।

न्यूटन के संपूर्ण जीवन को तीन भागों में विभाजित किया जा सकता है। पहला भाग उनके बचपन से लेकर सन् 1669 में उनके अध्यक्ष पद पर नियुक्ति तक का है तो दूसरा भाग 1669 से लेकर 1687 तक का है, जिस समय के दौरान उन्होंने अपने सबसे अधिक आविष्कारों को किया। इस अवधि के दौरान वे कैंब्रिज में लुकेसियन प्रोफेसर के पद पर कार्यरत रहे और उनके जीवन के तीसरा भाग (जो कि दो अन्य भागों को मिलाने जितना लंबा था) में वे एक ऐसे सरकारी अधिकारी बनकर उभरे, जिन्हें गणितीय शोध कार्यों में तो थोड़ी ही रुचि थी, लेकिन वे लंदन में सबसे अधिक वेतन पानेवाले अधिकारी बनें।

अंग्रेज भौतिक-शास्त्री व गणितज्ञ आइजक न्यूटन का जन्म 25 दिसंबर, 1642 (तत्कालीन कैलेंडर के अनुसार), जबकि आज प्रयोग होनेवाले कैलेंडर से देखा जाए तो उनका जन्म दिवस 4 जनवरी, 1643 को इंग्लैंड के वूल्सथ्रोप नामक स्थान पर हुआ था। न्यूटन के जन्म-दिवस पर जो अंतर यहाँ देखने को मिल रहा है, उसका कारण यह है कि उनके जन्म-दिवस को जॉर्जियन कैलेंडर के अनुसार आकलित किया गया है, जैसाकि आज भी इंग्लैंड में प्रयोग में लाया जाता है। लेकिन सन् 1752 से पहले इंग्लैंड में इस कैलेंडर का प्रयोग नहीं किया जाता था। न्यूटन के पिता आइजक की मृत्यु 37 वर्ष की आयु में उनके पुत्र के जन्म से तीन माह पूर्व ही हो गई थी, हालाँकि न्यूटन के पिता के बहुत सारी संपत्ति और जानवर थे, जिससे न्यूटन जन्म से ही काफी अमीर बन गए। न्यूटन के पिता अनपढ़ थे, यहाँ तक कि वे अपने हस्ताक्षर भी नहीं कर सकते थे। न्यूटन के पिता की मृत्यु के पश्चात् उनकी माता हैना आइजक ने अपने पड़ोसी बरनाबस से विवाह कर लिया और तीन वर्षीय न्यूटन को उनकी नानी की देख-रेख में छोड़ दिया।

न्यूटन के बचपन के बारे में बात की जाए तो उनका बचपन खुशहाल नहीं कहा जा सकता। माता और पिता दोनों के ही अलग हो जाने के कारण वे एक अनाथ की भाँति रहे। उनकी नानी उनकी देखभाल करती, लेकिन उनके नाना उनसे बिलकुल प्यार नहीं करते थे। यहाँ तक कि जब न्यूटन दस वर्ष के थे तो उनके नाना का देहांत हो गया। उन्होंने अपनी वसीयत में न्यूटन को कुछ नहीं दिया। उपेक्षित बचपन ने न्यूटन के मन में अपनी माँ और सौतेले पिता के प्रति कड़वाहट भर दी। बचपन में न्यूटन बहुत ही कमजोर थे और उनका स्वास्थ्य प्राय: खराब रहता था, इसलिए उनकी माता अपनी उम्र के बच्चों की भाँति कठोर खेल खेलने से दूर ही रखतीं। न्यूटन ने अपनी माता के बनाए इन दायरों में रहकर खेलना सीख लिया और अपनी उम्र के बच्चों के साथ खेलने के बजाय स्वयं

अपने मनोरंजन की खोज की, जिसने पहली बार उनकी बुद्धिमत्ता को सबके सामने पेश किया। न्यूटन को उनकी आरंभिक शिक्षा-दीक्षा उनके गाँव के ही विद्यालय, जो कि उनके घर के समीप था, से प्राप्त हुई। उनकी अद्‌भुत प्रतिभा को पहली बार पहचाननेवाले उनके मामा विलियम आइजक थे। उन्होंने न्यूटन की माता को उन्हें घर में बैठाए रखने के बजाय कैंब्रिज भेजने के लिए प्रोत्साहित किया। उनके मामा की सलाह पर ही उनको पढ़ने के लिए ग्रांथम ग्रामर स्कूल भेजा गया।

न्यूटन जब कैंब्रिज में प्रवेश पाने के लिए तैयारी कर रहे थे तो वे श्री क्लार्क के घर पर किराएदार के तौर पर रहने लगे, जहाँ पर उनको क्लार्क की सौतेली बेटी मिस स्टोरे से प्यार हो गया और कैंब्रिज के लिए जाने से पूर्व उन्होंने स्टोरे के साथ सगाई कर ली। लेकिन कैंब्रिज में अपने काम के प्रति बढ़ती दीवानगी ने उनके जीवन में प्यार व रोमांस को पीछे धकेल दिया और वे मिस स्टोरे के साथ अपने संबंधों को परिपूर्णता प्रदान नहीं कर सके। इस रिश्ते के टूटने के पश्चात् न्यूटन ने कभी विवाह नहीं किया।

न्यूटन ने अपनी सफलता का श्रेय जिन तीन महान् गणितज्ञों को दिया, उनमें डेसकार्टेस, कैप्लर और गैलीलियो का नाम सम्मिलित था। इस विषय पर न्यूटन ने लिखा कि यदि औरों से थोड़ा भी हटकर सोच पाया हूँ तो वह केवल इसलिए संभव हो पाया, क्योंकि मैं इन विशाल व्यक्तित्ववाली शख्सियतों के सहारे खड़ा था। वर्ष 1661 के जून माह में न्यूटन ने कैंब्रिज के ट्रिनिटी कॉलेज में प्रवेश किया, जहाँ पर उनके गणित के अध्यापक डॉ. आइजैक बैरो थे। न्यूटन ने सन् 1664 के जनवरी माह में अपनी स्नातक की डिग्री पास की। इस समय तक उन्होंने कोई भी महान् कार्य नहीं किया था। एक पांडुलिपि, जिस पर 20 मई, 1665 की तिथि अंकित है, से यह सिद्ध होता है कि वैज्ञानिक के तौर पर न्यूटन ने कलन के सिद्धांतों को तब विकसित किया, जब वे 23 वर्ष के थे। उन्होंने अपनी पद्धति को सतत परिवर्तन का नाम दिया। सन् 1665 में उन्होंने एकीकरण और द्विपद सूत्रों का भी आविष्कार किया।

उनका दूसरा महानतम आविष्कार सन् 1666 में वूल्सथ्रोप के बगीचे में किया गया। जैसा कि सर्वविदित है कि यहाँ पर उन्होंने सार्वभौमिक गुरुत्त्वाकर्षण के नियम का आविष्कार किया। न्यूटन के बारे में कहा जाता है कि वे सदैव इस संसार को ऐसी विशाल घड़ी की स्प्रिंग की भाँति देखते थे, जिसे भगवान् के द्वारा अपने हाथों से ऊपर उठाया जाता है और उसके नीचे आने की गति स्वयं उस

स्प्रिंग के द्वारा ही तय की जाती है। उनका मानना था कि विज्ञान के लिए यह असंभव है कि वह हमारे संसार और आध्यात्मिक संसार के बीच की बाधा को पार करे और हमारे लिए ऐसे काफी विषय हैं, जिनसे संबंधित अटकलों को हमारे लिए अन्य प्राकृतिक दार्शनिकों पर छोड़ देना ही ठीक होगा। इस बारे में उन्होंने लिखा कि "हम स्वर्ग की धारणा और हमारे समुद्रों का वर्णन गुरुत्त्वाकर्षण की शक्ति के द्वारा कर चुके हैं, लेकिन हम अब तक इस शक्ति के कारण को निर्दिष्ट नहीं कर पाए हैं। मैं उस घटना से गुरुत्त्वाकर्षण के उन गुणों के कारण की खोज करने में सक्षम नहीं हो पाया हूँ और मैंने किसी प्रकार की परिकल्पना को भी विकसित नहीं किया है; उस घटना से जो कुछ भी तर्क के द्वारा प्राप्त नहीं किया जा सका है, उसे परिकल्पना कहा जाता है और परिकल्पनाओं के लिए प्रयोगात्मक दर्शनशास्त्र में कोई स्थान नहीं होता है।"

सन् 1667 में न्यूटन को ट्रिनिटी के जन के रूप में चयनित किया गया और सन् 1669 में 26 वर्ष की उम्र में उन्होंने बैरो के स्थान पर लुकेसियन गणित के प्रोफेसर के तौर पर पदभार सँभाला। ऐसा कहा जाता है कि आइजक बैरो ने गणित विषय के लुकेसियन प्रोफेसर के तौर पर अपने पद से अपना इस्तीफा अपने अतुलनीय विद्यार्थी न्यूटन का पक्ष लेने के लिए दिया। न्यूटन के द्वारा पहला व्याख्यान प्रकाश विज्ञान के विषय पर दिया गया। सन् 1668 में उन्होंने अपने हाथों से एक प्रतिवर्तन दूरबीन की रचना की और इस दूरबीन का प्रयोग बृहस्पति ग्रह के उपग्रह का अवलोकन करने के लिए किया। न्यूटन के सर्वोत्तम कार्य 'प्रिंसिपिया' को सन् 1687 में उनके मित्र एडमंड हैली के द्वारा लगाई गई लागत से प्रकाशित करवाया जा सका। इस पुस्तक में गति-बोधकों, गुरुत्त्वाकर्षण के नियम और गति के उन तीन नियमों को सम्मिलित किया गया था, जो अगली तीन शताब्दियों तक भौतिक संसार की वैज्ञानिक विचारधारा पर अपना सिक्का जमाने वाले थे। न्यूटन ने यह दिखाया कि पृथ्वी पर किसी भी वस्तु की गति और खगोलीय पिंडों को उन्हीं समान प्राकृतिक नियमों के समूहों के द्वारा संचालित किया जाता है, जिनसे कैप्लर के ग्रहों की गति के नियमों और उनके गुरुत्त्वाकर्षण के सिद्धांत के बीच सादृश्य को प्रदर्शित किया जाता है। 'प्रिंसिपिया' में उनके कलन के बारे में किसी प्रकार का वर्णन नहीं दिया गया था।

सन्· 1670 से लेकर 1672 तक न्यूटन ने प्रकाश विज्ञान के विषय पर व्याख्यान दिए। इस अवधि में ही उन्होंने प्रकाश के अपवर्तन का अन्वेषण किया। उन्होंने यह भी प्रदर्शित किया कि एक वर्णक्रम सफेद प्रकाश को रंगों के वर्ण पट

में अपघटित कर सकता है। इसके साथ ही वे यह भी दिखाने में सफल रहे कि एक लेंस और एक द्वितीय वर्णक्रम विभिन्न रंगोंवाले वर्णपट को सफेद रंग में फिर से परिवर्तित कर सकता है। न्यूटन ने यह भी प्रदर्शित किया कि रंगीन रोशनी एक रंगीन किरण-पुंज से अलग होने पर भी अपने गुणों में बदलाव नहीं करती है और यह पहले की भाँति विभिन्न वस्तुओं पर प्रकाशित होती रहती है। इसे 'न्यूटन के रंगों के सिद्धांत' के नाम से जाना गया।

सन् 1689 से लेकर 1690 तक की अवधि में न्यूटन इंग्लैंड की संसद् के सदस्य भी रहे। सन् 1696 में वे 54 वर्ष की उम्र में न्यूटन शाही टकसाल के वार्डन भी बने। वहाँ पर उनका कार्य सिक्कों में सुधार करना था। इसी वर्ष जोहान बेरनॉली और लाइबनिट्ज ने यूरोप के गणितज्ञों के लिए दो चुनौतियों का कुचक्र रचा। इन समस्याओं ने अगले छह माह तक गणितज्ञों को आश्चर्यचकित किए रखा और उस समय में मौजूद महान् गणितज्ञों में से कोई भी सही समाधान के साथ आगे नहीं आ सका। न्यूटन को इन समस्याओं के बारे में अपने एक मित्र से पता चला। उस समय न्यूटन अपने मिंट कार्यालय से वापस आए थे। न्यूटन ने अपना रात्रि का भोजन किया और उन समस्याओं का हल तलाशने के लिए बैठ गए और अंततः उनको उन दोनों समस्याओं का हल मिल गया। उन्होंने अपना नाम गुप्त रखते हुए उन समाधानों को रॉयल सोसाइटी को भेज दिया। उन समाधानों को देखकर बेरनॉली चिल्ला उठे, "आह, मैंने शेर को उसके पंजे से पहचान लिया!"

सन् 1701-02 में न्यूटन ने संसद् में कैंब्रिज विश्वविद्यालय का प्रतिनिधित्व किया और 1703 में उनको रॉयल सोसाइटी के अध्यक्ष के पद के लिए चुना गया। सन् 1705 में न्यूटन को रानी ऐनी के द्वारा बहादुर की पदवी से सम्मानित किया गया। आइजक न्यूटन ने अपने आविष्कारों के माध्यम से मानव जाति की बहुत सेवा की; लेकिन उनका व्यवहार इतना विनम्र था कि एक बार उन्होंने कहा कि—"मैं नहीं जानता कि मैं दुनिया को क्या दिखाई देता हूँ; लेकिन जब मैं स्वयं के बारे में विचार करता हूँ तो मुझे ऐसा प्रतीत होता है कि मैं समुद्र की लहरों से खेलनेवाला एक बालक हूँ और स्थान को चिकना करने के लिए वहाँ से कंकड़ अथवा सुंदर सीपों को हटा रहा हूँ और सत्य का अथाह सागर मेरे समक्ष अपने शोर के द्वारा उन सभी समस्याओं/चीजों को मेरे समक्ष लेकर आ रहा है, जिनकी खोज की जानी अभी बाकी है।"

अपने अंतिम दिनों में न्यूटन ने क्रानबरी पार्क, जो कि विंचेस्टर के पास था,

में एक घर लिया और अपनी भतीजी व उसके पति के साथ वहाँ रहने लगे। वे वहाँ पर तब तक रहे जब तक सन् 1727 में उनकी मृत्यु नहीं हुई। 31 मार्च, 1727 को न्यूटन की मृत्यु नींद में सोते हुए हुई और उनको विंचेस्टर एब्बी में दफनाया गया।

इस महान् गणितज्ञ पर की गई इस चर्चा को समाप्त करने का सबसे उत्तम तरीका यह होगा कि हम एक अंग्रेजी के कवि द्वारा रचित पंक्तियों को दोहराएँ, जिसमें उनकी महानता का पता चलता है—

'प्रकृति और प्रकृति के नियमों को रात में छिपा दिया गया;
ईश्वर ने कहा कि न्यूटन हो! और सभी ओर प्रकाश फैल गया।'

□

आर्किमिडीज

जन्म : 287 ईसा पूर्व।
मृत्यु : 212 ईसा पूर्व।
योगदान : *आर्किमिडीज के द्वारा यह खोज की गई कि पाई का मान 22/7 और 223/71 के बीच स्थित होता है; आर्किमिडीज के सिद्धांत, आर्किमिडीज का स्क्रू (एक ऐसा यंत्र, जो पानी के स्तर को बढ़ाने के लिए कारगर है) इत्यादि। आर्किमिडीज के द्वारा लिखी गई पुस्तकों में 'फ्लोटिंग्स बॉडीज', 'स्पाइल्स द सैंड रेकोनर', 'मेजरमेंट ऑफ द सर्कल'।*

गणित के विषय से तनिक भी संबंध रखनेवाले प्रत्येक व्यक्ति के लिए आर्किमिडीज का नाम बिलकुल भी अनजाना नहीं है, पाई के मान, आर्किमिडीज के सिद्धांत और आर्किमिडीज के स्क्रू जैसे आविष्कारों के प्रयोग के माध्यम से उनकी उपस्थिति हम सबके बीच आज भी बनी हुई है। आर्किमिडीज सेराक्युस सिसली के रहनेवाले थे। वहीं पर उनका जन्म 287 ईसा पूर्व हुआ था। उनके पिता फिदियास एक खगोलशास्त्री थे। आर्किमिडीज ने यूक्लिड के विद्यालय में (संभवतः उनकी मृत्यु के पश्चात्) शिक्षा ग्रहण की; लेकिन उनके द्वारा इस क्षेत्र में अपने काम के माध्यम से जो योगदान दिया गया, उसने यूक्लिड के कार्यों को भी धूमिल कर दिया। अफसोस की बात यह है कि आर्किमिडीज की पारिवारिक पृष्ठभूमि के बारे में इससे अधिक जानकारियाँ उपलब्ध नहीं हो पाई हैं।

आर्किमिडीज को पूरे विश्व में एक महान् प्राचीनतम ग्रीक गणितज्ञ, भौतिक

विज्ञानी, इंजीनियर, आविष्कारक और खगोल शास्त्री के तौर पर पहचाना जाता है। आर्किमिडीज को अपने समय और उनके इस संसार से विदा होने के कई शताब्दियों बाद ही वह प्रसिद्धि प्राप्त हुई, जो कुछ गणितज्ञों को ही प्राप्त हो पाती है। कुछ गणितज्ञों का मानना है कि आर्किमिडीज की महानता को देखते हुए ही उनका नाम भी इतिहास के महानतम गणितज्ञों की सूची, जिसमें संभवत: न्यूटन, गॉस और यूलर के साथ सम्मिलित किया गया है, में है। यह उनके आविष्कारों की उत्कृष्टता ही है कि उन्हें बुद्धिमान, विशेषज्ञ और ज्यामिति के महान् ज्ञाता की संज्ञा प्रदान की गई है। आर्किमिडीज के जीवन से जुड़ी जो भी बातें संसार के सामने आई हैं, उनका आधार एक रोमन सैनिक मार्सलुइस की जीवनी पर लिखी गई पुस्तक है, जिसे रोमन जीवनी लेखक प्लूटार्क ने लिखा है। ऐसा माना जाता है कि आर्किमिडीज की जीवनी उनके एक मित्र हेराक्लिड्स ने लिखी थी। लेकिन अब यह कार्य खो चुका है और उनके जीवन से जुड़ी कई महत्त्वपूर्ण जानकारियाँ अधूरी ही रह गई हैं।

अपने समय के दौरान आर्किमिडीज ने जिन उपलब्धियों को प्राप्त किया, उनके विषय में यह कहना अतिशयोक्ति नहीं होगी कि वे सभी आज के दौर की उपलब्धियों को देखते हुए भी अधिक प्रभावशाली जान पड़ती हैं; लेकिन उस समय गणितीय संकेतन की कमी के कारण उनकी उपलब्धियों को वह स्थान नहीं मिल सका, जिसकी वे हकदार थीं। उनके द्वारा किए गए कार्य न केवल उनकी अद्वितीय बौद्धिक क्षमता के साक्ष्य बने, अपितु उनके कार्य के अत्यंत प्रभावशाली होने और उनमें स्पष्टता का भी परिचायक बने। आर्किमिडीज ने संख्याओं के सिद्धांत, बीजगणित और विश्लेषण में विकास का काम किया; लेकिन वह अपने समतल व कठोर ज्यामितीय सिद्धांतों का विकास करने हेतु अधिक प्रसिद्ध हुए। 3 के लिए उनके उत्कृष्ट सन्निकटीकरण से यह संकेत मिलता है कि उन्होंने आंशिक रूप से सतत

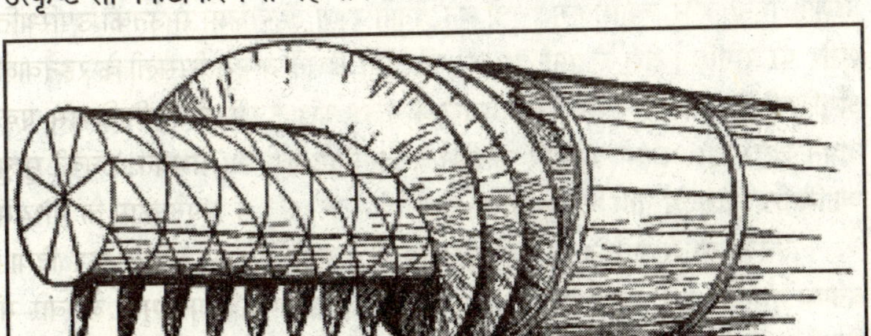

आर्किमिडीज पेंज

खंड की पद्धति को प्रत्याशित किया था। उन्होंने एकपक्षीय कोण के समत्रिभाजन के लिए एक पद्धति की खोज की। भौतिकी के क्षेत्र में उनकी उपलब्धियों में उत्तोलन का सिद्धांत, द्रव-स्थैतिक का प्रथम नियम और अन्य आविष्कार, जैसे—यौगिक घिरनी, हाइड्रोलिक स्क्रू और वॉर मशीन सम्मिलित हैं। उन्होंने ऐसी और बहुत सी मशीनों का आविष्कार किया, जिनका प्रयोग युद्ध में इंजन के तौर पर किया गया। यह विशेष तौर पर सेराक्युस के लिए प्रभावशाली तब सिद्ध हुए, जब रोम के द्वारा उन पर आक्रमण किया गया।

उनके द्वारा लिखी गई पुस्तकों में 'फ्लोटिंग बॉडीज', 'स्पाइरल्स, द सैंडरेकोनर', 'मेजरमेंट ऑफ द सर्कल' और 'स्फेयर ऐंड सिलिंडर' सम्मिलित हैं। आर्किमिडीज ने यह भी साबित किया कि वृत्त का परिमाण परिगत सिलिंडर के परिमाण का दो-तिहाई भाग होता है। उन्होंने यह अपील भी की थी कि इस प्रकार के वृत्त और सिलिंडर के प्रस्तुतीकरण को उनकी कब्र से खुदवा दिया जाए। आर्किमिडीज के द्वारा एक वृत्त के परिमाण व सतही क्षेत्रफल के लिए सूत्रों की खोज की गई और एक वृत्त की परिधि व क्षेत्र के बीच साधारण संबंध को सिद्ध किया। संभवत: इस ओर लोगों का ध्यान आकर्षित करनेवाले वह प्रथम व्यक्ति थे। यही कारण है कि प्राय: पाई को आर्किमिडीज का नियतांक कहा जाता है। उनका 223/7 का पाई से अधिक होना और पाई का 22/7 से कम होने के सन्निकटीकरण को अब भी उस समय में किया गया सबसे बेहतर आविष्कार माना जाता है।

ज्यामिति के साथ उनके सम्मोहन को प्लूटार्क के द्वारा बहुत ही सुंदरता से वर्णित किया गया है—

"कई बार आर्किमिडीज को उनके नौकर उनकी इच्छा के विरुद्ध नहाने व तेल मालिश के लिए ले जाते तो वहाँ पर भी वे चिमनी से निकलती चिंगारियों की परवाह किए बगैर ज्यामितीय चित्रों को बनाते रहते और जब उनके नौकर उनके शरीर पर सुगंधित तेल से मालिश कर रहे होते थे तो वे अपने नंगे बदन पर भी अँगुलियों से ज्यामितीय चित्रों को बनाने के लिए रेखाएँ खींचते रहते, अर्थात् वह अपने शरीर को आराम पहुँचाने और स्वयं आनंदित होने के समय को भी अपने ज्यामितीय शोध के नाम कर चुके थे।"

उनके सबसे प्रसिद्ध सूत्र, जिसमें तरल में डूबे शरीर के वजन के बारे में बताया गया है, उसे 'आर्किमिडीज का सिद्धांत' कहा जाता है, जो इस प्रकार है—किसी तरल पदार्थ में डूबी हुई एक वस्तु उस प्लवनशील बल का अनुभव करती है, जो कि विस्थापित द्रव पर गुरुत्त्वाकर्षण के बल के परिमाण में बराबर होती है। इस

संदर्भ में दंतकथा यह है कि आर्किमिडीज ने अपने प्रसिद्ध हलकेपन के सिद्धांत—आर्किमिडीज के सिद्धांत—की खोज नहाते समय की थी। इस खोज के बाद वह इतना अधिक उत्साहित हो गए कि सेराक्युस की गलियों में नंगे बदन ही 'यूरेका, यूरेका!' (मैंने खोज लिया!) चिल्लाते हुए दौड़ पड़े। उन्होंने इस सिद्धांत का प्रयोग सेराक्युस के राजा हेरॉन (द्वितीय) के सुनहरे ताज से जुड़े सत्य का पता लगाने के लिए किया।

उनका एक प्रसिद्ध जुमला था कि—"मुझे खड़े होने के लिए एक जगह दो और बाकी काम मेरे बोझ पर छोड़ दो, तब मैं पृथ्वी को भी हिला सकता हूँ।"

गणित के क्षेत्र से कई उत्कृष्ट आविष्कारों को हमारे समक्ष खोजकर लानेवाले इस महान् गणितज्ञ को 212 ईसा पूर्व रोमन सैनिकों के द्वारा निर्दयता से मौत के घाट उस समय उतार दिया गया, जब आर्किमिडीज रेत पर बैठकर अपने काम से जुड़ी एक पहेली को हल करने में व्यस्त थे। उनकी हत्या सेराक्युस—जहाँ पर वह पैदा हुए, बड़े हुए, उन्होंने अपने सभी आविष्कार को खोजा—शहर में ही की गई। उनकी कब्र पर भी उनकी सबसे प्रसिद्ध खोज पाई को खुदवाया गया था। उनके चाहनेवालों ने उनकी समाधि पर लगे पत्थरों को भी वृत्त का आकार दे दिया था, जिसके भीतर एक सिलिंडर के आकार को उकेरा गया था और उनके बीच के आयतन के बीच 2:3 के अनुपात को दरशाया, जो एक ऐसी समस्या का समाधान थी, जिसे आर्किमिडीज ने अपनी सबसे बेहतर उपलब्धि माना था।

□

ऑर्थर केले

जन्म : 16 अगस्त, 1821।
मृत्यु : 26 जनवरी, 1895।
महत्त्वपूर्ण योगदान : *केले-हैमिल्टन सूत्र, बीजीय परिवर्तनीय सिद्धांत, ट्रिटिईज ऑन एल्लिपिटिक्स (पुस्तक)।*

ऑर्थर केले एक ऐसे ब्रिटिश गणितज्ञ थे, जिन्होंने गणित के क्षेत्र में अपने कार्यों के द्वारा इस संसार को ऐसी कई उपयोगी और महत्त्वपूर्ण खोजें प्रदान कीं, जिन्होंने इस संसार को समृद्धि की ओर अग्रसर कर दिया। वे ही पहले व्यक्ति थे, जिन्होंने इस प्रश्न के विषय में सोचा कि समूहों के सिद्धांत के माध्यम से एक साथ गणित के कितने क्षेत्रों को रेखांकित किया जा सकता है। उन्होंने ब्रिटिश गणितज्ञ जेम्स जोसेफ सिल्वेस्टर (जिन्होंने मैट्रिक्स सिद्धांत, अपरिवर्तनीय सिद्धांत, संख्याओं के सिद्धांत, विभाजन सिद्धांत और साहचर्य के सिद्धांतों का आविष्कार करने में अपना अमूल्य योगदान दिया) के साथ मिलकर बीजीय परिवर्तनीय सिद्धांत, एक ऐसा सिद्धांत, जो आधुनिक भौतिक विज्ञान के लिए, विशेष तौर से सापेक्षता सिद्धांत में महत्त्वपूर्ण माना जाता है, का आविष्कार किया। उन्होंने केले-हैमिल्टन सूत्र—प्रत्येक मैट्रिक्स वर्ग स्वयं अपने चारित्रिक बहुपदीय का मूल होता है, की अवधारणा को सिद्ध किया और इसके साथ ही इसे 2 व 3 क्रम के मैट्रिक्स के लिए सत्यापित भी किया। एक समूह की अवधारणा को आधुनिक तरीके से—युग्मक परिचालनों के साथ एक ऐसे समूह के तौर पर, जो कुछ नियमों को पूरा करता है, परिभाषित करनेवाले वे पहले व्यक्ति थे। इससे पूर्व

जब गणितज्ञ समूह के बारे में बात करते थे तो उनका मतलब केवल आमूल परिवर्तनवाले समूहों से ही होता था।

ऑर्थर केले का जन्म 16 अगस्त, 1821 को इंग्लैंड के रिचमॉण्ड सुरे नामक स्थान पर हुआ। उनके पिता हेनरी केले एक व्यापारी थे, जो प्रचीन यॉर्कशायर के एक परिवार के वंशज थे, जो अब सेंट पिटरबर्ग में बस चुके थे। ऑर्थर की माता का नाम मारिया एंटोनिया डाउटी था। वह विलियम डाउटी की पुत्री थी। कुछ लेखकों का मानना है कि ऑर्थर की माता रूसी थी; लेकिन उनके पिता का नाम ऐसे संकेत देता है कि निस्संदेह ही उनका संबंध ब्रिटेन से था। इस आधार पर ऑर्थर को ब्रिटिश मूल का ही माना जाता है। ऑर्थर केले के एक भाई भी थे, जिनका नाम चार्ल्स बागोट केले था और वह एक भाषाविद् थे। ऑर्थर ने अपने बचपन के प्रथम आठ वर्षों का समय सेंट पिटरबर्ग में गुजारा। उसके पश्चात् उनके माता-पिता वापस इंग्लैंड आ गए और ब्लैकहिथ में आकर बस गए।

नन्हे ऑर्थर को पास के ही एक निजी विद्यालय में शुरुआती शिक्षा के लिए प्रवेश दिलवाया गया। इस विद्यालय में अपनी शिक्षा के दौरान ऑर्थर ने क़च्ची उम्र में ही संख्याओं की गणना में अपने अद्‍भुत कौशल का प्रदर्शन किया और गणित को विकसित कर आगे ले जाने संबंधी उनकी योग्यता भी स्पष्ट रूप से दृष्टिगत थी। चौदह वर्ष की उम्र में उन्हें राजा के कॉलेज स्कूल भेज दिया गया। वहाँ पर उनके गणित के प्राध्यापक ने उनके भीतर गणित के विषय में महारत हासिल करने की अतुलनीय क्षमता के संकेतों को पहचान लिया और उन्होंने ऑर्थर को इस बात के लिए प्रोत्साहित किया कि वह अपने पिता के पारिवारिक व्यवसाय के क्षेत्र में जाकर एक व्यापारी के तौर पर जीवनयापन करने की अपने पिता की इच्छा का अनुसरण करने के बजाय इस क्षेत्र में अपने अध्ययन को जारी रखें।

सन् 1838 में ऑर्थर ने ट्रिनिटी कॉलेज, कैंब्रिज में अपनी शिक्षा आरंभ की, जहाँ से सन् 1842 में उन्होंने अपनी स्नातक की शिक्षा पूर्ण की। जब वह अपनी स्नातक की शिक्षा ग्रहण कर रहे थे, उस समय नवस्थापित कैंब्रिज मैथमेटिकल जर्नल, जिसका संपादन का काम डूंकेन ग्रीगोरी के द्वारा किया जाता था, में उनके तीन पेपर प्रकाशित हुए। प्रकाशित किए गए इन पेपरों के विषयों का सुझाव ऑर्थर को मेकैनिक एनेलाइटिक को पढ़कर और लाप्लेस के द्वारा किए गए कुछ कार्यों से ही प्राप्त हुआ था। कैंब्रिज कॉलेज में पढ़ाई के दौरान उनके शिक्षक जॉर्ज पीकॉक हुआ करते थे और निजी तौर पर उनको प्रशिक्षण देने का कार्य विलियम

होपकिन सँभालते थे। ऑर्थर ने अपने पूर्व स्नातक के कोर्स को गणित विषय में विशेष व सम्मानजनक पदवी और प्रथम श्रेणी के स्मिथ पुरस्कार को पाकर पूरा किया। कैंब्रिज में फेलोशिप जीतने के पश्चात् चार वर्षों तक उन्होंने वहाँ पर अध्यापन का काम भी किया और इन चार वर्षों के दौरान 'कैंब्रिज मैथेमेटिकल जर्नल' में उनके 28 पेपर प्रकाशित हुए।

चूँकि कैंब्रिज की फैलोशिप का कार्यकाल सीमित होने के कारण ऑर्थर को किसी ऐसे पेशे का चुनाव करना पड़ा, जिसमें वह अपने कॅरिअर को आगे बढ़ा सकें, अत: उन्होंने वकालत का चुनाव किया और सन् 1849 में वकील समुदाय में प्रवेश किया। वकालत के पेशे में उन्होंने 14 वर्षों का समय व्यतीत किया। इस पेशे में उनके कार्य के प्रति समर्पण भाव की विशेषता को उस समय के उनके सभी साथी वकीलों, कर्मचारियों व उनके संपर्क में आए प्रत्येक व्यक्ति ने स्वीकार किया। वे वकालत के पेशे में आनेवाली चुनौतियों से हर क्षण कुछ नया सीखनेवाले विद्यार्थी बने रहे। अपनी कुछ नया सीखने की चाहत को पूरा करने के लिए ही उन्होंने हैमिल्टन द्वारा क्वाटरनियन पर दिए जानेवाले व्याख्यानों को सुनने हेतु डबलिन का रुख किया।

कैंब्रिज में अध्यापन के दौरान उनकी मित्रता गणितज्ञ और अन्वेषक सिल्वेस्टर से हुई, जो कैंब्रिज में उनसे 5 वर्ष वरिष्ठ थे और उन दिनों लंदन में मुनीम का कार्य करते थे। वे दोनों साथ-साथ लिंकन सराय के प्रांगण में चहलकदमी करते हुए परिवर्तनीय व सहप्रसरण के सिद्धांत पर चर्चा करते। अपने जीवन के इन 14 से भी अधिक वर्षों के समय में उन्होंने असंभव-से प्रतीत होनेवाले कार्य को पूरा करते हुए लगभग 200 गणितीय पेपरों की रचना की, जिनमें से बहुत से आज के समय में कालजयी बन चुके हैं। सन् 1849 तक केले अपने विचारों को आमूलचूल परिवर्तनों के साथ कॉची (फ्रांसीसी मूल के गणितज्ञ, जिन्होंने अतिन्यून के शब्दों में निरंतरता को परिभाषित करने के साथ ही जटिल विश्लेषण कई महत्त्वपूर्ण सूत्रों को प्रदान किया और अमूर्त बीजगणित में क्रमचय समूहों पर शोध करने की पहल भी की) के विचारों के साथ बाँटने लगे और सन् 1854 तक केले ने अमूर्त समूह में पेपर भी लिखे तथा समूह गुणन को प्रदर्शित करने के लिए एक तालिका भी तैयार कर दी, जिसे 'केले तालिका' के नाम से जाना जाता है। केले ने अपरिवर्तनीय बीजगणित के सिद्धांत को भी विकसित किया और एन-डायमेंशनल ज्यामिति के विषय पर किए गए उनके विकास कार्य को भौतिक विज्ञान में अंतरिक्ष-समय सातत्य का अध्ययन करने हेतु आज भी लागू किया जाता है।

सन् 1863 में केले को कैंब्रिज में विशुद्ध गणित का सैडलेरियन (सन् 1860 के आस-पास, कैंब्रिज विश्वविद्यालय को लेडी सैडिलियर के द्वारा कुछ धन दिया गया और बिना किसी ठोस उद्देश्य के विशुद्ध गणित के क्षेत्र में एक अन्य प्रोफेसरशिप की स्थापना की गई, जिसे सैडिलियर कहा गया।) प्रोफेसर नियुक्त किया गया। कैंब्रिज के द्वारा सैडलेरियन प्रोफेसर के कर्तव्यों को परिभाषित करते हुए कहा गया था कि विशुद्ध गणित के सिद्धांतों की व्याख्या करना और छात्रों को उनमें शिक्षित करना और स्वयं को विज्ञान विषय के विकास के लिए समर्पित करना। अपने प्रथम कर्तव्य का पालन करते हुए केले साल-दर-साल एक ही जैसे पाठ्यक्रम को दोहराने के बजाय प्रतिवर्ष पाठ्यक्रम में अपने विषय संबंधी नए अनुभवों व संस्मरणों को भी सम्मिलित करते थे। इसका परिणाम यह भी निकला कि बहुत ही कम छात्र उनके विषय का चुनाव करते थे।

कैंब्रिज में प्रोफेसर की नौकरी ने केले के आर्थिक स्तर में बहुत गहरा प्रभाव डाला। उनके आर्थिक स्तर में बहुत अधिक गिरावट आ गई थी। एक कुशल वकील के तौर पर केले ज़ितना धन कमाते थे और वेतन के रूप में यहाँ पर उनको जो धनराशि प्राप्त होती थी, वह उसका केवल छोटा सा भाग मात्र थी; लेकिन अब केले को अपना गुजारा उसी में करना होता था। हालाँकि केले अपने आपको पूरी तरह से गणित के लिए समर्पित करने का अवसर पाकर बहुत खुश थे और उन्होंने अपना शेष जीवन बिना किसी शिकायत के इसी पद पर गुजारा। गणित के क्षेत्र में अपने अमूल्य योगदान के अतिरिक्त केले की एक विशेष उपलब्धि यह भी थी कि उन्होंने कैंब्रिज में महिलाओं के प्रवेश को संभव बनाने के सफलतम प्रयास किए। उन्होंने आधुनिक गणित के प्रत्येक पहलू पर चर्चा करते हुए 900 से भी अधिक पेपर और नोट्स प्रकाशित किए। उनके द्वारा किए गए कार्यों में सबसे महत्त्वपूर्ण मैट्रिक्स के बीजगणित का विकास, यूक्लिड के नियमों के बगैर ज्यामिति पर किया गया कार्य और एन-डायमेंशनल ज्यामिति सम्मिलित हैं। केले के मित्र और साथी अन्वेषक सिल्वेस्टर ने एक बार अपने निजी अनुभवों को व्यक्त करते हुए कहा कि केले उनसे अधिक भाग्यशाली हैं कि उन दोनों ने एक साथ लंदन में अविवाहित व्यक्ति के तौर पर अपने जीवन के अमूल्य वर्षों को व्यतीत किया। लेकिन कुछ समय पश्चात् केले ने विवाह किया और कैंब्रिज में अपना शांत व खुशहाल घर बसा लिया, जबकि उन्होंने कभी विवाह नहीं किया और अपने जीवन में सदैव इस संसार से संघर्ष करते रहे।

सन् 1872 में उन्हें ट्रिनिटी कॉलेज की सम्मानजनक उपाधि प्रदान की गई

और उसके ठीक तीन वर्ष पश्चात् उन्हें एक और सम्मान भी दिया गया। सन् 1876 में केले ने 'ट्रिटिईज ऑन एल्लिपिटिक्स' नामक पुस्तक प्रकाशित की, जो उनके द्वारा प्रकाशित एकमात्र पुस्तक थी। सन् 1881 में उनको बाल्टीमोर, संयुक्त राज्य अमेरिका में स्थित जॉन्स होपकिंस विश्वविद्यालय, जहाँ पर उनके मित्र सिलेविस्टर प्रोफेसर के पद पर आसीन थे, में व्याख्यान देने के लिए आमंत्रित किया गया। वहाँ पर व्याख्यान देने के लिए उनका विषय 'अबलियन और थेटा फक्शंस' था।

सन् 1883 में केले विज्ञान के विकास हेतु ब्रिटिश संघ के अध्यक्ष बन गए। अपने अध्यक्ष के तौर पर दिए गए अपने प्रथम आह्वान में केले ने गणित के प्रारंभिक ज्ञान पर अपने विचारों को व्यक्त किया, जहाँ पर उन्होंने यूक्लिड के नियमों पर आधारित और गैर-आधारित ज्यामिति पर विस्तार से चर्चा की।

सन् 1889 में कैंब्रिज विश्वविद्यालय की प्रेस ने उनसे अपील की कि वे अपने गणित के पेपरों का संकलित रूप तैयार करें, जिससे कि उनको प्रकाशित किया जा सके। केले ने उनकी अपील की सराहना करते हुए स्वयं अपने संपादन में सात पेपरों को प्रकाशित किया, जिनमें एन डायमेंशंस की विश्लेषणात्मक ज्यामिति, निर्धारक का सिद्धांत, मैट्रिक्स के सिद्धांत पर संस्मरण, स्क्यू सरफेस पर संस्मरण इत्यादि शामिल थे। केले जब इन संस्करणों के संपादन का कार्य कर रहे थे तो उस समय वह अत्यंत पीड़ादायक आंतरिक शारीरिक बीमारी से भी जूझ रहे थे और इस बीमारी के कारण ही सन् 1895 में 74 वर्ष की आयु में उनका देहांत भी हुआ। उनके शेष पेपरों का संपादन कार्य सैडलेरियन प्रोफेसर के तौर पर रिक्त हुए उनके पद की भरपाई करनेवाले, प्रो. फोर्सिथ के द्वारा किया गया।

उनके संपूर्ण संकलित पेपरों का प्रकाशन आठ पृष्ठोंवाले जर्नल के तेरह भागों में किया गया, जिसमें उनके कुल 967 पेपर सम्मिलित थे। ऑर्थर केले गणित के अलावा उपन्यास पढ़ने व घूमने का भी शौक रखते थे। उनको चित्रकला और वास्तुकला में भी विशेष आनंद की अनुभूति होती थी। उन्होंने वाटर कलर पेंटिंग का भी खूब अभ्यास किया था, जिसे वे कभी-कभी गणितीय आकृतियों को बनाने में उपयोग करते थे। सन् 1874 में केले की उपलब्धियों की व्याख्या हेतु उनके एक साथी क्लार्क मैक्सवेल के द्वारा एक कविता की रचना की गई और उन्होंने उस कविता को केले पोर्ट्रट फंड में योगदान करनेवाले सदस्यों की समिति के समक्ष प्रस्तुत किया। उस कविता का सार यह था कि केले की ख्याति समय और सीमा से परे थी। उनकी प्रसिद्धि को इनमें नहीं बाँधा जा सकता। केले के

चित्र के लिए एकत्रित धन से उनके जिस चित्र का निर्माण किया गया, उसे इस कविता के साथ ट्रिनिटी कॉलेज को भेंट किया गया। यह चित्र अब भी ट्रिनिटी कॉलेज की दीवार पर सुशोभित है।

वर्ष 1895 के अप्रैल माह में 'दि अमेरिकन मैथेमेटिकल मंथली' के नाम से प्रकाशित होनेवाले मासिक जर्नल में अलेक्जेंडर मैकफारलेन के द्वारा लिखी गई ऑर्थर केले की जीवनी प्रकाशित की गई। उस लेख में ऑर्थर केले के साथ बिताए गए अपने समय को याद करते हुए डॉ. मैकफारलेन ने लिखा कि ऑर्थर केले ने अपने गहन अध्ययन, न्यायोचित व्यवहार और अपने साथियों के प्रति दयालुता के भाव ने हम सबके हृदय में उनको एक सम्मानजनक स्थान दिलवाया था। अपने इन्हीं गुणों के कारण उनको विभिन्न सोसाइटी में गणित विश्व में अपना योगदान देने हेतु जमा करवाए गए विभिन्न पेपरों की जाँच के लिए सबसे उपयुक्त माना जाता था। मैं अपने व्यक्तिगत अनुभव से इस बात को कह सकता हूँ कि उन्होंने गणित विषय ही नहीं, अपितु इस क्षेत्र में अपना कॅरिअर तलाश कर रहे युवा अन्वेषकों का भी उचित रूप से अपने दयालुतापूर्ण व्यवहार से मार्गदर्शन किया। एडिनबर्ग की रॉयल सोसाइटी के समक्ष मैंने ऐसे बहुत से पेपरों को पढ़ा, जिनमें उनको ही संबोधित किया गया था और उन्होंने ही उन पेपरों को प्रकाशित करने की सिफारिश की थी।

□

आर्यभट्ट

जन्म : 476 ईसा पश्चात्, पटना के कुसुमपुर में।
मृत्यु : 550 ईसा पश्चात्।
महत्त्वपूर्ण योगदान : पाई का चार दशमलव तक सही-सही मूल्य ज्ञात किया। वृत्त के क्षेत्र और परिमाण को प्राप्त करने के लिए सूत्रों का निर्माण, Sine इत्यादि के लिए त्रिकोणमिति तालिका की खोज, दिनों की सही संख्या, शून्य का आविष्कार।

आर्यभट्ट का नाम भारत में किसी के लिए अनजाना नहीं है। उनका नाम पूरे सम्मान के साथ भारत के महान् गणितज्ञों की सूची में सम्मिलित किया जाता है। ऐसा कदापि नहीं है कि केवल भारत में ही उनकी ख्याति व्याप्त है, अपितु समस्त संसार गणित के क्षेत्र में किए गए उनके आविष्कारों के कारण उनको नमन करता है। आर्यभट्ट का जन्म लगभग 476 ईसा पश्चात् के समय के आस-पास कुसुमपुर, जो अब पटना (बिहार) में स्थित है, स्थान पर हुआ था। उस समय पटना गुप्त साम्राज्य की राजधानी हुआ करती थी और यह स्थान अध्ययन का केंद्र भी हुआ करता था। वैसे तो आर्यभट्ट की जन्म-तिथि और समय को लेकर किसी प्रकार की ठोस जानकारी नहीं मिल पाई है, लेकिन उनके द्वारा रचित 'आर्यभटीयम्' में लिखे गए एक श्लोक से इसका प्रमाण मिलता है कि उनका जन्म 476 ईसा पश्चात् के वर्ष में हुआ था। अपने इस श्लोक में उन्होंने लिखा कि जब उन्होंने 'आर्यभटीयम्' को लिखा तो उनकी उम्र 23 वर्ष थी और उन्होंने सन् 499 में इसे पूरा किया।

षट्यब्दानां षष्टिर्यदा व्यतीतास्त्रयश्च युगपादाः।
त्र्याधिका विंशतिरब्दास्तदेह मम जन्मनोऽतीताः॥

आर्यभट्ट के द्वारा लिखे गए तीन ग्रंथों की जानकारी हमें उपलब्ध है। उन्होंने 'दशगीतिका', 'आर्यभटीयम्' और 'तंत्र' नामक ग्रंथों की रचना की, जिसमें से केवल एक 'आर्यभट्टीयम्' जो कि उनकी उत्कृष्ट कृति का ही अस्तित्व बच पाया है। उनके द्वारा 'सूर्य सिद्धांत' नाम एक ग्रंथ का भी निर्माण किया गया था, लेकिन कुछ जानकारों का यह भी मानना है कि आर्यभट्ट ने 'आर्यभट्ट सिद्धांत' नाम से भी एक ग्रंथ की रचना की थी, जिसके अब केवल 34 श्लोक ही उपलब्ध हैं। इसके विषय में कहा जाता है कि सातवें दशक तक इस ग्रंथ का प्रयोग व्यापक स्तर पर होता था, लेकिन उसके पश्चात् यह ग्रंथ लुप्त हो गया।

'आर्यभटीयम्' एक संपूर्ण ग्रंथ है, जिसे 118 चरणों में लिखा गया है, जिसमें उस समय में हिंदू सभ्यता के द्वारा विकसित गणित को संक्षिप्त रूप में प्रस्तुत करता है। 'आर्यभट्टीयम्' के गणितीय भाग में अंकगणित, बीजगणित, रेखागणित, वर्गमूल, घनमूल, साधारण त्रिकोणमिति और अंतरिक्ष संबंधी त्रिकोणमिति सम्मिलित हैं। इसके अतिरिक्त इसमें निरंतर भिन्न, द्विघाती समीकरण, शक्ति श्रृंखलाओं का संयोजन और Sines की एक तालिका भी शामिल थी। उनकी इस पुस्तक को उस समय चारों ओर से भारी प्रशंसा मिली और उनके इस कार्य से राजा ब्रह्मगुप्त भी इतने अधिक प्रसन्न हुए कि उन्होंने आर्यभट्ट को नालंदा विश्वविद्यालय का प्रमुख बना दिया। यह वही विश्वविद्यालय था, जहाँ से उन्होंने शिक्षा प्राप्त की थी। ऐसा नहीं है कि आर्यभट्ट के द्वारा रचित 'आर्यभटीयम्' ग्रंथ केवल प्राचीन काल अथवा मध्ययुगीन काल तक ही उपयोगी माना जाता रहा, अपितु सत्य तो यह है कि आज के मशीनी युग में भी हिंदू पंचांग को तैयार करने के लिए इस ग्रंथ की सहायता ली जाती है।

गणित के क्षेत्र में आर्यभट्ट का योगदान सबसे महत्त्वपूर्ण इसलिए भी है कि इस संसार में बीजगणित के विषय पर लिखी गई सबसे पहली पुस्तक के रचनाकार आर्यभट्ट ही थे। गणित के जटिल प्रश्नों को हल करने हेतु समीकरणों के सिद्धांत की भी शुरुआत आर्यभट्ट के द्वारा ही की गई। उनके ये सिद्धांत संपूर्ण विश्व में प्रसिद्ध हुए। उन्होंने शून्य जैसी ग्यारह संख्याओं के उच्चारण की पद्धति को भी विकसित किया। उन्होंने बीजगणित में कई संशोधनों व संवर्धनों को भी किया और गणित ज्योतिष के आर्य सिद्धांत को अपने समस्त क्षेत्र में प्रचलित किया। आर्यभट्ट

के द्वारा दशमलव प्रणाली का विकास भी किया गया।

आर्यभट्ट की छवि

आर्यभट्ट ने उन संख्याओं के प्रस्तुतीकरण के लिए एक अंक प्रणाली का भी आविष्कार किया, जो 90,100 संख्याओं को प्रदान करती थी। इन व्यंजनों के द्वारा जिन उच्चतम संख्याओं को अंकित किया गया था, उनका अनुसरण स्वरों के द्वारा 100, 10,000 .... इत्यादि को प्राप्त करने के लिए किया गया। वास्तव में यह प्रणाली 1018 तक संख्याओं को वर्णमाला अंकन के साथ प्रस्तुत करती है।

वर्गाक्षराणिवर्गेऽवर्गेऽवर्गाक्षराणि कातङ्मौ यः।
खद्विनवके स्वरा नववर्गेऽवर्गे नवान्त्यवर्गे वाः॥

देवनागरी वर्णमाला में 25 वर्गीय व्यंजनों (वर्गीकृत व्यंजन) क से लेकर प वर्ग तक, जिसमें कुल मिलाकर पाँच वर्ग, जैसे—क वर्ग इत्यादि 1 से लेकर 25 तक की संख्याओं को प्रस्तुत करते हैं, जैसे निम्न तालिका में दिया गया है—

वर्ग	संख्याओं का प्रतिनिधित्व करनेवाले वर्ण				
क वर्ग	क 1	ख 2	ग 3	घ 4	ङ 5
च वर्ग	च 6	छ 7	ज 8	झ 9	ञ 10
ट वर्ग	ट 11	ठ 12	ड 13	ढ 14	ण 15
त वर्ग	त 16	थ 17	द 18	ध 19	न 20
प वर्ग	प 21	फ 22	ब 23	भ 24	म 25

आर्यभट्ट की इस तालिका पर अपने विचारों को व्यक्त करते हुए इफ्रा (जो एक फ्रांसीसी लेखक और गणित के इतिहासकार हैं, उन्होंने विशेष तौर पर अंकों के लिए काम किया है। एक इतिहासकार होने से पूर्व वह एक अध्यापक थे। इनके द्वारा किए गए संपूर्ण उत्कृष्ट कार्यों का प्रत्यक्ष स्वरूप 'ए यूनीवर्सल हिस्ट्री ऑफ नंबर्स' नामक पुस्तक के रूप में मौजूद है। इस पुस्तक का संसार की विभिन्न भाषाओं में अनुवाद किया गया और इसे अंतरराष्ट्रीय बेस्ट सेलर की सूची में भी शामिल किया गया। अंकों के इतिहास के लिए किए गए उनके कार्यों के लिए जहाँ उन्हें एक तरफ दुनिया भर में प्रसिद्धि मिली, तो कुछ विद्वानों के द्वारा उनकी आलोचना भी की गई।) ने तर्क प्रस्तुत किया कि—"इस बात की बहुत अधिक संभावना है कि कदाचित् आर्यभट्ट को शून्य के लिए सही सूचक व स्थान मूल्य-

प्रणाली के लिए अंकों का ज्ञान हो। हमारी यह परिकल्पना प्रमुख तौर पर दो तथ्यों पर आधारित है—पहला, उनकी वर्णमाला गणन प्रणाली का आविष्कार शून्य अथवा स्थान मूल्य प्रणाली के ज्ञान बिना संभव ही नहीं था और दूसरा, उन्होंने अपनी गणना को वर्गों व घन के मूल के आधार पर किया, जो तब असंभव होता, यदि प्रश्नों में संख्याओं को स्थान मूल्य और शून्य के अनुसार नहीं लिखा गया होता।

आर्यभट्ट के द्वारा पाई का सही-सही मान भी प्रदान किया गया। इस मान के विषय में उन्होंने लिखा कि—

चतुरधिकं षतमष्टगुणं द्वाषष्टिस्तथा सहस्राणाम्।
अयुतद्वयविष्क्म्भस्यासत्रो वृतपरिणाहम्॥

'आर्यभटीयम्' में उन्होंने लिखा कि—

सौ में चार जोड़ें, इसे आठ से गुणा करें और फिर छह हजार दो सौ को जोड़ दें। इसके पश्चात् आपको जो परिणाम प्राप्त होगा, वह बीस हजार व्यास वाले एक वृत्त की परिधि के ठीक बराबर होगा। इस नियम के माध्यम से व्यास के साथ परिधि के संबंध को बताया गया है।

इस प्रकार हमें ज्ञात हुआ कि $\pi = {}^{62832} / {}_{20,000} = 3.1416$ जो आश्चर्यजनक रूप से बिलकुल सही मूल्य है।

आर्यभट्ट का गणित से संबंधित नई-नई आविष्कारिक भेंटों को देने का क्रम समाप्त नहीं हुआ। उन्होंने sines की तालिका भी प्रदान की, जिसमें $90^{0}/24$ के अंतराल पर लगभग मूल्य की गणना की गई और यह बताया कि $90°/24 = 3°\ 45'$। इस मूल्य को ज्ञात करने के क्रम में उन्होंने sin nx और sin (n-1) के संदर्भ में sin (n + 1) x – sin nx के सूत्र का प्रयोग किया।

आर्यभट्ट के द्वारा अंतरिक्ष में ग्रहों की सही-सही स्थिति का पता लगाने के लिए एक क्रमबद्ध तरीका बताया। उन्होंने पृथ्वी की परिधि का माप 62,832 मील बताया, जो कि कमाल का सन्निकटीकरण था। उनका मानना था कि स्वर्ग की स्पष्ट चक्रगति पृथ्वी की अक्षीय चक्रगति के कारण संभव होती है। आर्यभट्ट ने सही प्रकार से सूर्यग्रहण और चंद्रग्रहण के कारणों को स्पष्ट किया। इस काल से पूर्व हिंदू मान्यताएँ यह थीं कि ग्रहण के लगने का कारण राहु नामक दैत्य होता है। एक वर्ष की अवधि के लिए उनकी गणना कि एक वर्ष में 365 दिन, 6 घंटे, 12 मिनट और 30 सेकंड होते हैं, कुछ अधिक ही सिद्ध हुई; क्योंकि एक वर्ष की वास्तविक अवधि 365 दिन, 6 घंटों से कम है।

by = ax + c और by = ax – c स्वरूप के समीकरण की प्रणाली के लिए जहाँ पर a, b जिम्मेदार पूर्णांक हैं, आर्यभट्ट ने कृत्तक पद्धति का प्रयोग किया। 'कृत्तक' शब्द का अर्थ है—खंड-खंड करना और इस पद्धति में समस्या नई समस्याओं में विभक्त करना सम्मिलित था, जहाँ पर गुणांक प्रत्येक चरण के साथ और छोटे होते जाते थे।

भारतीय गणित के इतिहास में आर्यभट्ट के महत्त्व को यदि संक्षिप्त में व्यक्त करना हो तो भास्कराचार्य के निम्न उद्धरण के माध्यम से किया जा सकता है—

"आर्यभट्ट एक ऐसे निपुण व्यक्तित्व थे, जिन्होंने गणित, शुद्ध गति विज्ञान व गोलाकार विज्ञान के अथाह ज्ञान से भरपूर समुद्र की गहराई को मापकर और उसके दूरस्थ किनारे पर पहुँचने के पश्चात् विज्ञान की इन तीन शाखाओं को प्रबुद्ध संसार को सौंप दिया।"

प्राचीन काल में खगोल विद्या और गणित को एक विषय के अंतर्गत श्रेणीबद्ध किया जाता था। आर्यभट्ट एक गणितज्ञ होने के साथ-साथ बहुत निपुण खगोल-शास्त्री भी थे, इसलिए उन्होंने ही इन दोनों विषयों को अलग करने के सर्वप्रथम प्रयास किए। हिंदू धर्म की आकाशीय ग्रहों से संबंधित मान्यताओं को दरकिनार करते हुए आर्यभट्ट ने यह सिद्ध किया कि पृथ्वी गोल है और अपनी धुरी पर घूमती है। इस कारण ही दिन और रात का चक्र चलता है, जैसा कि सर्वविदित है कि इस सिद्धांत की खोज का श्रेय कोपरनिकस को दिया जाता है। लेकिन सत्य तो यह है कि कोपरनिक्स की इस खोज से बहुत पहले ही आर्यभट्ट के द्वारा यह खोज कर ली गई थी। लोगों के बीच यह भी धारणा थी कि सूर्य की भाँति चंद्रमा भी एक प्रकाशमान ग्रह है। आर्यभट्ट ने इस मान्यता को भी गलत साबित करते हुए सिद्ध किया कि चंद्रमा और दूसरे ग्रहों की अपनी कोई रोशनी नहीं है, अपितु सूर्य की किरणें ही उनको प्रतिबिंबित करती हैं।

खगोल-विद्या और गणित-शास्त्र में अपने अमूल्य योगदान के लिए भारत में उनको सदैव अति सम्मान के साथ याद किया जाता है। उनके इसी स्मरणार्थ भारत के पहले उपग्रह का नाम भी उनके नाम पर 'आर्यभट्ट' रखा गया था।

□

इवरिस गाल्वा

जन्म : 25 अक्तूबर, 1811 को फ्रांस में।
मृत्यु : 31 मई, 1832।
महत्त्वपूर्ण योगदान : गाल्वा सिद्धांत व समूह सिद्धांत के संस्थापक, बहुपद के समाधान के लिए पर्याप्त व आवश्यक अवस्था के निर्धारक।

इवरिस गाल्वा एक फ्रेंच गणितज्ञ थे, जिन्होंने फलन के सिद्धांत, समीकरण के सिद्धांत और संख्या सिद्धांत में अपना महत्त्वपूर्ण योगदान दिया। उनके द्वारा किया गया कार्य गाल्वा सिद्धांत और समूह सिद्धांत के लिए आधार बना। 'समूह' शब्द का प्रयोग एक तकनीकी शब्द के तौर पर करनेवाले वे पहले गणितज्ञ थे। उन्होंने इस शब्द का प्रयोग गणित विषय में क्रमवय के एक समूह को इंगित करने के लिए किया।

अभूतपूर्व प्रतिभा के धनी इवरिस गाल्वा का जन्म 25 अक्तूबर, 1811 को फ्रांस में हुआ। वे निकोलस गेब्रियल गाल्वा और एडिलेड मैरी की दूसरी संतान थे। उनके पिता एक बोर्डिंग स्कूल के निदेशक और बोर्ग-ला-रेवी के होनेवाले महापौर भी थे। इवरिस का बचपन बेहद ही खुशहाल व्यतीत हुआ था। बचपन से ही उनकी स्मरण क्षमता अभूतपूर्व थी। किशोरावस्था में ही वे एक बहुपद, जिसका समाधान मौलिकता के द्वारा ही किया जा सकता था, के लिए एक आवश्यक और पर्याप्त अवस्था का निर्धारण करने में सक्षम हो गए थे, इसलिए वे लंबे समय से अपना समाधान तलाश रही समस्या को हल करने में सक्षम बन गए। गाल्वा की माता लैटिन भाषा और सांस्कृतिक साहित्य का अध्ययन निरंतर करती थीं और 12 वर्ष की उम्र

तक गाल्वा को उन्होंने ही शिक्षा प्रदान की। उन्होंने अपने पुत्र में भी उत्कृष्ट साहित्य के ज्ञान को समाहित किया और धर्म के प्रति उनके संशयी रवैए को बलवती किया।

सन् 1823 में उन्होंने पेरिस के कॉलेज रॉयल दे लुईस ले ग्रांड में प्रवेश किया और सत्र के आरंभ में बहुत ही बुरा दौर होने के बावजूद (इस दौरान लगभग 100 विद्यार्थियों को विद्यालय से निष्कासित कर दिया गया) गाल्वा पहले दो वर्षों तक अपना सर्वोत्तम प्रदर्शन करने में कामयाब रहे। उन्होंने इस दौरान लैटिन भाषा में अपने उत्कृष्ट प्रदर्शन के लिए स्वर्ण पदक भी जीता। लेकिन जल्दी ही वे अपने विषयों से ऊब गए और गणित में गंभीरता से रुचि लेने लगे, जिसके परिणामस्वरूप यहीं पर पहली बार उनकी असामयिक गणितीय प्रतिभा उभरकर सामने आई। वहाँ पर उन्होंने लैजेंडरी की पाठ्य-पुस्तक 'एलीमेंट दे ज्योमेटेरे' और लाग्रेंज के द्वारा अंतरीय समीकरणों और विश्लेषणात्मक फलन के विषय पर किए गए कार्यों का अध्ययन किया। गाल्वा के बारे में ऐसा कहा जाता है कि इन पुस्तकों का अध्ययन उन्होंने ऐसे किया। जैसे किसी रोचक उपन्यास का अध्ययन कर रहे हों।

16 वर्ष की उम्र तक इवरिस गाल्वा के बहुत सारे पेपरों का प्रकाशन हो चुका था। इसी दौरान उन्होंने ईकोल पॉलीटेक्निक में प्रवेश पाने हेतु प्रवेश परीक्षा भी दी, लेकिन वे सफल नहीं हो सके। इसके अगले वर्ष इवरिस का भाग्य अच्छा रहा कि उनको एक प्रख्यात अध्यापक, जिनका नाम लुईस पॉल एमिल रिचर्ड था, के मार्गदर्शन में गणित विषय का अध्ययन करने का अवसर मिला, जिन्होंने इवरिस को उपहार-स्वरूप प्राप्त इस असाधारण प्रतिभा को पहचाना। रिचर्ड गाल्वा के गणितीय कार्यों को लेकर बहुत ही उत्साही थे और यह रिचर्ड के उत्साह का ही परिणाम था कि वे गाल्वा के पेपर, जो निरंतर खंड के विषय पर आधारित था, के प्रकाशन की ओर अग्रसर हुए। यह लगभग वही समय था, जब उन्होंने स्वयं बहुपद समीकरणों के सिद्धांत में आधारभूत आविष्कार करना आरंभ किया था। उन्होंने एकेडमी ऑफ साइंस में इस विषय पर आधारित दो पेपरों को भेजा, लेकिन एकेडमी ऑफ साइंस के द्वारा उन्हें प्रकाशित करने हेतु स्वीकार करने से मना कर दिया।

28 जुलाई, 1829 को इवरिस गाल्वा के पिता ने गाँव के पुरोहित के साथ कुछ राजनीतिक विवाद के कारण आत्महत्या कर ली। इस घटना के कुछ समय के पश्चात् ही इवरिस ने पॉलीटेक्निक में प्रवेश पाने हेतु अपना दूसरा और अंतिम प्रयास किया; लेकिन दुर्भाग्य से वे इस बार भी सफल नहीं हो सके। पॉलीटेक्निक में प्रवेश की अनुमति न मिलने के पश्चात् इवरिस ईकोल नॉरमेल में प्रवेश पाने के क्रम में स्नातक की उपाधि प्राप्त करने हेतु दी जानेवाली परीक्षा में बैठे, जिसमें उन्हें सफलता

प्राप्त हुई। उन्होंने 29 दिसंबर, 1829 को अपनी डिग्री प्राप्त की। उनके गणित विषय के परीक्षक ने उनके बारे में रिपोर्ट करते हुए कहा कि यह विद्यार्थी कभी-कभी अपने विचारों को अभिव्यक्त करने में अस्पष्ट जान पड़ता है; लेकिन इसमें कोई संदेह नहीं कि यह बुद्धिमान है और इसने शोध के लिए असाधारण भावना का प्रदर्शन किया है।

गाल्वा का जीवनकाल वह समय था, जब फ्रांस में राजनीतिक उथल-पुथल का दौर जारी था। चार्ल्स X ने सन् 1824 में लुइस XVIII को हराकर विजय प्राप्त कर ली थी; लेकिन सन् 1827 में उनकी पार्टी को बहुत बड़े चुनावी झटके का सामना करना पड़ा और 1830 तक उनकी विरोधी लिबरल पार्टी बहुमत में आ चुकी थी और लुइस फिलिप राजा बन चुके थे। अपने देश की राजनीतिक परिस्थितियों पर गाल्वा के राजतंत्र-विरोधी विचारों ने उनको कॉलेज से निष्कासित करवा कारावास की सजा काटने की दिशा में अग्रसर कर दिया।

गाल्वा ने शीघ्र ही स्कूल छोड़ दिया और राष्ट्रीय रक्षकों की आधुनिक प्रजातंत्रवादी तोपखाने की टुकड़ी में सम्मिलित हो गए। उन्होंने अपने समय को अपने गणितीय कार्य और राजनीतिक संबंधों के बीच बाँट लिया। उनकी टुकड़ी में कुछ विवाद होने के कारण गाल्वा के उस टुकड़ी का सदस्य बनने के कुछ ही समय के बाद 31 दिसंबर, 1830 को राष्ट्रीय रक्षकों के इस तोपखाने को इस डर से भंग कर दिया गया कि संभवत: यह सरकार को अस्थिर कर सकते हैं। ठीक उसी समय गाल्वा की टुकड़ी से पहलेवाली टुकड़ी के उन्नीस अधिकारियों को गिरफ्तार कर लिया और उन पर सरकार का तख्ता-पलट करने का षड्यंत्र रचने के आरोप लगा दिए गए। बाद में वे सभी अपने ऊपर लगे सभी आरोपों से बरी हो गए।

अपने कारावास के दौरान गाल्वा ने अपने गणितीय विचारों को विकसित करना जारी रखा। सिमोन पाइसन की सलाह पर उन्होंने समीकरण के सिद्धांत पर किए गए अपने कार्य को प्रकाशन के लिए प्रस्तुत किया, लेकिन पाइसन ने उनके द्वारा किए गए कार्य को अचिंतनीय घोषित कर दिया। अपने कार्य को इस प्रकार अस्वीकृत किए जाने पर गाल्वा ने हिंसात्मक ढंग से प्रतिक्रिया की और यह निश्चय किया कि वे अपने पेपरों को अकादमी के माध्यम से प्रकाशित करवाने के विचार का परित्याग कर देंगे, इसके बजाय वे इनका प्रकाशन निजी तौर पर अपने मित्र अगस्टे शेवलिर के माध्यम से करवाएँगे।

सन् 1830 के दौर में गाल्वा ने 'बुलेटिन डेस साइंसेज मैथमेटिक्वे ऑफ बरेन दे फेरसूसास'—यह एक समीक्षा थी, जो आमतौर पर केवल प्रतिष्ठित और स्थापित

वैज्ञानिकों के कार्य को ही प्रकाशित करती थी, में अपने अनेक पेपरों को प्रकाशित करवाया। इन लेखों में उनके द्वारा समीकरण के सिद्धांत पर किए गए अधिकतर कार्यों को सम्मिलित किया गया था, जिसे आगे चलकर 'गाल्वा के सिद्धांत' के नाम से जाना गया।

सन् 1831 में एक बार फिर गाल्वा को गैर-कानूनी ढंग से हथियार अपने पास रखने के जुर्म में गिरफ्तार किया गया। 29 अप्रैल, 1832 के दिन उन्हें इस जुर्म की सजा के बाद रिहा किया गया। इसी वर्ष 25 मई को उन्होंने अपने घनिष्ठ मित्र शेवलिर, जो कि ईकोल नॉरमेल के समय से उनके मित्र थे, को एक पत्र लिखते हुए जीवन से अपनी विरक्ति के बारे में बताया। अपने इस पत्र में उन्होंने यह संकेत भी दिया कि उनकी इस विरक्ति का कारण उनके प्रेम संबंध का टूट जाना है। अपने इस पत्र में उन्होंने जिस महिला पर प्रश्न-चिह्न लगाया था, वे स्टेफेनी डोमाटेल थीं। वे उस हॉस्टल में रहनेवाले चिकित्सक की पुत्री थीं, जहाँ पर गाल्वा ने अपने जीवन का अंतिम एक माह का समय व्यतीत किया था।

30 मई, 1832 के दिन गाल्वा ने पिस्तौल के साथ लड़ाई लड़ी और अंतत: अपने पेट में गोली मार ली। जिस स्थान पर गाल्वा ने अपने आपको गोली मारी, वहाँ वे कई घंटों तक बिना किसी चिकित्सकीय सहायता के तब तक पड़े रहे, जब तक वहाँ से गुजरनेवाले राहगीरों ने उनको अस्पताल नहीं पहुँचाया। अस्पताल पहुँचकर भी उन्होंने एक पुरोहित की सेवा लेने से मना कर दिया और पेट की झिल्ली के रोग के कारण उस दिन 20 वर्ष की आयु में अपने प्राण त्याग दिए। उनकी मृत्यु से एक रात पूर्व ही उन्होंने अपने पूर्व स्कूल मास्टर अगस्टे शेविलर को पत्र लिखा, जिसमें उन्होंने अपने दीर्घवृत्तीय पूर्णांक और समूहों के क्रमचय के विषय के बारे में अपने गणितीय विचारों को प्रस्तुत किया।

हरमैन वेल, जो कि एक गणितज्ञ थे, ने इस इच्छा-पत्र के बारे में कहा कि—"यदि इस पत्र की समीक्षा इसमें मौजूद विचारों की विलक्षणता और गंभीरता के आधार पर की जाए तो संभवत: यह मानव द्वारा रचित संपूर्ण साहित्य में से सबसे अधिक ठोस लिखित पत्र है।"

गाल्वा के गणित विषय में दिए गए योगदान को संपूर्ण तौर पर सन् 1843 में तब प्रकाशित करने के लिए आगे किया गया, जब लियोविल के द्वारा उनकी पांडुलिपियों की समीक्षा कर उसे सत्य घोषित किया गया। इसके पश्चात् अंतत: वर्ष 1846 में जर्नल 'दे मैथेमेटिक्यू प्योरे एट एप्लक्वी' के अक्तूबर-नवंबर के अंक में प्रकाशित किया गया। इस पांडुलिपि का गणित के क्षेत्र में सबसे बड़ा और प्रसिद्ध योगदान यह

रहा है कि इसने इसके साक्ष्य प्रस्तुत किए कि क्यूटिनिक सूत्र नहीं है और यह भी कि समीकरण की पाँचवीं और उच्चतम डिग्री को मौलिकता से हल नहीं किया जा सकता।

इसमें कोई आश्चर्य की बात नहीं थी। गाल्वा के द्वारा जो भी कार्य किया गया, उसे केवल 60 पृष्ठों में सम्मिलित कर दिया गया, जो गणित की लगभग सभी शाखाओं के दूरगामी परिणामों से संबंधित महत्त्वपूर्ण विचारों को अपने आप में समाहित किए हुए थे। उनके द्वारा किए गए कार्य की तुलना नील्स एबल, जो एक अन्य गणितज्ञ थे और जिनकी मृत्यु भी बहुत कम उम्र में ही हो गई थी, के काम के साथ की गई और उनके द्वारा किए गए अधिकतर कार्य महत्त्वपूर्ण ढंग से अतिव्यापन किए गए थे।

□

एमी नोथेर

जन्म : 23 मार्च, 1882 को जर्मनी में।

मृत्यु : 14 अप्रैल, 1935 को।

महत्त्वपूर्ण योगदान : इस क्षेत्र में योगदान देनेवाली एमी अत्यंत ही महत्त्वपूर्ण महिला गणितज्ञ थीं, सार बीजगणित एवं सैद्धांतिक भौतिक विज्ञान व वृत्त के सिद्धांत के क्षेत्र में विशेष योगदान दिया, उबेर डाई बिलडुंग डेस फोरमेनसेसटेम्स देर टैरटरेन बिक्वाड्राशेन फॉर्म (त्रिगुट द्विवर्ग प्रारूपों के लिए अपरिवर्तनीय की पूरी प्रणाली पर लिखा गया निबंध), सुम्मा कम लाउडे (बीजगणित के विषय पर लिख गया निबंध)।

एमी नोथेर का गणित विषय में कार्यकाल की अवधि वह समय रहा, जब संपूर्ण विश्व में महिलाओं की स्थिति दयनीय बनी हुई थी। उनको पुरुषों की अपेक्षा घर से बाहर अपनी पहचान बनाने के लिए कई गुना अधिक संघर्ष करना पड़ता था। उनके सामने बहुत सारी चुनौतियाँ होती थीं। कदाचित्, यही परिस्थितियाँ एमी नोथेर के समक्ष भी आईं और उन्होंने अपने निरंतर प्रयासों से उन पर विजय प्राप्त कर अपना नाम विश्व के महत्त्वपूर्ण गणितज्ञों की सूची में सम्मिलित करवा लिया।

एमी नोथेर एक प्रभावशाली जर्मन गणितज्ञ थीं, जिन्हें संक्षेपी बीजगणित और सैद्धांतिक भौतिक विज्ञान के क्षेत्र में अभूतपूर्व योगदान के लिए जाना जाता है। उनके इन क्षत्रों में किए गए कार्य ने उनको नोथेर सूत्र, नोथेरियम वलय और नोथेरियन प्रेरण जैसी अवधारणाओं की ओर अग्रसर किया। अल्बर्ट आइंस्टाइन ने

उनके बारे में कहते हुए कहा कि "वे गणित विषय के इतिहास की सबसे महत्त्वपूर्ण महिला हैं। उन्होंने अपना समस्त जीवन जर्मनी में व्यतीत किया और वहीं पर अपना कार्य भी किया।" एमी का कार्यकाल भी वही था, जिस समय भारतीय गणितज्ञ रामानुजन ने अपने कार्य के द्वारा विश्लेषण और संख्या सिद्धांत में अपना योगदान दिया। लेकिन रामानुजन के कार्यक्षेत्र के विपरीत एमी ने अपना योगदान संक्षेपी बीजगणित और सैद्धांतिक भौतिक विज्ञान के लिए बीजगणित के अनुप्रयोगों के क्षेत्र में दिया। उन्होंने वृत्त के सिद्धांत, क्षेत्र और बीजगणित में क्रांतिकारी विकास को संभव किया। भौतिक विज्ञान के क्षेत्र में नोथेर के सूत्रों ने समरूपता और संरक्षण नियमों में आधारभूत संबंध की व्याख्या की। एमी नोथेर की आधुनिक संक्षेपी बीजगणित के नवीनतम दृष्टिकोण ने न केवल प्रमुख निष्कर्षों को उत्पन्न किया, अपितु विद्यार्थियों और उनके सहकर्मियों, जिन्होंने उनकी तकनीकों का अनुसरण किया, को उच्चतम स्तर के कार्य को पूर्ण करने के लिए प्रेरित भी किया।

एमी नोथेर का पूरा नाम अमली एमी नोथेर था, लेकिन उनको 'एमी नोथेर' के नाम से ही प्रसिद्धि प्राप्त हुई। उनका जन्म 23 मार्च, 1882 को जर्मनी के एर्लांजन में हुआ था। उनके पिता मैक्स नोथेर एर्लांजन विश्वविद्यालय में गणित के प्रोफेसर थे, जबकि उनकी माता इदा एमेलिया कोलोन के एक समृद्ध यहूदी परिवार की पुत्री थीं। एमी का बचपन बवेरिया के एक खुशहाल घर में व्यतीत हुआ। नृत्य और संगीत में उनकी गहरी रुचि थी। इन कलाओं में उनको आनंद की प्राप्ति होती थी। एमी ने अठारह वर्ष की उम्र तक पुत्रियों को उच्चतम शिक्षा प्रदान करनेवाले नगर निगम विद्यालय में शिक्षा ग्रहण की। एमी ने अपनी इस शिक्षा के दौरान फ्रेंच और अंग्रेजी भाषा में अपनी दक्षता का प्रदर्शन किया। वर्ष 1900 के वसंत के मौसम में वे इन भाषाओं की अध्यापिका बनने हेतु दी जानेवाली परीक्षा में भाग लिया और बहुत ही अच्छे अंक प्राप्त किए। उनकी इस योग्यता ने उनको लड़कियों के लिए आरक्षित विद्यालय में इन भाषाओं को पढ़ाने के योग्य बना दिया; लेकिन उन्होंने इस विकल्प को चुनने के बजाय एर्लांजन विश्वविद्यालय में अपनी शिक्षा को जारी रखा। एमी ने जब यह निर्णय लिया तो इसे गैर-परंपरागत निर्णय माना गया, क्योंकि वर्ष 1900 के अंत तक भी जर्मनी में महिलाओं को विश्वविद्यालय में दाखिला पाने की अनुमति प्राप्त नहीं थी। विश्वविद्यालयों में अकसर प्रोफेसरों के द्वारा महिलाओं को उनके व्याख्यानों में सम्मिलित नहीं होने दिया जाता था और यदा-कदा बहुत कम संख्या में महिलाएँ विश्वविद्यालय की परीक्षाएँ दे पाती थीं। एमी के मार्ग में भी ये बाधाएँ आईं, लेकिन ये बाधाएँ भी उनके दृढ़ निश्चय से उन्हें

नहीं हटा पाईं और उन्होंने विश्वविद्यालय में प्रवेश पा लिया। उन्हें प्रवेश परीक्षा में बैठने के लिए प्रोफेसरों की अनुमति लेनी पड़ी, जिसके लिए उन्हें काफी जद्दोजहद करनी पड़ी। अंततः उन्हें अनुमति मिली और वे परीक्षा में बैठीं और उस परीक्षा को एर्लांजन विश्वविद्यालय में गणित विषय के व्याख्यानों की कक्षाओं में सम्मिलित होने के पश्चात् पास भी कर लिया। उसके पश्चात् ही उनको लेखा परीक्षा के पाठ्यक्रमों को पढ़ने की अनुमति मिली—अपनी विश्वविद्यालय की शिक्षा को एमी ने पहले तो एर्लांजन से और फिर गोटिंजन विश्वविद्यालय से पूरा किया। एमी के इन विश्वविद्यालयों में शिक्षा ग्रहण करने के पूर्व इनमें से किसी भी विश्वविद्यालय में महिलाओं को श्रेय प्राप्त करने के लिए कक्षाओं में सम्मिलित होने की अनुमति नहीं दी जाती थी। अंततः सन् 1904 में एर्लांजन विश्वविद्यालय के द्वारा यह निर्णय लिया गया कि वे अन्य नियमित विद्यार्थियों की भाँति महिलाओं को भी विश्वविद्यालय में प्रवेश देंगे और एमी ने एक बार फिर विश्वविद्यालय में प्रवेश किया। उन्होंने पूरी तरह से अपना ध्यान गणित विषय पर केंद्रित करना आरंभ कर दिया। पॉल गोर्डन के मार्गदर्शन में उन्होंने अपने निबंध—'उबेर डाई बिलडुंग डेस फोरमेनसेसटेम्स देर टैरटरेन बिक्वाड्राशेन फॉर्म' (ऑन कंपलीट सिस्टम ऑफ इनवैरीएंट फॉर टेरनरी बिक्वाड्रेटिक फॉर्म। इसका हिंदी में अर्थ है—त्रिगुट द्विवर्ग प्रारूपों के लिए अपरिवर्तनीय की पूरी प्रणाली पर) को पूरा किया। सन् 1908 में उन्होंने बीजगणित के विषय पर जो निबंध लिखा—'सुम्मा कम लाउडे', उसी ने उन्हें डॉक्टरेट की उपाधि दिलवाई।

डॉक्टरेट की डिग्री मिलने के पश्चात् नोथेर विश्वविद्यालय में एक प्रोफेसर के पद पर अध्यापन कार्य करने के योग्य हो चुकी थीं, लेकिन जर्मनी के सदैव कामुकतापूर्ण व्यक्तियों से परिपूर्ण वातावरण ने इस बौद्धिक कुशलता की धनी युवा महिला को किसी भी पद पर नियुक्ति करने हेतु आवेदन करने से भी रोक दिया गया। इस अक्षमता ने उन्हें बहुत ही मायूस कर दिया, लेकिन उन्होंने हार नहीं मानी और अपने पिता को उनके शोध कार्य में सहयोग देना आरंभ कर दिया। इसके साथ ही लगभग सात वर्षों तक नोथेर अरलैगेन विश्वविद्यालय में बिना किसी वेतन के अध्यापन का कार्य करती रहीं। कभी वह अपने पिता के बीमार पड़ जाने पर स्थानापन्न अध्यापक की भाँति भी काम करतीं। इसके पश्चात् सन् 1908 में उनको सिरकोलो मैथेमेटिको दी पलेरमो का सदस्य बनने हेतु निमंत्रण मिला, जिसमें बिना वेतन के कार्य करना था। अपने कार्य को पहचान प्रदान करने के उद्देश्य से उन्होंने स्वयं अपने पेपरों को प्रकाशित करना आरंभ कर दिया, जिनकी उन्हें बहुत

ही अच्छी प्रतिक्रिया प्राप्त हुई। इस प्रतिक्रिया के फलस्वरूप ही उनको बहुत बड़ी संख्या में यूरोपीय सोसाइटी का सदस्य बनने हेतु आमंत्रण प्राप्त हुए, जिसमें जर्मन मैथमेटिकल एसोसिएशन का नाम भी सम्मिलित था। इस संघ की स्थापना जॉर्ज कैनटॉर के द्वारा की गई, लेकिन इन आमंत्रणों के आधार पर उनकी योग्यता सिद्ध होने के पश्चात् भी वह जर्मनी में एक विश्वविद्यालय में ऐसे किसी अध्यापन पद पर नियुक्त नहीं हो सकीं, जिनमें उन्हें उनके अध्यापक के कार्य के लिए वेतन भी मिल सके। सन् 1915 तक नोथेर एक प्रसिद्ध गणितज्ञ बन चुकी थीं और उनके पेपरों को बड़े ही चाव व रुचि के साथ पूरे संसार में पढ़ा जाता था। उनके पेपरों का प्रमुख विषय बीजगणित पर आधारित होता था।

सन् 1915 में एमी नोथेर के गुरु फेलिक्स केलिन और डेविड हिल्बर्ट ने गोटिंजन के गणितीय संस्थान में उनको अपने साथ काम करने के लिए आमंत्रित किया, लेकिन इस बार भी बिना किसी मेहनताने के। वहाँ पर नोथेर ने कुछ ऐसे महत्त्वपूर्ण गणितीय कार्यों में अपनी भागीदारी दी, जिन्होंने सापेक्षता के सामान्य सिद्धांत के प्रमुख भागों की पुष्टि की। नोथेर गोटिंजन पहुँचीं और गणितीय भौतिक विज्ञान में परिवर्तनीयता पर अपना काम आरंभ कर दिया। इसी दौरान केलिन ने गोटिंजन में एक प्रोफेसर के पद पर उनकी नियुक्ति के लिए भरपूर प्रयास किए; लेकिन उनको भी इसके लिए प्रशासन से सन् 1919 तक संघर्ष करना पड़ा, जब तक उनकी अपील को पूरी तरह से स्वीकार नहीं कर लिया गया। एमी अब प्रिवटडाटसेंट (निजी तौर पर शिक्षा देनेवाला शिक्षक) बन चुकी थीं। उनको विद्यार्थियों को पढ़ाने की अनुमति मिल चुकी थी और विद्यार्थी प्रत्यक्ष तौर पर उनको पढ़ाने के एवज में फीस देते थे। सन् 1922 में विश्वविद्यालय ने उन्हें सहायक प्रोफेसर का पद एक छोटे से वेतन के साथ दिया, जिसमें किसी प्रकार का कार्यकाल अथवा लाभ सम्मिलित नहीं था। गोटिंजन आने के कुछ समय के पश्चात् ही हालाँकि वह अपनी बौद्धिक क्षमता और योग्यता का प्रदर्शन उन सूत्रों को सिद्ध करके कर चुकी थीं, जिन्हें 'नोथेर के सूत्र' के नाम से जाना जाता था, जिससे यह प्रदर्शित होता था कि एक भौतिक प्रणाली की किसी भी अंतर–सक्षम समरूपता से संरक्षण नियम जुड़ा होता है।

अमेरिकी भौतिकविद् लियोन एम. लेडरमैन और क्रिस्टोफर टी. हिल ने अपनी पुस्तक 'सेमैट्रे ऐंड द ब्यूटीफुल यूनीवर्स' तर्क करते हुए कहा है कि नोथेर का सूत्र निस्संदेह ही आधुनिक भौतिक विज्ञान के विकास के मार्गदर्शन में सिद्ध किया गया सबसे महत्त्वपूर्ण गणितीय सूत्र है। उनके द्वारा किया गया कार्य गणितीय

भौतिक विज्ञान से परे है। उन्होंने गलोस के सिद्धांत, संक्षिप्त बीजगणित के कई विभिन्न क्षेत्रों और संस्थिति के क्षेत्र में महत्त्वपूर्ण योगदान दिए। नोथेर के बारे में यह कहना अनुचित नहीं होगा कि वह अपने समय की सबसे महान् बीजगणितज्ञ थीं।

बीजगणित के क्षेत्र में नोथेर के अभूतपूर्व कार्य का प्रारंभ सन् 1920 में एक गैर विनिमेय पेपर के साथ हुआ। उनके काम ने उनको खूब प्रसिद्धि प्रदान की। यह उनके काम का ही प्रभाव था कि उनको सन् 1928-29 में मॉस्को विश्वविद्यालय और 1930 में फ्रैंकफर्ट विश्वविद्यालय में अतिथि प्रोफेसर के तौर पर आमंत्रित किया गया। सन् 1932 में एमी नोथेर और एमिल अर्टिन को गणित विषय में अपने योगदान के लिए एकेरमैन ट्यूबनेर मेमोरियल पुरस्कार से सम्मानित किया गया। हालाँकि एमी कभी भी गोटिंजन विश्वविद्यालय में एक नियमित प्रोफेसर के तौर पर अपनी पहचान नहीं बना पाईं, लेकिन वे अध्यापन के कार्य में संलग्न बहुत से यहूदी सदस्यों में से एक थीं, जिन्हें सन् 1933 में नाजियों के द्वारा परिष्कृत किया गया।

अमेरिका में अपनी जमीन से अलग हो चुके जर्मन विद्वानों की सहायता करने हेतु एक आपातकालीन समिति के द्वारा एमी नोथेर के समक्ष एक प्रस्ताव रखा गया कि वे अमेरिका के ब्रन मवर कॉलेज में एक नियमित प्रोफेसर के तौर पर अपनी सेवाएँ प्रदान करें, जिसके लिए उनको रॉकफेलर फाउंडेशन की ओर से वेतन भी दिया गया। यही उनका प्रथम वार्षिक वेतन था। सन् 1934 में इस अनुदान का समय दो वर्ष के लिए बढ़ा दिया गया। यह पहली बार था कि एमी नोथेर को भी एक वेतनभोगी प्रोफेसर माना गया और उनको भी फैकल्टी के सदस्य के तौर पर स्वीकार किया गया। सन् 1934 में नोथेर ने अब्राहम फ्लैक्सनर और ओसवाल्ड वेबलेन के आमंत्रण पर प्रिंस्टोन स्थित इंस्टीट्यूट फॉर एडवांस स्टडी में एक व्याख्यान देना आरंभ कर दिया। इसके साथ ही उन्होंने अब्राहम अल्बर्ट और हैरी वैंडीवेर के साथ काम भी किया। एमी नोथेर का जितना भी समय संयुक्त राज्य अमेरिका में व्यतीत हुआ, वह बहुत ही खुशहाल रहा। वे सदा अपने सहयोगी कर्मचारियों से घिरी रहीं और अपने सबसे प्रिय विषय में डूबी रहीं।

अप्रैल 1935 में डॉक्टरों ने नोथेर के गर्भाशय में ट्यूमर पाया। उनको ऑपरेशन के द्वारा गर्भाशय के ट्यूमर को निकालने के लिए अस्पताल में भरती करवाया गया। यद्यपि ऑपरेशन से नोथेर के गर्भाशय के ट्यूमर को निकाल दिया गया, लेकिन 14 अप्रैल को वे बेहोश हो गईं, जिसके चलते उनको बहुत तेज बुखार भी

हो गया और इस बीमारी का परिणाम यह हुआ कि 14 अप्रैल, 1935 को 53 वर्ष की आयु में उनकी मृत्यु हो गई।

उनकी शोकसभा में वेल ने उनके व्यक्तित्व का वर्णन करते हुए कहा कि— ''विज्ञान के क्षेत्र में उनके द्वारा किए गए कार्य की अमिट छाप और उनके सहकर्मियों के दिलों में बसी उनकी स्मृतियाँ कभी नहीं मिट सकतीं। वे एक महान् गणितज्ञ, अपितु मेरा ऐसा विश्वास है कि महानतम व्यक्तित्व थीं, जिसका निर्माण स्त्री जाति के द्वारा किया गया। उनके जैसी महान् शख्सियत का जन्म कदाचित् ही फिर दोबारा संभव हो। वे एक महान् महिला थीं।''

□

कार्ल गॉसटव जैकोब जैकोबी

जन्म : 10 दिसंबर, 1804 को जर्मनी के पोट्सडैम प्रांत में।

मृत्यु : 18 फरवरी, 1851 को।

महत्त्वपूर्ण योगदान : दीर्घवृत्तीय फलन के सिद्धांत में उनका संस्करण, अंतरीय समीकरण और तर्कसंगत यांत्रिकी–विशेषतः हैमिल्टन-जैकोबी सूत्र में विशेष योगदान, क्यू शृंखला एवं अति ज्यामितीय पर आधारित परिणामों की खोज, कार्यात्मक निर्धारकों पर किया गया उनका कार्य, जिसे जैकोबियन के नाम से जाना गया। पुस्तक 'फंडामेंटा नोवा थ्योरिया फंक्शनम इल्लिपिटिकारम', 'डे डिटरमिनेंटिव्स'।

कार्ल गॉसटव जैकोब जैकोबी एक जर्मन गणितज्ञ थे, जिन्हें अपने समय के सबसे अधिक प्रेरणाप्रद अध्यापक के साथ–साथ अपनी पीढ़ी के महानतम गणितज्ञ के रूप में भी व्यापक तौर पर पहचाना जाता है। वैसे तो उनका नाम गणित के क्षेत्र से संबंधित बहुत सारे आविष्कारों के साथ जुड़ा है, जो उनके इस क्षेत्र में गहराई से रुचि लेने और जी–जान से कार्य करने का प्रतीक है, लेकिन उन्हें सबसे अधिक प्रसिद्धि दीर्घवृत्तीय फलन के सिद्धांत में दिए गए उनके संस्करण के आधार पर प्राप्त हुई है।

कार्ल जैकोबी का जन्म 10 दिसंबर, 1804 को जर्मनी के पोट्सडैम प्रांत में हुआ। वैसे तो उनका संबंध यहूदी परिवार से था, लेकिन जन्म के समय उनको फ्रेंच नाम 'जैक्यू सिमोन' दिया गया। उनके पिता का नाम सिमोन जैकोबी था और वह पेशे से एक बैंकर थे। उनके परिवार की आर्थिक स्थिति अच्छी थी। जैकोबी

को उनकी आरंभिक शिक्षा उनके मामा के द्वारा प्रदान की गई। 12 वर्ष की उम्र से पूर्व ही जैकोबी का प्रवेश पोट्सडैम के उच्च श्रेणी के विद्यालय में करवा दिया गया था। जैकोबी एक होनहार विद्यार्थी थे, इसलिए विद्यालय में अपने प्रथम वर्ष में ही उनको कक्षा के अंतिम वर्ष में प्रवेश दे दिया गया, जैकोबी की बौद्धिक क्षमता इतनी अद्भुत थी कि उन्होंने वर्ष 1816-17 के अंत के करीब पहुँचते ही विश्वविद्यालय में प्रवेश करने की सभी आवश्यक शैक्षिक योग्यता को पूरा कर लिया था। चूँकि बर्लिन विश्वविद्यालय अपने विश्वविद्यालय में 16 वर्ष से कम उम्रवाले विद्यार्थियों को प्रवेश नहीं देता था, इसलिए जैकोबी को वर्ष 1821 के वसंत तक का समय पोट्सडैम के विद्यालय की उसी कक्षा में व्यतीत करना पड़ा, जिसे वे बहुत पहले ही पास कर चुके थे।

अपने स्कूली दिनों में जैकोबी ने गणित की अपने स्तर से ऊपर की पाठ्य पुस्तकें जैसे यूलर की 'इंट्रोडयूसिटियो इन एनैलाइजिन इनफिनिटोरियम' को पढ़ लिया था और उन्होंने मौलिक गणितज्ञों के द्वारा दिए गए क्यूनीटिक इक्वेशन के समाधानों को तलाशने के प्रयास स्वयं करते हुए इस विषय पर अपना शोध भी जारी रखा। सन् 1821 में जैकोबी ने बर्लिन विश्वविद्यालय में प्रवेश लिया और संस्कृति, इतिहास व गणित में उच्चतम अंक प्राप्त करके स्नातक की उपाधि प्राप्त की। सन् 1823-24 के शैक्षिक वर्ष के समाप्त होने के साथ ही जैकोबी ने उन इम्तहानों को भी पास कर लिया, जो उनके लिए एक माध्यमिक स्तर के विद्यालय में गणित, ग्रीक और लैटिन जैसे विषयों को पढ़ाने के लिए आवश्यक थी और ऐसा हुआ भी। उनको माध्यमिक स्तर के विद्यार्थियों को पढ़ाने का प्रस्ताव मिल गया, लेकिन उन्होंने इसे स्वीकार करने के बजाय एक विश्वविद्यालय में पढ़ाए जानेवाले प्रोफेसर की योग्यता को पूरा करने का विकल्प चुना। वर्ष 1825 में उन्होंने डॉक्टरेट ऑफ फिलॉसफी (दर्शनशास्त्र) की डिग्री प्राप्त की। उनका शोध फलन के सिद्धांत की विश्लेषणात्मक चर्चा पर आधारित था। अपनी डॉक्टरेट की डिग्री को प्राप्त करने के पश्चात् उनको बर्लिन के एक अग्रणी विद्यालय जाओस्थिमलशिक विद्यालय में प्राध्यापक के पद पर कार्य करने का प्रस्ताव मिला; लेकिन उनकी डॉक्टरेट की डिग्री के विषय ने उन्हें प्रतिष्ठित शोध पर कार्य करने के योग्य सिद्ध कर दिया।

विश्वविद्यालय में एक प्राध्यापक के तौर पर पद प्राप्त करने के इस क्रम में जैकोबी को अपनी आस्था को यहूदी धर्म से ईसाई धर्म में परिवर्तित करना पड़ा। जैकोबी के द्वारा विश्वविद्यालय में अपना प्रथम व्याख्यान 'वक्रों के विश्लेषणात्मक

सिद्धांत' और 'थ्री डायमेंशनल स्पेस इन सरफेसिस' जैसे विषयों पर दिया गया। उनके व्याख्यान के बाद स्पष्ट तौर पर इस सत्य को देखा और माना गया कि श्रोतागण उनके बोलने के अंदाज में व्याप्त स्पष्टता व जीवंतता के गुण से बहुत अधिक प्रभावित थे। सन् 1826 में वे कोनिग्सबर्ग के पूर्वी शहर चले गए, जहाँ पर उनके लिए भविष्य की बेहतर सुंदर संभावनाएँ प्रतीक्षारत थीं और केवल एक वर्ष के अंतराल में ही वह सह प्रोफेसर के पद तक पहुँच गए और पाँच वर्ष के अल्प समय में ही वह विश्वविद्यालय में गणित विषय में अपनी गहरी परंपरा के साथ पूर्णकालिक प्रोफेसर बन चुके थे। जैकोबी के द्वारा कोनिग्सबर्ग आने से पूर्व ही संख्याओं के सिद्धांत में महत्त्वपूर्ण खोज पूरी की जा चुकी थी। अब उन्होंने जर्मन गणितज्ञ गॉस को पत्र लिखकर अपने घन अवशेष पर किए गए शोध के परिणामों के बारे में बताया। जैकोबी के द्वारा गॉस के द्विघातीय व द्विवर्ग अवशेषों पर किए गए शोध के परिणामों से प्रेरित होकर ही घन अवशेष पर काम किया गया था। गॉस जैकोबी को उनके कार्यों से प्राप्त परिणामों से इतने अधिक प्रभावित हुए कि उन्होंने बेसेल को पत्र लिखकर कहा कि वह युवा जैकोबी के विषय में और अधिक जानकारियाँ मालूम करें। जैकोबी के पास दीर्घवृत्तीय फ़लन के बारे में और भी उत्कृष्ट विचार थे, जिनसे इस विषय पर और बेहतर परिणामों को प्राप्त किया जा सकता था।

सन् 1829 में जब जैकोबी के द्वारा गरमियों की छुट्टियों में पेरिस की यात्रा के दौरान वे लिजेंड्रे व अन्य फ्रेंच गणितज्ञों जैसे फोरियर और पॉसन से भी मिले। पेरिस की अपनी यात्रा के दौरान जैकोबी ने गोट्टिनजेन में गॉस से भी भेंट की। पेरिस में जब वह गणितज्ञ लिजेंड्रे से मिले तो लिजेंड्रे जैकोबी के द्वारा गणित के क्षेत्र में किए गए विकासों से बहुत अधिक प्रभावित हुए। उन्होंने जैकोबी को जवाबी पत्र भेजते हुए कहा कि—

"भद्र पुरुष! आप बहुत ही तीव्रता से विकास के पथ पर अग्रसर हैं। ऐसा लगभग असंभव प्रतीत होता है कि सभी अद्‌भुत कल्पनाएँ आपका अनुसरण करें, विशेष तौर पर तब, जब आप वृद्धावस्था में प्रवेश कर चुके हों।''' मैं अपने आपको बधाई का पात्र मानता हूँ कि मेरा जीवनकाल इतना लंबा हो पाया कि मैं दो समान रूप से शक्तिशाली और योग्य प्रतिभागियों, जिन्होंने अपने प्रयासों को विज्ञान के लाभ में परिवर्तित कर दिया है और जो विज्ञान की सीमिताओं को निरंतर दूर कर उसके नए-नए आयामों का विस्तार करते जा रहे हैं, के बीच हो रही उदार प्रतियोगिता का साक्षी बन पाया।"

जैकोबी के द्वारा दीर्घवृत्तीय फलनों के सिद्धांत पर जो आधारभूत कार्य किया गया, वह चार थेटा फलनों पर आधारित था। इनको उनकी महानतम पुस्तक 'फंडामेंटा नोवा थ्योरिया फंक्शनम इल्लिपिटिकारम' (1829) में विकसित किया गया था और बाद में इसे क्रेले के जर्नल में भी बढ़ाया गया था। गणित के भौतिक विज्ञान में थेटा फलन का आवधिक व निकटतम आवधिक प्रवाहों हेतु उपस्थित विपरीत समस्याओं में उनकी भूमिका के कारण बहुत ही अधिक महत्त्व है।

सन् 1831 में जैकोबी का विवाह मेरी स्केविंक से हुआ। वह एक ऐसे व्यवसायी की पुत्री थीं, जो पहले बहुत ही समृद्ध थे, परंतु निवेश में अपने गलत अनुमानों के आधार पर किए गए विनियोग के कारण अपने समस्त सौभाग्य को गँवा चुके थे। इन वर्षों के दौरान जैकोबी के अपने पिता का भी देहांत हो गया; हालाँकि स्वयं जैकोबी की आर्थिक स्थिति भी बहुत ही अच्छी थी, लेकिन उनके पिता के देहांत के बाद गंभीर वित्तीय समस्याएँ उनके सामने खड़ी हो गईं और एक समय ऐसा भी आया कि क्षमता से बहुत अधिक काम के बोझ से जूझते जैकोबी स्वयं भी तनावग्रस्त और बीमार रहने लगे।

सन् 1832 में जैकोबी को पदोन्नत किया गया और उन्हें पूर्ण प्रोफेसर का पद प्रदान कर दिया गया। सन् 1834 में जैकोबी के द्वारा सिद्ध किया गया कि यदि एक अवयव को आवधिक तौर पर दो गुना कर दिया जाए तो अवधि का अनुपात अवास्तविक होता है। इस परिणाम ने इस क्षेत्र में और अधिक कार्य करने हेतु कई गणितज्ञ, विशेष तौर पर लियोविले और कॉची को प्रेरित किया। उन्होंने अंतरीय समीकरण और तर्कसंगत यांत्रिकी, विशेषत: हैमिल्टन-जैकोबी के सिद्धांत के अध्ययन में, अपना महत्त्वपूर्ण योगदान दिया। उन्होंने थेटा फलन के कई आधारभूत गुणों, जिसमें कार्यात्मक समीकरण व जैकोबी का ट्रिपल प्रोडक्ट सूत्र के साथ-साथ क्यू शृंखला एवं अति ज्यामितीय तथा अन्य परिणामों की भी खोज की। जैकोबी के द्वारा प्रथम क्रम के आंशिक अंतरीय समीकरण में महत्त्वपूर्ण शोध किए गए और उनको गति विज्ञान के अंतरीय समीकरणों पर लागू किया। जैकोबी ने निर्धारकों पर भी काम किया और कार्यात्मक निर्धारकों पर अपने शोध को पूर्ण किया, जिसे अब 'जैकोबियन' के नाम से जाना जाता है। कार्यात्मक निर्धारकों, जिन्हें उनके नाम से पहचाना गया, पर काम करनेवाले जैकोबी पहले गणितज्ञ नहीं थे। कार्यात्मक निर्धारकों का प्राकट्य पहली बार सन् 1815 में कॉची के पेपरों में हुआ, हालाँकि जैकोबी ने सन् 1841 में 'डे डिटरमिनेंटिव्स' नामक संस्मरण पुस्तक लिखी, जिसे निर्धारक के लिए ही समर्पित किया गया था। कई अन्य

समीकरणों को सिद्ध करने के साथ यह भी साबित किया कि यदि द चर में द फलन के समूह कार्यात्मक रूप से संबंधित होते हैं तो जैकोबियन तदानुरूप शून्य होता जाता है, हालाँकि यदि फलन स्वतंत्र होते हैं तो जैकोबियन तदानुरूप शून्य नहीं हो सकता।

वे संख्या सिद्धांत के दीर्घवृत्तीय फलनों को लागू करनेवाले प्रथम गणितज्ञ थे। उदाहरण के लिए, फर्मेट के दो वर्गीय सूत्र और लाग्रेंज के चार वर्गीय तथा इसी प्रकार छह और आठ वर्ग के परिणामों को सिद्ध करना। संख्या सिद्धांत में जैकोबी के द्वारा किए गए अन्य कार्यों में सी.एफ. गॉस के द्वारा किए गए काम; द्विघात पारस्परिकता के नए प्रमाण को आगे बढ़ाना। इसके साथ ही जैकोबी चिह्न से परिचित करवाना, उच्च पारस्परिकता नियम में योगदान, निरंतर खंड की जाँच-पड़ताल, जैकोबी संचय का आविष्कार भी सम्मिलित है।

सन् 1842 में विज्ञान के विकास के लिए ब्रिटिश संघ की वार्षिक भेंट के लिए गए प्रतिनिधिमंडल में एक नाम जैकोबी का भी था। जब वे पेरिस के मार्ग से कोनिसबर्ग वापस लौट रहे थे तो इस बीच उन्होंने एकेडमी डेस साइंसेज में अपना एक व्याख्यान भी प्रस्तुत किया। इन वर्षों में जैकोबी को खराब सेहत की समस्या से भी गुजरना पड़ा। उनको मधुमेह की बीमारी से रू-ब-रू होना पड़ा। अपने डॉक्टर की सलाह पर उन्होंने कुछ समय इटली में बिताने का निर्णय किया, जहाँ के अच्छे मौसम के प्रभाव से उनकी सेहत में सुधार आने लगा। वर्ष 1844 के जून माह तक वह बर्लिन आ गए, हालाँकि उनकी सेहत उनको इस बात की अनुमति प्रदान नहीं कर रही थी कि वह लगातार काम करें, फिर भी उन्होंने बर्लिन विश्वविद्यालय में अपने व्याख्यानों का दौर जारी रखा; लेकिन वर्ष 1848 के समय तक भी इस जर्मन गणितज्ञ के लिए स्थितियों में कुछ खास सुधार नहीं हुआ। सन् 1848 में एक राजनीतिक भेंटवार्त्ता के दौरान जैकोबी के द्वारा कुछ ऐसी असावधानीपूर्ण टिप्पणियाँ की गईं, जिन्होंने सरकार के समक्ष इनकी संदेहजनक छवि को पेश किया। इसका परिणाम यह भी हुआ कि कुछ समय के लिए उनकी पेंशन को निलंबित कर दिया और उनके द्वारा विश्वविद्यालय से संबंधित किए गए और किए जा रहे प्रयासों में शिक्षा मंत्रालय के द्वारा अवरोध उत्पन्न कर दिया गया। अपनी बिगड़ती आर्थिक स्थिति को देखते हुए जैकोबी को बर्लिन छोड़ने का निर्णय लेने को बाध्य होना पड़ा। जैकोबी और उनका परिवार बर्लिन जैसे बड़े शहर को छोड़कर गोथा जैसे छोटे शहर में जाकर बस गया, जहाँ पर जीवन को बसर करने के लिए बर्लिन की अपेक्षा कम धन की आवश्यकता पड़ती थी। वर्ष 1849 के अंत तक उनको

विएना विश्वविद्यालय में प्रोफेसर के पद पर कार्य करने का प्रस्ताव मिला।

जनवरी 1851 में वह गंभीर रूप से नजले की बीमारी के शिकार हो गए। इसके साथ-साथ उनको चेचक ने भी आ घेरा। इन बीमारियों के कारण ही 46 वर्ष की आयु में 18 फरवरी, 1851 को उनका देहांत हो गया। जैकोबी अपनी मृत्यु के बाद पांडुलिपियों का ऐसा विशाल संग्रह पीछे छोड़ गए थे, जिसे कुछ समय के अंतराल पर 'क्रेल जर्नल' में प्रकाशित किया जाता रहा।

□

कार्ल फ्रेडरिक गॉस

जन्म : 30 अप्रैल, 1777 को।

मृत्यु : 23 फरवरी, 1855 को।

महत्त्वपूर्ण योगदान : 1 से 100 तक की संख्याओं का जोड़ (बिना गणना के), 17 भागोंवाले बहुभुज का निर्माण, द्विघातीय समीकरण की समाधेयता के निर्धारण को संभव करना, पुस्तकें 'डिस्क्वीटीशन अर्थमेटिका', 'थियोरिया मोटस कोरपोरम कोलेस्टियम इन सेक्शनीबस कोनिक्स सोलेम एंबेटियम।'

कार्ल फ्रेडरिक गॉस एक जर्मन गणितज्ञ थे, जिनका जन्म 30 अप्रैल, 1777 को ब्रंसविक (जर्मनी) में कामकाजी व गरीब माता-पिता की संतान के रूप में हुआ। उनकी माता अशिक्षित थीं, लेकिन गॉस विलक्षण प्रतिभा के धनी बालक थे और गणित के लिए उनकी प्रकृति के द्वारा उपहार-स्वरूप प्रदान की गई योग्यता का प्राकट्य शीघ्र ही हो गया।

एक प्रमाणित कहानी के अनुसार, माता-पिता की तीन संतानों में से एक गॉस की अद्‌भुत अंकगणितीय क्षमता का प्रदर्शन सर्वप्रथम तब हुआ, जब उन्होंने अपने पिता के वेतन की गणना में हुई त्रुटि को सबके सामने रखा। उनकी अंकगणित से संबंधित गणना करने की शक्ति ने उनके विद्यालय के सहपाठियों को इतना अधिक अचंभित किया कि दस वर्ष की उम्र में ही उनके विद्यालय के शिक्षकों ने स्पष्ट कर दिया कि उनके पास इस बालक को सिखाने के लिए अब कुछ भी शेष नहीं बचा है। गॉस के विषय में ऐसा कहा जाता है कि अपनी अंकगणित

की पहली कक्षा में ही उन्होंने अपने अध्यापक बटनर व उनके सहायक मार्टिन बर्टेल को अंकगणित के उस प्रश्न का हल देकर आश्चर्यचकित कर दिया, जिसका हल तलाशने में वे काफी समय से व्यस्त थे। उनका प्रश्न था कि 1 से लेकर 100 तक की संख्या का कुल जोड़ क्या होगा? नन्हे गॉस ने बाद में स्वीकार किया कि उनके लिए यह इतना सरल इस प्रणाली को समझने के बाद हो गया। अपनी प्रणाली को उन्होंने इस प्रकार समझाया—1 + 100 = 2 + 99 = ... 50 + 51 = 101 चूँकि यहाँ पर संख्याओं के पचास जोड़े विद्यमान हैं, जिनमें से प्रत्येक का जोड़ 101 है तो सभी संख्याओं का जोड़ अवश्य ही 50 × 101 = 5050 होना चाहिए।

सन् 1788 में गॉस ने बटनर और बर्टेल की सहायता से यूरोप की उच्च श्रेणी की पाठशाला में अपनी शिक्षा आरंभ की, जहाँ पर उन्होंने जर्मन और लैटिन भाषा का अध्ययन किया। गॉस की बौद्धिक क्षमता ने ब्रंसविक के ड्यूक को अपनी ओर आकर्षित किया, जिन्होंने गॉस को सन् 1792 से लेकर 1795 तक पढ़ने के लिए कॉलेजियम कार्लोलिनियम भेजा और 1795 से लेकर 1798 तक गोटिनजेन विश्वविद्यालय में अध्ययन करने हेतु भेजा।

विश्वविद्यालय में अपने अध्ययन के दौरान गॉस ने स्वतंत्र रूप से कई महत्त्वपूर्ण सूत्रों की पुन: खोज की। गॉस का अपनी सफलता के क्रम को उस स्तर तक जारी रखा, जहाँ पर वह प्रत्येक सूत्र में सफलता पाने के उत्तराधिकारी बन गए। उनकी प्रत्येक नई खोज पहली खोज से आगे बढ़कर नए कीर्तिमानों को स्थापित करती गई। केवल यूक्लेडियन के उपकरणों, अर्थात् केवल मापक और परकार के साथ एक साधारण बहुभुज का निर्माण करने की समस्या को लंबे समय तक इस मान्यता के आधार पर दरकिनार किया जाता रहा कि प्राचीन समय में इस बाबत सभी संभव निर्माणों को किया जा चुका है। वर्ष 1796 में गॉस ने दिखाया कि 17 भागोंवाले बहुभुज का निर्माण करना संभव है, यूक्लिड के समय से लेकर गॉस के समय तक इस क्षेत्र में किया गया यह पहला विकास था और अंतत: इस खोज ने गॉस को भाषा-विज्ञान के स्थान पर गणित के क्षेत्र में अपना कॅरिअर बनाने हेतु प्रेरित किया। गॉस इस परिणाम से इतने अधिक प्रसन्न थे कि उन्होंने यह अपील की कि उनकी कब्र के पत्थर पर एक नियमित सप्तभुज की आकृति को उकेरा जाए। वर्ष 1796 गॉस और संख्याओं के सिद्धांत दोनों के लिए ही ऐसा वर्ष था, जिसमें उन्होंने कई आविष्कारों को अपने नाम किया।

30 मार्च को उन्होंने सप्तभुज के निर्माण की खोज की। इसके अतिरिक्त

उन्होंने प्रमापीय अंकगणित का विकसित रूप प्रस्तुत किया और संख्याओं के सिद्धांत में बहुत ही सरलतम गणनाओं की खोज भी की। द्विघाती पारस्परिकता नियम को सिद्ध करनेवाले पहले व्यक्ति गॉस ही थे। उनके इस आश्चर्यचकित करनेवाले नियम ने ही गणित के लिए प्रमापीय अंकगणित में किसी भी द्विघातीय समीकरण की समाधेयता के निर्धारण को संभव बनाया। गॉस वापस लौटकर ब्रंसविक आए, जहाँ वर्ष 1799 में उनको डिग्री प्राप्त हुई।

ब्रंसविक के ड्यूक के द्वारा गॉस को दिए जानेवाले वजीफे को जारी रखने की स्वीकृति देने के पश्चात् उन्होंने यह अपील की कि गॉस हैमस्ड विश्वविद्यालय में डॉक्टरेट शोध जमा करवाएँ। गॉस के द्वारा जमा किए गए शोध में बीजगणित के आधारभूत सूत्रों पर चर्चा की गई थी, जिसमें सर्वप्रथम 1629 में गिरार्ड के आविष्कार पर चर्चा की गई, उसके पश्चात् वर्ष 1746 में डी. एलमबर्ट के द्वारा किए गए आविष्कार को अधूरा सिद्ध किया गया और बाद में 1749 में यूलर के आविष्कार को भी सम्मिलित किया गया था। इस सूत्र में यह कहा गया था कि n डिग्री का बीजगणितीय समीकरण वास्तव में n का मिश्रित मूल होता है। गॉस के लिए यह सूत्र सदैव ही प्रिय बना रहा और उन्होंने इसके सभी चार विभिन्न प्रदर्शनों को प्रस्तुत किया। उन्होंने वर्ष 1801 की गरमियों में 'डिस्क्वीटीशन अर्थमेटिका' नामक पुस्तक को प्रकाशित किया। इस पुस्तक ने गॉस को पहली श्रेणी के गणितज्ञों की सूची में सम्मिलित कर दिया।

गॉस की सबसे असाधारण उपलब्धि गणित के बजाय सैद्धांतिक खगोल विज्ञान में रही। उन्नीसवीं शताब्दी की पहली रात 1 जनवरी, 1801 को इटली के खगोलज्ञ पियाज्जी ने सबसे छोटे कहे जानेवाले ग्रह गेरेस की खोज की। लेकिन इस नई खोज के बाद, जिसे केवल सूक्ष्मदर्शी के द्वारा देखा जा सकता था, सूर्य के गुजरने के बाद न तो पियाज्जी और न ही कोई अन्य खगोल-शास्त्री दोबारा उसकी तलाश कर पाए। पियाज्जी ने अपने इस अवलोकन को अगले 41 दिनों तक जारी रखा, जिसके दौरान ग्रहों का पथ अपने पथ से सूर्य के पीछे छिपने से पूर्व 9 डिग्री के कोण पर बाहर की ओर आ गया। जैक ने इसकी स्थिति के बारे में बहुत सी भविष्यवाणियों को प्रकाशित किया, जिसमें से एक गॉस के द्वारा भी की गई भविष्यवाणी थी, जो कि अन्यों से बिलकुल अलग थी। जब गेरेस को जैक के द्वारा 7 दिसंबर, 1801 को पुनः खोजा गया तो उसका स्थान लगभग वही था, जैसा कि गॉस ने भविष्यवाणी की थी।

9 अक्तूबर, 1805 को गॉस का विवाह जोहाना ऑस्टोफ से हुआ। पहली

बार अपने व्यक्तिगत सुखी जीवन के बावजूद गॉस को सबसे दुःखद घड़ी का सामना भी इसी दौरान करना पडा, जब उनके जीवन में एक महत्त्वपूर्ण भूमिका अदा करनेवाले ब्रंसविक के ड्यूक की पर्शियाई सेना से युद्ध के दौरान हत्या कर दी गई। सन् 1807 में गॉस को ब्रंसविक गोट्टिन वेधशाला में अध्यक्ष के पद को लेने के लिए छोड़ना पड़ा। गॉस वर्ष 1807 के अंत में गोट्टिन आए। वर्ष 1808 में गॉस के पिता का देहांत हो गया और उसके एक वर्ष के पश्चात् ही गॉस की पत्नी भी उनके दूसरे पुत्र को जन्म देने के पश्चात् चल बसी। लेकिन ऐसा प्रतीत होता है कि अपने व्यक्तिगत जीवन की त्रासदियों से उन्होंने अपने काम को कभी भी प्रभावित नहीं होने दिया।

वर्ष 1809 में उन्होंने अपनी दूसरी पुस्तक 'थियोरिया मोटस कोरपोरम कोलेस्टियम इन सेक्शनीबस कोनिकस सालेम ऐंबेटियम' को प्रकाशित किया, जिसके दो विशाल संस्करण खगोलीय पिंड की गति पर प्रकाशित हुए। पहले संस्करण में उन्होंने विभिन्न समीकरणों, कोनिक सेक्शन (शंकव प्रखंड) और दीर्घवृत्तीय ग्रह-पथ के बारे में चर्चा की। जबकि दूसरे संस्करण में कार्य का प्रमुख भाग उनका यह प्रदर्शन था कि किस प्रकार से इसका अनुमान लगाया जाए और किस प्रकार से एक ग्रह के ग्रह-पथ के अनुमान में सुधार किया जाए। सैद्धांतिक खगोल-विज्ञान में उनका योगदान वर्ष 1817 के बाद बंद हो गया, हालाँकि 70 वर्ष की आयु तक उन्होंने अवलोकन करना जारी रखा।

सन् 1818 में गॉस से कहा गया कि वे हैनोवर राज्य का भू-गणित सर्वेक्षण वहाँ पर मौजूद डैनिश ग्रिड के साथ जोड़कर करें। गॉस ने इस प्रस्ताव को खुशी-खुशी स्वीकार किया और इस सर्वेक्षण का कार्यभार व्यक्तिगत तौर पर अपने ऊपर ले लिया। इस सर्वेक्षण के कारण ही गॉस ने हेलीओट्रोप का आविष्कार किया, जो सूर्य की परावर्ती किरणों का प्रयोग कर अपना काम करता था। इसको बनाने के लिए शीशे के एक डिजाइन और एक छोटे से सूक्ष्मदर्शी का प्रयोग किया गया था। हैनोवर में किए गए सर्वेक्षण ने गॉस की विभिन्न प्रकार की ज्यामिति में रुचि को बढ़ा दिया। यह गणित का एक ऐसा क्षेत्र था, जिसका संबंध आकृतियों और सतहों से था।

अन्य चीजों के साथ-साथ गॉस ने गॉसियन आकृति की धारणा का भी आविष्कार किया। गॉस ने यह दावा भी किया कि उन्होंने गैर-यूक्लेडियन रेखागणित की संभावनाओं की भी खोज की है, लेकिन यह कभी प्रकाशित नहीं हुई। यह खोज गणित के क्षेत्र में एक बड़ा बदलाव लेकर आई। इसने गणितज्ञों को इस गलत

मान्यता से मुक्त कर दिया कि ज्यामितीय समानुरूपता और गैर-असंगत का निर्माण करने के लिए केवल एक मार्ग है, वह है यूक्लिड का सिद्धांत।

वर्ष 1931 में गॉस ने भौतिक विज्ञान के प्रो. विल्हेम वेबर के साथ कई महत्त्वपूर्ण निष्कर्षों को प्रदान करनेवाले सहकार्य को विकसित किया, जिन्होंने उन्हें आकर्षण शक्ति के नए ज्ञान और ऊर्जा में क्रिश्शोफ के सर्किट नियम की खोज करने की ओर अग्रसर किया। लेकिन इस दौरान उनका स्वास्थ्य धीरे-धीरे खराब होने लगा और 23 फरवरी, 1855 की सुबह के समय इस महान् गणितज्ञ की मृत्यु हो गई।

□

कार्ल वेयरस्ट्रॉस

__जन्म__ : 31 अक्तूबर, 1815 को जर्मनी में।

__मृत्यु__ : 19 फरवरी, 1897 को बर्लिन, जर्मनी में।

__महत्त्वपूर्ण योगदान__ : विश्लेषक फलनों के सिद्धांत व शक्ति श्रृंखला के रूप में उनके प्रस्तुतीकरण में महत्त्वपूर्ण योगदान, आधुनिक विश्लेषक के जनक, प्रकाशित कार्य– 'रिमार्क्स ऑन द एनेटिकल्स फैक्टोरियल', 'कंट्रीब्यूशंस टू द थ्योरी ऑफ अबेलियन इंटेग्रल्स'।

कार्ल वेयरस्ट्रॉस एक जर्मन गणितज्ञ थे, जिन्होंने गणित के फलनों पर काम कर इनसे संबंधित समझ को विस्तारित किया। कार्ल को 19वीं शताब्दी में किए गए गणितीय विश्लेषणों के क्षेत्र में सबसे सर्वोत्तम कार्य को संसार के समक्ष प्रस्तुत करने का श्रेय जाता है। इसलिए उनको महानतम गणितीय विश्लेषक माना जाता है। कार्ल विश्लेषक फलनों के सिद्धांत व शक्ति–श्रृंखला के तौर पर उनके प्रस्तुतीकरण के जाने–माने संस्थापकों में भी एक हैं। उन्होंने दिखांया कि निरंतर फलनों की उपस्थिति तब भी रहती है, जब अंतराल में किसी प्रकार का यौगिक पद मौजूद न हो। कार्ल को अपने काम में सबसे बड़ी सफलता तब प्राप्त हुई, जब उन्होंने सन् 1854 में विपरीत अति दीर्घवृत्तीय पूर्णांक की समस्या को हल करते हुए एक पेपर लिखा। इसके साथ ही उन्होंने कलन के प्रारंभिक स्तर के लिए नए संशोधनों के बारे में सोचा और उनकी रचना की। गणितज्ञ कार्ल वेयरस्ट्रॉस ने स्वतंत्र तौर पर फलन के मूलभूत सूत्र को एक जटिल अवयव के तौर पर सिद्ध किया। कार्ल की प्रशंसा करते हुए उनके साथी गणितज्ञ हेरमाइट ने कहा कि हम सभी के बीच वे एक मुखिया के तौर पर हैं। कार्ल को प्रायः 'आधुनिक विश्लेषण

के जनक' की भी उपाधि दी जाती है। कलन के आधुनिक समय में हुए विकास और विश्लेषण में जो उच्चतम स्तर के प्रमाण और परिभाषाएँ मौजूद हैं, वे उनकी छवि का प्रतिबिंब हमारे समक्ष स्वतः ही रख देती हैं।

कार्ल, जिनका पूरा नाम कार्ल थियोडोर विल्हेम वेयरस्ट्रॉस था, का जन्म 31 अक्तूबर, 1815 को जर्मनी के म्यूनस्टर जिले के ऑस्टनफील्ड नामक स्थान पर हुआ था। वे विल्हेम वेयरस्ट्रॉस और थ्योड्रा फोस्ट की सबसे बड़ी संतान थे। उस समय उनके पिता फ्रांस में सीमा-शुल्क अधिकारी थे। अपने संपूर्ण जीवनकाल में वेयरस्ट्रॉस परिवार की आस्था पूरी तरह से उदारवादी कैथोलिक धर्म में बनी रही। कार्ल के एक भाई थे, जिनका नाम पीटर था। उनकी दो बहनें भी थीं, जिनका नाम कलारा और एलिस था। सन् 1826 में उनकी बहन एलिस के जन्म के कुछ समय बाद ही कार्ल की माता की मृत्यु हो गई। उनके पिता ने उनकी माता की मृत्यु के एक वर्ष के बाद ही दोबारा शादी कर ली। उनकी नई माँ पूरी तरह से एक जर्मन गृहिणी थी। संभवतः उनका अपने सौतेले बच्चों की बौद्धिक क्षमता के विकास पर किसी प्रकार का कोई प्रभाव नहीं पड़ा था। दूसरी तरफ कार्ल के पिता एक बुद्धिमान और शिक्षित व्यक्ति थे, जो किसी समय में अध्यापक के पद पर रह चुके थे और उन्होंने अपनी नेकी और बिना किसी पक्षपात के अपने अधिकारों का इस्तेमाल करने के लिए समाज में अपनी साफ-सुथरी छवि बनाई हुई थी। उनकी इच्छा थी कि उनका पुत्र अच्छी शिक्षा प्राप्त करे और प्रशासनिक सेवा के क्षेत्र में अपने कॅरिअर को आगे बढ़ाए, जिससे कि वह अपना जीवन आराम से बिता सके। कार्ल के जन्म के कुछ समय पश्चात् ही उनका परिवार, जिसमें उनकी अपनी माता भी थीं, वेस्टर्नकोटन, वेस्टफेलिया में जाकर बस गए, जहाँ पर उनके पिता एक नमक की संस्था में सीमा-शुल्क अधिकारी के पद पर नियुक्त हुए। उस समय माध्यमिक विद्यालय की व्यवस्था नहीं थी, कार्ल का दाखिला पास के म्युएंस्टर में शिक्षा ग्रहण करने के लिए करवाया गया।

14 वर्ष की उम्र में कार्ल ने पेडर्बोर्न स्थित वेधशाला में प्रवेश किया। इस वेधशाला में अध्ययन करते समय कार्ल ने बही खाता लेखक के तौर पर अंशकालिक नौकरी करते हुए भी अपना अव्वल स्थान बनाए रखा। कार्ल ने अपने परिवार की आर्थिक रूप से सहायता करने के लिए अपनी नौकरी जारी रखी। वेधशाला में अपने अध्ययन के दौरान ही कार्ल की रुचि गणित में हुई। वे गणित में महारत हासिल कर उस स्थान पर पहुँच गए, जहाँ पर पहुँचने की उम्मीद उनके लिए किसी ने भी नहीं की थी। वे नियमित रूप से क्रिरिल जर्नल को पढ़ते और अपने

छोटे भाई को भी गणित का ज्ञान देते। कार्ल ने अपनी स्कूली शिक्षा को पूरा आनंद लेते हुए पूर्ण किया और बहुत सारे मित्र बनाए। वे पाठ्यक्रम को पूर्ण करने के लिए तय किए गए समय से कम अवधि में ही पूरे पाठ्यक्रम को पढ़ और समझ लेते, जिससे शिक्षा के दौरान उनकी उत्कृष्ट बौद्धिक क्षमता का परिचय मिला।

कार्ल ने सन् 1834 में अपनी स्नातक की शिक्षा पूर्ण की और 19 वर्ष की उम्र में उन्होंने बोन विश्वविद्यालय में प्रवेश किया। उनके पिता ने उनको कानून व वाणिज्य के विषयों में अपनी आगे की पढ़ाई करने के लिए दबाव बनाया, जिससे कि उनका भविष्य सुरक्षित हो सके, हालाँकि कार्ल अब भी इस दुविधा में थे कि वे अपने पिता की आज्ञा मान लें अथवा अपने मनपसंद विषय में अपनी आगे की शिक्षा को पूरा करें। उनके अंतर्मन में चल रही इस दुविधा का परिणाम यह निकला कि वह न तो उस कोर्स की कक्षाओं में बैठ पाए, जिसमें उन्होंने दाखिला लिया था और न ही अपनी पसंद के विषय गणित की ही कक्षाओं में उपस्थित हो सके। इसके विपरीत, उन्होंने लकड़ी फेंकने के खेल में अपना मन लगाया और जर्मन पब्स में लोगों के साथ घुलने-मिलने की आदत को पालकर अपना समय व्यर्थ ही व्यतीत कर दिया, यद्यपि इस बीच उन्होंने अपने आप गणित का अध्ययन भी जारी रखा और लाप्लेस की पुस्तक 'मेकैनिक्स सेलेस्टी' को पढ़ा और इसके पश्चात् उन्होंने जैकोबी के द्वारा दीर्घवृत्तीय फलनों पर किए गए कार्य को भी पढ़ा। उन्होंने गडरमैन के द्वारा दिए गए व्याख्यानों की पांडुलिपि को पढ़ा और दीर्घवृत्तीय फलन सिद्धांत में आवश्यक पद्धति को समझा।

चार वर्ष के पश्चात् कार्ल बिना डिग्री लिये ही अपने घर वापस आ गए। उनके पिता अपने पुत्र की इस असफलता से निराश हो गए और उन्होंने यह तय किया कि उनके पुत्र को प्रशासनिक सेवा में नहीं, अपितु एक अध्यापक के तौर पर अपने कॅरिअर को आगे बढ़ाना चाहिए। इस क्षेत्र में ही वह अपना बेहतर प्रदर्शन कर सकेगा। एक अध्यापक बनने हेतु आवश्यक प्रमाण-पत्रों को एकत्र करने के लिए कार्ल ने सन् 1839 में म्युएंस्टर स्थित धार्मिक और दार्शनिक अकादमी में पढ़ाई आरंभ कर दी। अकादमी में शिक्षा ग्रहण करने के दौरान उन पर गणितज्ञ क्रिस्टोफ गडरमैन का प्रभाव पड़ा, जिन्होंने दीर्घवृत्तीय फलन पर एक कोर्स पढ़ाया, जिसे पढ़ने में अकेले कार्ल ने ही दिलचस्पी दिखलाई। गणितज्ञ गडरमैन ने कार्ल को गणित विषय में अपने अध्ययन को आगे बढ़ाने के लिए खूब प्रोत्साहित किया। 26 वर्ष की उम्र में कार्ल वेयरस्ट्रॉस ने एक शिक्षक बनने हेतु आवश्यक प्रमाण-पत्र को प्राप्त करने के लिए होनेवाली परीक्षा दी। उन्होंने गडरमैन से कहा कि वे उनको

गणित का एक ऐसा प्रश्न हल करने के लिए दें, जो आम तौर पर गणित के विषय में डॉक्टरेट की उपाधि पाने के लिए दी जानेवाली परीक्षा में पूछा जाता है। अपनी इस परीक्षा में कार्ल का प्रदर्शन इतना अच्छा रहा, जिसे देखकर गणितज्ञ गडरमैन ने कार्ल वेयरस्ट्रॉस के लिए यह सिफारिश की कि उनको माध्यमिक विद्यालय के विद्यार्थियों को पढ़ाने के बजाय विश्वविद्यालय में गणित विषय पढ़ाने की अनुमति दी जाए, हालाँकि अधिकारियों ने उनकी इस सिफारिश पर ध्यान नहीं दिया और सन् 1841 में कार्ल ने प्रोबेशनरी अवधि पर म्युएंस्टर स्थित एक वेधशाला में पढ़ाना आरंभ कर दिया। लेकिन उस वर्ष के बाद उनको उसी के समान दूसरे स्कूल, जो डेस्चर-क्रौन नामक स्थान पर स्थित था और यह बिलकुल अलग-थलग अनजाना सा स्थान था, जो कि पश्चिम दिशा में पड़ता था, पर अपना काम करने के लिए जाना पड़ा। यहाँ पर वे बच्चों को गणित के अलावा जर्मन, भूगोल, लेखन कला और व्यायाम जैसे विषयों का भी ज्ञान देते। दिन के समय वे बच्चों को पढ़ाने का कार्य करते, शाम के समय वे मधुशाला में जाते और रात के समय गणित विषय पर काम करते। कभी-कभी तो वे पूरी रात काम करते हुए ही व्यतीत कर देते।

कार्ल के द्वारा गणित विषय पर किया गया पहला कार्य 'रिमार्क्स ऑन द एनेटिकल्स फैक्टोरियल' को विद्यालय के द्वारा प्रकाशित किए जानेवाले प्रकाशन में प्रकाशित किया गया। इस जर्नल के सीमित मात्रा में प्रसार ने कार्ल के गणित के क्षेत्र में किए गए इस मौलिक योगदान को उतनी तीव्रता से पहचान नहीं मिली, जैसेकि मिलनी चाहिए थी। इस कार्य को लोगों की नजरों में आने (विशेष तौर पर प्रबुद्ध वर्ग के लोगों की) के लिए एक दशक से अधिक समय लग गया। सन् 1848 में कार्ल रॉयल कैथोलिक वेधशाला में पढ़ाने के लिए ब्राउंसबर्ग चले गए। इस समय तक व नेल्स हैनरिक एबल्स के द्वारा किए गए कार्यों में रुचि लेने लगे थे। अपने नए पद पर आसीन होने के कुछ समय बाद ही उन्होंने वेधशाला से प्रकाशित होनेवाले जर्नल में अपना एक पेपर प्रकाशित करवाया, जिसका शीर्षक था—'कंट्रीब्यूशंस टू द थ्योरी ऑफ अबेलियन इंटेग्रल्स'। एक बार फिर जर्नल के सीमित संख्या में प्रकाशन ने उनकी खोज की ओर लोगों का ध्यान आकर्षित नहीं किया।

सन् 1853 की गरमियों के समय कार्ल ने अपनी छुट्टियों को अपने पिता के वेस्टर्नकोटन स्थित घर पर रहकर व्यतीत किया। इस दौरान उन्होंने अबेलियन फलन पर एक और पेपर लिखा, जिसे उन्होंने इस बार क्रिरिल जर्नल में प्रकाशित करवाने के लिए भेजा। यह वही जर्नल था, जिसे वे अपने स्कूल के दिनों से पूरे

उत्साह के साथ नियमित तौर पर पढ़ते आ रहे थे। उनका यह पेपर जब सन् 1854 में छपा तो कार्ल को रातोरात प्रसिद्धि मिल गई। अबेलियन फलन के इन संस्मरणों ने सनसनी फैला दी। यह एक ऐसे स्कूल मास्टर की कलम से जनमी उत्कृष्ट कृति थी, जो ऐसे अनजाने गाँव में रहता था, जिसके बारे में बर्लिन के किसी भी व्यक्ति ने कभी सुना भी नहीं था। कार्ल ने सफलतापूर्वक हाइपर-दीर्घवृत्तीय पूर्णांकों पर आधारित एक समस्या का हल तलाश लिया और अपने आपको वास्तविक तौर पर एक महान् गणित के विश्लेषक के रूप में स्थापित कर दिया। जोहानिसबर्ग विश्वविद्यालय ने कार्ल वेयरस्ट्रॉस को सम्मानित करने के लिए डॉक्टरेट की डिग्री प्रदान की और ब्राउंसबर्ग की वेधशाला ने उनको छुट्टियाँ प्रदान कीं, जिससे कि वे गणित विषय पर किए जा रहे अपने कार्य को पूरा समय दे सकें। कार्ल वेयरस्ट्रॉस के सम्मान में वेधशाला के निदेशक रिचेल्ट के द्वारा आयोजित रात्रिभोज में रिचेल्ट ने यह दावा किया कि हमें श्री वेयरस्ट्रॉस के रूप में अपना प्रधान मिल गया है। इसी वर्ष उनके पहले पेपर 'रिमार्क्स ऑन द एनेटिकल्स फैक्टोरियल' को क्रिरिल जर्नल में पुनः प्रकाशित करवाया गया और अंततः उनको अपने इस कार्य के लिए उपयुक्त पाठक वर्ग प्राप्त हुआ। उस समय 'क्रिरिल जर्नल' के संपादक बोचार्ट संसार के सबसे महान् विश्लेषक को बधाई देने के लिए शीघ्रता से ब्राउंसबर्ग की ओर रवाना हुए।

सन् 1856 में उन्हें बर्लिन स्थित रॉयल पॉलीटेक्निक स्कूल में प्रोफेसर के पद पर नियुक्त किया गया। इस समय उनको एक साथ दो पदों पर नियुक्ति के पत्र प्राप्त हुए। एक, बर्लिन विश्वविद्यालय में सहायक प्रोफसर के पद पर नियुक्ति और दूसरा, बर्लिन अकादमी में सदस्यता प्रदान किए जाने का पत्र। बर्लिन में अपने कार्यकाल के दौरान वेयरस्ट्रॉस अध्यापन के कार्य पर अपना अधिक ध्यान केंद्रित रखा। उनके द्वारा दिए जानेवाले व्याख्यानों में विद्यार्थियों की उपस्थिति बहुत बड़ी संख्या में होती थी। कार्ल वेयरस्ट्रॉस ने यह भी प्रदर्शित किया कि अनंत शृंखला का एक पूर्णांक जब शृंखला का क्षेत्र समान रूप से दिए गए क्षेत्र के अंतर्गत होता है तो वह अलग-अलग शब्दोंवाले पूर्णांकों के योग के बराबर होता है। सन् 1861 में वेयरस्ट्रॉस ने एक फलन को प्रदर्शित किया, जो एक अंतराल पर भी अपनी निरंतरता को बनाए रखा हुआ था; लेकिन इस अंतराल के किसी भी बिंदु पर व्युत्पन्न को आविष्ट नहीं करता। इससे पूर्व यह कल्पना कर लेता है कि एक सतत रूप से जारी फलन के अधिकतर बिंदुओं पर व्युत्पन्न अवश्य होता है। सन् 1863 में उन्होंने गॉस के सूत्र के लिए एक साक्ष्य प्रस्तुत किया कि मिश्रित संख्याएँ वास्तविक

संख्याओं की केवल बीजीय विनिमेय विस्तार होती हैं। सन् 1864 में वेयरस्ट्रॉस को पदोन्नति मिली और वे विश्वविद्यालय में पूर्ण रूप से प्रोफेसर बन गए। प्रोफेसर बनने के पश्चात् उन्होंने अपने अन्य पदों से त्याग-पत्र दे दिया। वे अपने बहुत से शोध कार्यों को पुस्तक के रूप में लोगों के समक्ष लाने के लिए इच्छुक नहीं थे, लेकिन विश्लेषणात्मक फलनों के विषय पर उनके विचार व्यापक तौर पर निबंधों और उनके विद्यार्थियों के द्वारा लिखे गए अन्य लेखों के माध्यम से प्रचलित हुए। अंततः सन् 1886 में जी.एच. हैल्फन, जो कार्ल वेयरस्ट्रॉस के विद्यार्थी थे, ने वेयरस्ट्रॉस के दीर्घवृत्तीय फलनों पर उनके द्वारा की गई विस्तृत चर्चा को 'थ्योरे डेस फंक्शन ऐलेपीक्यू एट डेस लेयोर एप्लीकेशंस' के शीर्षक से प्रकाशित करवाया।

कार्ल वेयरस्ट्रॉस अपने विद्यार्थियों के बीच में बहुत ही प्रसिद्ध थे। वे हमेशा अपने विद्यार्थियों की मदद के लिए उपस्थित रहते थे और उनकी प्रत्येक समस्या को पूरी गंभीरता से सुनते और उसका हल देते थे, फिर चाहे वह समस्या गणित विषय से संबंधित हो अथवा व्यक्ति विशेष से उनके अंदर महान् व्यक्ति होने का तनिक भी घमंड नहीं था। वे अपने किसी विद्यार्थी के साथ खुशी-खुशी घर जाने के लिए तैयार हो जाते थे। जब वे अपने कुछ समर्पित विद्यार्थियों के साथ एक टेबल पर शराब के गिलास के साथ बैठते तो उनकी खुशी का ठिकाना नहीं होता। उस समय वे स्वयं को भी एक ऐसा विद्यार्थी महसूस करते, जो खुशी से अपने अध्ययन में तल्लीन है और सबके मना करने पर भी सबके लिए परोसी गई शराब का बिल स्वयं ही भरते। सोनया कोवालेस्कया उनकी सबसे प्रिय छात्रा थी। वे दोनों सन् 1870 में मिले थे। उस समय कार्ल की उम्र 55 वर्ष थी और सोनया 20 वर्ष की थी और रूस से जर्मनी गणित विषय में शिक्षा ग्रहण करने के लिए आई थी। लेकिन विश्वविद्यालय में उसको कक्षाओं में बैठने की अनुमति इसलिए नहीं प्राप्त हुई, क्योंकि वह एक महिला थी। इसलिए वेयरस्ट्रॉस ने उसे निजी तौर पर कई वर्षों तक गणित की शिक्षा प्रदान की। आगे चलकर सोनया को फ्रेंच एकेडमी ऑफ साइंस द्वारा दिए जानेवाले पुरस्कार से भी सम्मानित किया गया।

वेयरस्ट्रॉस ने विभिन्न भेदोंवाले कलन के क्षेत्र में उन्नति के लिए कई महत्त्वपूर्ण कार्य भी किए। इसके लिए उन्होंने विश्लेषण के उपकरण का उपयोग किया, जिन्हें उन्होंने ही स्वयं विकसित किया था। वेयरस्ट्रॉस इस सिद्धांत का संपूर्ण पुनर्सूत्रीकरण करने में सफल रहे और अपने इस कार्य के द्वारा उन्होंने कलन के भेदों के आधुनिक अध्ययन के लिए मार्ग प्रशस्त किया। वेयरस्ट्रॉस के द्वारा जो भी काम किया गया, उसका 19वीं और 20वीं शताब्दी पर बहुत ही गहरा

प्रभाव पड़ा और उन्होंने शोधकार्यों के माध्यम से जो भी निष्कर्ष प्रस्तुत किए, उनमें से अधिकतर परंपरागत कलन पाठ्यक्रमों का अब भाग बन चुके हैं। वेयरस्ट्रॉस 30 वर्षों तक बर्लिन विश्वविद्यालय का हिस्सा बनकर रहे। बर्लिन में एक गणितज्ञ और प्रोफेसर के तौर पर उनका कार्य समय-समय पर उनकी पुरानी बीमारी के कारण बाधित होता रहा। सन् 1860 के दौर में उनको चक्कर आने की बीमारी लगी, जो समय के साथ-साथ बढ़ती चली गई और इसके पश्चात् वे क्रोनिक ब्रोंकाइटिस और शिरा प्रदाह नामक बीमारी से भी ग्रस्त हो गए। इन बीमारियों के चलते ही सन् 1894 में वह व्हीलचेयर से बँध गए। 19 फरवरी, 1897 को उनकी लंबी बीमारी के बाद भारी नजले कारण मौत हो गई। कार्ल वेयरस्ट्रॉस उम्र भर कुँआरे रहे। उनकी मृत्यु के पश्चात् उनको एक कैथोलिक कब्रिस्तान में उनकी दो बहनों के पास ही दफना दिया गया, जिनके साथ उन्होंने अपने जीवन का अधिकतर समय व्यतीत किया था।

□

कुरत गोडल

__जन्म :__ 28 अप्रैल, 1906 को ब्रनो, ऑस्ट्रिया-हंगरी, जो अब चेक गणराज्य में है।

__मृत्यु :__ 14 जनवरी, 1978 को प्रिंसटोन, न्यू जर्सी, संयुक्त राज्य अमेरिका में।

__महत्त्वपूर्ण योगदान :__ शीघ्र तार्किक प्रत्यक्षवादी समूह के रचयिता, पुनरावर्ती फलन व सत्य की अवधारणा के रचयिता, पुस्तक 'इनकंप्लीटनेस थ्योरम', 'कंसिस्टेंसी ऑफ द ऐक्सीअम ऑफ चॉइस' और 'ऑफ द जनरलाइजड कंटीमम—हाइपरथीसिस विद द ऐक्सीअम ऑफ सेट थ्योरी' (1940)।

कुरत फ्रेडरिक गोडल एक ऑस्ट्रियन तर्कशास्त्री, गणितज्ञ और दार्शनिक थे। सोलोमन फेफरमैन के शब्दों में—''कुरत गोडल ने अपनी उपलब्धियों के माध्यम से अपने आपको उस स्थान पर स्थापित कर लिया था, जहाँ पर उनका स्थान सर्वोच्च और अतुलनीय हो गया था। उनकी तुलना उस समय के किसी भी प्रसिद्ध और प्रतिभाशाली व्यक्ति से नहीं की जा सकती थी। वे हमारे समय के सबसे महत्त्वपूर्ण तर्कशास्त्री थे। उन्होंने गणितीय तर्क में आधुनिक गणितीय युग की स्थापना की। उस समय तक उनके अधूरे सूत्र गणितीय तर्क के क्षेत्र में सबसे बड़ी उपलब्धि माने जाते थे। संभवत: इनकी महत्ता भी ठीक उसी प्रकार थी, जिस प्रकार बीसवीं शताब्दी में अरस्तू द्वारा गणित के क्षेत्र में इस समाज को दिए गए कुछ महत्त्वपूर्ण सूत्रों की थी। गोडल के द्वारा जो दार्शनिक कार्य किया गया, उसमें उन्होंने गणितीय प्लेटोवाद

का निरूपण और उसका बचाव किया। अपने इस बचाव में उन्होंने इस मत को भी सम्मिलित किया कि गणित एक वर्णनात्मक विज्ञान है और इस आधार पर गणितीय सत्य की अवधारणा उद्देश्यात्मक अवधारणा है। अपने इन्हीं मतों के आधार पर उन्होंने एक तय सिद्धांत के अंतर्गत वैचारिक विश्लेषण के कार्यक्रम की नींव रखी।

कुरत गोडल का जन्म 28 अप्रैल, 1906 को ब्रनो, जिसे अब चेक गणराज्य के नाम से जाना जाता है, में रोडाल्फ गोडल और मारियान गोडल के जातीय जर्मन परिवार में हुआ। कुरत गोडल के पिता रोडाल्फ गोडल ने अपने बचपन में किसी प्रकार की औपचारिक शिक्षा नहीं ली थी; लेकिन उन्होंने ब्रनो में एक टेक्सटाइल फर्म के निदेशक व भागीदार की भूमिका बखूबी निभाकर अपने लिए समाज में एक सम्मानजनक स्थान बना लिया था। उनकी माता मारियान हाउच, राइनलैंड से थीं। वे गुस्ताव हाउच की पुत्री, जो टैक्सटाइल का व्यवसाय करते थे। गोडल दंपती की दो संतानें थीं और दोनों ही पुत्र थे। उनके बड़े पुत्र का नाम पिता के नाम पर रोडाल्फ रखा गया, जबकि छोटे पुत्र का नाम कुरत था।

ऐसा कहा जा सकता है कि कुरत का बचपन खुशहाल रहा। उनको अपनी माता से बेहद लगाव था और जब उनकी माँ घर पर उनके पास नहीं होतीं तो वे डरे हुए और परेशान हो जाते। आठ वर्ष की उम्र में ही उन्होंने मेडिकल के विषय पर आधारित पुस्तकों को पढ़ना आरंभ कर दिया और यह पता लगाया कि एक कमजोर दिल के कारण विभिन्न प्रकार की कठिनाइयों का सामना करना पड़ता है। परिवार में नन्हे कुरत को सब 'हेर वारम' (श्रीमान क्यों) के नाम से पुकारते। उनको यह नाम उनकी अतृप्त जिज्ञासाओं के कारण दिया गया था।

सन् 1912 से लेकर 1916 तक कुरत ने ब्रनो स्थित एवानजेलिच वोल्क्सचुले, जो कि एक लुथेरियन स्कूल था, से शिक्षा ग्रहण की और उसके पश्चात् सन् 1916 से लेकर 1924 तक ड्योचेस स्टास रियलजिनेजियम में पढ़ाई की। वहाँ पर पढ़ते हुए उन्होंने अपने सभी विषयों, विशेषत: गणित, भाषा और धर्म में उत्कृष्ट प्रदर्शन दिखाया। ब्रनो स्थित वेधशाला से अपनी शिक्षा पूर्ण करने के पश्चात् उन्होंने स्नातक की उपाधि प्राप्त करने के लिए विएना विश्वविद्यालय में दाखिला लिया। उस समय तक भी वे यह तय नहीं कर पाए थे कि वे गणित के विषय के विशेषज्ञ बनना चाहते हैं अथवा सैद्धांतिक विज्ञान के? लेकिन ठीक उन्हीं दिनों फर्टवेंगलर के द्वारा दिए गए उन व्याख्यानों का, जिन्हें कुरत ने भी सुना, पर बहुत ही गहरा प्रभाव पड़ा और इनके कारण ही कुरत गोडल ने यह निश्चय किया कि वे प्रमुख विषय के तौर पर गणित का ही चुनाव करेंगे। इस समय के दौरान उन्होंने गणितीय यथार्थवाद के विचार

को अपनाया। उन्होंने कांत की 'मेटाफिजिक्से अनफंग्सग्रुरुडे देर नेटरवेसेनशैफ्ट' नामक पुस्तक का अध्ययन किया और वियाना सर्कल में मोरियज स्क्लिक, हंस हन व रोडाल्फ कार्नेप के साथ भाग लिया। उनके इस ग्रुप को शीघ्र तार्किक प्रत्यक्षवादी समूह (ए बंच ऑफ लॉजिकल पॉविटिस्ट) के नाम से पहचाना जाने लगा और यूरोपीय दार्शनिकता में तार्किक प्रत्यक्षवादिता का विचार एक आंदोलन की भाँति फैल गया।

बर्ट्रेंड रसेल की पुस्तक 'इंट्रोडक्शन टू फिलॉसफी' को पढ़कर उनकी रुचि गणितीय तर्क के विषय के बारे में जानने में हुई। सन् 1929 में 23 वर्ष की उम्र में उन्होंने हंस हन के मार्गनिर्देशन में अपनी डॉक्टरेट की उपाधि प्रथम क्रम के फलन कलन की पूर्णता को सिद्ध करके प्राप्त की। सन् 1930 में उनको डॉक्टरेट की डिग्री से नवाजा गया। सन् 1930 के दशक के मध्य तक वे अपने ज्ञान का प्रसार करने तथा और ज्ञान अर्जित करने हेतु संयुक्त राज्य तक जा चुके थे और प्रायः प्रिंसटोन विश्वविद्यालय में व्याख्यान भी देते थे। प्रिंसटोन विश्वविद्यालय में ही उनकी मित्रता अल्बर्ट आइंस्टाइन से हुई और वे दोनों अच्छे मित्र बने। सन् 1931 में गणितज्ञ कुरत गोडल को अपनी पुस्तक 'इनकंप्लीटनेस थ्योरम' नामक पुस्तक के प्रकाशन से प्रसिद्धि मिली, जिसे 'गोडल के सूत्र' के नाम से भी जाना गया। उनके द्वारा प्राप्त निष्कर्षों को 'अबेर फोर्मल अनस्चेदबेयर साज देर प्रिंसपिया मैथेमैटेसिया अंड वरवॉनडेर सिस्टेमेटे' (औपचारिक तौर पर प्रिंसिपिया मैथेमैटेसिया के अनिर्णित प्रस्ताव और संबंधित प्रणालियाँ) के नाम से जाना गया। उनके इस पेपर में यह प्रदर्शित किया गया था कि अंकगणित की कोई भी स्वयंसिद्ध प्रणाली सत्य होती है, लेकिन वह ऐसा कथन होता है, जिसे सिद्ध नहीं किया जा सकता—और इसलिए इसके आधार पर यह भी सिद्ध किया कि कोई भी औपचारिक प्रणाली सदैव अपूर्ण रहती है। इसने तत्कालीन मौजूद सभी विचारों के गणित का संपूर्ण विषय को उचित अभिधारणाओं अथवा स्वयं-सिद्ध सत्यों के साथ सलीके से क्रमबद्ध किया जा सकता है, को रेंगने के लिए विवश कर दिया।

गोडल को उनके अभूतपूर्व अपूर्णता के सूत्र के आधार पर सन् 1923 में उनकी पोशाक को प्रदान किया गया और 1933 में विएना विश्वविद्यालय में एक प्रिवाटेंजोटर से भी नवाजा गया। 20वीं शताब्दी में गणित में गोडल का यह निष्कर्ष एक ऐतिहासिक घटना थी, जिसने यह प्रदर्शित किया कि गणित एक ऐसा विषय है जिसका कभी भी समापन नहीं हो सकता, जैसा कि लोगों का विश्वास था, जो अब भी बना हुआ है और आनेवाले समय में भी यह इसी प्रकार बना रहेगा। उनके निष्कर्ष में इस बात का

भी खुलासा किया गया कि किसी भी कंप्यूटर के प्रोग्राम को इस प्रकार से कभी भी सेट नहीं किया जा सकता कि वह गणित के सभी सवालों का जवाब देने में सक्षम हो जाए। जोन वॉन न्यूमन ने लिखा कि आधुनिक तर्क में कुरत गोडल की उपलब्धि विचित्र और महत्त्वपूर्ण है। वास्तविकता यह है कि वह महत्त्वपूर्ण से भी बहुत अधिक है। यह एक ऐसी अविस्मरणीय उपलब्धि है, जो समय और स्थान से परे सदैव अपने अस्तित्व को बनाए रखने वाली है। तर्क का विषय निस्संदेह ही अपनी प्रकृति और गोडल की उपलब्धि के साथ की संभावनाओं को पूरी तरह से बदल देने वाला है।

सन् 1933 में गोडल ने अमेरिका की गणित के क्षेत्र से जुड़े सभी लोगों के समाज के वार्षिक सम्मेलन को संबोधित किया। हालाँकि यह वही वर्ष था, जब हिटलर सत्ता में आया; लेकिन करत राजनीति में अधिक रुचि नहीं लेते थे, इसलिए उन पर इसका खास प्रभाव नहीं पड़ा। इस वर्ष गोडल ने कंप्यूटेबिलिटी और पुनरावर्ती के फलन के विचार को उस बिंदु तक विकसित किया, जहाँ पहुँचकर उन्होंने सामान्य पुनरावर्ती फलन और सत्य की अवधारणा की रचना की और इस विषय पर एक व्याख्यान दिया। सन् 1934 में गोडल ने प्रिंसटोन, न्यू जर्सी स्थित इंस्टीट्यूट फॉर एडवांस स्टडी (आई.ए.एस.) में व्याख्यानों की एक शृंखला पेश की, जिसका शीर्षक था—'ऑन अनडिसाइडेबल प्रोपोजिशंस ऑफ फॉर्मल मैथेमेटिकल सिस्टम्स' गोडल के द्वारा दिए गए इन व्याख्यानों को बाद में स्टीफन क्लीन के द्वारा प्रकाशित किया गया। सन् 1938 में गोडल ने गोटिनजेन की यात्रा की, जहाँ पर उन्होंने अपने समूह सिद्धांत के विषय पर किए गए शोध पर व्याख्यान दिया। अपनी इस यात्रा से वापस विएना आने पर उन्होंने एडेल पोकर्ट से विवाह किया, जो उनसे छह वर्ष बड़ी थीं।

मार्च 1938 में ऑस्ट्रिया भी जर्मनी का एक भाग बन गया और द्वितीय विश्व युद्ध शुरू होने के बाद गोडल को इस डर से अपना देश छोड़ना पड़ा कि संभवत: उनको भी जर्मन सेना में भरती न होना पड़े। इसलिए सन् 1940 में वे अपनी पत्नी के साथ संयुक्त राज्य अमेरिका के लिए रवाना हो गए। संयुक्त राज्य अमेरिका में बसने के बाद गोडल ने एक बार फिर बहुत से महत्त्वपूर्ण कार्यों का निर्माण किया। उस समय उनके द्वारा किए गए कार्य में उनकी उत्कृष्ट कृतियाँ 'कंसिस्टेंसी ऑफ द एक्सीअम ऑफ चॉइस' और 'ऑफ द जनरलाइज्ड कंटीमम—हाइपरथीसिस विद द एक्सीअम ऑफ सेट थ्योरी' (1940) भी सम्मिलित थी, जो आधुनिक गणित की उत्कृष्ट कृतियाँ मानी जाती हैं। सन् 1940 से लेकर 1946 तक वे इंस्टीट्यूट फॉर एडवांस स्टडी के सामान्य सदस्य भी रहे। सन् 1948 में गोडल को अमेरिकी नागरिकता भी प्रदान कर दी गई और 1953 में वह आई.ए.एस. के नियमित सदस्य भी बना दिए

गए। सन् 1953 से लेकर अपनी मृत्यु तक वह प्रिंसटोन के अध्यक्ष के पद पर बने रहे। उस पद पर बने रहने के दौरान आई.ए.एस. ने उनके साथ एक अनुबंध भी किया था, जिसमें यह कहा गया था कि इस पद पर बने रहने के दौरान उन पर कॉलेज में व्याख्यान देने की किसी प्रकार की ड्यूटी लागू नहीं होगी।

अपने जीवन के अंतिम समय में गोडल को मानसिक अस्थिरता और गंभीर बीमारी का सामना करना पड़ा। उनके भीतर इस बात का डर समा गया था कि कोई उनको जहर दे देगा। अपने इस डर के कारण वे केवल वही खाना खाते, जो उनकी पत्नी ऐडेल उनके लिए पकातीं। सन् 1977 के अंतिम दौर में गोडल की पत्नी ऐडेल बीमार पड़ गईं और उनको छह माह तक अस्पताल में रहना पड़ा और इस दौरान वह अपने पति के लिए खाना नहीं बना सकीं। अपनी पत्नी की अनुपस्थिति में गोडल ने खाना खाने से इनकार कर दिया। बिना भोजन के उनकी स्थिति इतनी खराब हो गई कि भूख की वजह से उनकी मृत्यु के हालात बन गए और 14 जनवरी, 1978 को उनकी मृत्यु हो गई। गोडल के मृत्यु प्रमाण-पत्र, जिसे 14 जनवरी, 1978 को प्रिंसटोन अस्पताल से जारी किया गया था, में यह लिखा हुआ था कि उनकी मृत्यु कुपोषण और बकवाद के चलते हुई। उनको यह बीमारी व्यक्तित्व अशांति के कारण हुई थी।

अपने कार्यकाल के दौरान गोडल को बहुत सारे सम्मान व पुरस्कार मिले। सन् 1951 में उनको आइंस्टाइन पुरस्कार और 1974 में 'नेशनल मेडल ऑफ साइंस' से सम्मानित किया गया। इसके अतिरिक्त वह संयुक्त राज्य अमेरिका स्थित नेशनल एकेडमी ऑफ साइंस के सदस्य भी रहे और रॉयल सोसाइटी के साथ भी जुड़े रहे। वे इंस्टीट्यूट ऑफ फ्रांस के सदस्य रहे और रॉयल एकेडमी के साथ जुड़े होने के साथ लंदन मैथेमेटिकल सोसाइटी के सम्मानित सदस्य भी रहे। गोडल के सम्मान में विएना विश्वविद्यालय ने सन् 1987 में कुरत गोडल सोसाइटी की स्थापना की, जिसका काम तर्क, दर्शनशास्त्र और गणित विषय के इतिहास के क्षेत्र में होनेवाले शोध कार्य को प्रोत्साहन देना था। सन् 2008 में टी.वी. चैनल बी.बी.सी. के द्वारा तैयार वृत्तचित्र 'डेंजरेस नॉलेज' को भी कुरत गोडल पर केंद्रित किया गया था।

□

क्रिस्टियान हुइजेंस

जन्म : 14 अप्रैल, 1629 को।

मृत्यु : 8 जुलाई, 1695 को।

महत्त्वपूर्ण योगदान : प्रकाश की तरंगों का सिद्धांत, यंत्र विज्ञान, शनि ग्रह के चंद्रमा का आविष्कार, पेंडुलम का आविष्कार, पुस्तकें 'होरोलोजियम ओसिलेटोरियम सिव डे मोटू पेंडूलेरियम', 'ऑन रीज़िनिंग इन द गेम ऑफ चांस', 'वर्क ऑन द कोलिजन ऑफ इलास्टिक बॉडीज', 'ट्रेटे दे ला लुमेरे' (ट्रिटाइज ऑन लाइट), 'कॉसमोदोरोस' (मृत्यु के पश्चात् प्रकाशित)।

क्रिस्टियान हुइजेंस एक प्रख्यात डच भौतिक-शास्त्री, गणितज्ञ, खगोल-शास्त्री और आविष्कारक थे। उनका नाम विशेष तौर पर प्रकाश की तरंगों के सिद्धांत के अग्रणी समर्थकों की सूची में शामिल किया जाता है। उन्होंने यंत्र विज्ञान में भी अपना महत्त्वपूर्ण योगदान दिया। खगोलशास्त्र के क्षेत्र में उन्होंने टाइटन (शनि ग्रह के सबसे बड़े चंद्रमा) का आविष्कार किया। इसके साथ-साथ शनि ग्रह के अवलोकित दीर्घीकरण के शनि ग्रह के वलय की भाँति प्रस्तुतिकरण की ठीक प्रकार से पहचान करनेवाले क्रिस्टियान पहले व्यक्ति नहीं थे, पैंडुलम घड़ी का आविष्कार भी इन्होंने ही किया। सामान्यत: उनको अपने आविष्कारों के लिए जो ख्याति प्राप्त होती थी, वह अपकेंद्री बल से प्राप्त होती थी, फिर चाहे वह ख्याति कणों के संघटन के नियम, आधुनिक कलन के विकास में उनकी भूमिका और ध्वनि-बोध के लिए किए गए उनके वास्तविक अवलोकन के लिए हो। वे

हुइजेंस ही थे, जिन्हें प्रथम सैद्धांतिक भौतिक-शास्त्री माना गया, क्योंकि भौतिक विज्ञान में पहली बार उन्होंने ही सूत्रों का प्रयोग किया था।

क्रिस्टियान हुइजेंस का जन्म 14 अप्रैल, 1629 को हेग में हुआ। वे कंस्टेंटीजिन हुइजेंस और सुजैना वैन बारले की दूसरी संतान थे। क्रिस्टियान हुइजेंस एक बहुत ही महत्त्वपूर्ण संपन्न परिवार से संबंध रखते थे। उनके पिता ने प्राकृतिक दर्शनशास्त्र का अध्ययन किया था और वे एक राजनयिक थे। उनके माध्यम से ही नन्हे क्रिस्टियान को बचपन से ही उस समय विज्ञान के क्षेत्र में कार्यरत शीर्षस्थ व प्रख्यात लोगों को सान्निध्य प्राप्त हुआ। क्रिस्टियान के पिता की उस समय के महान् गणितज्ञों जैसे मैरसेन्ने और डेसकार्टेस के साथ भी मित्रता थी। क्रिस्टियान को अपने बचपन में उनके साथ भी समय व्यतीत करने का अवसर प्राप्त हुआ। 16 वर्ष की उम्र तक क्रिस्टियान को घर पर ही निजी तौर पर शिक्षा प्रदान की गई। उन्होंने अपने पिता से घर पर ही प्राथमिक दौर की शिक्षा ग्रहण की। छोटी उम्र में ही क्रिस्टियान ने अद्‌भुत बौद्धिक क्षमता के संकेत देने प्रारंभ कर दिए थे; परंतु उन दिनों उनके पिता उनके इस संकेत को अनदेखा कर सामान्य ही बने रहे। उन्होंने क्रिस्टियान की शिक्षा को जितना अधिक संभव हो सकता था, तीव्र गति से व व्यापक स्तर पर जारी रखा। उन दिनों परंपरा के अनुसार जिस प्रकार साहित्यिक शिक्षा प्रदान की जाती, उसी प्रकार संगीत की शिक्षा भी शिक्षा का एक अभिन्न अंग मानी जाती थी और इसी परंपरा का अनुसरण करते हुए क्रिस्टियान के पिता ने भी उनको साहित्यिक विषयों के साथ-साथ संगीत की शिक्षा देकर उसमें निपुण किया। 13 वर्ष की उम्र में क्रिस्टियान को मशीनों के निर्माण प्रणाली से परिचित करवाया गया। क्रिस्टियान को गणित की जो शिक्षा उपलब्ध करवाई गई। वह स्पष्ट तौर पर डेसकार्टेस के विचारों से प्रभावित थी, वह कभी-कभी क्रिस्टियान के घर भी आया करते और नन्हे क्रिस्टियान को दी जानेवाली गणित की शिक्षा के विकास के क्रम का अवलोकन करते।

16 वर्ष की एम्र में, सन् 1645 में, क्रिस्टियान को लीदेन विश्वविद्यालय में कानून की शिक्षा ग्रहण करने के लिए भेजा गया और उसके 12 माह के पश्चात् उनको ब्रेदा विश्वविद्यालय भेज दिया गया, जहाँ पर उन्होंने अपने हमेशा से प्रिय रहे विषय गणित की ओर अपना रुख मोड़ लिया। सन् 1649 में जब वह विश्वविद्यालय छोड़ रहे थे तो उन्होंने राजनयिकों के एक समूह के सदस्य के तौर पर डेनमार्क की यात्रा की। अपनी इस यात्रा के बाद उनका इरादा स्टॉकहोम में डेसकार्टेस के पास जाने का था; लेकिन मौसम खराब होने के कारण वह अपनी

यात्रा नहीं कर सके। सन् 1651 में उन्होंने एक निबंध प्रकाशित किया, जिसमें उन्होंने एक समकोणिक प्रणाली में दोष को दिखाया। इसे ग्रेग्रोइरे दे सेंट विंसेंट ने प्रस्तावित किया था, जिन्होंने यह दावा किया था कि उनको वृत्त का वर्ग प्राप्त हुआ है। अपने प्रथम निबंध के बाद शीघ्र ही उन्होंने अपने अगले निबंध 'थ्योरोमाटा डे क्वाड्राटूरा हाइपरबोलेज' और 'इट सर्कूली' को प्रस्तुत किया, जिसमें पैराबोला के गुणों और अन्य ज्यामितीय लक्षणों पर ध्यान केंद्रित किया गया था। इसके तीन वर्ष के पश्चात् उन्होंने एक वृत्त के व्यास की परिधि के अनुपात के निकटतम सन्निकटीकरण की खोज की।

सन् 1654 में उनका ध्यान दूरबीन में सुधार करने की ओर गया। इस दिशा में उन्होंने अपने भाई के साथ मिलकर बड़े आकार की दूरबीनों की लेंस के घर्षण और पॉलीशिंग के लिए एक नए और बेहतर ढंग का आविष्कार किया। उनका यह आविष्कार उस समय में उपलब्ध सभी उपकरणों से विशाल साबित हुआ। सन् 1655 में उनके द्वारा 12 फीट लंबी दूरबीन का निर्माण किया गया, जिसके माध्यम से उन्होंने शनि के प्रथम चंद्रमा की खोज की। सन् 1655 में एंगर्स विश्वविद्यालय ने उनको कानून के विषय में सम्मानित डॉक्टरेट की डिग्री से नवाजा।

सन् 1656 में हुइजेन ने पहली पेंडुलम घड़ी का आविष्कार किया। इस बारे में उनके लेख 'होरोलोजियम' में बताया गया था। इससे पहले समय का ज्ञान करने के लिए जिस यंत्र का प्रयोग किया जा रहा था, वह एक संतुलित घड़ी थी। क्रिस्टियान हुईजेन के द्वारा जिस पेंडुलम घड़ी का आविष्कार किया गया। उसे एक यंत्रावली, जिसके साथ एक प्राकृतिक दोलन की अवधि थी और दिन में एक मिनट से कम समय की भूल हुई थी, उस समय पहली बार इतनी निकटता व सही-सही समय को पहचानने हेतु यंत्र को उपलब्ध करवाया गया था, के द्वारा नियंत्रित किया जाता था। इसके पश्चात् उन्होंने जिस यंत्र का निर्माण किया, उस घड़ी में भूल की अवधि घटकर एक दिन में 10 सेकंड रह गई। पेंडुलम पर उनके द्वारा जो भी कार्य किया गया, उसका सरोकार गणित के अन्य कार्यों से भी था, जिसमें वह चक्राभ पर कार्य पास्कल के द्वारा दी गई चुनौती के परिणामस्वरूप कर रहे थे। उन्होंने चक्राभ पेंडुलम का भी आविष्कार किया। उन्होंने समुद्र पर देशांतर रेखा का निर्धारण करने के लिए अनेक पेंडुलम घड़ियों का भी आविष्कार किया और सन् 1662 और फिर 1686 में वे इसकी जाँच करने के लिए समुद्र के भीतर भी गए। सन् 1673 में अपनी पुस्तक 'होरोलोजियम ओसिलेटोरियम सिव डे मोटू पेंडूलेरियम' में उन्होंने पेंडुलम की गति के सिद्धांत का भी वर्णन किया। उन्होंने

समरूप वृत्त की गति के लिए अपकेंद्री बल के नियम को भी व्युत्पन्न किया। इसके परिणामस्वरूप हुइजेंस, हूक, हैली और व्रेन ने मिलकर गुरुत्त्वाकर्षण के विपरीत वर्ग के नियम का निरूपण किया।

वर्ष 1657 में हुइजेंस के द्वारा संभाव्यता के कलन विषय पर पास्कल व फार्मेट जैसे महान् गणितज्ञों के साथ पत्राचार कर महत्त्वपूर्ण जानकारियों से युक्त एक छोटी पुस्तक को लिखकर तैयार किया गया। सन् 1657 में उनकी संभाव्यता के विषय पर एक पुस्तक प्रकाशित हुई, जिसका नाम 'ऑन रीजिनिंग इन द गेम ऑफ चांस' था। हुइजेंस ने आइजक न्यूटन के द्विघाती स्वरूप में गति के दूसरे नियम के नाम से पहचाने जानेवाले नियम का निरूपण किया। न्यूटन के द्वारा इस नियम को पुनर्निरुपित व सरलतम रूप में प्रस्तुत किया गया था। सन् 1659 में हुइजेंस ने केंद्राभिमुख शक्ति के लिए उस सूत्र को व्युत्पन्न किया, जिसे अब प्रचलित तौर पर पहचान मिल चुकी है, जिसे एक ऐसी वस्तु के द्वारा काम में लाया गया था, जो एक वृत्त की गति को परिभाषित करती थी। सन् 1661 में, हुइजेंस ने लंदन की यात्रा विशेषतौर पर इस उद्देश्य को लेकर कि रॉयल सोसाइटी जिसे हाल ही में गठित किया गया था और जिसकी मीटिंग्स को ग्रेशम कॉलेज में आयोजित किया जाता था, जिससे कि वह इस बारे में और अधिक जानकारी प्राप्त कर सके। अपनी इस यात्रा के दौरान उनकी मुलाकात वेलिस और अन्य अंग्रेजी वैज्ञानिकों से भी हुई, जिनसे वह बहुत ही प्रभावित हुए और इसके बाद से उन्होंने इस समूह से संपर्क बनाए रखा। उन्होंने अंग्रेजी वैज्ञानिकों को अपनी दूरबीन दिखाई और उनके द्वारा आविष्कृत दूरबीनों को इंग्लैंड में प्रयोग के लिए सर्वोत्तम सिद्ध कर दिया गया। यॉर्क के ड्यूक और डचेस हुइजेंस की दूरबीन से चंद्रमा और शनि का अवलोकन करने के लिए आए। सन् 1663 में हुइजेंस को लंदन की रॉयल सोसाइटी के लिए मनोनीत किया गया। उस समय उन्होंने कुछ वर्षों का समय इंग्लैंड में ही व्यतीत किया। उन दिनों हुइजेंस की छवि इतने अधिक सम्मानित व्यक्ति की बन गई थी कि लुइस XIV ने उनके समक्ष यह प्रस्ताव रखा कि यदि वे पेरिस, जो कि उनके कथन के अनुसार उस समय उनका निवास स्थान था, में ही रह जाते हैं तो उन्हें आजीवन पेंशन दी जाएगी।

सन् 1668 में उन्होंने प्रयोग के माध्यम से यह सिद्ध किया कि दो भागों के टकराव से पूर्व किसी विशेष दिशा में होनेवाले संवेग की गति उस दिशा में टकराव के बाद हुई संवेग की गति के बराबर होती है। हुइजेंस अपने इस कार्य को, जिसे उन्होंने 'वर्क ऑन द कोलिजन ऑफ इलास्टिक बॉडीज' का नाम दिया, को रॉयल

सोसाइटी में भेज दिया। सन् 1670 में उनको गंभीर बीमारी के कारण पेरिस छोड़ना पड़ा। उस समय हुइजेंस का ऐसा मानना था कि उनकी मृत्यु किसी भी दिन हो सकती है, इसलिए उनकी इच्छा थी कि काश, वह अपने यांत्रिकी विषय पर किए गए गैर-प्रकाशित कार्य को रॉयल सोसाइटी भेज पाते। सन् 1671 में हुइजेंस स्वस्थ होकर वापस पेरिस लौट आए। सन् 1673 में उन्होंने आंतरिक दहन के साथ प्रयोग किए। उन्होंने आंतरिक दहन इंजन के आधारभूत रूप को डिजाइन किया, जिसे गन पाउडर के द्वारा ईंधन उपलब्ध करवाया गया था; हालाँकि वे कभी इस प्रकार के किसी डिजाइन का निर्माण सफलतापूर्वक नहीं कर सके। यद्यपि वे अपने आंतरिक दहन इंजन का निर्माण करने में सफल नहीं हो सके, लेकिन उनके द्वारा किए गए प्रयास उपयोगिता की दृष्टि से अवश्य सफल साबित हुए। क्रिस्टियान हुइजेंस के जीवन काल में सबसे महत्त्वपूर्ण जिस पुस्तक का लेखन रहा, उसका नाम 'होरोलोगियम ओसिलियाटोरियम' था। इसका प्रकाशन पेरिस में सन् 1673 में किया गया था। इस पुस्तक में पेंडुलियम गति के आस-पास औपचारिक वृत्त गति के लिए गणित विषय और केंद्रपसारी बल की व्यापकता पर चर्चा करता है। हुइजेंस वह पहले व्यक्ति थे, जिन्होंने एक आदर्श गणितीय पेंडुलम की अवधि के लिए सूत्र को व्युत्पन्न किया था। सन् 1675 में हुइजेंस के द्वारा घड़ियों की गति को नियंत्रित करने के लिए संतुलित स्प्रिंग के प्रयोग का प्रस्ताव रखा गया, जिसके सिद्धांत में उन्होंने पूर्वानुमानित अस्पष्ट और अधूरे कथन, जो 1658 में हुक के द्वारा कहा गया था, को भी सम्मिलित किया। सन् 1675 में क्रिस्टियान हुइजेंस ने एक पॉकेट घड़ी को अपने नाम से पेटेंट करवाया। यह पहली ऐसी घड़ी थी, जिसकी गति को संतुलित स्प्रिंग के द्वारा नियंत्रित किया गया था। इस स्प्रिंग का निर्माण पेरिस में हुइजेंस के निर्देशों का पालन करते हुए किया गया था। इस घड़ी को स्वयं हुइजेंस ने लुइस XIV को उपहार-स्वरूप दिया था।

सन् 1676 में एक बार फिर हुइजेंस बीमार पड़ गए और फिर से हेग लौट आए। वर्ष 1678 का समय आते-आते हुइजेंस को वापस पेरिस आना पड़ा। यह वही वर्ष था, जब उन्होंने अपनी पुस्तक 'ट्रेटे दे ला लुमेरे' (ट्रिटाइज ऑन लाइट) की रचना की और उसे पाठकों के समक्ष प्रस्तुत किया। अपनी इस पुस्तक में हुइजेंस ने प्रकाश की तरंगों के सिद्धांत का समर्थन किया था। इस पर चर्चा करते हुए हुइजेंस ने कहा था कि प्रकाश का विस्तार-क्षेत्र तब अलग प्रकार से व्यवहार करता है, जब तरंग के अग्र भाग पर पड़े प्रत्येक बिंदु के समान बारंबारता व चरण पर रेडिएशन का एक नया स्रोत होता है। यद्यपि वह सन् 1679 एवं फिर 1681 में

फिर से बीमार पड़े और अपने अंतिम दिनों के लिए हेग वापस आ गए। सन् 1689 में वह हॉलैंड से इंग्लैंड न्यूटन से मुलाकात करने के लिए आए, जिनकी पुस्तक 'प्रिंसिपिया' सन् 1687 में प्रकाशित हुई थी। हुइजेंस द्वारा पूरी तरह से उस पुस्तक के बौद्धिकता से परिपूर्ण कार्य बताया गया और उसकी सराहना की गई। लेकिन उन्हें ऐसा भी प्रतीत हुआ कि कोई भी सिद्धांत, जिसमें यांत्रिकी माध्यमों के द्वारा गुरुत्त्वाकर्षण का विवरण नहीं दिया गया है, वह अधूरा है। सन् 1690 में अपनी वापसी पर हुइजेंस ने प्रकाश के विषय पर अपनी पुस्तक को प्रकाशित किया, जिसमें तरंगों के सिद्धांत को समझाया और उसका विवरण दिया गया था। इस सिद्धांत के विचार का सुझाव सर्वप्रथम सन् 1664 में रॉबर्ट हुक के द्वारा दिया गया था, लेकिन उन्होंने इसके परिणामों के विषय में विस्तारपूर्वक जाँच नहीं की थी।

क्रिस्टियान हुइजेंस को अलौकिक जीवन की मौजूदगी पर पूरा विश्वास था। सन् 1695 में अपनी मृत्यु से पहले उन्होंने एक पुस्तक, जिसका शीर्षक 'कॉसमोदोरोस' था, को पूर्ण किया। इस पुस्तक में उन्होंने अपने अलौकिक जीवन के विचारों पर चर्चा की थी। हुइजेंस का यह भी मानना था कि अन्य ग्रहों पर भी पृथ्वी के समान ही जीवन व्याप्त है। कॉसमोदोरोस विषय पर उनके द्वारा किए गए कार्य को सन् 1698 में उनकी मृत्यु के बाद प्रकाशित किया गया। हुइजेंस की मृत्यु हेग में 8 जुलाई, 1695 को हुई और उनको ग्रोटे कर्क में दफनाया गया।

□

क्लॉडियस टॉल्मी

__जन्म :__ लगभग 85 ईसा पश्चात् मिस्र में।

__मृत्यु :__ लगभग 165 ईसा पश्चात् एलेक्जेंड्रिया, मिस्र में।

__महत्त्वपूर्ण योगदान :__ पाई का मान ज्ञात करने के लिए सूत्र की रचना, विश्व मानचित्र की सर्वप्रथम रचना का श्रेय, अल्माजेस्ट, ट्रेटाबिबलोस, ज्योग्राफी, ऑप्टिक, हारमोनिक्स।

क्लॉडियस टॉल्मी का नाम संभवत: प्राचीन काल के सबसे प्रसिद्ध खगोल-शास्त्रियों व गणितज्ञों की सूची में इस सत्य के बावजूद सर्वोच्च स्थान पर शोभायमान होता था कि उनके अधिकतर सिद्धांतों को बाद में गलत सिद्ध कर दिया गया। ऐसा इसलिए है, क्योंकि गणित व खगोल विद्या के इतिहास में क्लॉडियस टॉल्मी के इस योगदान को कभी भी नहीं भुलाया जा सकता कि उन्होंने भविष्य में इस विषय (गणित और खगोल-शास्त्र) के क्षेत्र में नए-नए आविष्कारों व खोजों को दुनिया के समक्ष रखनेवाले गणितज्ञों एवं खगोल-शास्त्रियों के लिए एक मजबूत नींव रखी। 16वीं शताब्दी तक क्लॉडियस टॉल्मी के सिद्धांतों ने विज्ञान की दुनिया में अपना सिक्का जमाए रखा। उन्होंने एपीसाइकिल जैसे शब्दों की भी उत्पत्ति की, जिसका प्रयोग वृत्त पथ, जो कि हमारे अंतरिक्ष में वस्तु के तौर पर मौजूद होता है, को परिभाषित करने के लिए किया जाता है। ऐतिहासिक तौर पर पहली बार खगोल-विद्या से लेकर ज्योतिष विद्या का प्रयोग करते हुए जन्म-कुंडली का निर्माण क्लॉडियस टॉल्मी के द्वारा अपनी पुस्तक 'ट्रेटाबिबलोस' में किया गया।

क्लॉडियस टॉल्मी मिस्र के एक रोमन नागरिक थे, अर्थात् वह मिस्र में रोमन शासन् काल में रहते थे, जबकि वह मूल रूप से रोम के निवासी थे। उनका जन्म 85 ईसा पश्चात् में मिस्र के टॉलमियास शहर के हेरमियू में हुआ था। उन्होंने अपने आविष्कारों को आधार बनाते हुए जो भी पुस्तकें लिखीं, उनकी भाषा ग्रीक ही थी। टॉल्मी के वंश के बारे में उनके नाम के माध्यम से जो जानकारी प्राप्त होती है, उसके अतिरिक्त बहुत ही कम जानकारी इस वंश और इसके वंशजों के बारे में मिल पाई है।

सभी ग्रीक प्राचीन गणितज्ञों में से यह कहना अनुचित न होगा कि टॉल्मी के द्वारा जो कार्य किया गया, उन विषयों ने स्वयं पर अन्य किसी गणितज्ञ की अपेक्षा कुछ अधिक ही चर्चा और बहस के वातावरण को जन्म दिया। इसमें तनिक भी संदेह नहीं कि उनका नाम दो सभ्यताओं का मिश्रित रूप था। एक तरफ जहाँ क्लॉडियस नाम उनके रोमन सभ्यता से संबंध की ओर संकेत करता है तो वहीं दूसरी ओर टॉल्मी मिस्र व ग्रीक सभ्यता को भी इंगित करता है। उनके नाम से कुछ तथ्य हमारे समक्ष प्रस्तुत होते हैं। प्रथम यह कि मिस्र में रहनेवाले एक ग्रीक वंशजों के वंशज थे और इस कारण वे रोम के नागरिक थे, संभवत: यह रोमन सम्राट् के द्वारा उनके किसी पूर्वज को सम्मान-स्वरूप प्रदान किया होगा कि उनके नाम के साथ टॉल्मी शब्द जुड़ा। यद्यपि ऐसा अनुमान लगाया गया है कि उनका जीवन काल लगभग 90 से 170 ईसा पश्चात् का समय था और वे 127 से लेकर 150 ईसा पश्चात् तक एलेक्जेंड्रिया में स्थित एक पुस्तकालय में काम करते थे। उनको साधारणत: उनके तीन अध्ययनशील कार्य के लिए जाना जाता है—अल्माजेस्ट, जो पूरी तरह से खगोलविद्या और ज्यामिति पर केंद्रित है, ट्रेटाबिबलोस—जो ज्योतिष विद्या पर तो केंद्रित है तथा उनकी सबसे महत्त्वपूर्ण पुस्तक भूगोल विद्या है, जो कि अग्रिम भौगोलिक ज्ञान का भंडार है।

प्रारंभिक दौर में टॉल्मी के द्वारा जितना भी कार्य किया गया, उसमें से अधिकतर को उन्होंने एलेक्जेंड्रिया में अपने साइरस नाम के एक शिक्षक को समर्पित किया; लेकिन उनके इस शिक्षक के बारे में किसी भी प्रकार की जानकारी उपलब्ध नहीं है।

यद्यपि टॉल्मी का सबसे महत्त्वपूर्ण कार्य निस्संदेह 'अल्माजेस्ट' था, जिसे उन्होंने तेरह पुस्तकों में पूर्ण किया था। वैसे उनके द्वारा तेरह भागों में संकलित इस कार्य का नाम मौलिक तौर से 'अल्माजेस्ट' नहीं था। इसके मौलिक ग्रीक शीर्षक को 'द मैथेमैटिकल कंपाइलेशन' के अर्थ के तौर पर अनुवादित किया गया था,

लेकिन जल्द ही इस शीर्षक को भी बदलकर 'द ग्रेटेस्ट कंपाइलेशन' के अर्थवाला कर दिया गया। इसके पश्चात् इसका अरबी भाषा में अनुवाद कर इसे 'अल माजिस्ती' कर दिया गया और यहाँ से इस कार्य को 'अल्माजेस्ट' का नाम तब दिया गया, जब इसका अनुवाद अरबी भाषा से लैटिन में किया गया। 'अल्माजेस्ट' में टॉल्मी के द्वारा त्रिकोणमिति की उन पद्धतियों से परिचित करवाया गया, जो तार फलन पर आधारित था और पाई का मूल्य ज्ञात करने के लिए एक सूत्र का आविष्कार किया। इस सूत्र के द्वारा पाई का जो मूल्य प्राप्त हुआ, वह 3.14166 के बराबर था।

टॉल्मी के द्वारा जो सबसे बड़ा कार्य किया गया, वह ज्योग्राफी था, जिसे आठ पुस्तकों में संकलित किया गया। इन पुस्तकों में टॉल्मी के द्वारा यह प्रयास भी किया गया कि वे ज्ञात देशों को मानचित्र पर उनके सही स्थान पर रखते हुए प्रमुख स्थानों का अक्षांश और देशांतर के संदर्भ में समन्वय स्थापित करें। टॉल्मी के द्वारा उन निर्देशों का भी आविष्कार किया गया और उनको उपलब्ध करवाया गया, जिनके आधार पर दुनिया भर में बसे हुए संपूर्ण देशों और रोमन प्रांत के देशों को उनके सही स्थान पर रखते हुए मानचित्र का निर्माण किया जा सकता था। इसमें तनिक भी आश्चर्य नहीं है कि टॉल्मी के द्वारा जो मानचित्र उपलब्ध करवाया गया वह बहुत हद तक सही नहीं था, क्योंकि वे केवल उपलब्ध आँकड़ों का ही प्रयोग कर सकते थे और उन आँकड़ों पर रोमन साम्राज्य से बाहर संसार भर का मानचित्र तैयार करना मानचित्र की गुणवत्ता पर कई प्रश्नचिह्न तो लगाया ही, अपितु ऐसा भी नहीं है कि रोमन प्रांत के लिए जिस मानचित्र का निर्माण किया गया, वह पूरी तरह से उपयुक्त था, अपितु रोमन साम्राज्य के बहुत से भाग भी गंभीर रूप से विकृत अवस्था में थे। टॉल्मी के द्वारा गलती से पृथ्वी की छोटी परिधि की कल्पना कर ली गई थी, जिसने क्रिस्टोफर कोलंबस को प्रभावित किया और उन्होंने इससे प्रोत्साहित होकर यह विचार किया कि वे यूरोप के पश्चिम की यात्रा करते हुए एशिया पहुँच सकते हैं। इसके अतिरिक्त टॉल्मी ने हिंद महासागर को एक बहुत विशाल द्वीप की भाँति दिखाया, जिसका दक्षिणी क्षेत्र अज्ञात प्रदेश से घिरा हुआ था। क्लॉडियस टॉल्मी के विशाल दक्षिणी महाद्वीप के विचार ने अनेक अभियानों की शुरुआत कर दी।

उन्होंने ऑप्टिक नाम से एक कार्य को पूर्ण किया, जिसमें पाँच पुस्तकों को सम्मिलित किया गया था और इनमें टॉल्मी ने रंगों, प्रतिबिंब, अपवर्तन और विविध आकारों के दर्पणों का अध्ययन किया। टॉल्मी ने इन पुस्तकों में बहुत सी घटनाओं

जिनका संबंध रोशनी और रंग, आकार, विस्तार, गतिविधि और उभय-दृष्टि जैसे विषयों से था, का स्पष्टीकरण प्रस्तुत किया। उन्होंने भाँतियों को दो भागों में वर्गीकृत कर एक भाग को भौतिक अथवा द्रष्टव्य कारणों से होनेवाली भाँतियों के वर्ग में सम्मिलित किया, जबकि दूसरे भाग में आलोचनात्मक कारकों के कारण होनेवाली भूलों को सम्मिलित किया। टॉल्मी के द्वारा एक प्रभावशाली कार्य 'हारमोनिक्स ऑन म्यूजिक थ्योरी' और 'द मैथमेटिक्स ऑफ म्यूजिक' पर भी काम किया गया। अपनी पुस्तक 'हारमोनिक्स' में टॉल्मी ने संगीत के नोट्स को गणितीय समीकरणों में अनुवादित करने और गणितीय समीकरणों को संगीत के नोट्स में बदलने के कार्य को किस प्रकार किया जाए, इस बारे में लिखा।

□

गिरोलोमो कारदानो

__जन्म :__ 24 सितंबर, 150 को इटली में।

__मृत्यु :__ 21 सितंबर, 1576 को रोम में।

__महत्त्वपूर्ण योगदान :__ संभाव्यता, हाइड्रोडेनेमिक, यांत्रिकी और भू-विज्ञान के क्षेत्र में विशेष योगदान, घन और चतुर्थक समीकरणों से संबंधित समस्याओं के समाधान को प्रस्तुत करना, अनेक यांत्रिक उपकरणों का आविष्कार, पुस्तक 'अर्स मैग्ना' (बीजगणित पर आधारित पुस्तक), 'द प्रैक्टिस ऑफ अर्थमैटिक', 'सिंपल मैंसुरेशन', 'लिबेर दे लुडो अलाई' (मौकों के खेल पर पुस्तक), 'दे प्रोपोरशनिबस', गिरलोमो के द्वारा गणित के अतिरिक्त औषधि, दर्शनशास्त्र, खगोलशास्त्र, धर्मशास्त्र जैसे विषयों पर भी पुस्तकें लिखी गईं।

गिरोलोमो कारदानो या हैरोनिमो कारदानो, जिनका लैटिन भाषा में नाम का उच्चारण 'हेरोनाइमस कारदानूस' था, एक इतालवी डॉक्टर और गणितज्ञ थे, जिन्हें उनके सबसे महत्त्वपूर्ण कार्य 'अर्स मैग्ना' के लिए संसार भर में पहचान प्राप्त हुई। 'अर्स मैग्ना' लैटिन भाषा में लिखी गई पहली पुस्तक थी, जो पूरी तरह से बीजगणित को समर्पित थी। गिरोलामो एक दिलचस्प व्यक्तित्व के स्वामी थे, वे यूरोप में विज्ञान के पुनरुत्थान के क्षेत्र में कार्य करने के लिए प्रसिद्ध थे। वैसे उनको विज्ञान के क्षेत्र की किसी भी शाखा से कोई विशेष लगाव नहीं था, जिसके आधार पर यह कहा जा सके कि उन्होंने इसमें अपना विशेष योगदान दिया; लेकिन उनके काम को देखते हुए उन्हें बहूपयोगी क्षमता का स्वामी अवश्य कहा जा सकता है।

उन्हें एक ऐसा व्यक्तित्व कहा जा सकता है, जिन्हें अपने लिए शोध परिणाम प्राप्त करने में आनंद की प्राप्ति होती थी। गिरोलोमो को जुए क़ा बहुत शौक था। उनके इसी शौक ने उनको संभाव्यता के मौलिक व प्रारंभिक नियमों को निरूपित करने की ओर अग्रसर किया और उनके इस आविष्कार ने उनको इस क्षेत्र के संस्थापक की उपाधि भी दिलवा दी।

कारदानो का जन्म 24 सितंबर, 1501 को इटली के पेविया नामक स्थान पर हुआ था। वे फाजियो कारदानो और चियारा मिचेरिया की नाजायज संतान थे। गिरोलोमो के पिता फाजिया कारदानो मिलान में वकील के तौर पर काम करते थे, लेकिन गणित विषय में उनको इतनी महारत हासिल थी कि लियानार्डो द विंची ने ज्यामिति से संबंधित एक प्रश्न पर अटकने पर गिरोलोमो के पिता से ही समाधान पाने के लिए परामर्श किया। अपने वकालत के पेशे के अतिरिक्त कारदानो पेविया विश्वविद्यालय और मिलान के पियासी संस्थान में अपनी क्षमता का प्रदर्शन करते हुए ज्यामिति के विषय पर व्याख्यान देते थे। फाजिया जब 50 की उम्र के आस-पास थे तो वे गिरोलोमो की माता से मिले, जो एक विधवा थीं और उनकी उम्र 30 के आस-पास थी। वे अकेले ही अपने तीन बच्चों का पालन-पोषण कर रही थीं। फाजिया से अपने संबंध के कारण चियारा मिचेरिया (गिरोलोमा की माँ) गर्भवती हो गई, लेकिन गिरोलोमो के जन्म से ठीक पूर्व मिलान में प्लेग नाम की महामारी फैल गई और उन्हें फाजिया के एक समृद्ध मित्र, जो कि पाविया में रहते थे, के पास अपने बच्चों को जन्म देने के लिए जाना पड़ा। कुछ समय के बाद पाविया में ही गिरोलोमो का जन्म हुआ। लेकिन उनकी माता की यह खुशी अधिक समय तक नहीं रह सकी, कुछ ही समय के बाद उनको यह खबर मिली कि उनके तीन बच्चे मिलान में फैली प्लेग की बीमारी से चल बसे। चियारा फाजिया से काफी वर्षों तक अलग रहीं, लेकिन बाद में उन दोनों ने शादी कर ली।

गिरोलोमो ने जब अपने कॅरिअर की शुरुआत की तो पहले-पहल उन्होंने अपने पिता के सहायक के तौर पर काम किया, लेकिन बाद में उनके भीतर एक सहायक से आगे बढ़कर कुछ कर दिखाने की इच्छा बलवती होती गई। फाजियो ने अपने पुत्र को गणित विषय का ज्ञान दिया और गिरोलोमो इसी विषय में अपना शैक्षिक कॅरिअर बनाने के विषय के बारे में गंभीरता से विचार करने लगे।

सन् 1520 में उन्होंने पेविया विश्वविद्यालय में प्रवेश लिया और बाद में अपने पिता की कानून की पढ़ाई करने की इच्छा के विरुद्ध औषधियों के विषय में अध्ययन किया। गिरोलोमो को अपने पिता से वसीयत के रूप में जो कुछ भी प्राप्त

हुआ, वह सब उन्होंने गँवा दिया और अपनी जीविका को चलाने के लिए जुए का सहारा लेना आरंभ कर दिया। संभाव्यता के विषय में गिरोलोमो की समझ बहुत ही अच्छी थी। इसी कारण वे अपने विरोधियों पर हावी रहते और आमतौर पर जुए में जितना धन जीतते, उससे कम ही हारते। धीरे-धीरे उनको जुए की इतनी बुरी लत पड़ गई कि उन्होंने अपने जीवन के कई मूल्यवान् वर्षों, धन और छवि को जुए के कारण बरबाद कर दिया। सन् 1525 में उनको औषधि के क्षेत्र में डॉक्टरेट की डिग्री से नवाजा गया। डिग्री मिलने के पश्चात् उन्होंने साको नामक स्थान पर अपनी चिकित्सकीय सेवाओं को प्रदान करने के लिए चिकित्सा क्लीनिक खोली, लेकिन उनको इसमें सफलता प्राप्त नहीं हुई। सन् 1531 में उन्होंने लुसिया, जो उनके पड़ोसी अल्डोबेलो बंदरिनी (स्थानीय सेना के कप्तान) की पुत्री थी, से विवाह किया। इस बीच वे मिलान स्थित चिकित्सकीय कॉलेजों में आवेदन भी करते रहे, लेकिन एक प्रतिभाशाली विद्यार्थी होने के बावजूद उनको सदस्यता प्रदान करने की अनुमति उनके जन्म से जुड़ी इस सच्चाई के कारण नहीं मिल पाती थी कि वह एक नाजायज संतान थे। गिरोलोमो कारदानो को साको में जो चिकित्सा से संबंधित काम वह करते थे, उससे प्राप्त होनेवाली आय उनके गुजर-बसर के लिए कतई पर्याप्त नहीं थी। इसलिए उन्होंने अपनी और अपनी पत्नी की आवश्यकताओं को पूरा करने के लिए एक बार फिर जुए का सहारा लेना आरंभ कर दिया। उनकी इस लत के कारण हालात इतने खराब हो गए कि उन्होंने अपनी पत्नी के जेवरों को गिरवी रखा और अपने घर का सामान भी बेच दिया।

सन् 1533 में गिरोलोमो अपने परिवार के साथ मिलान आ गए और इस बार उनकी किस्मत ने भी उनका साथ दिया और उनको पियासी संस्थान में गणित विषय के लेक्चरर का पद उनको प्राप्त हो गया। उनको संस्थान में अपने दायित्व को निभाने के बाद काफी समय मिल जाता, जिसमें वे चिकित्सकीय कॉलेज के सदस्य न होने के बावजूद अपने कुछ मरीजों का इलाज कर देते। गिरोलोमो ने अपने मरीजों का इलाज करते हुए कुछ चमत्कारी इलाज कर नई उपलब्धियों को भी प्राप्त किया। एक चिकित्सक के रूप में दिनोदिन अच्छी होती उनकी छवि ने कॉलेज के सदस्यों को उनकी सदस्यता पर विचार करने के लिए विवश कर दिया। उनको सदस्यता दिलवाने की दिशा में उनके मरीजों और सगे-संबंधियों ने दिल खोलकर उनका समर्थन किया और इस दिशा में गिरोलोमो ने भी एक प्रभावशाली समर्थन प्राप्त करने हेतु प्रयासरत व्यक्ति की भूमिका का निर्वाह बहुत ही अच्छे ढंग से किया। सन् 1536 उन्होंने कॉलेज में प्रवेश न देनेवाले नियमों पर धावा

बोलते हुए एक पुस्तक प्रकाशित की और 1539 में उनका समर्थन करनेवाले लोगों के अत्यधिक दबाव के चलते कॉलेज ने अपनी नाजायज संतान को प्रवेश न देने संबधी नियम में परिवर्तन किया और गिरोलोमो कारदानो को कॉलेज में प्रवेश दे दिया। इसी वर्ष गिरोलोमो की गणित विषय से संबंधित पहली दो पुस्तकों, जिनका नाम 'द प्रैक्टिस ऑफ अर्थमैटिक' और 'सिंपल मैंसुरेशन' था, को प्रकाशित किया। यह गिरोलोमो के आनेवाले अच्छे दिनों का संकेत था। यह गिरोलोमो कारदानो के विपुल साहित्यिक कॅरिअर की भी शुरुआत थी। इस दिशा में आगे बढ़ते हुए उन्होंने विविध विषयों, जैसे—औषधि, दर्शनशास्त्र, खगोलशास्त्र, धर्मशास्त्र के अतिरिक्त गणित में भी बहुत सी पुस्तकों के लेखन का कार्य किया।

सन् 1539 में गिरोलोमो कारदानो ने तारतागिलिया से संपर्क किया, जिन्होंने घन संबंधी समस्या को हल करने के लिए हुई प्रतियोगिता को जीतकर प्रसिद्धि प्राप्त की थी। गिरोलोमो ने यह प्रयास किए कि तारतागिलिया अपनी पद्धतियों को प्रकट करने के लिए तैयार हो जाए। अंततः तारतागिलिया अपनी पद्धतियों को प्रकट करने के लिए गिरोलोमो को यह शपथ दिलवाने के बाद तैयार हो गए कि वे इन पद्धतियों को तब तक प्रकाशित नहीं करेंगे, जब तक वे स्वयं इन्हें प्रकाशित न कर दें। छह वर्ष तक गिरोलोमो घन संबंधी और चतुर्थक समीकरणों की समस्याओं को प्रारंभ से सुलझाते रहे। वह समस्या, जिस पर गिरोलोमो का ध्यान सबसे पहले गया, वह यह सूत्र था, जिसमें कभी-कभी नकारात्मक संख्याओं के वर्ग मूल को सम्मिलित किया जाता है। उस समय यह एक ऐसी बात थी, जिसके बारे में किसी ने भी पहले कभी नहीं सुना था। उन्होंने सर्वप्रथम अपनी गणना जटिल संयुक्त संख्याओं के साथ आरंभ की। गिरोलोमो कारदानो पहले गणितज्ञ थे, जिन्होंने शून्य से कम संख्याओं को क्रमानुसार उपयोग करना आरंभ किया। सन् 1545 में गिरोलोमो कारदानो ने अपनी सबसे महत्त्वपूर्ण पुस्तक 'अर्स मैग्ना' को प्रकाशित किया, जिसमें घन और चतुर्थक समीकरणों के प्रारंभ से समाधान को वर्णित किया गया था। वास्तव में उन्होंने वर्ष 1543 में यह भी खोज लिया था कि प्रारंभ से घन संबंधी समीकरणों के समाधान को सबसे पहले तारतागिलिया के द्वारा नहीं खोजा गया था और इसलिए उन्हें ऐसा महसूस हुआ कि वे अपनी शपथ के बावजूद इसको प्रकाशित कर सकते हैं। अपनी पुस्तक 'अर्स मैग्ना' में एक घन संबंधी समीकरण का समाधान प्रस्तुत करते हुए उन्होंने लिखा कि—

"मानसिक यातना को खारिज करते हुए और $5 + \sqrt{-15}$ को $5 - \sqrt{-15}$ से गुणा करने के बाद हमें $25 - (-15)$ प्राप्त होता है, इसका तात्पर्य यह है कि

उत्पाद 40''' होगा और इसी प्रकार अब तक जितनी भी अंकगणित से संबंधित सूक्ष्म जटिलताओं को प्रकट किया गया है, उनमें से यह सबसे चरम पर थी, इतनी सूक्ष्म कि इस पर विचार करना भी बेकार है।''

सन् 1546 में गिरोलोमो कारदानो चिकित्सकों के कॉलेज के प्राचार्य बने और दुनिया भर में उनको एक महान् चिकित्सक के रूप में ख्याति भी प्राप्त हुई। बीजगणित और ज्योतिष-शास्त्र के विषय पर उन्होंने जो काम किया, उसके मिश्रित तौर पर प्रकाशन ने उनको पूरे यूरोप में शोहरत दिलवाई और अपनी इस प्रसिद्धि के कारण ही उनको पोप पॉल III और डेनमार्क के राजा की ओर से उनकी शान में काम करने के लिए प्रस्ताव प्राप्त हुए। उन्होंने इन दोनों प्रस्तावों को अस्वीकार कर दिया। सन् 1551 में उनके सबसे बेहतर काम 'डे सबटाइल्टेट रिटर्न' के प्रकाशन ने उनकी ख्याति को चार गुना बढ़ा दिया। इसने उनके समय के संपूर्ण चिकित्सकीय अध्ययन को अवतीर्ण कर दिया और इसके साथ-साथ उनकी परिकल्पना के सबसे अग्रिम स्तर को प्रस्तुत किया।

उस समय सेंट एंड्रयू मुख्य धर्माध्यक्ष जॉन हैमिल्टन लगभग 10 वर्षों से दमे की बीमारी से जूझ रहे थे और वर्ष 1552 में बार-बार पड़नेवाले दौरों ने उनकी हालत को और भी नाजुक बना दिया। अपने जीवन से हताश हो चुके मुख्य धर्माध्यक्ष ने कारदानो से यह वायदा किया कि यदि वे स्कॉटलैंड आ जाएँ तो वह उन्हें बहुत अच्छी रकम मेहनताने के रूप में देंगे। कारदानो ने जब यह अपील सुनी तो उस समय वे काम नहीं कर रहे थे, वे किसी संस्थान अथवा विश्वविद्यालय में व्याख्यान भी नहीं दे रहे थे। इसलिए उन्होंने प्रमुख धर्माध्यक्ष के प्रस्ताव को स्वीकार कर लिया और 23 फरवरी, 1552 को उन्होंने मिलान छोड़ दिया। सौभाग्य से प्रमुख धर्माध्यक्ष को दमे की बीमारी के लिए जो इलाज दिया जा रहा था, उसने अपना प्रभाव दिखाना शुरू कर दिया और वे ठीक होने लगे और उनको स्कॉटिश राजमंदिर में स्थायी पद पर आसीन कर दिया गया। बदलती परिस्थितियों को देखते हुए कारदानो मिलान वापस आ गए और उनको पेविया विश्वविद्यालय में औषधि के प्रोफेसर के पद पर नियुक्त कर दिया। इसके साथ ही अपने बहुत सारे समृद्ध मरीजों के साथ से वे एक अमीर और सफल व्यक्ति बन गए। लेकिन उन दिनों जब कारदानो अपनी सफलता के शिखर पर पहुँच चुके थे तो उनके साथ तभी कुछ ऐसा हुआ, जिसे उन्होंने अपने दुर्भाग्य के मुकुट की संज्ञा दी। कारदानो के बड़े बेटे, जिसका नाम जिंबादिस्ता था और सन् 1557 में वे एक प्रशिक्षित चिकित्सक बने थे। जिंबादिस्ता ने चुपके से बारंदोनिया दी सेरोनी नाम की लड़की से विवाह कर

लिया और कुछ समय पश्चात् उसे जहर भी दे दिया। जिंबादिस्ता को इस अपराध के कारण गिरफ्तार कर लिया गया। अपनी गिरफ्तारी के दौरान उसने अपना जुर्म स्वीकार कर लिया। इस अपराध के लिए उसे बाद में मार दिया गया। कारदानो को इस बात का ऐसा सदमा लगा, जिससे वे कभी उबर नहीं सके। एक हत्यारे का पिता होने के कारण गिरोलोमो को चारों ओर से नफरत झेलनी पड़ी।

सन् 1570 में स्वयं कारदानो को भी जेल में यह आरोप लगाते हुए डाल दिया गया कि उन्होंने यीशु मसीह की जन्म-कुंडली के साथ छेड़छाड़ करते हुए धर्म के विरुद्ध कार्य किया है। कुछ माह के पश्चात् उनको रिहा करते हुए विश्वविद्यालय के किसी भी पद को ग्रहण करने से मना कर दिया गया। इसके साथ ही उनके अपने कार्यों को प्रकाशित करवाने से भी रोक दिया गया। अपनी रिहाई के बाद कारदानो रोम चले गए, जहाँ पर उनके आगमन का अनपेक्षित रूप से स्वागत किया गया। उनको तत्काल ही चिकित्सकों के कॉलेज की सदस्यता प्रदान कर दी गई और पोप, जिन्होंने स्पष्ट तौर पर सबके सामने कारदानो को माफ कर दिया था, ने उनको पेंशन भी जारी की। इसी समय में उन्होंने अपनी आत्मकथा 'दे विता प्रोप्रिया' को लिखा। हालाँकि यह उस समय प्रकाशित नहीं हो पाई, लेकिन बाद में इसे सन् 1643 में पेरिस में 1654 में एम्सटर्डम में प्रकाशित किया गया।

मौकों के खेल पर लिखी गई उनकी पुस्तक 'लिबेर दे लुडो अलाई' (मौकों के खेल पर पुस्तक) को उन्होंने सन् 1526 में लिखा, लेकिन इस पुस्तक को 1663 तक प्रकाशित नहीं किया जा सका। इस पुस्तक में उन्होंने संभाव्यता की प्रथम क्रमबद्ध योजना को सम्मिलित किया था। इसके साथ ही इस पुस्तक का एक भाग उन्होंने धोखा देने के प्रभावशाली तरीकों को भी समर्पित किया था। कारदानो ने बहुत सारे यांत्रिक उपकरणों का आविष्कार किया, जिसमें कॉम्बीनेशन लॉक, एक गिंबल जिसमें तीन संकेंद्रित वलय सम्मिलित थे, जो मुक्त तौर पर चारों ओर घूमने के लिए एक समर्थित परकार अथवा ज्योराजस्कोप उपलब्ध करवाते हैं और कारदानो द्वारा निर्मित वाण, जिसे सार्वभौमिक तौर पर जोड़ा गया था। यह विभिन्न कोणों पर घुमावदार गति को संभव करता था, आज के वाहनों में इसका प्रयोग किया जाता है। कारदानो ने चक्राभीय का भी अध्ययन किया, जिसे उन्होंने अपनी पुस्तक 'दे प्रोपोरशनिबस' में सन् 1570 में प्रकाशित किया। इन चक्राभों के माध्यम से जिन चक्रों की उत्पत्ति हुई, बाद में उनको 'कारदानो चक्र' के नाम से जाना गया और उनका प्रयोग पहली उच्च गति की प्रिंटिंग प्रेसों का निर्माण करने के लिए किया गया। अपने इन कार्यों के अतिरिक्त कारदानो का बीजगणित के क्षेत्र में

सबसे महत्त्वपूर्ण योगदान संभाव्यता, हाइड्रोडेनैमिक, यांत्रिकी और भू-विज्ञान के क्षेत्र में रहा। कारदानो ने ही पहले किसी भी गणितज्ञ के द्वारा जिस विषय पर काम नहीं किया गया था, संभाव्यता के उस सिद्धांत की उस अछूती सीमा में पहला चरण पार किया गया। कारदानो ने प्राकृतिक विज्ञान से संबंधित दो विश्वकोशों को भी प्रकाशित किया, जिसमें सभी के बारे में, अर्थात् ब्रह्मांड-विज्ञान से लेकर मशीनों के निर्माण तक, उपयोगी प्राकृतिक विज्ञान से लेकर दानवों के बुरे प्रभाव तक और मशीनों के नियमों से लेकर कूटलिपि-शास्त्र तक की थोड़ी-थोड़ी जानकारी शामिल थी।

गिरोलोमो कारदानो के बारे में ऐसा कहा जाता है कि उन्होंने पहले ही अपनी मृत्यु की सही तिथि के बारे में भविष्यवाणी कर दी थी; लेकिन उनकी इस भविष्यवाणी पर इस सत्य से भी प्रश्नचिह्न लग जाता है कि उनकी मृत्यु अकस्मात् अथवा किसी अन्य तरह से न होकर आत्महत्या थी। कारदानो की मृत्यु 21 सितंबर, 1576 को रोम में हुई।

□

गैसपर्ड मोंगे

जन्म : 9 मई, 1746 को फ्रांस में।

मृत्यु : 28 जुलाई, 1818 को पेरिस में।

महत्त्वपूर्ण योगदान : वक्री सतह की रेखाओं की अवधारणा, वर्णनात्मक ज्यामिति के आविष्कारक, पुस्तक 'ज्योमेतरे डिस्क्रीपिटीव', 'एप्लीकेशन डे एल एनैलेसिस अ ला ज्योमेतियरे'।

गैसपर्ड मोंगे एक फ्रेंच गणितज्ञ थे, जिन्हें अंतरीय ज्यामिति के साथ-साथ वर्णनात्मक ज्यामिति के जनक के रूप में भी संसार भर में पहचाना जाता है। मोंगे अपने दौर के सबसे प्रसिद्ध गणितज्ञों में से एक थे। वे निर्माण की समस्या के लिए दिए गए ज्यामिति के संप्रयोग हेतु विख्यात हुए। प्रसिद्ध गणितज्ञ मोंगे ने मैट्रिक प्रणाली की स्थापना करने में भी सहायता की और वे ईकोल पॉलीटेक्निक के संस्थापक भी थे। ईकोल पॉलीटेक्निक के आरंभिक दौर में उसे सही दिशा में निर्देशित करने का कार्य मोंगे द्वारा ही संपन्न किया गया। मोंगे को कभी-कभी कोमटे डे प्लेयूज के नाम से भी जाना जाता है। यह एक स्यूडो का नाम था, जिसे उन्हें नेपोलियन के द्वारा दिया गया था। मोंगे के द्वारा किया गया सबसे प्रमुख कार्य 'ज्योमेतरे डिस्क्रीपिटीव' में प्रत्यक्षतौर पर उन पद्धतियों के बारे में बताया, जिन्हें आज के युग में आधुनिक यांत्रिकी आरेख में प्रयोग किया जाता है। इसे वर्तनी विषयक चित्र प्रदर्शन के नाम से जाना जाता है।

गौरतलब है कि मोंगे को अंतरीय ज्यामिति का जनक माना जाता है। उनको यह उपाधि उनके द्वारा किए गए कार्य 'एप्लीकेशन डे एल एनैलेसिस अ ला

ज्योमेतियरे' के कारण दी गई। अपनी इस पुस्तक में मोंगे ने 3 प्रसार में एक वक्री सतह की रेखाओं की अवधारणा को प्रस्तुत किया। सन् 1783 में उन्होंने एनटोने लावोजियर के बिना स्वतंत्र रूप से खोज कर इस सत्य को सामने रखा कि ऑक्सीजन व हाइड्रोजन के विद्युतीय विस्फोट के परिणाम-स्वरूप जल की प्राप्ति होती है।

गैसपर्ड मोंगे का जन्म 9 मई, 1746 को फ्रांस के ब्यून स्थान पर जैकब मोंगे और जेनी रोजोक्स के घर हुआ। उनके पिता जैकब मोंगे चाकू-छुरियों पर धार लगाने का काम करते थे। वे एक छोटे स्तर पर फेरी लगाने का काम करनेवाले व्यक्ति थे, जो मूल रूप से फ्रांस के उत्तर-पूर्वी स्थान हॉट सैवियो के रहनेवाले थे; जबकि उनकी माता, जिनका विवाह पूर्व नाम जेनी रोजोक्स था, वे बुरगुंदी की मूल निवासी थीं, जो बुरगुंदी में ब्यून शहर में स्थित था। इसी स्थान पर गैसपर्ड का लालन-पालन हुआ। मोंगे का लालन-पालन बहुत ही गरीब परिवार में हुआ था और उनके परिवार का समाज में स्तर भी इतना अच्छा नहीं था कि उसके आधार पर उनके सुनहरे भविष्य की आशा की जाती। उनके लिए यह तब तक असंभव रहा जब तक उन्होंने गणित और इंजीनियरिंग के विषय में अपनी अद्‌भुत प्रतिभा का प्रदर्शन नहीं किया। 14 वर्ष की उम्र में उन्होंने एक अग्नि इंजन का निर्माण किया, जिसे शीघ्र ही सेवा हेतु प्रयोग किया जाने लगा।

सर्वप्रथम मोंगे ने बीयून स्थित ओराटोरियन कॉलेज से अपनी शिक्षा से प्राप्त की। यह विद्यालय युवाओं को अभिप्रेरित करने की ओर व्यापक स्तर पर प्रगतिशील था और इसका संचालन पादरियों के द्वारा किया जाता था। यह विद्यालय अन्य धार्मिक विद्यालयों की अपेक्षाकृत अधिक उदार शिक्षा अपने यहाँ पर शिक्षा ग्रहण करनेवाले विद्यार्थियों के लिए प्रस्तावित करता था। इस विद्यालय में न केवल मानवता का पाठ पढ़ाया जाता था, अपितु इतिहास, गणित और प्राकृतिक विज्ञान जैसे विषयों में भी पारंगत किया जाता था। कदाचित् यह उस विद्यालय का ही प्रभाव था कि मोंगे ने बहुत छोटी उम्र में उसी विद्यालय में अपनी अद्‌भुत बौद्धिक प्रतिभा का प्रदर्शन किया। सन् 1762 में 16 वर्ष की उम्र में मोंगे अपनी आगे की शिक्षा के लिए लीयोंस गए, जहाँ पर उन्होंने अपनी शिक्षा को कॉलेज डे ला ट्रिनिटी में जारी रखा। केवल 17 वर्ष की उम्र के बावजूद मोंगे को वहाँ पर भौतिक विज्ञान के विषय का इंचार्ज बनाया गया। सन् 1762 की छुट्टियों में अपने घर ब्यून आने पर उन्होंने अपने खाली समय को शहर का

नक्शा तैयार करके व्यतीत किया। इस प्रकार के विशाल स्तर के मानचित्र को पूरा करने के लिए उन्होंने दोनों ही प्रकार के माध्यमों को विकसित किया और इसके साथ-साथ उसे पूर्ण करने के लिए आवश्यक उपकरणों का भी सर्वेक्षण किया। उनके इस कार्य ने इंजीनियरों के एक अधिकारी का ध्यान उनकी ओर आकर्षित किया, जिसने मोंगे को मेजीयरेस स्थित मिलिट्री स्कूल के एक स्थान पर जाने के लिए मोंगे के नाम की सिफारिश इस बात की परवाह किए बगैर की कि एक आम आदमी की संतान होने के नाते वे एक अधिकारी के आयोग में सम्मिलित होने की योग्यता को कभी भी पूरा नहीं कर पाएँगे।

सेना प्रशिक्षण विद्यालय में प्रवेश पाने के बावजूद जहाँ पर उनको सर्वेक्षण और आरेखों का निर्माण करना सिखाया जाता था, उन्हें यह कहा गया था कि वह उन समस्याओं को सुलझाने का प्रयास करने के लिए पर्याप्त तौर पर शिक्षित नहीं किए गए हैं, जिनमें गणना करने की आवश्यकता हो। मोंगे को जब एक किलेबंदी योजना का रेखाचित्र तैयार करने के लिए कहा गया, जिसके माध्यम से शत्रु को सेना की स्थिति को देखने और उन पर गोलीबारी करने से रोका जा सके, बिना इस बात की परवाह किए कि शत्रु की स्थिति कौन सी दिशा में और किस प्रकार की है। मोंगे ने इस किलेबंदी योजना को तैयार करने के लिए उस समय अपने समक्ष उपलब्ध जटिल पद्धतियों का प्रयोग करने के बजाय अपनी ग्राफिकल पद्धति का आविष्कार किया। मोंगे के द्वारा स्वयं किए गए प्रयासों से जिस पद्धति का विकास किया जा रहा था, उसमें ज्यामितीय तकनीकों का पूरा-पूरा प्रयोग किया गया था। पहली बार प्रभारी अधिकारी के द्वारा इस पद्धति को स्वीकार करने से इनकार कर दिया गया, क्योंकि इस रेखाचित्र को तैयार करने के लिए आवश्यक एक निश्चित समय के शिष्टाचार का पालन यहाँ पर नहीं किया गया था, लेकिन बाद में इस पद्धति की प्रधान अधिकारी के द्वारा यह सोचा गया कि इस पद्धति के लिए जो समय लगा, वह सामान्य है, इसलिए इसे स्वीकार कर लिया गया।

सन् 1768 में मोंगे को गणित का प्रोफेसर बनाया गया और 1771 में उनको भौतिक विज्ञान के प्रोफेसर के तौर पर यह जानने के पश्चात् पहचान मिल गई कि उनकी वर्णनात्मक ज्यामिति एक सैन्य रहस्य था, जिसे एक निश्चित रैंक से ऊपर के अधिकारियों तक ही सीमित रखा जाना था। हालाँकि उस समय मोंगे अपने स्तर से काफी ऊपर उठ चुके थे, अब उनका लक्ष्य गणित विषय के ऐसे जानकारों के बीच अपनी सर्वोत्तम छवि को स्थापित करना था, जिन्हें

इस क्षेत्र में उच्चतम सम्मानित स्थान प्राप्त था। सन् 1778 में मोंगे ने कैथरिन हुआग से विवाह किया, जो बहुत ही कम उम्र में विधवा हो चुकी थी। मोंगे दंपती की तीन पुत्रियाँ थीं। सन् 1780 में उनको पेरिस में गणित विषय के अध्यक्ष पद पर नियुक्त किया गया और इसके साथ ही उनको कुछ नियुक्तियाँ प्रांतीय स्तर पर भी प्राप्त हुईं, जिनके आधार पर उनकी आर्थिक स्थिति में बदलाव आया और वे एक आरामदेह आय के स्रोत का भोग करने लगे। मोंगे ने एकेडमी डेज साइंसेज में अपने चार बहुप्रचलित संस्मरणों—कैलकुलेसेस ऑफ वेरिऐशंस, द थ्योरी ऑफ पार्शियल डिफरेंशियल इक्यूएशंस, इन्फिनिटेसिमल ज्योमैटरी ऐंड कॉम्बाइनेटोरिक्स को जमा करवाया गया। उन्होंने अपना अधिकतर समय राजधानी पेरिस में और मेजियर्स शहर में व्यतीत करना आरंभ कर दिया। पेपर जिसे प्रारंभिक तौर पर विशेष मानते हुए महत्त्व दिया गया और जिस पर उन्होंने फ्रेंच एकेडमी को पहली बार संप्रेषित किया, वह सन् 1781 में प्रकाशित पेपर था, जिसमें उन्होंने एक सतह पर आरेखित वक्री की रेखाओं पर चर्चा की थी।

सन् 1783 में मोंगे को नौसेना कैडेट का परीक्षक बनाया गया। यह एक ऐसा पद था, जिसने उनके लिए मेजियर्स शहर में अपनी प्रोफेसर की नौकरी का एक साथ जारी रखना संभव नहीं रहने दिया। अगले एक वर्ष तक वे पेरिस में विभिन्न नौसेना विद्यालयों में अपनी निरीक्षण संबंधी यात्राओं व शैक्षिक कर्तव्यों को पूरा करने में व्यस्त रहे। सन् 1784 में उन्होंने मेजियर्स के उस पद से इस्तीफा दे दिया। 14 जुलाई, 1789 के दिन फ्रांस की क्रांति की शुरुआत की आहट भी किले तक जा पहुँची। मोंगे के द्वारा क्रांति के मत को सहजता के साथ ग्रहण किया गया और उन्हें वजन व मापन के विषय पर प्रमुख अकादमी आयोग में नियुक्त किया गया, जिसने मात्रिक पद्धति को निरूपित किया था। सन् 1792 में फ्रांस की पराजय के साथ 21 सितंबर को राजतंत्र का समापन कर दिया गया और लोकतंत्र की घोषणा कर दी गई।

सन् 1792 में एक कार्यकारी परिषद् के विधायी विधानसभा की स्थापना के साथ मोंगे ने समुद्र के मंत्री पद के साथ-साथ उस पद के कार्यालय का भी कार्यभार सँभाला और उन्होंने 10 अगस्त, 1792 से लेकर 10 अप्रैल, 1793 तक इस कार्यालय को पूरी निष्ठा के साथ सँभाला। जब आम जनता की सुरक्षा के लिए बनी कमेटी के द्वारा विद्वानों से आम जनता की सुरक्षा हेतु आवश्यक सामग्रियों का उत्पादन करने में सहायता करने की अपील की गई तो मोंगे ने अपने आपको पूरी तरह से उन कार्यों के लिए समर्पित कर दिया और वहाँ स्वयं

को अपनी कभी न थकनेवाली क्रियाओं को कर सबसे भिन्न सिद्ध कर दिया। उसी दौरान उन्होंने अपनी दो पुस्तकों 'डिस्क्रिप्शन डे लार्ट डे फैब्रिक्यूर लेस कैनोन' और 'एविस ऑक्स ओवरियर एन फेर सुर ला फैब्रिकेशन डे लासियर' को भी लिखा।

सन् 1795 में ईकोल पॉलिटेक्निक की स्थापना करने में मोंगे का बहुत ही महत्त्वपूर्ण योगदान था। इस संस्थान में उनको अध्यापक के तौर पर नियुक्त किया गया था। अतिन्यून ज्यामिति के विषय पर दिए गए उनके व्याख्यान उनकी पुस्तक 'एप्लीकेशन डे एल एनालाइज अ ला ज्योमेतरे' के निर्माण का आधार बने। ईकोल पॉलीटेक्निक को उन्होंने वर्णनात्मक ज्यामिति के विषय पर एक पाठ्यक्रम भी दिया। आधुनिक यांत्रिकी आरेखों व वास्तुकला संबंधी आरेख वर्णनात्मक ज्यामिति के सिद्धांतों पर आधारित हैं। इन पद्धतियों के सांस्कृतिक रूप को प्रत्येक इंजीनियरिंग पाठ्यक्रमों के दौरान तब तक पढ़ाया जाता था, जब तक कंप्यूटर ग्राफिक्स का उद्भव नहीं हुआ था। गैसपर्ड मोंगे को अंतरीय ज्यामिति का जनक उनके द्वारा 'एप्लीकेशन डे एल एनालाइज अ ला ज्योमेतरे' नाम से किए गए उत्कृष्ट कार्य के कारण कहा जाता है, जहाँ पर उन्होंने 3 प्रसार में एक वक्री सतह की रेखाओं की अवधारणा को प्रस्तुत किया। उन्होंने निर्माण संबंधी समस्याओं पर ज्यामिति को लागू करने के लिए एक सामान्य पद्धति को भी विकसित किया। मोंगे के द्वारा ठोस वस्तुओं के ग्राफिकल प्रदर्शन के लिए एक-दूसरे के सामने स्थित दो समकोणों पर दो प्रक्षेपण की योजनाएँ बनाईं। इन तकनीकों को एक पद्धति, जिसे 'ज्योमेतरे डिस्क्रिश्टिव' कहा गया के रूप में सामान्यीकृत किया, जिसे अब लिखने के प्रक्षेपण (आर्थोग्राफिक प्रोजेक्शन) के नाम से जाना जाता है। यह एक ग्राफिकल पद्धति है, जिसका प्रयोग आधुनिक यांत्रिकी आरेखों में किया जाता है।

सन् 1796 में मोंगे को रसायनज्ञ क्लॉडे लुइस बर्थोलेट व कुछ अन्य कलाकारों के साथ आयोग के सदस्य के तौर पर सबसे बेहतर कला खजानों का चुनाव विजेताओं को वापस फ्रांस लाने के उद्देश्य से इटली भेजा गया। वहाँ पर उनकी दोस्ती इटली के विजेता नेपोलियन बोनापार्ट के साथ हुई। इटली से वापस पेरिस आने के बाद उनको ईकोल पॉलीटेक्निक के निदेशक के पद पर नियुक्त किया गया और सन् 1798 में वे वापस रोम प्रजातंत्र की स्थापना में भागीदार बनने के लिए आ गए। बोनापार्ट ने मोंगे से उनके साथ मिस्र की जलयात्रा पर चलने के लिए कहा, जिसे उन्होंने इच्छा न होते हुए भी स्वीकार

कर लिया। सन् 1799 में जब नेपोलियन वापस पेरिस आए तो मोंगे को नवगठित सरकार के वाणिज्य दूतावास में सीनेटर बना दिया गया था। उस समय मोंगे पेरिस में ही बस चुके थे और वे पॉलिटेक्निक विद्यालय में प्रोफेसर के पद पर भी आसीन थे, जहाँ पर उन्होंने वर्णनात्मक ज्यामिति के विषय पर व्याख्यान दिए थे। उनके द्वारा दिए गए उन व्याख्यानों को सन् 1800 में एक पाठ्य पुस्तक के रूप में, जिसका नाम 'ज्योमेतरे डेस्क्रिप्टिव' था, प्रकाशित किया गया। इस पुस्तक में इन प्रारूपों पर प्रस्तावों और ज्यामितीय आँकड़ों की संबंधित स्थितियों, जिन्हें अनुप्रस्थों के प्रयोग के द्वारा अनुमानित किया गया था, को सम्मिलित किया गया था।

वाणिज्य दूतावास में उनके कर्तव्यों के अतिरिक्त वे ईकोल पॉलिटेक्निक के विद्यार्थियों के लिए पाठ्य-पुस्तकों को पढ़ाने व उनको लिखने के कार्य में व्यस्त रहते थे, यद्यपि आवश्यकता से अधिक व्यस्तता के चलते उनके स्वास्थ्य पर बुरा प्रभाव शीघ्र ही दृष्टिगोचर होने लगा और वास्तविक तौर से उनमें अपने जीवन के समापन का भय भी सताने लगा। जीवन के प्रत्येक उतार-चढ़ाव का सामना करते हुए भी उन्होंने नेपोलियन का सदैव समर्थन किया। वाटरलू में नेपोलियन की पराजय के बाद मोंगे फ्रांस से चले गए, लेकिन सन् 1816 में वह फिर वापस आ गए। मोंगे से इस समय के दौरान राजशाही की बहाली के कारण उनको दिए गए सभी सम्मान व पदों को छीन लिया गया और उन्हें उस संस्थान से भी निष्कासित कर दिया गया, जिस संस्थान की स्थापना करने के लिए उन्होंने कड़ी मेहनत की थी। उस समय से लेकर उनकी मृत्यु तक उनको राजनीतिक तौर पर तरह-तरह की यातनाएँ दी जाती रहीं। निरंतर मिलती धमकियों ने मोंगे को अंदर तक झकझोर दिया। 28 जुलाई, 1818 को पेरिस में ही मोंगे की मृत्यु हुई और उनको पेरिस के ले पेरे लाचियाजे सीमेंटरी में दफनाया गया और वहीं पर उनकी समाधि बनाई गई। बाद में उनकी समाधि को पैनहोन में स्थानांतरित कर दिया गया। सन् 1849 में ब्यून में उनके एक बुत को भी तैयार किया गया। एफिल टावर पर जिन 72 महान् शख्सियतों के नाम को उकेरकर सम्मानित किया गया है, उसमें एक नाम मोंगे का भी है।

ड्रिक जे स्ट्रूक के द्वारा मोंगे के बारे में कुछ बहुत ही खूबसूरत पंक्तियाँ लिखी गईं, जो इस प्रकार हैं—

"मोंगे वे आधुनिक गणितज्ञ हैं, जिन्हें हम एक विशेषज्ञ, एक रेखागणितज्ञ के तौर पर पहचानते हैं। उनके द्वारा आंशिक अंतरीय समीकरण के विषय पर

जो कार्य किया गया, उसमें भी अलग से ज्यामितीय छाया दिखाई देती है। मोंगे की वर्णनात्मक ज्यामिति बीजगणित की प्रक्षेपी ज्यामिति पर रखी गई है और वक्रों व सतहों पर लागू करने के लिए बीजगणितीय और विश्लेषणात्मक पद्धतियों में उनको जो विशेषज्ञता प्राप्त हुई है, उसने विश्लेषणात्मक और अंतरीय ज्यामिति में अपना अमूल्य योगदान दिया है।

□

चार्ल्स हेरमाइट

जन्म : 22 दिसंबर, 1822 को फ्रांस में।
मृत्यु : 14 जनवरी, 1901 को।
महत्त्वपूर्ण योगदान : नॉउवेल्स एनेल्स डे मैथमेटिके, विश्लेषणात्मक संख्या सिद्धांत के संस्थापकों में शामिल, फलन के सिद्धांत में किए गए कार्य।

चार्ल्स हेरमाइट उन्नीसवीं शताब्दी के महानतम गणितज्ञों में से एक थे। उन्होंने गणित की विभिन्न शाखाओं के लिए बहुत से उत्कृष्ट कार्य किए। उनका नाम विश्लेषणात्मक संख्या सिद्धांत की स्थापना करनेवाले गणितज्ञों की सूची में सम्मिलित है। फलन के सिद्धांत में उनके द्वारा किए गए कार्य, जिसमें दीर्घवृत्तीय फलन का प्रयोग सम्मिलित है, जिसके आधार पर उन्होंने पाँचवीं डिग्री के सामान्य समीकरण के लिए प्रथम समाधान को उपलब्ध करवाया था। उनकी पद्धति की, जो कि वास्तविक लघुगुणक का आधार एक श्रेष्ठ संख्या है, बाद में इस पद्धति का प्रयोग लिंडमैन के द्वारा यह सिद्ध करने हेतु किया गया कि 'च' एक श्रेष्ठ संख्या है।

चार्ल्स हेरमाइट फेरडिनएंड हेरमाइट और मेडलाइन लालेमैंड की छठी संतान थे। उनका जन्म 24 दिसंबर, 1822 को फ्रांस के डिजे स्थान पर हुआ था। फेरडिनएंड हेरमाइट एक प्रशिक्षित इंजीनियर थे और वह अपनी इस क्षमता के अनुसार ही प्राप्त पद पर डायूज के निकट नमक की खान में काम करते थे। जब चार्ल्स लगभग 7 बरस के थे तो उनके माता-पिता ने डायूज छोड़ दिया और नैंसी जाकर रहने लगे।

उनका व्यवसाय भी इसी स्थान पर स्थानांतरित होकर चला गया। चार्ल्स के माता-पिता के लिए अपने बच्चों की शिक्षा ऐसा विषय नहीं था, जिसे वह सर्वोच्च स्थान देते, फिर भी उन्होंने अपने बच्चों को अच्छी स्कूली शिक्षा उपलब्ध करवाई। चार्ल्स के दाएँ पैर में तकलीफ होने के कारण वह एक सामान्य बालक की भाँति चल-फिर नहीं पाते थे, अर्थात् उन्हें बाल्यकाल से ही चलने-फिरने में तकलीफ होती थी। चार्ल्स ने कॉलेज हेनरी पअ से शिक्षा ग्रहण की और फिर वहाँ से आगे की शिक्षा कॉलेज लुइस-ले-ग्रैंड से प्राप्त की, जहाँ पर उनको गणित की शिक्षा उसी प्राध्यापक के द्वारा प्रदान की गई, जिन्होंने महान् फ्रेंच गणितज्ञ इवरिस गाल्वा के द्वारा किए गए अशुभ कार्य में उनका मार्गदर्शन किया था। चार्ल्स के द्वारा बाल्यकाल में लाग्रेंज के संख्यात्मक समीकरणों के समाधान पर लिखे गए लेखों और संख्याओं के सिद्धांत पर गॉस द्वारा उपलब्ध कार्य को पढ़ा।

चार्ल्स हेरमाइट इकोले पॉलिटेक्निक में जाकर पढ़ना चाहते थे और उन्होंने अपनी इस इच्छा को पूरा करने के लिए पॉलिटेक्निक में प्रवेश हेतु ली जानेवाली परीक्षा के लिए एक वर्ष तक तैयारी भी की थी। इस दौरान वर्ष 1841 और 1842 के बीच उन्होंने कैटालन से शिक्षा भी प्राप्त की। सन् 1842 में उन्होंने मूल रूप से गणित विषय में अपना योगदान देना आरंभ कर दिया। अपने इस काम की शुरुआत उन्होंने एबल के प्रस्ताव के एक साधारण प्रमाण से की, जो पाँचवीं डिग्री के समीकरण के लिए बीजीय समाधान को प्राप्त करने के असंभव कार्य से संबंधित था। उनका यह प्रमाण 'नॉउवेल्स एनेल्स डे मैथमेटिक' में प्रकाशित किया गया। सन् 1842 में उनको इकोले पॉलिटेक्निक में प्रवेश दिया गया, लेकिन प्रवेश परीक्षा में उनका स्थान 68वाँ रहा। लेकिन एक वर्ष के पश्चात् उनको पॉलिटेक्निक छोड़कर जाने के लिए इस आधार पर विवश किया गया कि जन्म से ही उनके दाएँ पैर की विकृति के कारण उनकी नौसेना में नियुक्ति संभव नहीं हो सकती, इसलिए उनका पॉलिटेक्निक में समय व्यतीत करना व्यर्थ होगा।

इस समय तक चार्ल्स हेरमाइट ने उस समय के कई महान् गणितज्ञों के साथ मित्रता कर ली थी और वह अकसर जोसेफ बेरटार्न से मिलने भी जाया करते थे। वह जैकोबी के साथ भी पत्र-व्यवहार करने लगे थे। यद्यपि चार्ल्स की औपचारिक शिक्षा इतनी अच्छी नहीं थी, जिसके आधार पर वह अपने शोध कार्यों को करते, लेकिन इसके बावजूद वह ऐसे उच्चतम श्रेणी के शोधकार्य करने लगे थे, जिन्होंने उन्हें विश्व स्तर के गणितज्ञों की सूची में सम्मिलित करवा दिया। जैकोबी के साथ उनके जिस प्रकार के पत्र-व्यवहार हुए, उनसे यह प्रदर्शित होता है कि चार्ल्स

हेरमाइट ने कुछ ऐसे अंतरीय समीकरणों का आविष्कार किया था, जिन्हें थेटा फलनों के माध्यम से तृप्त किया गया था और वह इनके अध्ययन के लिए साध्वनिक शृंखलाओं का प्रयोग कर रहे थे। उन्होंने थेटा फलन के संदर्भ में समीकरणों के सामान्य समाधान को भी खोज निकाला था।

डिग्री के लिए पाँच वर्ष तक निजी तौर पर कार्य करने के पश्चात्, जिस समय के दौरान वह कई प्रख्यात गणितज्ञों जैसे जोसफ बेरटार्न, कार्ल गॉस्टव जैकब जैकोबी और जोसफ लियोविले के मित्र बने, उन्होंने स्नातक की उपाधि के लिए होनेवाली परीक्षा में भाग लिया और उसे पास भी किया। उन्हें सन् 1847 में इस डिग्री से नवाजा गया। सन् 1848 में उन्होंने लुइस बेरटार्न से विवाह किया, जो उनके मित्र जोसेफ बेरटार्न की बहन थी। सन् 1848 में ही उनको इकोले पॉलिटेक्निक में प्रवेश परीक्षक के पद पर नियुक्त किया गया। यह वही संस्थान था, जिसने चार वर्ष पूर्व अपने संस्थान में चार्ल्स को अपनी शिक्षा पूरी किए बिना उसे छोड़ने के लिए बाध्य किया था।

चार्ल्स हेरमाइट ने अपने अधिकतर प्रयासों को विद्यार्थियों के साथ हर स्तर पर काम करने के लिए समर्पित किया। उनके विद्यार्थियों की सूची में पिकार्ड के अतिरिक्त अन्य कई विशिष्ट नाम भी सम्मिलित थे; जैसे—हेनरी पोकारे, कैमले जॉडार्न और पॉल पेनलेवे। एक शिक्षक के तौर पर चार्ल्स हेरमाइट अपने विद्यार्थियों के लिए सदैव ही प्रेरणास्रोत बने रहे। थॉमस स्टाइल्जेस के साथ उनके पत्र-व्यवहार से प्रमाणित होता है कि विज्ञान के क्षेत्र में कुछ करने हेतु जो विद्यार्थी इस क्षेत्र में प्रवेश करना चाहते थे, उनको चार्ल्स हेरमाइट की ओर से कितनी बड़ी सहायता प्रदान की जाती थी। शिक्षा प्रदान करने हेतु उनके द्वारा किए गए प्रयास बहुत ही कठोर बारीकियों के द्वारा निर्देशित नहीं किए गए थे, अपितु वस्तुओं को सरल एवं सुंदर बनाने के लिए वह रोमांचक ढंग से की गई प्रशंसा से प्रेरित होते थे।

चार्ल्स हेरमाइट के द्वारा संख्या सिद्धांत व बीजगणित, आयतीय बहुपद और दीर्घवृत्तीय फलन में अपना अमूल्य योगदान दिया गया था। उन्होंने इकोले पॉलिटेक्निक में अपनी नियुक्ति के 10 वर्षों के अंतराल में अपने जीवन के सबसे अधिक महत्त्वपूर्ण गणितीय आविष्कारों से प्राप्त परिणामों को प्रस्तुत किया। सन् 1848 में उन्होंने यह सिद्ध किया कि दोगुनी अवधिवाले फलनों को संपूर्ण फलन की अवधि अनुपात की भाँति प्रस्तुत किया जा सकता है। सन् 1849 में चार्ल्स हेरमाइट ने 'एकेडमी देस साइंस' में अपने संस्मरण जमा करवाए, जिसमें कॉची के अवशेष तकनीक को दुगुनी अवधि वाले फलनों पर लागू किया गया था। लेकिन उनके इस

शोध को स्टर्न और कॉची का समर्थन मिलने के बावजूद इसका प्रकाशन लियोविले के द्वारा चार्ल्स हेरमाइट के साथ विवाद होने के कारण रोक दिया गया। चार्ल्स हेरमाइट ने द्विघातीय समीकरण के सिद्धांत में बहुत ही महत्त्वपूर्ण योगदान दिए। उनके इसी योगदान ने उन्हें अपरिवर्तनीय सिद्धांत का अध्ययन करने हेतु गणितज्ञों को प्रेरित किया और अपने इसी अध्ययन के आधार पर उन्होंने द्विवर्ग समरूपों से संबंधित पारस्परिकता के नियम को खोज निकाला। सन् 1850 में द्विघातीय समरूपों व अपरिवर्तनीय सिद्धांत के बारे में बेहतर समझ के आधार पर ही उन्होंने परिवर्तन के सिद्धांत का निर्माण किया। इस विषय पर उनको प्राप्त परिणामों ने ही संख्या सिद्धांत, थेटा फलनों और एबिलियन फलनों के परिवर्तन के बीच संबंध को उपलब्ध करवाया।

सन् 1856 में उनको 'एकेडमी देस साइंस' के लिए मनोनीत किया गया। सन् 1858 में चार्ल्स हेरमाइट के द्वारा यह प्रदर्शित किया गया कि पाँचवीं डिग्री के एक बीजगणितीय समीकरण को दीर्घवृत्तीय फलन का प्रयोग करते हुए हल किया जा सकता है। उन्होंने इन परिणामों को संख्या सिद्धांत, विशेष तौर पर द्विघातीय फलनों के वर्गीय संख्या के साथ संबंध पर लागू किया। सन् 1862 में चार्ल्स हेरमाइट को इकोले पॉलिटेक्निक में मैत्रे द कॉन्फ्रेंस—एक ऐसा पद, जिसे विशेष तौर पर उनके लिए ही बनाया गया था—पर नियुक्त किया गया। इस दौरान वह संस्थान में परीक्षक के पद पर भी बने रहे। सन् 1869 में वह गणित के प्राध्यापक के तौर पर इकोले पॉलिटेक्निक और फैकल्टी ऑफ साइंस ऑफ पेरिस दोनों ही स्थानों से जीन-मैरी धूमेल पदवी (जीन-मैरी धूमेल एक प्रख्यात फ्रांसीसी गणितज्ञ और भौतिक विज्ञानी थे। उनकी उपलब्धियों को सम्मानित करने के उद्देश्य से उनके नाम पर विशेष सम्मान तत्कालीन गणितज्ञ चार्ल्स हेरमाइट को प्रदान किया गया।) पर मनोनीत होने में सफल हो गए। इकोले पॉलिटेक्निक में वह अपने पद पर सन् 1876 तक बने रहे, जबकि फैकल्टी ऑफ साइंस ऑफ पेरिस में वे अपने जीवन के अंत तक बने रहे।

सन् 1873 में चार्ल्स हेरमाइट के द्वारा पहले साक्ष्य को यह सत्यापित करने के लिए प्रकाशित किया गया कि ई एक श्रेष्ठ संख्या है। चार्ल्स को आज भी उनके एकमात्र इस परिणाम के लिए बेहतर पहचाना जाता है कि एक संख्या को बीजगणितीय कहा जाएगा, यदि उसे एक बहुपद समीकरण के पूर्णांक के गुणांक के साथ हल कर लिया जाए। उदाहरण के लिए, 2 का वर्गमूल एक बीजगणितीय है। एक वास्तविक संख्या, जो बीजगणितीय नहीं है, वह श्रेष्ठ संख्या कहलाती है। अपने 70वें जन्मदिन

के अवसर पर हेरमाइट को अपनी एल्डर मेथमेटिकल स्टेटस्मन (बुजुर्ग गणितज्ञ राजनीतिज्ञ) की छवि के चलते संपूर्ण यूरोप से प्रशंसा-पत्र प्राप्त हुए, जिन्होंने उनकी विस्तृत छवि को और भी अधिक प्रमाणित कर दिया। अपने अंतिम समय में भी उनकी अपने प्रिय विषय के प्रति रुचि तनिक भी कम नहीं हुई और उनको अपने देश व विदेशों में सम्मान-स्वरूप अलंकारों से युक्त एक प्रभावशाली संग्रह की विशेष उपाधि से नवाजा गया। चार्ल्स हेरमाइट की मृत्यु 14 जनवरी, 1901 को हुई। वह अपने पीछे गणित के लिए ऐसे मजबूत आधारों को छोड़कर गए, जिन पर चलकर आज संसार उन्नति के चरम पर पहुँच गया है। चार्ल्स अपने पीछे अपनी धरोहर के तौर पर अपने ऐसे प्रतिभावान् विद्यार्थियों को भी छोड़ गए, जो उनके द्वारा किए गए कार्यों को अधिक ऊँचाई पर ले जाने हेतु प्रयत्नशील रहे।

□

जॉन नेपियर

☐ ***जन्म :*** *सन् 1550 में, एडिनबर्ग, स्कॉटलैंड में।*
मृत्यु : *4 अप्रैल, 1617 को एडिनबर्ग, स्कॉटलैंड में।*
महत्त्वपूर्ण योगदान : *लघुगणक प्रणाली व दशमलव बिंदुओं के प्रयोग को प्रचलित करनेवाले प्रथम आविष्कारक। इनकी पुस्तकों की सूची में सबसे महत्त्वपूर्ण 'मिरीफिशी लॉगारिथमोरम कैनोनिस डिस्क्रीप्शियो' एवं 'राडोलोजिया' हैं।*

सत्रहवीं शताब्दी में जॉन नेपियर बहुत ही प्रभावशाली व्यक्ति थे। उनको स्कॉटलैंड का पहला ऐसा व्यक्ति माना जाता था, जिसने विज्ञान का अध्ययन करनेवालों के लिए बहुत ही महत्त्वपूर्ण आविष्कार कर इस क्षेत्र में अपना अमूल्य योगदान दिया। जॉन को लघुगणक की पहली प्रणाली आविष्कारक के तौर पर अधिक जाना जाता है। एक ऐसी प्रणाली, जिसने गणना की प्रक्रिया सरल और अधिक सही सटीक बना दिया। वे स्कॉटलैंड के एक गणितज्ञ, भौतिक विज्ञानी, खगोल-शास्त्री और ज्योतिषी थे। जॉन नेपियर के रॉड के नाम से प्रसिद्ध सिद्धांत के भी आविष्कारक थे और उन्होंने दशमलव बिंदुओं के प्रयोग को अंकगणित व गणित विषय में प्रचलित भी किया।

जॉन नेपियर का जन्म एडिनबर्घ, स्कॉटलैंड में हुआ। उनके पिता आर्कीबाल्ड नेपियर 16वीं शताब्दी के अंतिम समय में एक बहुत ही महत्त्वपूर्ण व्यक्ति थे और उनकी माता जैनेट बोथवेल रियासत की संसद् के एक सदस्य की बेटी थीं। जब जॉन नेपियर का जन्म सन् 1550 में हुआ तो उनके पिता की उम्र केवल 16 वर्ष की

थी। जॉन को कुलीन समाज का एक भाग बनाने के उद्देश्य से 13 वर्ष की उम्र तक स्कूल नहीं भेजा गया। नेपियर को शिक्षा-दीक्षा के लिए सेंट एंड्रयूज विश्वविद्यालय भेजा गया। उन्होंने 13 वर्ष की उम्र में विश्वविद्यालय में प्रवेश किया। उनकी माता ने उनके लिए सेंट साल्वेटर के कॉलेज में रहने की व्यवस्था की और विश्वविद्यालय के प्राचार्य जॉन रदरफोर्ड के रहने के लिए विशेष व्यवस्था की गई, जिससे कि वे व्यक्तिगत तौर पर उनकी देखभाल कर सकें। सन् 1563 में नेपियर का नाम सेंट साल्वेटर कॉलेज के मैट्रिक की परीक्षा पास करनेवाले विद्यार्थियों की सूची में शामिल हुआ।

मैट्रिक की परीक्षा पास करने के शीघ्र पश्चात् ही नेपियर की माता का देहांत हो गया। वे स्कूल में भी लंबे समय तक नहीं रह पाए। हालाँकि ऐसा माना जाता है कि उन्होंने पढ़ाई बीच में ही छोड़ दी थी और यूरोप में अपनी यात्रा अपने अध्ययन को जारी रखने के लिए आरंभ की। सन् 1571 में नेपियर 21 वर्ष के हो गए और स्कॉटलैंड वापस लौट आए। इस समय के दौरान उन्होंने एलिजाबेथ स्टर्लिंग के साथ विवाह भी कर लिया, जो स्कॉटलैंड के गणितज्ञ जेम्स स्टर्लिंग की बेटी थी। सन् 1579 में एलिजाबेथ के निधन से पूर्व नेपियर दंपती की दो संतानें थीं। एलिजाबेथ की मौत के बाद नेपियर ने एगनेस चिशोल्म के साथ विवाह किया, जिनसे उनकी 10 संतानें थीं।

नेपियर के पिता धार्मिक मामलों में बहुत रुचि लेते और उनके इन गुणों को उनके बेटे ने भी अपनाया था। चूँकि नेपियर के पास बड़ी मात्रा में धन मौजूद था, इसलिए उनके लिए यह आवश्यक नहीं था कि वे अपनी वित्तीय स्थिति को दुरुस्त करने के लिए किसी पेशेवर पद को ग्रहण करते। वे एक स्कॉटिश भूमि स्वामी की भाँति अपने जीवन को पूरी सक्रियता के साथ जीते थे। वह एक ऐसे शौकिया वैज्ञानिक थे, जिन्होंने एक पेशेवर की भाँति कभी किसी पद को ग्रहण नहीं किया, यद्यपि उनकी विविध उपलब्धियों ने उनको एक उपनाम 'मारवलेस मर्चिसटेन' प्रदान किया। उन्होंने अपनी जमीन में सुधार करने के लिए खादों के साथ विभिन्न प्रकार के प्रयोग किए और उन्होंने एक जलीय पेंच व घूमनेवाली धुरी का भी निर्माण किया, जिसका प्रयोग कोयले के गड्ढे में भरे जल को बाहर निकालने के लिए किया जा सकता था। उन्होंने अपने समय में राजनीतिक और धार्मिक विवादों में सम्मिलित होकर स्वयं को हुए बहुत ही व्यस्त रखा। यह वह समय था, जब स्कॉटलैंड में कैथोलिक और प्रोटेस्टेंट के बीच विचारों को लेकर अकसर विवाद खड़ा हो जाता था। सन् 1593 में उन्होंने एक पुस्तक प्रकाशित की, जिसका शीर्षक

था—'ए प्लेन डिस्कवरी ऑफ द होल रीवेल्वेशन ऑफ सेंट जॉन'। उस पुस्तक को कैथोलिक धर्म पर प्रहार करते हुए लिखा गया था, जिससे यह निष्कर्ष प्राप्त होता था कि वे ईसाइयत के विरुद्ध थे। उस पुस्तक में किया गया प्रहार बहुत ही प्रचलित हुआ और उसकी प्रसिद्धि हो देखते हुए उस पुस्तक को डच, फ्रेंच और जर्मन भाषा में अनुवादित कर व्यापक तौर पर प्रसारित किया गया। उस पुस्तक के कई संस्करणों को भी प्रकाशित किया गया। नेपियर का मानना था कि उनको जो भी प्रसिद्धि मिली है, वह सब इस पुस्तक के कारण ही प्राप्त हुई है।

एक व्यक्ति के रूप में नेपियर बहुत ही ऊर्जावान और जिज्ञासु प्रवृत्ति के व्यक्ति थे। वे अपने आधीन भूमि पर बहुत ही अधिक ध्यान देते थे और सदैव उसकी उत्पादक क्षमता को बढ़ाने के लिए कार्य करने हेतु प्रयत्नशील रहते। एडिनबर्ग क्षेत्र में फसलों और मवेशियों के लिए अनेक सरल तंत्र प्रणालियों का आविष्कार करने के कारण ही उनको 'मारवलेस मर्चिसटेन' की उपाधि प्रदान की गई थी। उन्होंने अपनी भूमि की उपजाऊ क्षमता को बढ़ाने के लिए उर्वरकों के साथ भिन्न-भिन्न प्रकार के प्रयोग भी किए। उन्होंने भूमि के सर्वेक्षण और मापन के लिए एक बैट यंत्र का भी आविष्कार किया। इसके अतिरिक्त उन्होंने ऐसे कई उपकरणों का भी निर्माण किया, जो आज के सैन्य उपकरणों जैसे मशीनगन अथवा आर्मी टैंक की तरह थे; हालाँकि उन उपकरणों का आविष्कार उन्होंने सेना के बारे में विचार करते हुए नहीं किया था।

नेपियर की खगोल विद्या में भी गहरी रुचि थी। इस रुचि ने ही उनको गणित विषय में विशेष योगदान देने की ओर अग्रसर किया। वे केवल तारों का अवलोकन करने तक ही सीमित नहीं थे, अपितु वे ऐसे शोध कार्य में भी संलग्न थे, जिसमें लंबी और बहुत समय लेनेवाली बड़ी-बड़ी संख्याओं की गणनाएँ शामिल थीं। उनमें त्रिकोणमिति के फलन भी सम्मिलित थे। लगभग दो दशकों के पाठन कार्य के पश्चात् उन्होंने वास्तविक रूप से इस प्रकार की गणनाओं को शीघ्रता से पूरा करने के लिए लघुगणकों का प्रयोग करते हुए नए विचारों का विकास और उनको पुन: परिभाषित किया। सन् 1614 में उन्होंने अपने कार्यों को एक पुस्तक के रूप में प्रकाशित करवाया, जिसका शीर्षक था—'मिरीफिशी लॉगारिथमोरम कैनोनिस डिस्क्रीप्शियो'। इस पुस्तक में उन्होंने लघु गणकों के सिद्धांतों को रेखांकित किया था, जिनको वे कृत्रिम संख्याएँ कहते थे। उनकी पुस्तक 'मिरीफिशी लॉगारिथमोरम कैनोनिस डिस्क्रीप्शियो' (1614) में 57 पृष्ठों पर वर्णनात्मक टिप्पणियों को सम्मिलित किया गया था, जबकि 90 पृष्ठों पर संख्याओं की उन तालिकाओं को सम्मिलित

किया गया था, जो प्राकृतिक लघु गणकों से संबंधित थीं। इस पुस्तक में वृत्तीय त्रिकोणमिति के सूत्रों, जिन्हें आम तौर पर वृत्तीय भागों के बारे में नेपियर के नियमों के नाम से जाना जाता है, के बारे में भी उत्कृष्ट स्तर पर चर्चा को शामिल किया गया था। नेपियर ने महसूस किया कि सभी संख्याओं को, जिसे अब घातीय रूप कहते हैं, में अभिव्यक्त किया जा सकता है। इसका अर्थ यह है कि 8 को 23, 16 को 24 इत्यादि के रूप में भी व्यक्त किया जा सकता है। लघु गणकों का वह कौन सा प्रयोग है, जो इनको बहुत ही उपयोगी बनाता है? इस प्रश्न का उत्तर यह है कि बड़ी-बड़ी संख्याओं को गुणा और भाग करने का जटिल कार्य सरल जोड़ व घटाने के कार्य में परिवर्तित हो जाता है। जब बहुत बड़ी संख्या को लघु गणक के रूप में अभिव्यक्त किया जाता है तो गुणा करने का कार्य घातांकों को जोड़ने के कार्य में बदल जाता है।

नेपियर के द्वारा लघु गणकों के आविष्कार की सन् 1615 में अंग्रेजी गणितज्ञ हेनरी ब्रिग्स के द्वारा बहुत प्रशंसा तब की गई, जब वे उनसे मिलने के लिए आए। उन दोनों के बीच जिन विषयों को लेकर चर्चा हुई, उनमें नेपियर के लघुगणकों को पुनः अनुमाप परिवर्तन करना शामिल था। इस दिशा में गणितीय स्थिरांक ई की मौजूदगी जटिलता का कारण बनी हुई थी और वे दोनों इसके लिए तैयार थे कि लॉग 1 = 0 करने के बजाय आधार को 10 माना जाए। उनके इस काम को बड़ी जल्दी उनके साथ के अन्य गणितज्ञों व लोगों के द्वारा सराहना मिल गई। यह उसी लघुगणक के प्रयोग के माध्यम से हुआ था, जिसके माध्यम से कैप्लर अपने अवलोकन को सीमित करने में कामयाब हुए थे और अपनी महत्त्वपूर्ण खोज को पूरा किया था। इसी ने आगे चलकर न्यूटन के गुरुत्वाकर्षण के सिद्धांत को आधार प्रदान किया था। नेपियर के द्वारा वृत्तीय त्रिकोणमिति में भी कुछ और विकास किए गए। 'नेपियर का सादृश्य' वृत्तीय त्रिभुजों की समस्याओं को सुलझाने का सूत्र है। वृत्तीय भागों के लिए नेपियर का नियम समवृत्तीय त्रिभुजों के बीच अंतःसंबंध को स्थापित करने के लिए हर प्रकार से निपुण नियम है। इसके अतिरिक्त नेपियर ने ही दशमलव बिंदुओं के प्रयोग का चलन आरंभ किया, जिससे कि संपूर्ण संख्याओं को उनके भिन्नात्मक भाग से अलग किया जा सके। दशमलव अंशों का प्रयोग पहली बार नेपियर ने किया और इसके प्रयोग को प्रचलित करने में भी अपना भरपूर योगदान दिया।

गणित को नेपियर के द्वारा दिए गए योगदान की सूची यहीं समाप्त नहीं होती, यद्यपि गणनाओं को सरल करने को लेकर उनकी जो चिंता थी, उसी ने उन्हें

गणित की भिन्न-भिन्न प्रकार से सहायता करने के लिए अग्रसर किया, जिससे कि वे अपना अंकगणित से संबंधित कार्य सरलता से कर सकें। उनके इस उद्देश्य को उनकी पुस्तक 'राडोलोजिया' में वर्णित किया गया है। इस दौरान उनके द्वारा सहायतार्थ जो कुछ भी आविष्कार किए गए, उनको संख्याओं के साथ वर्ग के नाम से चिह्नित किया जाता था, जिन्हें प्राय: 'नेपियर्स के बोंस' के नाम से संबोधित किया जाता था। उनको इस नाम से इसलिए संबोधित किया जाता था, क्योंकि अकसर इनका निर्माण ढाँचों अथवा हाथी-दाँत से किया जाता था। इन ढाँचों का प्रयोग करते हुए गुणा करना उपयुक्त आँकड़ों को पढ़ने और छोटे-छोटे सुधारों को करने की प्रक्रिया बन जाती थी। इसके अतिरिक्त नेपियर ने कुछ अन्य प्रकार के ढाँचों का आविष्कार वर्ग मूलों और घन मूलों को निकालने के लिए किया।

अपने संपूर्ण जीवनकाल में नेपियर को केवल एक गणितज्ञ के रूप में ही लोगों से सम्मान प्राप्त नहीं हुआ, अपितु उनको एक जादूगर के रूप में भी ख्याति प्राप्त हुई। ऐसी अफवाहें थीं कि उनके पास कुछ अलौकिक शक्तियाँ थीं और इसलिए उनको आध्यात्मिक व्यक्ति माना गया और आमतौर पर जैसा कि देखा जाता है, आध्यात्मिक गुरुओं अथवा तांत्रिकों के पास काला मुरगा उनकी शक्तियों के प्रतीक के तौर पर होता है, उसी प्रकार उनके पास भी एक काला मुरगा था। विभिन्न क्षेत्रों में रुचियों के कारण नेपियर कभी भी बेकार अथवा निष्क्रिय नहीं रहे और काम के बोझ व गठिया की बीमारी ने अंतत: उनको अपनी मृत्यु की ओर धकेल दिया और 4 अप्रैल, 1617 को मर्चिसटेन में उनकी मृत्यु हो गई। मृत्यु के बाद उनको किस स्थान पर दफनाया गया, यह अब तक रहस्य बना हुआ है; लेकिन ऐसी संभावना व्यक्त की जाती है कि उनको एडिनबर्ग में पादरी सेंट कुथबर्ट के क्षेत्र पुराने चर्च के पास दफनाया गया।

सन् 1914 एडिनबर्ग की रॉयल सोसाइटी के द्वारा नेपियर के 300वें जन्मदिवस के अवसर पर उनकी पुस्तक 'डिस्क्रीप्शियो' को प्रकाशित किया गया। सन् 1964 में एडिनबर्ग में इस महान् गणितज्ञ के नाम पर नेपियर विश्वविद्यालय की स्थापना की गई। इसके विश्वविद्यालय का एक कैंपस मर्चिसटेन में भी स्थित है, जहाँ पर विज्ञान, तकनीकी और डिजाइन जैसे विषयों पर विद्यार्थियों के लिए कोर्स उपलब्ध है।

□

जॉन वॉन नीमैन

जन्म : 28 दिसंबर, 1903 को बुडापेस्ट, हंगरी में।

मृत्यु : 8 फरवरी, 1953 को वॉशिंगटन, अमेरिका में।

महत्त्वपूर्ण योगदान : परमाणु बम व हाइड्रोजन बम के विकास में महत्त्वपूर्ण योगदान, महत्त्वपूर्ण पुस्तकें 'थ्योरी ऑफ गेम्स', 'फाउंडेशन ऑफ सेट थ्योरी', 'मैथेमेटिकल फाउंडेशन ऑफ क्वांटम मेकैनिक', 'ऑलमोस्ट पीरिडियोटिक फंक्शंस एंड ग्रुप' (संस्मरण जिसके लिए उनको सम्मानित किया गया)

जॉन वॉन नीमैन को वैज्ञानिकों के तारामंडल का सबसे अधिक बुद्धिमान और चमकता हुआ सितारा माना जाता है। उनका जन्म 28 दिसंबर, 1903 को बुडापेस्ट नामक स्थान पर हुआ था। उनके पिता मैक्स नीमैन यहूदी वंश के बंधक बैंकर थे, जबकि उनकी माँ समृद्ध यहूदी परिवार से संबंध रखती थीं। हालाँकि उनका परिवार यहूदी था, लेकिन मैक्स नीमैन अपने धर्म का कठोरता से पालन नहीं करते थे, अर्थात् उनको कट्टर यहूदी नहीं कहा जा सकता। उनके परिवार को देखकर ऐसा प्रतीत होता था कि वे यहूदी और ईसाई परंपरा के मिश्रित रूप को अपनाए हुए हैं। वॉन नीमैन ने अपनी आरंभिक शिक्षा घर पर ही प्राप्त की और सन् 1914 में 10 वर्ष की उम्र में उनका दाखिला लुथेरान वेधशाला में करवा दिया गया। इस स्कूल की बहुत ही कठोर शैक्षिक परंपरा थी और ऐसा प्रतीत होता था कि नीमैन व विद्यालय दोनों के लिए स्कूल के उन नियमों का पालन, जो धार्मिकता से अधिक संबंधित प्रतीत होते थे, करना और करवाना दोनों ही आँखों की किरकिरी बना हुआ था।

नीमैन एक बुद्धिमान बालक थे और पहली बार उनकी गणित में विशेष दक्षता को गाबोर सैगा के द्वारा पहचाना गया, जो उनको निजी तौर पर भी पढ़ाया करते थे।

उस समय प्रथम विश्व युद्ध ने भी नन्हे नीमैन की शिक्षा को बहुत नहीं तो थोड़ा प्रभावित अवश्य किया। सन् 1919 में जब युद्ध समाप्त हुआ और कम्युनिस्ट सरकार के अंतर्गत बेला कून ने पाँच माह के लिए हंगरी को अपने नियंत्रण में ले लिया तो हमले के डर से नीमैन परिवार ऑस्ट्रिया चला गया; हालाँकि एक माह के पश्चात् वे बुडापेस्ट में व्याप्त समस्याओं का सामना करने के लिए वापस लौटे। पाँच माह के पश्चात् जब कून सरकार विफल हो गई तो इस विफलता के लिए यहूदी लोगों को ही दोषी ठहराया गया और नीमैन परिवार के कून सरकार का विरोधी होने के बावजूद उन्हें उत्पीड़न का सामना करना पड़ा।

सन् 1921 में स्कूल की शिक्षा पूर्ण करने के पश्चात् उन्होंने गणित के विद्यार्थी के रूप में विश्वविद्यालय में प्रवेश लिया; लेकिन चार वर्षों में अपना अधिकतर समय ई.टी.एच. (एनजोनिसिसचा टेक्निशच हॉक्सचूल), जो कि ज्यूरिख और बर्लिन में स्थित था, में व्यतीत किया। उन्होंने गणित विषय में अपनी डॉक्टरेट की उपाधि बुडापेस्ट विश्वविद्यालय से सेट सिद्धांत पर लिखी गई थीसिस के आधार पर प्राप्त की और ठीक इसी समय में उन्होंने ज्यूरिख से रसायन इंजीनियरिंग के विषय में भी डिग्री प्राप्त की। नीमैन जब 20 वर्ष के थे तो उन्होंने क्रमसूचक संख्याओं की परिभाषा को प्रकाशित करवाया। उनकी इस परिभाषा का प्रयोग आज भी किया जाता है। उनकी उत्कृष्ट बौद्धिक क्षमता को उनके ई.टी.एच. के एक अध्यापक पोलया के कथन से आँका जा सकता है। उनके अध्यापक ने उनको परिभाषित करते हुए कहा था कि "मेरा केवल यही विद्यार्थी जिससे मैं अभित्रस्त हूँ। वे इतनी शीघ्रता से मेरी बातों को समझ लेते हैं कि जैसे ही मैं किसी सूत्र को उनके सामने रखता हूँ और यह कहता हूँ कि इसे अभी सिद्ध नहीं किया गया है और संभवतः यह कठिन है। मेरी बात सुनकर वॉन नीमैन कुछ नहीं कहते, लेकिन पाँच मिनट के बाद वे अपना हाथ उठाते हैं। जब मैं उनसे पूछता हूँ तो वे ब्लैकबोर्ड के पास आकर समस्या के प्रमाण को लिखना आरंभ कर देते हैं। इसके बाद मुझे वॉन नीमैन से डर लगने लगता है।"

वॉन नीमैन के बारे में कहा जाता है कि उनकी स्मरण-शक्ति ऐसी थी कि जैसे एक बार किसी पाठ्य-सामग्री को पढ़ने के बाद उसकी तसवीर उनके दिमाग में छप गई हो और जो कुछ भी उन्होंने पढ़ा, वह सबकुछ उनको बिना किसी बाधा के याद रहता हो। अपनी इसी शक्ति का प्रयोग करते हुए उन्होंने ऐतिहसिक विश्वकोश को याद किया था। उनके बारे में लिखते हुए पाउंडस्टोन ने लिखा कि—

"6 वर्ष की उम्र में ही वॉन नीमैन अपने पिता के साथ उत्कृष्ट यूनानी भाषा में लतीफों को कहने और समझने में सक्षम हो चुके थे। कई बार नीमैन परिवार अपने घर पर आए मेहमानों का मनोरंजन करने के लिए जॉन की प्रतिभा का प्रदर्शन करता। इस दौरान जॉन अपने घर में पड़ी फोन की पुस्तक को थोड़े समय में ही याद कर लेते। इसके पश्चात् वे मेहमान से किसी भी पृष्ठ और कॉलम का क्रम-रहित तरीके से चुनाव करने के लिए कहते। नन्हा जॉन कुछ पलों में ही उस पृष्ठ और कॉलम को याद कर लेता और याद करने के पश्चात् पुस्तक वापस मेहमान को दे देता। इसके पश्चात् वह मेहमान के द्वारा उस कॉलम/पृष्ठ में से पूछे गए किसी भी प्रश्न का उत्तर देने में सक्षम होता, मेहमानों के द्वारा पूछे गए प्रश्न, यह नंबर किसका है वगैरह अथवा नंबर को दोहराओ और क्रमानुसार नंबरों को बताओ इत्यादि होते थे।"

नीमैन अपने विद्यार्थी जीवन के दौरान ही अपने द्वारा किए गए कार्य को नियमित रूप से प्रकाशित करवाने लगे थे। वॉन नीमैन को उनके तीन प्रसिद्ध कामों के लिए बेहतर पहचाना जाता है—1. थ्योरी ऑफ गेम्स, 2. फाउंडेशन ऑफ सेट थ्योरी, 3. मैथेमेटिकल फाउंडेशन ऑफ क्वांटम मेकैनिक।

सन् 1929 में वे प्रिंसटोन विश्वविद्यालय में व्याख्यान हेतु मेहमान प्राध्यापक के तौर पर संयुक्त राज्य अमेरिका गए थे। लेकिन सन् 1933 का दौर आते-आते वे वहाँ पर प्रिंसटोन में हाल ही में स्थापित इंस्टीट्यूट फॉर एडवांस स्टडी में प्रख्यात प्रोफेसर बन चुके थे। सन् 1933 में वॉन नीमैन एनेल ऑफ मैथमेटिक्स के सह संपादक बन चुके थे और उसके दो वर्ष के बाद वे कंपोजिटियो मैथमेटिसिया के भी सह संपादक बन गए थे। उन्होंने संपादन कार्य के इन दोनों पदों को अपनी मृत्यु तक सँभाला। सन् 1930 में उन्होंने मारिएट्टा कोवेसी के साथ विवाह किया और इन दोनों की एक पुत्री भी हुई, लेकिन 1937 में नीमैन और मारिएट्टा एक-दूसरे से अलग हो गए। सन् 1939 में उन्होंने एक बार फिर कारीदान से विवाह किया। आगे चलकर कारी इलेक्ट्रॉनिक कंप्यूटर के लिए गणितीय समस्याओं की पहली कोडित्र बनी। वॉन नीमैन नियमित तौर पर विभिन्न विषयों जैसे हिल्बर्ट स्पेस, परिचालनों का वलय और निरंतर ज्यामिति पर व्याख्यान देते। सन् 1938 में अमेरिकन मैथेमेटिकल सोसाइटी के द्वारा जॉन वॉन नीमैन को उनके संस्मरण 'ऑलमोस्ट पीरिडियोटिक फक्शंस ऐंड ग्रुप' के लिए सम्मानित करते हुए बोचर पुरस्कार से सम्मानित किया गया। उनके इस संस्मरण को अमेरिकन मैथेमेटिकल सोसाइटी के कार्य में दो भागों में प्रकाशित किया गया। पहले भाग को सन् 1934 में प्रकाशित किया गया, जबकि

दूसरा भाग आगामी वर्ष में छापा गया।

सन् 1940 से लेकर बाद के वर्षों में वे गणित के क्षेत्र में हो रही जंग में सम्मिलित हो गए। सर्वप्रथम वे विशेष तौर पर प्राक्षेपिकी से ही जुड़े हुए थे, लेकिन बाद में उन्होंने परमाणु बम के विकास में बहुत ही महत्त्वपूर्ण भूमिका निभाई। सन् 1944 में उन्होंने अपने सर्वोत्तम कार्य 'द थ्योरी ऑफ गेम्स ऐंड इकोनॉमिक बिहेवियर' को प्रकाशित करवाया। इसके बाद के वर्षों में उन्होंने अपने आपको इलेक्ट्रॉनिक कंप्यूटर्स और आटोमेटा के सिद्धांत जैसे विषयों में मग्न कर लिया। कुछ ही समय में वे सबसे अधिक व्यस्त और अमेरिकी सेना व अन्य संस्थानों के सलाहकार बनने के पश्चात् सबसे अधिक माँगवाले व्यक्ति बन गए। उनके द्वारा विभिन्न क्षेत्रों में दिए गए मूल्यवान् योगदानों में विस्फोट के लिए परमाणु ईंधन को मँगाने के लिए विविध पद्धतियोंवाला प्रस्ताव तो शामिल था ही, इसके साथ ही हाइड्रोजन बम का विकास करने में भी उनका महत्त्वपूर्ण योगदान रहा। सन् 1940 से प्राक्षेपिकी शोध प्रयोगशाला (जो कि एबरडीन अर्थात् मैरीलैंड की जमीन पर विकसित हो रही है) स्थित साइंटिफिक एडवाइजरी कमेटी के सदस्य रहे। सन् 1941 से लेकर 1955 तक वे नौसेना अध्यादेश ब्यूरो के सदस्य भी रहे और 1943 से लेकर 1955 तक वे लॉस एलामोस साइंटिफिक लैबोरेटरी में सलाहकार के पद पर आसीन रहे। सन् 1950 से लेकर 1955 तक वे वॉशिंगटन, डीसी में विशेष हथियारों से लैस सशस्त्र सेना परियोजना के एक सदस्य के तौर पर भी कार्यरत रहे। जॉन वॉन नीमैन ने सन् 1951 से लेकर 1953 तक अमेरिकन मैथेमेटिकल सोसाइटी के अध्यक्ष के रूप में भी अपनी सेवाएँ प्रदान कीं। अपने शानदार कॅरिअर के लिए उन्हें कई बार पुरस्कारों से भी सम्मानित किया गया, जैसे—मेडल ऑफ फ्रीडम, अल्बर्ट आइंस्टाइन स्मरणीय पुरस्कार, एनरिको फर्मी पुरस्कार इत्यादि।

सन् 1955 में उनको कैंसर जैसी प्राणघातक बीमारी का सामना करना पड़ा। इस बीमारी ने लंबे समय तक उनको अपनी चपेट में लिये रखा, जिस कारण उनकी समस्त कार्यक्षमता समाप्त हो गई और इस बीमारी के कारण ही 8 फरवरी, 1953 को 50 वर्ष की उम्र में ही इस उत्कृष्ट प्रतिभा का देहांत हो गया।

□

जॉर्ज कैनटोर

जन्म : 3 मार्च, 1845 को सेंट पीटर्सबर्ग, रूस में।

मृत्यु : 6 जनवरी, 1918 को हैली, जर्मनी में।

महत्त्वपूर्ण योगदान : परिमित समूह के सिद्धांत के संस्थापक, त्रिकोणमिति श्रृंखला के क्षेत्र में की गई खोज। उन्होंने यह भी सिद्ध किया कि संख्याएँ, जो पूर्णांक गुणांक के साथ बहुपदीय समीकरणों के वर्ग होती हैं, उनकी गिनती करना संभव है। तार्किक संख्याओं की गिनती को असंभव को सिद्ध करनेवाले पहले व्यक्ति। पुस्तक 'बिट्राज जुर बर्गगुनदुंग डेर ट्रांसफिनिटेन मेनजेनलेहरे' (कंट्रीब्यूशन टू द फाउंडेशन ऑफ ट्रांफिनाइट सेट थ्योरी)।

जॉर्ज कैनटोर, जिन्हें पार परिमित समूह के सिद्धांतों के संस्थापक के तौर पर जाना जाता है, के इन विचारों ने गणितीय विचारधारा के इस क्षेत्र में एक प्रकार की क्रांति का आरंभ किया था। सदियों से अनंतता की अवधारणा गणितीय व दार्शनिक तौर पर विवाद का विषय रही है और उनके इन विचारों का पूरा प्रभाव उनके जीवन काल में नहीं दिख पाया।

जॉर्ज कैनटोर, जिनका पूरा नाम जॉर्ज फर्डिनेंड लुडविग फिलिप कैनटोर था, का जन्म रूस के सेंट पीटर्सबर्ग नामक स्थान में हुआ। उनके पिता जॉर्ज वुल्डेमार कैनटोर पेशे से स्टॉक ब्रोकर थे, जबकि उनकी माता मारिया एना का संबंध संगीत के क्षेत्र में काम करनेवाले एक परिवार से था। जॉर्ज कैनटोर का लालन-पालन पूरी आस्था के साथ धार्मिक मान्यताओं का पालन करनेवाले वातावरण में एक प्रोटोस्टेंट

के तौर पर हुआ था, क्योंकि उनके पिता का यही धर्म था; जबकि उनकी माता एक रोमन कैथोलिक थीं। जॉर्ज ने अपनी आरंभिक शिक्षा घर पर रहते हुए एक निजी अध्यापक के माध्यम से प्राप्त की।

सन् 1856 में जब नन्हे जॉर्ज कैनटोर 11 वर्ष के थे, उनका परिवार सेंट पीटर्सबर्ग से जर्मनी रवाना हो गया, जहाँ पर उनका दाखिला वेधशाला में करवा दिया गया। वेधशाला में शिक्षा प्राप्त करते हुए जॉर्ज कैनटोर ने सभी विषयों में अपनी कुशाग्रता का परिचय दिया; लेकिन उन्होंने गणित और विज्ञान के विषयों में अपना विशेष आकर्षण प्रदर्शित किया और उनके इस आकर्षण को देखते हुए उनके पिता ने यह तय किया कि उनके पुत्र को एक प्रशिक्षित इंजीनियर बनना चाहिए; क्योंकि उनका मानना था कि उनका पुत्र अभियांत्रिकी के आकाश का एक उभरता हुआ सितारा है। अपने इस निर्णय को व्यावहारिक बनाते हुए उनके पिता ने जॉर्ज का दाखिला ज्यूरिख स्थित पॉलिटेक्निक में दाखिला करवाया गया; लेकिन वहाँ पर गणित विषय में उनकी विशेष रुचि को देखते हुए उनके पिता ने यह निश्चय क्या कि उन्हें इंजीनियरिंग के बजाय गणित का अध्ययन करना चाहिए। और उनका दाखिला बर्लिन विश्वविद्यालय में करवा दिया गया, जहाँ पर उन्होंने अपने आपको उत्कृष्ट तो नहीं, लेकिन एक अच्छा विद्यार्थी अवश्य साबित किया।

कैनटोर ने जब बर्लिन विश्वविद्यालय का रुख किया तो वहाँ पर उनकी हरमन स्कवार्ज के साथ अच्छी दोस्ती हो गई, जो उनके साथ ही पढ़ते थे। बर्लिन विश्वविद्यालय में कैनटोर ने वियस्ट्रास, कमेरेंड क्रोनेकर जैसे उत्कृष्ट प्रोफेसरों के द्वारा दिए गए व्याख्यानों को आत्मसात् किया। बर्लिन विश्वविद्यालय में अध्ययन के समय बीच में वर्ष 1866 के ग्रीष्मकाल को उन्होंने गोटिनजेन विश्वविद्यालय में बिताया। वर्ष 1867 में वे एक बार फिर बर्लिन विश्वविद्यालय अपनी डॉक्टरेट की उपाधि को प्राप्त करने के लिए आए, जिसके लिए उन्होंने संख्या सिद्धांत के विषय पर अपने निबंध 'डे आईक्वेशन सैक्यूंदी ग्रादस इनडेटरमिनाटिस' को प्रस्तुत किया। सन् 1867 में अपनी डॉक्टरेट की उपाधि मिलने के बाद कुछ समय के लिए उन्होंने विद्यालय में अध्यापन का कार्य किया और बाद में वे हैली विश्वविद्यालय में प्राध्यापक के तौर पर सम्मिलित हुए, जहाँ पर उन्होंने अपने कॅरिअर का शेष समय व्यतीत किया। सन् 1874 में उनका विवाह वैली गशमम के साथ हुआ और कैनटोर दंपती की छह संतानें थीं।

जब वे बर्लिन में थे, उनकी रुचि संख्या के सिद्धांत के बारे में जानने में हुई और उनका ध्यान क्रोनेकर की ओर गया। उनके जीवन की पहली उपलब्धि

त्रिकोणमिति श्रृंखला के परंपरागत क्षेत्र में की गई खोज थी, विशेष रूप से दिए गए फलन के फुरियर प्रस्तुतीकरण के लिए विलक्षणता के प्रश्न की थी। उन्होंने यथाक्रम यह प्रदर्शित किया था कि 19वीं शताब्दी में एक समूह के पक्षों और इसके अवयवों की संख्या के बीच जिस संबंध के विचार पर चर्चा की गई थी, वे खतरनाक ढंग से भ्रम में डालनेवाला दोष है। उन्होंने यह भी प्रदर्शित किया कि प्रमुख की अवधारणा और वर्गीय संख्या को गणितीय ढंग से इस प्रकार से परिभाषित किया जा सकता है कि यह अपरिमित अथवा पार परिमित संख्या पर चर्चा करने हेतु अच्छी समझ का पर्याय बन सकती है। सन् 1873 में कैनटोर से यह सिद्ध किया कि तार्किक संख्याओं की गिनती संभव है, अर्थात् उनको प्राकृतिक संख्याओं में एक और एक समानता के स्थान पर स्थापित करना संभव है। कैनटोर ने यह भी प्रदर्शित किया कि बीजगणितीय संख्याएँ अर्थात् वे संख्याएँ, जो पूर्णांक गुणांक के साथ बहुपदीय समीकरणों के वर्ग होते हैं। उनकी गिनती करना संभव है। हालाँकि उनके द्वारा यह सिद्ध करने के लिए कि क्या वास्तविक संख्याओं की गिनती संभव है, के लिए किए गए प्रयास बहुत ही जटिल प्रतीत होते हैं।

वर्ष 1873 के दिसंबर माह तक उन्होंने यह भी सिद्ध किया कि वास्तविक संख्याओं की गिनती संभव नहीं है, वे अगिनत हैं और अपने इस निष्कर्ष को उन्होंने सन् 1874 में एक पेपर में भी प्रकाशित करवाया। उस पेपर में उनके एक और एक समानता के विचार को भी पहली बार प्रस्तुत किया था; लेकिन इसे केवल परोक्ष तौर पर ही प्रदर्शित किया गया था। कैनटोर ने अपने इस क्रांतिकारी विचार को सन् 1879 से लेकर 1884 के बीच प्रकाशित किए गए पेपरों में विकसित किया।

कैनटोर ने अपने प्रमुख कार्य 'बिट्राज जुर बर्गगुनदुंग डेर ट्रांसफिनिटेन मेनजेनलेहरे' (कंट्रीब्यूशन टू द फाउंडेशन ऑफ ट्रांफिनाइट सेट थ्योरी) के प्रथम भाग के प्रकाशन सन् 1895 में किया। इस पुस्तक ने ही कैनटोर के विचारों को संपूर्ण विश्व में फैलाया। इस बीच कैनटोर ने पत्र-व्यवहार के माध्यम से डेडेकाइंड से भी अपना संपर्क बनाए रखा। वे अपने विचारों को उनके साथ बाँटते और इसकी प्रतीक्षा भी करते कि डेडेकाइंड भी अपने नए विचारों को उनके साथ बाँटें। कैनटोर ने वर्ष 1877 में डेडेकाइंड को एक पत्र लिखते हुए यह सिद्ध किया कि पी आयामी वाले स्थान पर (0,1) के अंतराल पर बिंदुओं की 1-1 की समानता और बिंदु है। कैनटोर के इस आविष्कार ने स्वयं उनको भी आश्चर्यचकित कर दिया और इस आविष्कार के बाद उन्होंने लिखा कि—

"मैंने इसे देखा है, लेकिन मैं इस पर विश्वास नहीं करता!"

सन् 1910 में कैनटोर को स्कॉटलैंड के सेंट एंड्रयूज विश्वविद्यालय से विश्वविद्यालय की स्थापना की 500वीं वर्षगाँठ के समारोह में प्रतिष्ठित विदेशी विद्वान् के तौर पर सम्मिलित होने का निमंत्रण मिला। कैनटोर को उम्मीद थी कि वे इस समारोह में प्रसिद्ध गणितज्ञ रसल से मिलेंगे, जिन्होंने हाल ही में अपनी पुस्तक 'पिंसीपिया मैथमेटिका' को प्रकाशित करवाया था। हालाँकि तबीयत खराब होने और अपने पुत्र के भी बीमार होने की खबर मिलने के पश्चात् वे गणितज्ञ रसल से मिले बिना ही जर्मनी वापस लौट आए। इन वर्षों के दौरान ही कैनटोर को सेंट एंड्रयूज विश्वविद्यालय के द्वारा कानून विषय में डॉक्टरेट की डिग्री देकर सम्मानित किया गया, लेकिन बीमारी के कारण वे डिग्री को व्यक्तिगत व प्रत्यक्ष तौर पर स्वीकार नहीं कर पाए। जॉर्ज कैनटोर की गणित विषय में अद्‌भुत प्रतिभा के अतिरिक्त एक और विशेषता यह थी कि वे बहुत ही अच्छे वायलिन-वादक भी थे, यह उनके माता-पिता की ही देन थी कि वे संगीत में भी गहरी रुचि रखते थे।

उनके जीवन का आधा भाग व्यतीत होने के पश्चात् उनके विचारों को बहुत से गणितज्ञों के द्वारा किए गए वैचारिक आक्रमणों का सामना करना पड़ा। लियोपोल्ड क्रोनेकर के द्वारा कैनटोर पर कटु वचनों से परिपूर्ण तीखा आक्रमण किया गया, जिस कारण कैनटोर मानसिक स्थिति खो बैठे और 6 जनवरी, 1918 के दिन मानस चिकित्सालय में उनका निधन हो गया।

हिल्बर्ट के द्वारा जॉर्ज कैनटोर के कार्यों की व्याख्या करते हुए कहा गया कि—

"...गणितीय प्रतिभा के सर्वोत्तम परिणामों और विशुद्ध बौद्धिक मानव क्रियाओं की सर्वोच्च उपलब्धि में से एक जॉर्ज कैनटोर के बारे में कहा गया कि हालाँकि वे जर्मनी में रहते हुए रूस में बिताए अपने शुरुआती दिनों को गहरे विषाद के साथ याद करते थे, उनका मानना था कि जर्मनी में उनके लिए जीवन व्यतीत करना कदापि सरल नहीं है। यद्यपि उन्होंने अपने शुरुआती दिनों के अतिरिक्त शेष जीवन जर्मनी में व्यतीत किया, लेकिन उन्होंने कभी रूसी भाषा का प्रयोग लिखने के लिए नहीं किया।"

□

जॉर्ज बूले

__जन्म :__ 2 नवंबर, 1815 को इंग्लैंड में।

__मृत्यु :__ 8 दिसंबर, 1864 को।

__महत्त्वपूर्ण योगदान :__ बूलियन बीजगणित के संस्थापक, भाषा संबंधी बीजगणित के आविष्कारक, विश्लेषण के क्षेत्र में विशेष योगदान, विभाजित करनेवाले गुण। बीजगणित के विषय को रेखांकित व विभाजित करनेवाले गुणों को सर्वप्रथम बूले ने खोजा। पुस्तकें 'द मैथमेटिकल एनेलेसिस ऑफ लॉजिक', 'एन इन्वेस्टीगेशन ऑफ द लॉज ऑफ थॉट्स' (शोधकार्य), 'ट्रिटीइज ऑन द कैलकुलस ऑफ फिनाइट डिफरेंसिस'। इसके अतिरिक्त बूले के द्वारा आधुनिक अनुप्रयोगों के क्षेत्र में पर्याप्त योगदान दिया गया—जैसे, कंप्यूटर प्रोग्रामिंग, इलेक्ट्रिकल इंजीनियरिंग, उपग्रहों की छवि, टेलीफोन सर्किट और आइंस्टाइन के सापेक्षता के सिद्धांत'।

जॉर्ज बूले के बारे में कहा जाता है कि वे इंग्लैंड में पैदा हुए समस्त गणितज्ञों में से सबसे अधिक बुद्धिमान गणितज्ञ थे, जिन्होंने इंग्लैंड को समृद्धिशाली बना दिया। जॉर्ज बूले का जन्म 2 नवंबर, 1815 को इंग्लैंड के लिंकन में जॉन बूले और मेरी एन जोयसी के यहाँ हुआ था। बूले का जन्म समाज के निम्नतम आर्थिक स्तर से संबंध रखनेवाले माता-पिता के घर हुआ था। बूले का जन्म उस निम्न स्तर में हुआ, जिसके बारे में अमीर वर्ग का मानना था कि उस स्तर में जन्म लेनेवालों का कोई अस्तित्व नहीं होता। बूले के बारे में भी उनकी ऐसी ही राय थी। बूले के

बारे में ऐसा कहा गया कि वह गलत समय में, गलत स्थान पर और निश्चित तौर पर गलत वर्ग में पैदा हो गए थे।

जॉर्ज बूले के पिता जॉन बूले जूते बनाने का काम करते थे; लेकिन उनकी विज्ञान विषय में खास रुचि थी, वे विशेषकर वैज्ञानिक अनुप्रयोगों के लिए प्रयोग होने गणितीय अनुप्रयोगों में बहुत ही अधिक रुचि दिखाते थे। यह सही है कि उनके परिवार की माली हालत बहुत अच्छी नहीं थी। इसका एक मुख्य कारण यह भी था कि जॉर्ज के पिता अपने काम में पूरा ध्यान और ऊर्जा लगाकर उसे विकसित करने के बजाय गणित और विज्ञान से अपने लगाव को बढ़ावा देने में लग जाते थे। बूले बहुत ही किस्मतवाले थे कि उन्हें ऐसे पिता का साथ मिला, जिन्होंने गणित और विज्ञान विषयों के लिए अपने प्रेम का संचार अपने पुत्र में किया।

नन्हे जॉर्ज ने सीखने की प्रक्रिया को आगे बढ़ाना आरंभ किया और 8 वर्ष की उम्र तक वे अपने पिता के द्वारा गणित विषय की पढ़ाई गई सीमाओं से आगे बढ़ गए। गरीबी के कारण और निम्न वर्ग में जन्म लेने के कारण बूले के लिए यह संभव नहीं हो सका कि वे किसी अच्छी छवि वाले विद्यालय से शिक्षा प्राप्त करें। जिस समय बूले शिक्षा प्राप्त कर रहे थे, उस समय लैटिन भाषा के ज्ञान को बहुत ही महत्त्व दिया जाता था; लेकिन जिस विद्यालय से शिक्षा प्राप्त करने की अनुमति बूले को प्राप्त हुई थी, वहाँ पर लैटिन भाषा नहीं सिखाई जाती थी। इन विषमताओं के बावजूद बूले ने यह निश्चय किया कि वे लैटिन भाषा अवश्य सीखेंगे और उनकी इस लगन को देखते हुए उनके एक मित्र के पिता (जो कि पुस्तक विक्रेता थे) ने उन्हें लैटिन भाषा को सीखने में कुछ मदद की; लेकिन लैटिन भाषा को सीखने की दिशा में बाकी का सफर बूले को अकेले ही तय करना पड़ा। 12 वर्ष की उम्र तक वे लैटिन भाषा में इतने पारंगत हो चुके थे कि उन्होंने होरेस के एक कसीदे का अंग्रेजी में अनुवाद कर लिया। उनकी इस उपलब्धि पर उनके पिता को बहुत गर्व हुआ और उन्होंने इस अनुवाद को स्थानीय समाचार-पत्र में प्रकाशित करवाया। लेकिन ऐसे भी कुछ आलोचक थे, जिन्होंने इस उम्र में किसी बालक के द्वारा ऐसे असाधारण कार्य को स्वीकार करने से मना कर दिया, अपितु उन्होंने उनके इस काम में गलतियाँ निकालकर बूले को अपमानित भी किया।

बूले को गणित भाषा का पहला सबक अपने पिता से मिला, जो एक शौकिया गणितज्ञ और एक दृष्टि संबंधी उपकरणों के निर्माता थे। उनके पिता चाहते थे कि उनका पुत्र भी उनके व्यवसाय में शामिल हो। लेकिन अपनी स्कूली शिक्षा को पूरा करने के बाद बूले ने एक व्यावसायिक कोर्स में दाखिला ले लिया। 16 वर्ष की उम्र

तक वे एक सहायक स्कूल टीचर बन चुके थे। अगले 4 वर्ष का समय उन्होंने दो भिन्न-भिन्न स्कूलों में सहायक शिक्षक के तौर पर ही व्यतीत किया। उनकी परिस्थितियों ने उनको इस उम्र में ही कमाई का साधन खोजने व कमाई करने के लिए विवश कर दिया, क्योंकि उनके पिता का व्यवसाय पूरी तरह से ठप्प हो चुका था और उन्होंने अपने आपको अपने बूढ़े माता-पिता, भाई-बहनों का भरण-पोषण करनेवाले की भूमिका में देखना आरंभ कर दिया था।

स्कूलों में अध्यापक बनकर उनको इतना वेतन नहीं मिल पाता था, जिससे वे अपने परिवार के साथ आरामदायक जीवन व्यतीत कर सकें और अन्य किसी पेशे जैसे सेना अथवा कानूनी पेशे को अपनाना उनके लिए संभव नहीं था। इसलिए बूले ने निश्चय किया कि वे अपने परिवार को और बेहतर आर्थिक स्तर पर ले जाने तथा और अधिक सुख-सुविधाओं से परिपूर्ण जीवनयापन देने हेतु पादरी बनेंगे और इसके लिए उन्होंने स्वयं को फ्रेंच, जर्मन व इतालवी भाषा में प्रशिक्षण प्राप्त किया तथा इन भाषाओं में दक्षता प्राप्त की। लेकिन विभिन्न भाषाओं में दक्ष होने और पादरी के तौर पर अपना कार्य का आरंभ करने से पूर्व ही उनके माता-पिता ने उनको अपने पास वापस बुला लिया। 20 वर्ष की उम्र तक बूले ने अपना एक स्कूल खोल लिया था, जहाँ पर वे गणित भाषा में दक्ष अपने विद्यार्थियों को तैयार करते थे। अगले कुछ वर्षों तक बूले ने स्वयं को गणितीय जर्नलों की सहायता से, जिन्हें वे स्थानीय यंत्र विद्या में दक्ष करनेवाले संस्थान से उधार माँगकर लाते थे, जटिल गणितीय कोर्सों में दक्ष किया। बूले ने आइजक न्यूटन के प्रिसंपिया और 18वीं व 19वीं शताब्दी में फ्रेंच गणितज्ञों जैसे—पियरे, सिमोन, लाप्लेस और जोसफ लुईस के द्वारा जो कार्य किया गया। उसको समझने व उनमें दक्षता प्राप्त करने के लिए बहुत ही संघर्ष किया। बाद में उन्होंने अपने प्रयासों के दम पर स्वयं को 'मेकैनक्यू क्लेस्ट ऑफ लाप्लेस' और 'मेकैनक्यू एनैलेटिक्यू ऑफ लाग्रेंज' में दक्ष कर लिया।

सन् 1837 में बूले ने अपने कुछ कार्यों को 'कैंब्रिज मैथेमेटिकल' जर्नल में प्रकाशित करवाने हेतु भेजा। उनके कार्य की प्रस्तुतीकरण की शैली और उसकी मौलिकता ने ग्रेगोरी को प्रभावित किया और वे दोनों जीवन भर के लिए अच्छे मित्र बन गए। डंकन ग्रेगोरी ने ही बूले को सलाह दी कि वे कैंब्रिज से गणितज्ञ विषय का औपचारिक कोर्स करें। लेकिन वे डंकन की इस सलाह को नहीं मान पाए, क्योंकि उन्हें अपने माता-पिता और परिवार की देखभाल करने के लिए स्कूल से प्राप्त होनेवाली आय की आवश्यकता थी। वे उसे नहीं खो सकते थे। सन् 1840

की गरमियों में उन्होंने लिंकन में बोर्डिंग स्कूल खोला और एक बार फिर उनका सारा परिवार उनके साथ एक अलग स्थान को अपना निवास-स्थान बनाने के लिए चल पड़ा। बूले ने नियमित तौर से 'कैंब्रिज मैथेमेटिकल' जर्नल में अपने कार्य को प्रकाशित करना आरंभ कर दिया और डंकन ग्रगोरी से प्रभावित होकर उन्होंने बीजगणित का अध्ययन करना भी आरंभ कर दिया।

सन् 1844 तक वे संयुक्त बीजगणित की उपयोगिता और असीमितता को छोटे व विशाल स्तर पर रूप प्रदान करने के लिए कलन पर अपना पूरा ध्यान केंद्रित कर रहे थे और इसी वर्ष उनको विश्लेषण में अपना विशेष योगदान देने के लिए रॉयल सोसाइटी पदक भी प्राप्त हुआ। सन् 1847 में बूले ने 'द मैथमेटिकल ऐनेलेसिस ऑफ लॉजिक' नाम से एक पुस्तिका प्रकाशित की, जिसने पहले औपचारिक लॉजिक को गणित से अलग करनेवाले अंतर को पाट दिया। विकास का यह चरण बाबेज के विश्लेषणात्मक इंजन के संभावित शक्ति के प्रगामी के लिए निर्णायक चरण था। यही वह पेपर था, जिसने उन्हें न केवल प्रतिष्ठित तर्कशास्त्री ओगस्टस डी. मोर्गन की प्रशंसा दिलवाई, बल्कि उन्हें आयरलैंड के क्वींस कॉलेज के संकाय में भी स्थान दिलवाया। व्यापकता से परिपूर्ण इस विषय में उनका यह पहला सार्वजनिक तौर पर दिया गया योगदान था, जिसमें उनके द्वारा किए गए काम को पहचान मिली और इसी में उनको अपने दृष्टिकोण की निर्भीकता व कुशाग्रता के लिए स्थायी तौर पर प्रसिद्धि प्राप्त हुई। बूले ने लॉजिक को बहुत ही साधारण व सरल बीजगणित के प्रकार तक संक्षिप्त रूप प्रदान किया। उनके द्वारा लिखी गई इस पुस्तक ने गणित विषय की एक नई शाखा की नींव रखी, जिसे 'बूलियन बीजगणित' का नाम दिया गया। सन् 1849 में उनको वहाँ पर गणित विषय के प्रोफेसर के तौर पर भी नियुक्त किया गया। वे शेष जीवन वहाँ पर पढ़ाते रहे। यहीं पर उनको एक उत्कृष्ट और समर्पित अध्यापक की छवि प्राप्त हुई। अध्यापक के इस पद ने उनको वित्तीय रूप से भी स्वतंत्र बना दिया और उन्होंने भी अपनी इस स्वतंत्रता का पूरा-पूरा लाभ उठाते हुए अपने काम को और भी अधिक गंभीरता से करना आरंभ कर दिया। अब बूले को स्कूल को चलाने की कोई चिंता नहीं थी। अब उन्होंने अपने काम पर ध्यान देते हुए गणितीय विश्लेषण का और अधिक बारीकी से भेद तलाशना आरंभ कर दिया। वे एक ऐसे मार्ग की तलाश में जुट गए, जिससे तार्कित तर्क को ऐसी सांकेतिक भाषा में बदला जाए, जिसे कुशाग्रता के साथ प्रयोग करने के साथ-साथ गणितीय तौर पर भी उसका हल प्राप्त किया जा सके।

अपने इस विचार को सत्यता का रूप प्रदान करने के लिए वे एक प्रकार के भाषा संबंधी बीजगणित के साथ सामने आए, जिसके तीन आधारभूत परिचालन थे—और, अथवा और न (और, अभी भी, है)। यही वे तीन कार्य थे, जिन्होंने उनकी प्रस्तावना को आगे बढ़ाने के लिए आधार का निर्माण किया और केवल यही वे परिचालन थे, जो तुलना करने और आधारभूत गणितीय कार्यों को करने के लिए आवश्यक थे।

वर्ष 1851 के मई माह में बूले को विज्ञान विषय का अध्यक्ष बनाया गया। यह एक ऐसी भूमिका थी, जिसे उन्होंने शुद्ध अंत:करण से स्वीकार किया था। इस समय तक उनकी मुलाकात अपनी होनेवाली पत्नी मैरी एवरेस्ट से हो चुकी थी, जिनके साथ उन्होंने 11 सितंबर, 1855 को विवाह किया। उनका वैवाहिक जीवन बहुत ही खुशहाल था और उनकी पाँच बेटियाँ भी थीं।

सन् 1854 में उन्होंने लॉजिक विषय पर अपने काम 'एन इन्वेस्टीगेशन ऑफ द लॉज ऑफ थॉट्स' को प्रकाशित करवाया, जिसमें उन्होंने तर्क और संभाव्यता के गणितीय सिद्धांतों को पाठकों के समक्ष रखा। इसमें शोध एक द्विवर्ग अनुप्रयोग की प्रक्रिया, जिसमें केवल दो प्रयोजनों—हाँ और न, सत्य और असत्य, ऑन और ऑफ, शून्य और एक की पद्धति को अपनाया गया था। सन् 1859 में उन्होंने अपनी पुस्तक 'ट्रिटीइज ऑन द कैलकुलस ऑफ फिनाइट डिफरेंसिस' को प्रकाशित किया।

उन्होंने कुल मिलाकर लगभग 50 पेपरों को प्रकाशित करवाया और संख्याओं के मूलभूत गुणों, जैसे—विभाजित करनेवाले गुण, वे जो बीजगणित के विषय रेखांकित करते हैं, का पता लगानेवाले भी वे पहले गणितज्ञ थे।

एक अमेरिकी तर्कशास्त्री चार्ल्स सेंडर्स पियर्स ने बूले के द्वारा किए गए काम में सुधार और विस्तार करने के लिए 20 से भी अधिक वर्षों का समय लगाया, क्योंकि उन्होंने उनके काम में विद्युत् परिपथ तंत्र में प्रयोग किए जाने की संभावना देखी और वास्तव में वे इसके प्रयोग से एक फंडामेंटल इलेक्ट्रीकल लॉजिक सर्किट को भी डिजाइन कर रहे थे। उन्होंने अपने विश्वविद्यालय में पढ़ाए जानेवाले लॉजिक फिलॉसफी के कोर्स में बूलियन बीजगणित को भी सम्मिलित करवाया है। बूलियन बीजगणित का विकास आधारभूत से गणितीय लॉजिक की ओर हुआ है और आज के आधुनिक कंप्यूटर को डिजाइन करने के लिए यह आधारभूत तार्किक उपकरण होता है।

दुर्भाग्य से बूले का जीवन 49 वर्ष की उम्र में तब समाप्त हो गया, जब वे

बारिश में अपने कक्षा में पढ़ाने के लिए जाते समय 2 मील तक भीगते हुए गए और गीले कपड़ों में ही अपनी कक्षा में व्याख्यान दिया, जिसके परिणामस्वरूप उनको बुखार से जकड़ देनेवाली सर्दी लग गई। 8 दिसंबर, 1864 को उन्होंने आयरलैंड के बलिनटैंपल नामक स्थान पर अपनी आखिरी साँस ली। बूले की मृत्यु के बाद उनकी पत्नी मैरी बूले ने उनके कुछ विचारों का प्रयोग बच्चों की शिक्षा को पुनर्गठित करने के लिए किया, जो उन्हें उनके पति से प्राप्त हुए थे।

□

जे.जे. सिल्वेस्टर

__जन्म :__ 3 सितंबर, 1814 को लंदन में।

__मृत्यु :__ 15 मार्च, 1897 को लंदन में।

__महत्त्वपूर्ण योगदान :__ मैट्रिक्स सिद्धांत, परिवर्तनीय सिद्धांत, संख्या सिद्धांत, विभाजन सिद्धांत और साहचर्य जैसे विषयों में बहुत ही महत्त्वपूर्ण योगदान दिया। वे 'अमेरिकन जर्नल ऑफ मैथेमेटिक्स' के संस्थापक भी थे।

जेम्स जोसेफ सिल्वेस्टर एक अंग्रेजी गणितज्ञ थे। उन्होंने मैट्रिक्स सिद्धांत, परिवर्तनीय सिद्धांत, संख्या सिद्धांत, विभाजन सिद्धांत और साहचर्य जैसे विषयों में बहुत ही महत्त्वपूर्ण योगदान दिया। सिल्वेस्टर 'अमेरिकन जर्नल ऑफ मैथेमेटिक्स' के संस्थापक भी थे।

जेम्स जोसेफ सिल्वेस्टर का जन्म 3 सितंबर, 1814 को लंदन, इंग्लैंड में हुआ। उनके पिता अब्राहम जोसेफ एक व्यापारी थे, जिनका शराब और मद्य से संबंधित व्यापार था। जेम्स का जन्म एक यहूदी परिवार में हुआ। वे अपने बहुत सारे भाई-बहनों में सबसे छोटे थे। सिल्वेस्टर के बचपन के बारे में बहुत ही कम जानकारी उपलब्ध हो पाई है। ऐसा प्रतीत होता है कि अपने बचपन के दिनों में सिल्वेस्टर बहुत चुपचाप और शांत रहनेवाले बच्चे थे। जेम्स के सबसे बड़े भाई संयुक्त राज्य अमेरिका में जाकर बस गए और उन्होंने सिल्वेस्टर के नाम को अपना लिया। अपने भाई का अनुसरण करते हुए, जिन्होंने अपने नाम जोसेफ के साथ 'सिल्वेस्टर' को उपनाम बनाकर जोड़ लिया, जेम्स जोसेफ भी जेम्स

जोसेफ सिल्वेस्टर बन गए।

जेम्स ने अपनी प्रारंभिक शिक्षा हाईगेट और इस्लिंग्टन बोर्डिंग स्कूल से पूरी की और सन् 1828 में 14 वर्ष की उम्र में उन्होंने लंदन विश्वविद्यालय में प्रवेश किया, जहाँ पर वे ओगस्टस डे मोर्गन के विद्यार्थी थे, हालाँकि जेम्स जोसेफ सिल्वेस्टर के लिए यहाँ पर सबकुछ अच्छा नहीं रहा और विश्वविद्यालय में प्रवेश करने के मात्र पाँच माह के पश्चात् ही उन पर अपने साथी को कॉलेज के जलपान गृह में चाकू से धमकाने का आरोप लगा। उन पर इस प्रकार के आरोप लगने के पश्चात् शीघ्र ही सिल्वेस्टर के परिवार ने उनको विश्वविद्यालय के कॉलेज से वापस बुलवा लिया।

सन् 1831 में सिल्वेस्टर एक बार फिर कॉलेज गए; लेकिन इस बार उन्होंने अपने अध्ययन के लिए सेंट जोंस कॉलेज, कैंब्रिज को चुना, जहाँ पर जॉन हैमर्स उनके अध्यापक थे। हालाँकि लंबी बीमारी के कारण उनकी पढ़ाई में लगभग दो वर्षों के लिए बाधा उत्पन्न हुई, फिर भी उन्होंने अपनी उत्कृष्ट प्रतिभा का प्रदर्शन करते हुए कैंब्रिज की गणित विषय में आयोजित प्रसिद्ध परीक्षा में दूसरा स्थान प्राप्त किया। हालाँकि उन्होंने सन् 1837 में मैथेमेटिकल तिहाई में दूसरे स्थान की विशेष उपाधि प्राप्त करने का गौरव हासिल किया, लेकिन इसके बावजूद उनको अपनी डिग्री प्राप्त करने और कैंब्रिज में फैलोशिप अथवा प्रोफेसरशिप प्राप्त करने से रोका गया। उनके साथ ऐसा करने के पीछे यह कारण दिया कि उस समय स्नातक कर चुके विद्यार्थियों के लिए यह आवश्यक था कि उन्हें इंग्लैंड के चर्च की धारा 39 के अंतर्गत स्वीकृति प्रदान की गई हो; लेकिन सिल्वेस्टर के मामले में ऐसा होना संभव नहीं हो सका, क्योंकि वे एक यहूदी थे, इसलिए इंग्लैंड के चर्च से उनको स्वीकृति देने से इनकार कर दिया गया। इसी कारण से वे फैलोशिप के लिए प्रतियोगिता में शामिल नहीं हो सकते थे और न ही उनको 'स्मिथ पुरस्कार' से सम्मानित किया जा सकता था। सन् 1838 में जेम्स जोसेफ सिल्वेस्टर लंदन विश्वविद्यालय के कॉलेज में प्राकृतिक दर्शनशास्त्र के प्रोफेसर बन गए।

सन् 1841 में उनको ट्रिनिटी विश्वविद्यालय, डबलिन से पहले स्नातक की डिग्री दी गई और फिर स्नातकोत्तर की उपाधि प्रदान की गई। उसी वर्ष वे वर्जीनिया विश्वविद्यालय में प्रोफेसर के पद का कार्यभार सँभालने के लिए अमेरिका के लिए रवाना हो गए। इस विश्वविद्यालय में उनके आवेदन-पत्र का पुरजोर तरीके से डे मोर्गन, जॉन हर्शेल और चार्ल्स बावेज ने समर्थन किया। डे

मोर्गन ने लिखा कि—

"एक गणितज्ञ के तौर पर श्री सिल्वेस्टर ने अपने समय में जो छवि स्थापित की, उस स्तर तक अन्य कोई गणितज्ञ नहीं पहुँच पाया अथवा अपने न्यायपूर्ण तरीके से किए गए कार्य के माध्यम से विज्ञान के क्षेत्र को जितना अधिक विकसित किया उतना अन्य कोई नहीं कर पाया। जहाँ तक मुझे ज्ञात है, उन्होंने जो भी कार्य किया है, उसके आधार पर मैं यह कह सकता हूँ कि वे एक ऐसे गणितज्ञ थे, जिनमें अथाह शक्ति मौजूद थी। वे विज्ञान के सभी आधुनिक रूपों से परिचित थे और अपने अन्वेषण में होनेवाले कष्ट को लेकर भी बहुत उत्साहित रहते थे।"

न्यूयॉर्क में वे किसी विश्वविद्यालय में किसी पद पर नियुक्ति की तलाश करने लगे। कोलंबिया कॉलेज और हार्वर्ड में दो बार आवेदन अस्वीकार हो जाने पर वे 20 नवंबर, 1843 को वापस इंग्लैंड आने के लिए पानी के जहाज पर बैठ गए। सिल्वेस्टर जब न्यूयॉर्क में थे तो उनकी मुलाकात एक लड़की से हुई, जिसका नाम मिस मार्सटन था। वे उस लड़की को बेहद पसंद करने लगे और उसके सामने शादी का प्रस्ताव भी रखा; लेकिन उस लड़की ने उनके प्रस्ताव को यह कहकर ठुकरा दिया कि वे यहूदी धर्म से हैं।

इंग्लैंड वापस आने के पश्चात् उन्होंने कानून की शिक्षा अपने ब्रिटिश साथी ऑर्थर केले, जो वकील/गणितज्ञ थे, के साथ ग्रहण की। ऑर्थर केले के साथ ही उन्होंने मैट्रिक्स सिद्धांत में अपना अमूल्य योगदान तब दिया, जब वे मुनीम के तौर पर काम कर रहे थे। वे इक्विटी लॉ एंड लाइफ इंश्योरेंस कंपनी में सचिव के पद पर भी तैनात रहे। इसके अलावा, सिल्वेस्टर ने विद्यार्थियों को निजी तौर पर भी पढ़ाया। अपने इस कार्यकाल के दौरान उनके एक शिष्य फ्लोरेंस नाइटंगेल भी थे।

सन् 1851 में उन्होंने एक घनीय समीकरण के विभेदकों की खोज की और पहली बार द्विघाती समीकरणों व उच्चतम शक्तियों की इस प्रकार की अभिव्यक्ति के लिए 'विभेदक' शब्द का प्रयोग भी किया। उन्होंने सन् 1852 और 1853 में दो महत्त्वपूर्ण पेपरों, जिनका नाम क्रमश: 'ऑन द प्रिंसीपल ऑफ द कैलकुलेस ऑफ फार्म्स' और 'ऑन द थ्योरी ऑफ सिजजेटिक रिलेशंस ऐंड टू रैशनल इंटीगर फंक्शन' था, को प्रकाशित करवाया। उन्होंने विशेष तौर पर उच्चतम पक्ष की ज्यामिति का अध्ययन करने के लिए मैट्रिक्स के सिद्धांत का प्रयोग किया। उन्होंने लैंबडा मैट्रिक्स के प्राथमिक भाजकों के सिद्धांत के निर्माण

कार्य में भी अपना अमूल्य योगदान दिया। सन् 1855 तक वे किसी भी विश्वविद्यालय में अध्यापक का पद प्राप्त नहीं कर पाए; लेकिन 1855 में उनको रॉयल मिलिट्री एकेडमी, वूलविच में गणित के प्रोफेसर के तौर पर नियुक्त किया गया। सन् 1870 में सार्वजनिक रूप से उपजे विवाद में नाम आने के बाद सिल्वेस्टर को सेवानिवृत्ति के विकल्प का चुनाव करने के लिए बाध्य कर दिया गया।

अगले छह वर्षों का समय उन्होंने कविताओं की रचना करने में व्यतीत किया। उन्होंने अपनी कविताओं की एक पुस्तक 'द लॉ ऑफ वर्स' को भी प्रकाशित करवाया, जिसमें उन्होंने कविता में छंद विधा नियमों के समूह को सांकेतिक शब्दों में बदलने के प्रयास किए थे। सन् 1863 में सिल्वेस्टर को पहली बार लंदन सोसाइटी ऑफ मैथमटिक्स के द्वारा डॉ. मोर्गन के सम्मान में दिए जानेवाले सोने के मेडल से सम्मानित किया गया। सन् 1866 में वे लंदन मैथेमेटिकल सोसाइटी के दूसरे अध्यक्ष बने।

सन् 1877 में उनका भाग्य एक बार फिर बदला। उन्होंने एक बार फिर अटलांटिक को इसलिए पार किया, ताकि वे हाल ही स्थापित की गई जोहंस होपकिंस विश्वविद्यालय में गणित के कार्यक्रमों को स्थापित कर पाएँ। सिल्वेस्टर ने इस विश्वविद्यालय में एक पद भी स्वीकार किया और सन् 1878 में उन्होंने 'अमेरिकन जर्नल ऑफ मैथेमेटिक्स' की स्थापना की। यह संयुक्त राष्ट्र का पहला गणित विषय पर आधारित जर्नल था। अपितु सिल्वेस्टर ने जोहंस होपकिंस विश्वविद्यालय में जो 7 वर्ष का समय व्यतीत किया, उसमें उनकी गणित विषय में रुचि में पुनरुत्थान का दौर देखने को मिला। इस समय के दौरान ही उनके कॅरिअर में ऐसा पहली बार हुआ था कि वे पूर्ण रूप से एक विश्वविद्यालय के वातावरण में अध्यापन का कार्य और अनुसंधान उपक्रम पर काम कर रहे थे और इससे भी अधिक महत्त्वपूर्ण बात यह थी कि वे इस प्रकार से नेतृत्व का उत्तरदायित्व निभा रहे थे, जैसा उनके लिए अपने संपूर्ण कॅरिअर में संभव नहीं हो सकता था। संयुक्त राज्य में गणित विषय को शोध कार्य के स्तर तक पहुँचाने के चौथाई सदी लंबी चलनेवाली प्रक्रिया को स्थापित करने का श्रेय सिल्वेस्टर को ही जाता है। उन्होंने विशेष तौर पर अमेरिका का पहले गणित विषय के वास्तविक स्नातक स्तर के कार्यक्रम की रचना की। नौ विद्यार्थियों का उनके डॉक्टरेट की उपाधि प्राप्त करने हेतु मार्गदर्शन किया और अपरिवर्तनीय सिद्धांतों, साहचर्य और मैट्रिक्स बीजगणित के सिद्धांत के क्षेत्र में प्रमुख योगदान किया।

सन् 1883 में ऑक्सफोर्ड विश्वविद्यालय में ज्यामिति के सवालियन प्रोफेसर के तौर पर कार्य करने के लिए वे इंग्लैंड वापस आ गए। दिनोदिन बिगड़ते स्वास्थ्य और कम होती दृष्टि के कारण सन् 1894 में उनको आधिकारिक तौर पर अपने पद को छोड़ना पड़ा। इसके पश्चात् 15 मार्च, 1897 को उनका देहांत हो गया।

□

डेनियल बेरनॉली

जन्म : 8 फरवरी, 1700 को।

मृत्यु : 17 मार्च, 1782 को।

महत्त्वपूर्ण योगदान : श्वसन प्रणाली की यांत्रिकी पर ज्ञान, जहाज के घंटे के लिए दूरबीन का निर्माण, रक्त के प्रवाह व रक्त दबाव के विषय पर उनके द्वारा किया गया काम, समुद्री विज्ञान के विषय पर किया गया कार्य, द्रवस्थैतिक व द्रवगतिकीय दबाव के बीच अंतर बतानेवाले पहले प्रथम व्यक्ति। पुस्तकें—'सम मैथमेटिकल एक्सरसाइज', 'बेरनॉली प्रिंसिपल ऑन स्टेशनरी फ्लो'।

डेनियल बेरनॉली स्विस गणितज्ञों के बेरनॉली परिवार की दूसरी पीढ़ी के सबसे अधिक विख्यात व्यक्तित्व थे। उन्होंने न केवल गणित विषय से संबंधित आविष्कारों को संसार के समक्ष रखा, अपितु औषधि, जीव-विज्ञान, शरीर विज्ञान, यांत्रिकी, भौतिक विज्ञान, खगोल विद्या और समुद्र विज्ञान जैसे क्षेत्रों को अपने आविष्कारों से समृद्ध बनाया। बेरनॉली सूत्र, जिसका आविष्कार उन्होंने किया, को उन्हीं का नाम प्रदान किया गया। विशेष तौर पर उनको संसार भर में गणित से लेकर यांत्रिकी तक के संप्रयोगों के लिए याद किया जाता है। उनको प्रमुख तौर पर द्रव यांत्रिकी, संभाव्यता और सांख्यिकी के क्षेत्र में उनके द्वारा किए गए कार्यों, जो कि भविष्य में पथ-प्रदर्शक बने, के लिए जाना जाता है। गणित के क्षेत्र में उनके योगदान को देखते हुए कभी-कभी उनको 'गणित विषय भौतिकी के जनक' के नाम से भी पुकारा जाता है।

डेनियल बेरनॉली का जन्म 8 फरवरी, 1700 को नीदरलैंड के ग्रोनिंगन स्थान पर प्रख्यात गणितज्ञों के परिवार में हुआ। उनके पिता जोहान बेरनॉली ग्रोनिंगन विश्वविद्यालय में गणित विषय के प्रमुख थे। उनकी माता का नाम डोरोथिया फाकनेर था। डेनियल बेरनॉली जब पाँच वर्ष के थे तो बेरनॉली परिवार स्विट्जरलैंड के बेसल स्थित अपने घर वापस गया। अतः जोहान की पत्नी के लिए अपने अस्वस्थ पिता को छोड़ना संभव नहीं हो सका तो वहीं दूसरी तरफ जोहान को अपने चाचा जैकोब बेरनॉली की मृत्यु के पश्चात् रिक्त हुए गणित के अध्यक्ष के पद को भरने के लिए जाना पड़ा।

7 वर्ष की उम्र में डेनियल को पढ़ने के लिए विद्यालय भेजा गया। उनके पिता जोहान ने उनको व्यवसाय की पढ़ाई करने के लिए प्रेरित किया; लेकिन डेनियल ने व्यवसाय की शिक्षा प्राप्त करने से इनकार कर दिया, क्योंकि वह गणित विषय का अध्ययन करना चाहते थे। बाद में उन्होंने अपने पिता की इच्छा को पूरा करते हुए व्यवसाय की भी शिक्षा ग्रहण की। हालाँकि डेनियल ने अपने पिता के साथ बहुत सारा समय व्यतीत किया और कलन के गुप्त रहस्यों के बारे में बहुत कुछ सीखा, जिसका प्रयोग जोहान ने अपने लिए प्रसिद्धि पाने हेतु किया था। डेनियल जब 13 वर्ष की उम्र तक पहुँचे, उनके पिता जोहान ने इस सत्य को जानकर फैसला किया कि उनका पुत्र कभी भी व्यापारी नहीं बनेगा, लेकिन इसके साथ ही उन्होंने अपने पुत्र को इस बात की अनुमति देने से भी इनकार कर दिया कि वह गणित को अपने पेशे के तौर पर अपनाए; क्योंकि वह जानते थे कि इस क्षेत्र में पैसा बहुत ही थोड़ा अथवा नहीं के बराबर है। उन्होंने यह निर्णय लिया कि डेनियल डॉक्टर बनेंगे। उनके पुत्र ने उनके इस निर्णय को इस शर्त पर स्वीकार किया कि उनके पिता निजी तौर पर गणित की शिक्षा प्रदान करेंगे, जिसे उन्होंने अगले कुछ समय तक देना जारी रखा।

सन् 1713 में उन्होंने बेसल विश्वविद्यालय में दर्शन-शास्त्र की शिक्षा ग्रहण करने के लिए प्रवेश लिया और 1715 में उन्होंने अपनी स्नातक की उपाधि ग्रहण कर ली थी। इस बीच वे अपने पिता जोहान बेरनॉली और अपने बड़े भाई निकोलस बेरनॉली से गणित की शिक्षा भी प्राप्त करते रहे। उन्होंने अपने पिता के काइनेटिक ऊर्जा पर बनाए गए सिद्धांतों को पढ़ा। युवा बेरनॉली ने अंग्रेजी चिकित्सक विलियम हार्वे, जिन्होंने अपनी पुस्तक 'ऑफन द मूवमेंट ऑफ हीट एंड ब्लड इन एनीमल्स' में लिखा कि दिल एक पंप की भाँति काम करता है, जो रक्त को हमारी धमनियों के माध्यम से तरल पदार्थ की भाँति प्रवाहित करता है, में एक आत्मीय भावना को

महसूस किया। डेनियल हार्वे के द्वारा किए कार्यों के प्रति आकर्षित हुए, क्योंकि यहाँ पर उनको अपने पहले प्यार गणित और अपने पिता की उनके चिकित्सक बनने की इच्छा दोनों के साथ जुड़ने का अवसर मिला।

सन् 1716 में 16 वर्ष की उम्र में उन्होंने बेसल विश्वविद्यालय में औषधियों के विषय में शिक्षा ग्रहण करना आरंभ कर दिया और 1720 तक उन्होंने औषधि में अपनी डॉक्टरेट को पूरा कर लिया। उन्होंने अपनी डॉक्टरेट थीसिस 'श्वसन प्रणाली की यांत्रिकी' विषय पर लिखी और सन् 1721 में इस शीर्षक को पुरस्कृत किया गया। अपने चिकित्सा संबंधी अध्ययन को पूरा करने के पश्चात् उन्होंने बेसल में शारीरिक रचना-विज्ञान और वनस्पति-विज्ञान विषयों में प्रोफेसरशिप प्राप्त करने के लिए आवेदन किया, लेकिन वह इसे पाने में सफल नहीं हो पाए। सन् 1723 में उन्होंने अध्ययन हेतु वेनिस की यात्रा की, जहाँ पर उन्होंने जहाज के घटे की दूरबीन को डिजाइन किया, जो तूफानी मौसम में भी रेत के विश्वसनीय संप्रेषण का निर्माण करती थी। उन्होंने अपने इस डिजाइन को फ्रेंच एकेडमी में जमा करवाया और प्रथम पुरस्कार जीता।

सन् 1724 में उनके मित्र क्रिस्टियान बोल्डबैश ने उनकी सहायता गणित विषय में किए गए उनके कार्यों को प्रकाशित करवाने में की। गणित विषय पर किए गए अपने कार्यों को बेरनॉली के द्वारा 'सम मैथमेटिकल एक्सरसाइज' के नाम से छपवाया गया। उनके इस कार्य में चार भाग सम्मिलित थे। प्रथम भाग में फैरो के खेल का विवरण दिया गया और इसमें इसके महत्त्व को डेनियल के संभाव्यता के विषय का सीखने के लिए किए जा रहे प्रयत्नों के बजाय इस विषय को ही अधिक महत्त्व दिया गया था। दूसरे भाग में एक कंटेनर में बने छेद के माध्यम से पानी के प्रवाह के बारे में और न्यूटन के सिद्धांतों (जो बाद में गलत सिद्ध हुए) के बारे में लिखा गया। डेनियल ने इस बार दबाव की समस्या को सुलझाया तो नहीं था, लेकिन एक बार फिर उनके काम ने दिखाया कि उनकी रुचि इस दिशा की ओर बढ़ रही है। रक्त के प्रवाह व रक्त दबाव के विषय पर उनके द्वारा किए गए कार्य ने भी उनकी रुचि को द्रव के प्रवाह के विषय में आगे बढ़ने के लिए अग्रसर किया। 'मैथमेटिकल एक्सरसाइज' का तीसरा भाग 'रिकैट्टी डिफरेंशियल इक्वेशन' पर आधारित था, जबकि अंतिम भाग में ज्यामिति विषय की वृत्त से बनाई गई दो चापों से परिबद्ध चित्र से संबंधित प्रश्न को सम्मिलित किया गया था।

उनके इन कार्यों ने उनको काफी प्रसिद्धि दिलवाई और सन् 1725 में सेंट

पीटर्सबर्ग में उनको गणित विषय के अध्यक्ष का पदभार सँभालने के लिए आमंत्रित किया गया, जहाँ पर उनके भाई निकोलस की मृत्यु हो गई। अपने भाई की मृत्यु से डेनियल बहुत ही दु:खी हुए और उन्होंने बेसल वापस आने का निर्णय कर लिया; लेकिन उनको अपना फैसला अपने पिता के सुझाव को मानते हुए बदलना पड़ा, जिन्होंने उन्हें बताया कि उनका एक विद्यार्थी लियोनार्ड यूलर उनके द्वारा किए जानेवाले शोध में भागीदार बनने के लिए आ रहा है। यूलर और बेरनॉली ने साथ मिलकर द्रव के प्रवाह के बारे में और अधिक खोज करने के प्रयत्न किए, विशेष तौर पर वे यह जानना चाहते थे कि द्रव का प्रवाह जिस गति से होता है, उस गति और उसके दबाव के बीच क्या संबंध है? इसकी जाँच करने के लिए डेनियल ने एक पाइप में एक छोटी से नली, जो अंत में खुली हुई थी, के द्वारा छेद किया और यह पाया कि जिस ऊँचाई पर पाइप उठता है, नली पाइप में मौजूद द्रव के दबाव से उसी रूप में संबंधित होती है।

बेरनॉली जब सेंट पेटरबर्ग में थे तो उन्होंने अपनी सबसे प्रसिद्ध खोज तब की, जब उन्होंने साधारण नोट्स और एक प्रणाली के दोलन की आवृत्तियों को परिभाषित किया। उन्होंने दिखाया कि एक वाद्य यंत्र अथवा उपकरण के तारों की लय का निर्माण हार्मोनिक कंपनों की अनंत संख्याओं के कंपन से होता है। यह सभी लय पर आरोपित होती हैं। अपनी खोज में आगे बढ़ते हुए डेनियल बेरनॉली अब अपनी पहले की गई खोज 'ऊर्जा का संरक्षण' पर वापस लौट आए। यह सर्वविदित था कि एक गतिशील शरीर जब ऊँचाई पर होता है तो अपनी आवश्यक ऊर्जा को प्राप्त करने के लिए अपनी काइनेटिक ऊर्जा को ऊर्जा में परिवर्तित करता है। डेनियल ने महसूस किया कि ठीक इसी प्रकार एक गतिशील द्रव दबाव के लिए अपनी काइनेटिक ऊर्जा को परिवर्तित करता है। सेंट पीटर्सबर्ग में अपने सफलतम और सबसे अच्छे परिणामों को देनेवाले समय को व्यतीत करने के पश्चात् सन् 1733 में डेनियल वापस बेसल आ गए, जहाँ पर वह शारीरिक रचना विज्ञान और जीव विज्ञान के प्रोफेसर बन गए। सन् 1734 में पेरिस एकेडमी के द्वारा सम्मान स्वरूप दिए जानेवाले 'गेंट पुरस्कार' के लिए उनका नामांकन उनकी खगोल-विद्या से संबंधित प्रस्तुत नए विचारों के आधार पर किया गया। इस श्रेणी में उनके पिता ने भी आवेदन किया था और बदकिस्मती से उन दोनों को ही साझा रूप से विजेता घोषित कर दिया। पेरिस एकेडमी के द्वारा गेंट पुरस्कार के विषय में उठाए गए इस कदम के परिणाम डेनियल के लिए बहुत ही बुरे सिद्ध हुए। उनके पिता पेरिस एकेडमी की इस सोच से क्रोधित हो गए कि उनके पुत्र को उनके

बराबर के स्तर का मान लिया गया है और इस कारण पिता-पुत्र के संबंधों में कड़वाहट आ गई। संबंधों में आई इस कड़वाहट का नतीजा यह निकला कि डेनियल ने स्वयं को वापस बेसल में तो पाया, लेकिन उनके पिता के घर में उनका प्रवेश निषेध हो गया।

सन् 1737 में डेनियल को समुद्री विज्ञान के विषय के आधार पर एक बार फिर ग्रांड पुरस्कार का पोलेनी के साथ साझा विजेता घोषित किया गया। सन् 1738 में उनके उत्कृष्ट कार्य 'हाइड्रोडायनेमिका' को प्रकाशित किया गया, जो द्रव के प्रवाहित व्यवहार के सिद्धांत के क्षेत्र में मील का पत्थर साबित हुआ। द्रवस्थैतिक और द्रवगतिकीय दबाव के बीच अंतर बतानेवाले पहले व्यक्ति डेनियल ही थे। उनके 'बेरनॉली प्रिंसिपल ऑन स्टेशनरी फ्लो' नाम से प्रकाशित कार्य को अब भी द्रवगतिकीय और वायुगतिकीय के सामान्य सिद्धांतों का नवीनतम रूप माना जाता है। इसके आधार पर ही आधुनिक विमानन की नींव रखी गई है। कंपित लय के लिए तरंग समीकरण के जिस समाधान को उन्होंने प्रस्तुत किया, जिसमें उन्होंने त्रिकोणमितीय फलनों की असंख्य संख्याओं के योग को एक साथ प्रयोग किया था, को उनके बाद फूरियर व डिरीशेल्ट के द्वारा विकसित किया गया और अब वर्तमान काल में इसके माध्यम से ही परिमाण यांत्रिकी के लिए गणितीय उपकरण का निर्माण किया गया है। इसी वर्ष उनकी पुस्तक, जिसका शीर्षक 'ए न्यू थ्योरी ऑन द मेजरमेंट ऑफ़ रिस्क' को प्रकाशित किया गया, जिसमें सेंट पीटर्सबर्ग का विरोधाभास जोखिम प्रतिकूलता, जोखिम लाभांश और उपयोगिता के आर्थिक सिद्धांत का आधार बना।

सन् 1750 में डेनियल को बेसल विश्वविद्यालय में भौतिक विज्ञान का अध्यक्ष नियुक्त किया गया, जहाँ पर उन्होंने अगले 26 वर्षों तक विद्यार्थियों को शिक्षा प्रदान करने का कार्य किया। अपने अध्यापन काल के दौरान उन्होंने भौतिक विज्ञान के विषय से संबंधित कुछ ऐसे अविस्मरणीय व्याख्यान प्रयोगों के साथ दिए, जो इस क्षेत्र की समृद्धि के सूचक बन गए। प्रयोगात्मक साक्ष्यों पर आधारित वे कुछ ऐसे नियमों का अनुमान लगाने में सक्षम हो गए, जिनको अगले कई वर्षों तक सत्यापित नहीं किया गया। इन नियमों में एक नियम स्थिर विद्युत् में विद्युत् की तीव्र प्रवाहित मात्रा का नियम भी था। वह प्रारंभिक दौर के ऐसे लेखक भी थे, जिन्होंने गैसों के काइनेटिक सिद्धांत को निरूपित करने के प्रयास किए और उन्होंने इस विचार को बॉयले के नियम की व्याख्या करने हेतु लागू किया। डेनियल ने यूलर के साथ मिलकर लचीलेपन के सिद्धांत पर भी काम किया। डेनियल बेरनॉली

ने 17 मार्च, 1782 को इस संसार को 82 वर्ष की आयु में अलविदा कह दिया। उनकी मृत्यु बेसल में उसी स्थान पर हुई, जहाँ पर उनके जीवन का अधिकतर समय व्यतीत हुआ।

स्ट्रॉब के द्वारा उनके गुणों और कमजोरियों को निम्न शब्दों में सारगर्भित करते हुए कहा गया—"बेरनॉली के सक्रिय और कल्पनाशील मस्तिष्क ने वैज्ञानिक क्षेत्र के विभिन्न व अधिकतर क्षेत्रों में अपनी योग्यता का लोहा मनवाया। उनकी रुचियों के इस व्यापक स्तर ने यद्यपि प्रायः उनको अपनी कुछ परियोजनाओं को पूर्ण करने से भी रोका। यहाँ पर विशेष तौर पर दुर्भाग्यपूर्ण बात यह है कि उन्होंने जिस गति से गणित विषय में अपने खोजों को आरंभ किया, उनका आरंभ गणितीय भौतिक विज्ञान में आंशिक अंतरीय समीकरण के परिचय से हुआ, उस तीव्र गति को वह आगे चलकर कायम नहीं रख पाए। हालाँकि इस बात से इनकार नहीं किया जा सकता कि उन्होंने अपने कार्यों और द्रवगतिकीय विषय में किए गए आविष्कारों, गैसों के काइनेटिक सिद्धांत में उनका पूर्वानुमान, पूँजियों में हुई वृद्धि के मूल्य की गणना करने के लिए एक अनूठी पद्धति का योगदान और एक वाद्य यंत्र अथवा उपकरण में लय के सामान्य सी दिखनेवाली गति का निर्माण हार्मोनिक कंपनों की अनंत संख्याओं के कंपन से होता है, जैसी खोजों के बल पर अपने लिए विज्ञान की ऐतिहासिक पृष्ठभूमि पर चिरकाल तक विज्ञान विषय से जुड़नेवाले लोगों के मन व मस्तिष्क पर अपनी गहरी छाप छोड़नेवाली पहचान को बना लिया।

□

डेविड हिल्बर्ट

जन्म : *23 जनवरी, 1862 को।*

मृत्यु : *13 फरवरी, 1943 को।*

महत्त्वपूर्ण योगदान : *परिवर्तनीय फलनों पर किया गया कार्य, जिसे 'फिनाइअनेस थ्योरम' के नाम से जाना गया, बीजगणितीय संख्या सिद्धांत पर किया गया कार्य, गणितज्ञों के महासम्मेलन में रखी गई गणित विषय की 23 समस्याएँ, अपरिमित विमितीय अंतर जिसे हिल्बर्ट स्पेस के नाम से जाना गया, काइनेटिक गैस सिद्धांत और विकिरण के सिद्धांतों पर लिखे गए उनके संस्मरण, यूलिड की ज्यामितीय सूक्तियों के आधार पर लिखी गई पुस्तक 'गुरुदलाजेन देर ज्योमेतरे'।*

जर्मन गणितज्ञ डेविड हिल्बर्ट का नाम 20वीं शताब्दी के सबसे अधिक प्रभावशाली गणितज्ञों की सूची में सम्मिलित किया जाता है, उनको 19वीं शताब्दी के अंत समय और 20वीं शताब्दी के आरंभिक काल के सबसे प्रभावशाली व संसार भर में अपनी पहचान बना चुके गणितज्ञों में से एक माना जाता है। हिल्बर्ट ने विज्ञान के बहुत से क्षेत्रों में व्यापक श्रेणी के आधारभूत विचारों की खोज की और उनका विकास किया, जिसमें अपरिवर्तनीय सिद्धांत और ज्यामिति का सूक्ति सिद्धांत सम्मिलित हैं। उन्होंने ज्यामिति को स्वयं-सिद्ध की शृंखला तक सीमित किया और गणित की औपचारिकता प्रधान नींव की स्थापना में अपना पर्याप्त योगदान दिया। डेविड हिल्बर्ट के द्वारा हिल्बर्ट स्पेसिस के सिद्धांत को भी

निरूपित किया गया, जो कि कार्यात्मक विश्लेषण के आधारों में से एक है।

डेविड हिल्बर्ट का जन्म 23 जनवरी, 1862 को कोनिग्सबर्ग के निकट वेहलू में हुआ, जो उस समय पूर्वी पर्शिया का प्रमुख शहर हुआ करता था। उनके पिता ओटो हिल्बर्ट एक न्यायाधीश थे, जबकि उनकी माता मारिया देरेसा को गणित विषय से बेहद लगाव था। शायद इसीलिए कहा जाता है कि गणित के लिए हिल्बर्ट का प्रेम उनको जन्म से ही अपनी माता से प्राप्त हुआ था। डेविड हिल्बर्ट के पिता ओटो हिल्बर्ट को जब पदोन्नति मिली और वे वरिष्ठ न्यायाधीश बन गए तो उनका परिवार कोनिग्सबर्ग में रहने चला गया और वहाँ पर 8 वर्ष की उम्र में डेविड हिल्बर्ट का दाखिला रॉयल फेड्रिक कॉलेज में करवाया गया। लेकिन कुछ ही समय के पश्चात् उनके माता-पिता को लगा कि यह स्कूल उनके बच्चे की विलक्षण प्रतिभा के अनुकूल नहीं है, इसलिए वहाँ पर एक वर्ष पूरा करने के बाद डेविड को और भी अधिक प्रगतिशील व विज्ञानोन्मुखी विल्हेम वेधशाला में प्रवेश दिलवाया गया।

उन्होंने सन् 1880 में विल्हेम वेधशाला से अपनी स्नातक की शिक्षा प्राप्त की और इसके पश्चात् उन्होंने कोनिग्सबर्ग विश्वविद्यालय से अपनी डॉक्टरेट की डिग्री प्राप्त की। डेविड ने अपनी डॉक्टरेट की डिग्री लिंडमैन के अंतर्गत रहकर व उनके दिशा-निर्देशों का पालन करते हुए पूर्ण की। हालाँकि गणितज्ञ लिंडमैन का नाम प्रथम श्रेणी के गणितज्ञों की सूची में शामिल नहीं किया जाता था, लेकिन उनकी रुचि विषय के विभिन्न क्षेत्रों में व्यापक स्तर पर थी, जिनमें से एक परिवर्तनीय का सिद्धांत का भी था। यह वह विषय भी था, जिसपर हिल्बर्ट ने अपने शोध निबंध जिसका शीर्षक 'यूबर इन्वैरीएंटे इगजेनशैफन स्पेशीलियरे बिनाररेइनबैसोनडेरे डेर कुजेफ्कशनेन' (विशेष युग्मक के प्रारूप के परिवर्तनीय गुणों पर, विशेष तौर पर वृत्तीय अनुरूप फलनों पर) था। हिल्बर्ट की मित्र-मंडली में एक मित्र का नाम मिंकॉस्की था, जो हिल्बर्ट की भाँति ही कोनिग्सबर्ग विश्वविद्यालय से डॉक्टरेट कर चुके थे और वे दोनों ही एक दूसरे के द्वारा गणित विषय पर किए गए कार्यों से इस क्षेत्र में हुए विकास से बहुत अधिक प्रभावित थे।

सन् 1884 में मिंकॉस्की हुरवित्ज को कोनिग्सबर्ग विश्वविद्यालय में नियुक्त किया गया और शीघ्र ही हिल्बर्ट व मिंकॉस्की अच्छे मित्र बन गए। हिल्बर्ट के गणित विषय में किए गए कार्यों के विकास की बात करें तो उस दृष्टि से यह मित्रता भी बहुत ही महत्त्वपूर्ण कारक है। सन् 1886 में हिल्बर्ट को कोनिग्सबर्ग विश्वविद्यालय में सहायक प्रोफेसर के पद पर नियुक्त किया गया। हिल्बर्ट सन्

1886 से लेकर 1895 तक इस विश्वविद्यालय में ही प्रोफेसर के रूप में कार्य करते रहे। गणित विषय में गोटिनजेन विश्वविद्यालय की उन्नीसवीं शताब्दी के अधिकांशत: महान् गणितज्ञों जैसे—कार्ल फेड्रिक गॉस, डिरीशेल्ट और बर्नहार्ड रीमैन के योगदानों के आधार पर एक समृद्धिशाली परंपरा थी। सन् 1888 में उन्होंने अपने परिवर्तनीय फलनों पर किए गए कार्य, जिसे 'फिनाइअनेस थ्योरम' के नाम से जाना गया, को प्रदर्शित किया। सन् 1892 में हिल्बर्ट का विवाह केथ जोर्श से हुआ, जो कोनिसबर्ग के एक व्यापारी की बेटी थी। हिल्बर्ट दंपती का एक पुत्र भी था, जिसकी मृत्यु 21 वर्ष की छोटी सी आयु में ही हो गई। वह कभी एक सामान्य जीवन नहीं व्यतीत कर पाया था।

सन् 1893 में हिल्बर्ट ने बीजगणितीय संख्या सिद्धांत पर काम करना आरंभ किया। सन् 1895 में उनकी ओर से फेलिक्स केलिन के हस्तक्षेप के बाद उन्हें गोटिनजेन विश्वविद्यालय में गणित विषय के अध्यक्ष का पद प्राप्त हुआ, जिसे उस समय संपूर्ण संसार में गणित विषय में किए जानेवाले शोध कार्यों के लिए सबसे उत्तम केंद्र के तौर पर जाना जाता था। अपने इस पद पर वह शेष जीवन बने रहे। हिल्बर्ट की गणितीय भौतिक विज्ञान के विषय में गहन रुचि ने भौतिक विज्ञान में विश्वविद्यालय की छवि को बनाने में भी अमूल्य योगदान दिया। हिल्बर्ट के द्वारा ज्यामिति के क्षेत्र में भी जो काम किया गया, उसे इस क्षेत्र में यूलिड के बाद किया गया सबसे उत्तम कार्य माना गया। यूलिड की ज्यामिति की सूक्तियों के क्रमबद्ध अध्ययन ने हिल्बर्ट को इस प्रकार की 21 सूक्तियों को प्रस्तुत करने और उनके महत्त्व का विश्लेषण करने हेतु प्रेरित किया। इस दिशा में आगे बढ़ते हुए उन्होंने सन् 1899 में ज्यामिति को एक औपचारिक सूक्तिबद्ध प्रारूप में रखते हुए 'गुरुदलाजेन देर ज्योमेतरे' के नाम से एक पुस्तक भी प्रकाशित करवाई।

सन् 1900 में पेरिस में आयोजित इंटरनेशनल कांग्रेस ऑफ मैथमेटिशियन (अंतरराष्ट्रीय गणितज्ञों का महासम्मेलन) में 23 अनसुलझी समस्याओं की सबसे अधिक प्रभावशाली सूची को आगे किया। हिल्बर्ट के इस प्रस्तुतीकरण को पहली बार किसी अकेले गणितज्ञ के द्वारा संकलित समस्याओं के 1 प्रतिशत समूह के तौर पर जाना गया, जो सफल रहा था और इस पर गणितज्ञों ने गंभीरतापूर्वक ध्यान भी दिया गया था। हिल्बर्ट की प्रसिद्ध पेरिस की इन 23 समस्याओं ने समस्त गणितज्ञों के सामने इन आधारभूत प्रश्नों को हल करने की चुनौती रख दी। इन समस्याओं में सातत्य अवधारणा, वास्तविकता की क्रमबद्धता, गोल्डबैश का अनुमान, बीजगणित संख्याओं की उत्कृष्टता की शक्ति, रीमैन की परिकल्पना, डिरीशेल्ट के सिद्धांत

का विस्तार और अन्य कई समस्याओं को भी सम्मिलित किया गया था। उस समय हिल्बर्ट के द्वारा जिन 23 समस्याओं को सामने लाया गया था, उनमें से बहुत सी समस्याओं को इस शताब्दी में आकर सुलझाया गया और उनकी समस्याओं के समूह से जब भी किसी समस्या को सुलझाया गया, वह क्षण गणित के क्षेत्र के लिए किसी उत्सव जैसा ही रहा।

हिल्बर्ट ने गणित की विभिन्न शाखाओं को अपना अमूल्य योगदान दिया, जिनमें परिवर्तनीय बीजगणितीय संख्या का क्षेत्र, कार्यात्मक विश्लेषण पूर्णांक समीकरण, गणितीय भौतिक विज्ञान और कलनों की विविधता आदि सम्मिलित हैं। सन् 1905 में हंगेरियन एकेडमी ऑफ साइंस ने हिल्बर्ट को एक विशेष अवतरण देकर सम्मानित किया। सन् 1909 में हिल्बर्ट के द्वारा पूर्णांक समीकरण के विषय पर किए गए कार्य ने कार्यात्मक विश्लेषण में शोध की ओर अग्रसर किया। अपरिमित विमितीय अंतर, इसे आगे चलकर 'हिल्बर्ट स्पेस' के नाम से जाना गया, के विषय पर उन्होंने जो काम किया, उसने इस विषय पर और काम करने हेतु आधार को स्थापित किया। यह एक ऐसी अवधारणा थी, जो गणितीय विश्लेषण और परिमाण सांख्यिकी के क्षेत्र में बहुत ही उपयोगी थी। पूर्णांक समीकरण के विषय पर हिल्बर्ट के द्वारा जो काम किया गया, उसका उपयोग करते हुए हिल्बर्ट ने गणितीय भौतिक विज्ञान के विकास में भी अपना योगदान दिया। यह योगदान उन्होंने काइनेटिक गैस सिद्धांत और विकिरण के सिद्धांतों पर लिखे गए अपने महत्त्वपूर्ण संस्मरणों के माध्यम से दिया। सन् 1909 में उन्होंने संख्या सिद्धांत में इस परिकल्पना को सिद्ध किया कि किसी भी एन संख्या के लिए सभी सकारात्मक पूर्णांक एन की शक्ति की एक निश्चित स्थायी संख्या का योग होते हैं।

सन् 1930 में हिल्बर्ट कोनिसबर्ग विश्वविद्यालय से सेवानिवृत्त हो गए और उनके सम्मानजनक कार्यकाल के आधार पर कोनिसबर्ग ने उन्हें शहर के एक सम्मानजनक निवासी की उपाधि देकर सम्मानित किया; हालाँकि अपनी इस सेवानिवृत्ति के बाद भी उन्होंने कभी-कभी विषय संबंधी व्याख्यान देना जारी रखा। सन् 1932 में गोटिनजेन ने उनके 70वें जन्मदिवस के अवसर को मशाल जुलूस के द्वारा मनाया। सन् 1934 के बाद डेविड हिल्बर्ट ने फिर कभी गणितीय संस्थान में अपना कदम नहीं रखा।

डेविड हिल्बर्ट की मृत्यु 13 फरवरी, 1943 को नाजियों के सत्ता में आने के दस वर्ष के पश्चात् हुई। यह वह समय था, जब युद्ध का दौर अपने मध्य स्तर तक पहुँच चुका था। इस कारण हिल्बर्ट की शोक सभा में मुश्किल से एक दर्जन लोग

ही एकत्र हुए। उनकी मृत्यु की खबर सारे संसार को उनकी मौत के छह माह बाद पता चली। गोटिनजेन में बनी उनकी कब्र पर लिखा गया स्मृति लेख, सन् 1930 में अपनी सेवानिवृत्ति पर 'सोसाइटी ऑफ जर्मन साइंटिस्ट एंड फिजिशियंस' द्वारा आयोजित समारोह में दिए गए उनके भाषण के अंत में बोली गई पंक्तियाँ थीं कि—

विर मुसेन विजेन,
विर वेरदेन विजेन।

इन पंक्तियों का हिंदी में अर्थ है कि—

हमें अवश्य ही जानना चाहिए,
हम जान जाएँगे।

□

ड्योफनटस

__जन्म :__ लगभग 200 ईसा पश्चात् को।

__मृत्यु :__ लगभग 284 ईसा पश्चात् को।

__महत्त्वपूर्ण योगदान :__ गुणांकों के समाधान के लिए तार्किक संख्याओं की प्रस्तुतीकरण, बीजगणित और संख्या सिद्धांत के विकास में महत्त्वपूर्ण योगदान। पुस्तक 'अर्थमेटिका' व 'द पोरिज्म'।

ड्योफनटस, जिनका पूरा नाम ड्योफनटस ऑफ अलेक्जेंड्रिया (सिकंदरिया) था, एक ग्रीक गणितज्ञ थे। वे पहले ग्रीक गणितज्ञ थे, जिन्होंने खंडों को संख्याओं के रूप में पहचान प्रदान की। उन्होंने गुणांकों और समाधान के लिए सकारात्मक तार्किक संख्याओं को प्रस्तुत किया। उन्होंने बीजगणित के विकास में महत्त्वपूर्ण भूमिका निभाई और कुछ समय पश्चात् जिन संख्या सिद्धांतों का आविष्कार किया गया, उनपर भी ड्योफनटस का अच्छा-खासा प्रभाव देखने को मिलता है। ड्योफनटस विश्लेषण, जो बीजगणितीय ज्यामिति का निकटतम संबंधी है, ने इनके कारण ही पिछली आधी सदी में लोगों के भीतर रुचि के पुनरुत्थान के दौर को अनुभव किया है।

ड्योफनटस के बारे में आज हमें बहुत ही कम जानकारी प्राप्त है। उनके व्यक्तिगत जीवन के बारे में केवल इतना ही ज्ञात हो पाया है कि उनका जन्म 200 ईसा पश्चात् के काल में सिकंदरिया में हुआ था, जबकि उनकी मुत्यु 84 वर्ष की आयु में 284 ईसा पश्चात् के समय हुई थी। ड्योफनटस और उस दौर के अन्य लेखकों का जो कार्य आज हमारे पास उपलब्ध है, उनमें ऐसे दावे मिलते हैं कि

ड्योफनटस का जीवनकाल 200 से 284 ईसा पश्चात् का काल रहा और उन्होंने अपना जीवन सिकंदरिया नामक स्थान पर व्यतीत किया। 5वीं शताब्दी के आरंभ में सिकंदरिया के थियोन ने ड्योफनटस का जीवन काल 365 ईसा पश्चात् का समय बताया। उन्होंने यह भी लिखा कि ड्योफनटस के द्वारा किया गया कार्य उनकी पुत्री हेपाशा के लिए टिप्पणी का विषय रहा। लेकिन दुर्भाग्य से यह कार्य अब उपलब्ध नहीं है। 11वीं शताब्दी में बीजांटिन के विद्वान् माइकल सैलिस ने कहा कि ड्योफनटस का संबंध मिस्र के अंकगणित से था, जिसने बाद में अन्य लोगों को भी गणित की इस शाखा के क्षेत्र में काम करने और उसे विकसित करने हेतु अग्रसर किया। ड्योफनटस के बारे में सबसे अधिक विस्तृत जानकारी देनेवाले एक ग्रीक संग्रहकर्ता के द्वारा प्राप्त हुई है, जिन्होंने यह अनुमान लगाया कि ड्योफनटस लगभग 84 वर्ष की आयु तक जीवित रहे। संग्रहकर्ता के द्वारा ड्योफनटस के जीवन काल का वर्णन करते हुए निम्न पहेली को सामने रखा गया कि—

"उनका बचपन उनके जीवन का 1/6 भाग था। उन्होंने अपने जीवन का 1/7 भाग से भी अधिक व्यतीत होने के पश्चात् विवाह किया। उनके चेहरे पर दाढ़ी जीवन के 1/12 भाग से भी अधिक के व्यतीत होने के बाद आई और उनके पुत्र का जन्म उसके पाँच वर्ष के बाद हुआ। उनके पुत्र का जीवन काल अपने पिता की कुल आयु का आधा रहा और पिता की मृत्यु पुत्र की मृत्यु के चार वर्ष के पश्चात् हुई।"

यदि हम मान लें कि ड्योफनटस की आयु X वर्ष थी तो—

$X = (1/6)X + (1/12)X + (1/7)X\ 5 + (1/2)X + 4$

इसका सरलीकरण करने पर हमें प्राप्त होगा—

$(3/28)X = g$ तो—

$X = 84$ वर्ष

अर्थात् ड्योफनटस की कुल आयु 84 वर्ष थी।

ड्योफनटस को सबसे अधिक प्रसिद्धि उनके द्वारा लिखी गई पुस्तक 'अर्थमेटिका' के लिए मिली, जिसे उन्होंने बीजगणितीय समीकरणों के समाधान और संख्याओं के सिद्धांत के विषय पर लिखा। 'अर्थमेटिका' 130 समस्याओं का संकलन है, जो निर्धारित समीकरण (जो एक अनूठे समाधान के साथ होती थी) और अनिश्चित समीकरणों के संख्यात्मक समाधान को प्रदान करती है। इसमें अनिश्चित समीकरणों के समाधान को जिस पद्धति के द्वारा प्राप्त किया गया, उसे 'ड्योफनटाइन विश्लेषण' के नाम से जाना गया। एक समीकरण को तब अनिश्चित

कहा जाता है, जब इसमें एक से अधिक चर राशि विद्यमान होती हैं। पाइथागोरियन त्रिक में समीकरण $X^2 + Y^2 = Z^2$ को पूर्ण करने के लिए पूर्णांक X, Y और Z सम्मिलित होते हैं, जो ड्योफनटाइन विश्लेषण का एक उदाहरण है। ऐतिहासिक तौर पर देखा जाए तो ड्योफनटाइन समीकरण की समस्या को हल करने की दिशा में जो अभिव्यक्ति खोजी गई, वह यह दरशाती है कि पूर्णांक मूल्यों X, Y और Z के बीच का संबंध जो अनिश्चित समीकरण $ax + by = C$ को पूर्ण करता है, जहाँ पर गुणांक ए इ और ब पूर्णांक हैं, इस प्रकार के समीकरणों के अपरिमित संख्या में समाधान होते हैं।

'अर्थमेटिका' के कुल 13 अंक थे, लेकिन इनमें से केवल 6 जो कि ग्रीक पांडुलिपि में लिखे गए थे, को ही बचाया जा सका है। यद्यपि इस संदर्भ में ईरान के मेशड स्थान पर स्थित पुस्तकालय अस्तान—आई—कुद्स (द होली शिरीन लाइब्रेरी) में एक अरबी भाषा में लिखित एक पांडुलिपि मौजूद है। इसके बारे में यह दावा किया जाता है कि यह 'अर्थमेटिका' का अनुवादित रूप है। यह खोज सन् 1968 में की गई। अपनी पुस्तक 'अर्थमेटिका' में ड्योफनटस ने रैखिक और द्विघाती समीकरणों के समाधान पर भी विचार किया गया। ड्योफनटस के द्वारा तीन प्रकार $ax^2 + bx = c$, $ax^2 = bx + c$ और $ax^2 + c = bx$, के द्विघाती समीकरणों पर विचार किया।

चूँकि जिस समय इस पुस्तक को लिखा गया, उस समय शून्य के लिए किसी प्रकार के चिह्न की खोज नहीं की गई थी, इसलिए ड्योफनटस के द्वारा सभी सकारात्मक गुणांकों को ही लिया गया। यहाँ पर ड्योफनटस ने माना कि सभी नकारात्मक अथवा अतार्किक वर्गमूलों का समाधान बेकार, निरर्थक और असंगत है। ड्योफनटस की पुस्तक में इसके भी कोई साक्ष्य नहीं मिलते, जो इस तरह का कोई सुझाव दें कि ड्योफनटस के मन में कभी इस प्रकार के भी विचार आए कि एक द्विघाती समीकरण के दो समाधान भी हो सकते हैं। अपनी इस पुस्तक में उन्होंने इसके अतिरिक्त समकालिक समीकरणों की ओर से उत्पन्न समस्याओं को भी हल किया।

ड्योफनटस के द्वारा किए गए कार्यों को देखकर यह स्पष्ट हो जाता है कि वह इस तथ्य से भलीभाँति परिचित थे कि प्रत्येक संख्या को चार वर्गों के योग में लिखा जा सकता है। इसी तथ्य को बाद में लाग्रेंज ने भी सिद्ध किया। यहाँ पर 'अर्थमेटिका' में हल की गई दो समस्याओं को उदाहरण-स्वरूप दिया जा रहा है—

1. चार संख्याओं को खोजें, जिनमें से प्रत्येक व्यवस्था के योग को एक

समय पर तीन बार दिया गया हो; जैसे—22, 24, 27 और 20। (उत्तर 9, 7, 4 और 11)।

2. एक संख्या को विभाजित करें, जैसे कि 13, जो कि दो वर्गों 4 और 9 का अन्य दो वर्गों में योग है। (उत्तर 324/25 और 1/25)

'अर्थमेटिका' में ड्योफनटस के द्वारा कुछ सूत्रों को बिना किसी प्रमाण के भी सम्मिलित किया गया है। ऐसा माना जाता है कि इन सूत्रों के साक्ष्य लुप्त हो चुकी उनकी पुस्तक 'द पोरिज्म' में उपलब्ध थे, जो कि प्रमेयिकाओं का संकलन थी। एक प्रमेयिका में कहा गया कि दो तार्किक संख्याओं के घनों का अंतर दो अन्य तार्किक संख्याओं के घनों के योग के बराबर होता है। दिए गए किसी भी ए इ संख्या के लिए उनके लिए मौजूद संख्या बए क हैं, जैसे c, d है, जैसे $a^3 - b^3 + d^3$

ड्योफनटस के द्वारा किए गए कार्य का इतिहास पर बहुत ही गहरा प्रभाव रहा। सोलहवीं शताब्दी के अंत और संपूर्ण सत्रहवीं व अठारहवीं शताब्दी में 'अर्थमेटिका' के भागों ने यूरोप में बीजगणित के विकास को बहुत ही गहरे स्तर तक प्रभावित किया। ड्योफनटस और उनके काम ने अरबी गणित के क्षेत्र को भी प्रभावित किया और उन्हें अरबी गणितज्ञों के बीच अच्छी-खासी प्रसिद्धि भी प्राप्त हुई। ड्योफनटस के द्वारा किए गए कार्य ने बीजगणित पर किए जानेवाले कार्य के लिए एक नींव की स्थापना की, अपितु यहाँ पर यह कहना भी अतिशयोक्ति नहीं होगी कि अधिकांशतः विकसित गणित का आधार बीजगणित पर ही रखा गया। यूरोपीय गणितज्ञों ने ड्योफनटस की 'अर्थमेटिका' में जड़े अलंकरणों और रत्नों को तब तक नहीं पहचाना जब तक सन् 1463 में रेजियोमोनटेनस ने ड्योफनटस के बारे में नहीं लिखा कि—"अब तक किसी ने भी ड्योफनटस की 13 पुस्तकों को ग्रीक भाषा से लैटिन में अनुवाद करने का कार्य नहीं किया है, जिन पुस्तकों में अंकगणित की संपूर्ण खुशबू समाई हुई है।"

सन् 1570 में बॉम्बेली ने ड्योफनटस के अधिकांश कार्यों का अनुवाद किया; लेकिन उनके द्वारा किया गया अनुवाद कभी प्रकाशित नहीं हो पाया। बॉम्बेली ड्योफनटस की कई समस्याओं को अपने बीजगणित में भी लेकर आए। लैटिन में ड्योफनटस के सबसे प्रसिद्ध अनुवाद को पाठकों के समक्ष प्रस्तुत करने का श्रेय बचेट को जाता है। उन्होंने सन् 1621 में अपने इस अनुवाद को प्रकाशित किया। बचेट के इसी संस्करण का अध्ययन फर्मेट में किया। निश्चित रूप से फर्मेट इसी कार्य से प्रेरित हुए, जो हाल के वर्षों में फर्मेट के अंतिम सूत्र से संबंध के कारण प्रचलित हो गई थी। ड्योफनटस के द्वारा प्रारंभिक तौर पर किया गया

कार्य संभवतः बहुभुजी संख्या के विषय पर लिखा गया उनका लेख था, जिसमें दस पूर्वसर्गों को सम्मिलित किया गया था। इनमें उन्होंने ऐसी उत्तम पद्धति को लागू किया था, जिनमें संख्याओं को रेखीय अनुभागों के द्वारा प्रस्तुत किया गया था। पाइथागोरियन के लिए बहुभुजी संख्याओं का विषय बहुत ही रुचिकर था।

ड्योफनटस का कार्यकाल आधुनिक बीजगणित अंकन के आरंभ से पूर्व का था; लेकिन वे आलंकारिक बीजगणित से संकुचित बीजगणित की ओर मुड़ गए, जहाँ पर संक्षिप्तीकरण का प्रयोग किया जाता था। ड्योफनटस के द्वारा गणितीय अंकन के क्षेत्र में बहुत से महत्त्वपूर्ण विकास किए गए। बीजगणितीय अंकन व संकेतीकरण का प्रयोग करनेवाले वह पहले व्यक्ति थे। ड्योफनटस के कार्यकाल में उनके साथ के जितने भी गणितज्ञ थे, वे सभी पूर्ण समीकरणों को लिखा करते थे। वे किसी प्रकार के संकेतों अथवा संक्षिप्तीकरण का प्रयोग नहीं किया करते थे। ड्योफनटस ने बीजगणितीय प्रतीकों की शुरुआत की, जिसमें प्रायः घटनेवाले परिचालनों के लिए संक्षिप्त अंकनों और अज्ञात व अज्ञात की शक्ति के लिए संक्षिप्तीकरण का प्रयोग किया गया। गणित के इतिहासकार कुर्त वगेल ने लिखा कि—"ड्योफनटस के द्वारा पहली बार जिस संक्षिप्तीकरण का प्रयोग किया गया उसने निस्संदेह ही एक नए आविष्कार को अन्य गणितज्ञों के समक्ष उपस्थित कर दिया। इस आविष्कार ने एक समीकरण को अभिव्यक्त करने के लिए छोटा और आसानी से अर्थ समझानेवाला माध्यम उपलब्ध करवा दिया।''' यद्यपि समान शब्द के लिए भी एक संक्षेपी का प्रयोग किया था। ड्योफनटस ने मौखिक बीजगणित से सांकेतिक बीजगणित की ओर एक मौलिक कदम उठाया था।"

□

थेल्स ऑफ मिलेटस

जन्म : 624 ईसा पश्चात् मिलेटस (वर्तमान तुर्की) में।

मृत्यु : 547 ईसा पश्चात् मिलेटस (वर्तमान तुर्की) में।

महत्त्वपूर्ण योगदान : ज्यामिति के मौलिक तरीकों का प्रयोग करनेवाले पहले व्यक्ति। कई वैज्ञानिक नियमों की, जिस कारण इन्हें विज्ञान का जनक माना गया, पिरामिड को मापने की विधि का आविष्कार। पाँच महत्त्वपूर्ण गणितीय सूत्रों का आविष्कार।

हालाँकि थेल्स पेशे से एक इंजीनियर थे, लेकिन संसार भर में उन्हें सुकरात से पूर्व ग्रीक दर्शन-शास्त्री, वैज्ञानिक और गणितज्ञ के तौर पर पहचाना जाता है। थेल्स के बारे में ऐसा कहा जाता है कि वे मिलेजियान स्कूल के पहले दार्शनिक थे। हालाँकि अब हमारे पास उनके द्वारा लिखित कार्यों के कोई भी प्रमाण मौजूद नहीं हैं, इसलिए हमारे लिए उनके विचारों और गणित विषय पर किए गए शोधों का निर्धारण करना बहुत ही कठिन है। वे ग्रीक सप्त ऋषियों में से एक थे। साधारण सिद्धांतों को परिभाषित करने और चौथी परिकल्पना को सेट करनेवाले वे ही पहले व्यक्ति थे। उनकी इन्हीं उपलब्धियों के कारण उन्हें 'विज्ञान के जन्मदाता' की उपाधि से नवाजा गया।

बर्ट्रेंड रसेल (जो स्वयं एक ब्रिटिश दार्शनिक, तर्कशास्त्री, गणितज्ञ, इतिहासकार और सामाजिक आलोचक थे) के अनुसार, पश्चिमी दर्शनशास्त्र की शुरुआत थेल्स के साथ होती है।

वैसे तो थेल्स के बारे में अधिक जानकारी उपलब्ध नहीं हो पाई है, परंतु

इतना अवश्य ज्ञात है कि थेल्स का जन्म 624 ईसा पश्चात् मिलेटस में हुआ था। थेल्स के माता-पिता एक्जामयेस और सियोलोबूलिन थे। वे दोनों ही फीनिक्सियन रईस थे। जहाँ तक उनके निजी जीवन का प्रश्न है, उसके बारे में कुछ भ्रांतियाँ आज भी व्याप्त हैं। कुछ इतिहासकारों का मानना है कि उन्होंने शादी की थी और उनके दो पुत्र भी थे; जबकि प्लूटार्क का कहना था कि थेल्स की कभी शादी नहीं हुई।

इस बात के पुख्ता सबूत मिले हैं कि 585 ईसा पश्चात् के समय थेल्स के द्वारा सूर्यग्रहण की घटना की भविष्यवाणी की गई थी। आज इस सत्य को सभी भलीभाँति जानते हैं कि सूर्यग्रहण का एक चक्र 19 वर्षों का होता है; लेकिन उस समय सूर्य ग्रहण के इस प्रकार के किसी चक्र की भविष्यवाणी करना आश्चर्यचकित कर देनेवाले चमत्कार से कम नहीं था। किसी साधारण मानव के लिए यह बहुत ही कठिन था, क्योंकि पृथ्वी पर विभिन्न स्थानों पर सूर्यग्रहण दृष्टिगोचर होता है। 585 में लगनेवाले सूर्यग्रहण के बारे में उनकी भविष्यवाणी संभवतः पूरी तरह से इस अनुमान पर आधारित थी कि उस समय सूर्यग्रहण लगने की संभावना थी।

टी.एल. थेल्स के द्वारा लिखित पुस्तक 'अ हिस्ट्री ऑफ ग्री मैथेमेटिक्स', जिसे सन् 1921 में लिखा गया था, में इस तथ्य का सामने रखा गया कि संभवतः थेल्स के द्वारा समुद्र में किसी जहाज की दूरी की गणना करने के लिए विभिन्न पद्धतियों का प्रयोग किया जाता था। इस कार्य के लिए उनके द्वारा जिस पद्धति का प्रयोग किए जाने की संभावना सबसे अधिक है, उसमें उनके द्वारा एक उपकरण का प्रयोग किया जाता था, जिसमें दो लकड़ियाँ सम्मिलित थीं, जिन्हें एक-दूसरे को काटते हुए ठोका जाता था, जिससे कि वह नेल की दिशा में घूम सके। उसके पश्चात् एक पर्यवेक्षक भवन के ऊपर जाता और दो छड़ियों में से एक को लंबवत् स्थिति में स्थिर कर (जिसके लिए वह पल्प लाइन का प्रयोग करता) दूसरी छड़ी को तब तक घुमाता जब तक वह जहाज की ओर ठीक प्रकार से संकेत नहीं करती। उसके पश्चात् पर्यवेक्षक उपकरण को घुमाता और लंबवत् स्थिति में तब तक लाता जब तक कि घूमनेवाली छड़ी भूमि पर उपयुक्त बिंदु पर संकेत नहीं करने लगती। इस बिंदु की भूमि से दूरी जितनी होती, भवन भी जहाज से उतनी ही दूरी पर होता।

हालाँकि यह पद्धति थेल्स के द्वारा ज्यामिति के जो पाँच सूत्र प्रदान किए गए (जिनका विवरण नीचे दिया गया है), उनमें से चौथे सूत्र को ही रेखांकित करती है। थेल्स के लिए यह संभव था कि वे त्रिभुज सर्वांगसम में से किसी प्रकार का समर्थन न लेते हुए इस प्रकार की पद्धति की खोज करें।

दुनिया भर में थेल्स को सबसे अधिक ज्यामिति के मौलिक तरीके से प्रयोग

के लिए जाना जाता है। इस बारे में उनको लिखित और व्यावहारिक दोनों प्रकार की जानकारी थी। थेल्स का मानना था कि अंतरिक्ष एक गजब की वस्तु है। इसमें सबकुछ व्याप्त है। थेल्स समान त्रिकोण और सम त्रिकोण को भलीभाँति समझ चुके थे और उन्होंने अपने इस ज्ञान का प्रयोग व्यावहारिक तौर पर भी किया। थेल्स ने पिरामिड की ऊँचाई को मापने का भी मार्ग खोज लिया था। प्लिनी (जो एक लेखक और दार्शनिक थे) ने थेल्स के बारे में लिखा कि—"थेल्स ने पिरामिड और उसी प्रकार की अन्य वस्तुओं को मापने की विधि का आविष्कार कर लिया था। इसके लिए वे उस वस्तु की परछाईं को उस समय मापते थे, जब वस्तु और उसकी परछाईं का आकार लंबाई में एक समान होता था।"

थेल्स ने ज्यामिति के विषय को तार्किक आधार पर रखा, थेल्स ज्यामिति को अपना पूरा समर्थन देते थे, संभवत: जितना वे प्राप्त कर सकते थे। गणित के इतिहास पर लिखी गई पाठ्य-पुस्तकों में थेल्स को प्रारंभिक ज्यामिति के पाँच सूत्र का श्रेय प्रदान किया गया—

1. एक वृत्त को किसी व्यास के द्वारा विभाजित किया जा सकता है।
2. एक सम द्विबाहु त्रिकोण का आधार कोण समान होता है।
3. परस्पर एक-दूसरे को काटनेवाली दो सीधी रेखाओं के बीच का कोण समान होता है।
4. दो त्रिकोण समानुरूप होते हैं, यदि उनके दो कोण और एक भाग बराबर होते हैं।
5. एक अर्धवृत्त के भीतर का कोण समकोण होता है।

थेल्स का मानना था कि यह पृथ्वी पानी पर तैर रही है और जो कुछ भी आता है, वह सभी पानी के मार्ग से ही आता है। उनके लिए यह पृथ्वी एक समतल मंडल है, जो अथाह समुद्र पर तैर रही है। थेल्स के विषय में यह दावा भी किया गया है कि थेल्स ने भूकंप को इस मिथ्या तथ्य के आधार पर वर्णित किया कि पृथ्वी पानी पर तैर रही है। एक बार फिर यदि हम थेल्स के विचारों के महत्त्व को समझने की चेष्टा करें तो सृष्टि के प्रारंभ से लेकर थेल्स के समय तक वे ही पहले व्यक्ति थे, जिन्होंने इस प्रकार की घटनाओं को किसी दैवी शक्ति न मानकर तार्किक आधार पर समझने और समझाने की चेष्टा की। थेल्स ने भूकंप की घटनाओं को इस परिकल्पना के आधार पर समझाने का प्रयास किया कि पृथ्वी जल पर तैरती है; जबकि वास्तविकता यह है कि भूकंप के झटके तब महसूस होते हैं जब पृथ्वी में समुद्र की लहरों के कारण कंपन उत्पन्न होता है। थेल्स ने यह नहीं माना कि भूकंप के झटके

किसी दैवी प्रक्रिया का परिणाम होते हैं।

थेल्स के बारे में ऐसी दो कहानियों का जिक्र अन्य गणितज्ञों व स्वयं के संदर्भों से प्राप्त होता है, जिनसे उनकी उत्कृष्ट व्यावहारिक कुशलता और अलौकिक स्वप्नद्रष्टा होने का पता चलता है। उदाहरण के लिए, अरस्तू के द्वारा थेल्स से संबंधित एक किस्से में बताया गया कि किस प्रकार वे अपने कौशल का प्रयोग यह जानने के लिए करते थे कि अगले वर्ष होनेवाली जैतून की फसल कितने बड़े पैमाने पर होगी। वे जैतून के सभी साँचों को एक साथ एकत्रित कर लेते और इस बात की भविष्यवाणी करते कि आनेवाले समय की फसल वास्तव में बहुत बड़े पैमाने पर होगी। दूसरी तरफ प्लेटो के द्वारा भी थेल्स से संबंधित कथा बताई गई कि किस प्रकार एक बार रात में थेल्स आसमान की ओर देखते हुए जा रहे थे और खाई में गिर गए तो एक नौकरानी की सुंदर बेटी ने उन्हें बाहर निकाला और कहा कि "तुम इस बात की अपेक्षा कैसे कर सकते हो कि यह जान पाओगे कि आकाश में क्या हो रहा है, जबकि तुम यह भी नहीं देख सकते कि तुम्हारे पैरों के नीचे क्या है।"

अन्य ग्रीक विद्वानों पर थेल्स का खासा प्रभाव देखा जाता है, अनैजिमेंडर, जो खुद मिलेटस के बहुत बड़े दर्शन-शास्त्री थे, थेल्स के विद्यार्थी थे। ऐसा माना जाता है कि 547 ईसा पश्चात् के समय थेल्स का देहांत हुआ।

□

निकोलस लोबस्कवी

जन्म : 1 दिसंबर, 1792 को रूस में।

मृत्यु : 24 फरवरी, 1854 को कजान, रूस में।

महत्त्वपूर्ण योगदान : हाइपरबोलिक ज्यामिति का विकास, न्यूनकोण पर आधारित ज्यामिति प्रणाली के आविष्कारक, बीजीय समीकरण के मूल के सन्निकटीकरण की प्राप्ति के लिए पद्धति की खोज। पुस्तक 'ज्योमैतिरे इमैजिनियारे', 'ज्यामिति ज्योमैट्रिशे अनटरसचुनजेन जुर थ्योरे पैरालानियेन'।

निकोलाई इवानोविक लोबस्कवी एक रूसी गणितज्ञ और रेखागणितज्ञ थे, जो अपने हापरबोलिक ज्यामिति के विषय पर किए गए प्रारंभिक दौर के प्रख्यात कार्य के लिए जाने जाते हैं।

निकोलाई का जन्म 1 दिसंबर, 1792 को रूस के निंझी नोवगोरोड नामक स्थान में हुआ था। वह इवान मैक्सीमोविक लोबस्कवी और प्रास्कोविया एलेक्जड्रोवना लोबास्केवेस्का दंपती की संतान थे। उनके पिता लैंड सर्वेइंग कार्यालय में क्लर्क के पद पर कार्यरत थे। उनका परिवार बहुत ही गरीबी की हालत में अपना जीवन व्यतीत कर रहा था। सन् 1800 में निकोलाई के पिता की मृत्यु हो जाने पर, जब निकोलाई की उम्र केवल 7 वर्ष की थी, उनकी माता अपने तीन बच्चों को स्कूल भेजने की तैयारी करने के लिए कजान जा बसीं। 6 वर्ष की उम्र में निकोलाई को कजान वेधशाला में पढ़ाई करने के लिए दाखिल करवाया गया, जहाँ पर उन्होंने गणित में अपनी अद्‌भुत प्रतिभा का प्रदर्शन किया। निकोलाई को अपनी शिक्षा पूरी

करने हेतु सरकारी मदद स्कॉलरशिप के रूप में प्राप्त होती रही।

सन् 1807 में निकोलाई इवानोविक ने कजान विश्वविद्यालय में प्रवेश किया। कजान विश्वविद्यालय की स्थापना निकोलाई के विश्वविद्यालय में प्रवेश करने से तीन वर्ष पूर्व ही सन् 1804 में की गई थी। वैसे तो निकोलाई की इच्छा थी कि वे औषधि के विषय में अपनी शिक्षा प्राप्त करें; लेकिन उन्होंने बाद में अपना इरादा बदल लिया और व्यापक वैज्ञानिक कोर्सों का अध्ययन किया, जिनमें गणित भी सम्मिलित था।

कजान विश्वविद्यालय में निकोलाई ने अपने जीवन के अगले 40 वर्ष विद्यार्थी, सहायक प्रोफेसर और अंततः एक प्राचार्य के तौर पर गुजारे। सन् 1811 में लोबस्कवी ने भौतिक विज्ञान और गणित विषयों में स्नातकोत्तर की डिग्री प्राप्त की। सन् 1814 में इसी विश्वविद्यालय में उनकी नियुक्ति लेक्चरर के पद पर हुई और फिर उसके पश्चात् सन् 1816 में वह एक अतिरिक्त प्रोफेसर के तौर पर विश्वविद्यालय में प्रख्यात हुए। सन् 1822 में उनको संपूर्ण तौर पर प्रोफेसर के पद पर नियुक्त कर दिया गया। इसी वर्ष उनको विश्वविद्यालय के विस्तार हेतु बन रहे भवन के निर्माण कार्य पर निगरानी रखने हेतु गठित समिति का सदस्य भी बनाया गया। एक प्रोफेसर के तौर पर वह गणित विषय से संबंधित कार्यों के इंचार्ज होने के साथ ही खगोल विद्या व भौतिक विज्ञान की पठन सामग्री के संबंध में भी महत्त्वपूर्ण निर्णय लेने के अधिकारी थे। इसके अतिरिक्त उनकी अद्‌भुत प्रतिभा को देखते हुए कजान में पढ़नेवाले सभी विद्यार्थियों, जिसमें प्रारंभिक स्तर की शिक्षा ग्रहण करनेवालों से लेकर विश्वविद्यालय स्नातकोत्तर के स्तर पर शिक्षा पा रहे विद्यार्थी सम्मिलित थे, के निरीक्षण का कार्य भी सौंपा गया था।

विश्वविद्यालय में अपने कार्यकाल के दौरान निकोलाई को कई कठिनाइयों का भी सामना करना पड़ा; लेकिन इन कठिनाइयों के बावजूद उन्होंने अपने गणित विषय से संबंधित शोध और गणित, भौतिकी व खगोल विद्या पर व्याख्यानों के काम को सफलतापूर्वक पूरा किया।

सन् 1826 में सार निकोलस I शासक बन गए और उन्होंने एक नए अध्यक्ष एम.एन. मुसिन को नियुक्त कर दिया। पुस्किन, जिन्होंने निकोलाई लोबस्कवी को प्राचार्य बनाया था, उनके द्वारा दिए जानेवाले दिशा-निदेर्शों के अंतर्गत विश्वविद्यालय के समस्त कर्मचारी समूह को पुनः व्यवस्थित किया गया। निकोलाई लोबस्कवी के लिए विश्वविद्यालय ही उनका संपूर्ण जीवन था। विश्वविद्यालय का प्राचार्य होने के बावजूद वे विश्वविद्यालय के पुस्तकालय और संग्रहालय में अपने हाथों से हर छोटा-

बड़ा काम करने में झिझक महसूस नहीं करते थे। जब भी वह ऐसा महसूस करते कि उनकी मदद की आवश्यकता काम करनेवाले कर्मचारियों को है तो वह मदद का हाथ सदैव आगे बढ़ाते। दर्शनशास्त्र में वह बहुत अधिक विश्वास करते थे। उनका कहना था कि यदि आप चाहते हैं कि आपकी पसंद के अनुसार क्रमबद्ध ढंग से आपका काम पूर्ण हो तो आपके समक्ष दो मार्ग हैं—या तो आप अपना काम स्वयं करें अथवा काम के तरीके को भलीभाँति समझें, जिससे कि आप उस काम में रह गई कमियों को दूसरे के सामने समझदारी व रचनात्मक ढंग से प्रस्तुत कर सकें।

सन् 1832 में उनका विवाह वारवारा एलेक्सवेना मोईसिवा से हुआ। वह एक बहुत ही संपन्न परिवार से संबंध रखती थी। विवाह के समय लोबस्कवी की उम्र 40 के आस-पास थी, जबकि उनकी पत्नी उनसे काफी युवा थी। लोबस्कवी दंपती की सात संतानें थीं।

जिस समय लोबस्कवी कजान विश्वविद्यालय के प्राचार्य के रूप में कार्यरत थे, उन दिनों कजान विश्वविद्यालय समृद्धि के पथ पर तेजी से अग्रसर होता रहा। वहाँ पर नए भवन के निर्माण का कार्य भी जोर-शोर से प्रगति की ओर बढ़ रहा था। उस भवन में एक पुस्तकालय, एक वेधशाला, नई चिकित्सा की सुविधाओं और भौतिक विज्ञान, रसायन-शास्त्र व शरीर रचना विज्ञान से संबंधित विश्लेषण को करने के लिए प्रयोगशाला का भी निर्माण किया गया। वह उच्चतम स्तर के वैज्ञानिक शोधों को करने पर सदैव जोर देते और इसके साथ ही समान रूप से वे कला जैसे विषयों में भी शोध कार्य को पूरा प्रोत्साहन देते। उन्होंने विशेष तौर पर प्राज्य अध्ययनों के लिए एक अग्रणी केंद्र को विकसित करने के कार्य को प्रेरित किया। लोबस्कवी जिस समय कजान विश्वविद्यालय के प्राचार्य थे, उस समय उनके विश्वविद्यालय में विद्यार्थियों की संख्या में निरंतर वृद्धि होती रही। इस वृद्धि का कारण लोबस्कवी के द्वारा न केवल विश्वविद्यालय के स्तर पर दी जानेवाली शिक्षा के स्तर को सुधारना था, बल्कि स्थानीय स्कूलों में दी जानेवाली शिक्षा के स्तर को उच्चतम स्तर तक पहुँचाना था। इस दौरान उन्हें दो सबसे बड़ी मुश्किलों का भी सामना करना पड़ा। एक तो सन् 1830 में हैजा फैल गया और 1842 में लगी भयानक आग में असंख्य लोगों को क्षति पहुँची। इस आपातकालीन स्थिति में लोबस्कवी का प्रयास यही रहा कि वे होनेवाले नुकसान की मात्रा को कम कर सकें। अपने इन प्रयासों के लिए उनको सम्राट् की ओर से विशेष धन्यवाद भी प्राप्त हुआ।

अपने ऊपर इस प्रकार के भारी प्रशासनिक बोझ के बावजूद लोबस्कवी ने विभिन्न विषयों जैसे—यांत्रिकी, हाइड्रोइनेक्सि, एकीकरण, आंतरिक समीकरण, विविध

कलन और गणितीय भौतिकी, पर शिक्षा प्रदान करना जारी रखा। सन् 1838 से लेकर 1840 के बीच के समय वे आम जनता के बीच जाकर भौतिक विज्ञान के विषय पर लेक्चर देने हेतु समय भी निकालते थे। लेकिन काम के भारी बोझ ने उनके मन को भले ही कभी न थकने दिया हो, परंतु उनको शारीरिक तौर पर कमजोर तो कर ही दिया और उनके स्वास्थ्य पर इसका बुरा प्रभाव भी पड़ने लगा।

लोबस्कवी सन् 1826 में अपने युग की सबसे बड़ी खोज के कारण प्रख्यात हुए। उनकी इस खोज के अनुसार यूक्लिड की तुलना में अन्य तत्त्वों के आधार पर भी ज्यामिति की संगत प्रणाली हो सकती है। लोबस्कवी के द्वारा यूक्लिड के पाँचवें तत्त्व को चुनौती दी गई, जिसमें कहा गया था कि दी गई कोई भी सीधी रेखा एल और एक बिंदु पी, जो कि एल रेखा पर स्थित न हो तो समतल पर, जिसे एल और पी के द्वारा निर्धारित किया गया हो, यह संभव है कि पी के माध्यम से एल को आकर्षित करती हुई एक और रेखा एल को खींचा जाए, जिससे कि वह पहलेवाली एल रेखा से कभी न मिले, रेखाओं को चाहे कितनी भी दूर तक विस्तारित किया जाए।

पाँचवीं अभिधारणा यह निश्चित करती है कि पी के माध्यम से अपितु एक ही आकर्षित करती हुई रेखा को एल के समांतर खीचा जाता है। लोबस्कवी ने इस अवधारणा को चुनौती दी कि यूक्लिड की समांतर अभिधारणा अथवा जो समतुल्य है तो यह आवश्यक है कि समकोण की अवधारणा एक संगत ज्यामिति होनी चाहिए और उन्होंने अपनी इस चुनौती को समर्थन देनेवाली ज्यामिति की प्रणाली को भी व्युत्पन्न किया, जो न्यून कोण की अवधारणा पर आधारित थी, जिसमें दी गई सीधी रेखा से एक स्थायी बिंदु से कोई भी समांतर रेखा नहीं थी, अपितु दो रेखाएँ थीं।

कई शताब्दियों तक यूक्लिड की ज्यामिति की यह स्थिति और उसकी समांतर रेखा के विवरण की अवधारणा विवाद का विषय बनी रही। इस अवधारणा से जुड़े इन प्रयासों को जारी रखा गया कि यह अन्य स्वयं-सिद्ध सूक्तियों का अनुसरण करते हुए ही तैयार किया गया है और व्यापक तौर पर यह कहा गया कि यूक्लिड की ज्यामिति अंतरिक्ष की आवश्यक संरचना को परिभाषित करती है।

यूक्लिड से परे लोबस्कवी के द्वारा जिस ज्यामिति को विकसित किया गया, उसे 'हाइपरबोलिक ज्यामिति' के नाम से जाना गया। लोबस्कवी के द्वारा यूक्लिड की समांतर अभिधारणा को एक स्थिति के साथ स्थानांतरित कर दिया गया कि यहाँ पर एक से अधिक रेखाएँ हैं, जिन्हें दिए गए किसी भी बिंदु—जो कि अन्य

रेखा के समांतर हो, परंतु वह उसका भाग न हो—के माध्यम से विस्तारित किया जा सकता है। इसका एक प्रचलित परिणाम यह है कि एक त्रिभुज के कोणों का योग 180 डिग्री से कम होना चाहिए। यूक्लिड से परे जिस ज्यामिति को विकसित किया गया, आज उसका प्रयोग आमतौर पर गणित और भौतिक विज्ञान के क्षेत्र में होता है; जैसे—सामान्य सापेक्षता और हाइपरबोलिक ज्यामिति को अब प्राय: लोबस्कवियन ज्यामिति अथवा बोलयाई—लोबस्कवियन ज्यामिति के नाम से पुकारा जाता है।

सन् 1834 में लोबस्कवी बीजीय समीकरण के मूल के सन्निकटीकरण की प्राप्ति के लिए एक पद्धति की खोज की। सन् 1837 में लोबस्कवी ने अपने लेखों को 'ज्योमैतिरे इमैजिनियारे' के नाम से प्रकाशित करवाया और इसके पश्चात् सन् 1840 में बर्लिन में उनकी नई ज्यामिति 'ज्योमैट्रिशे अनटरसचुनजेन जुर थ्योरे पैरालानियेन' को प्रकाशित किया गया।

लंबे अरसे तक राष्ट्र को अपनी महान् सेवाओं के माध्यम से समृद्ध करने के बावजूद सन् 1846 में उनको प्रोफेसर के पद और विश्वविद्यालय के प्राचार्य के पद पर दी जा रही सेवाओं से हटा दिया गया। उनकी छुपी हुई बीमारी और अपमान ने उनको तोड़ दिया और उनका स्वास्थ्य दिनोदिन गिरता चला गया। सन् 1850 के समय तक वह लगभग अंधे हो चुके थे। उस अवस्था में उनके लिए स्वयं चल फिर पाना भी असंभव हो गया था। सन् 1855 में विश्वविद्यालय के द्वारा उनकी अर्द्ध शतवर्षीय वर्षगाँठ मनाई गई। इस अवसर के सम्मान को बरकरार रखने के लिए लोबस्कवी ने भी इस समारोह में व्यक्तिगत तौर पर शिरकत की और उनको यहाँ पर पैन ज्यामिति, जो उनके वैज्ञानिक जीवन के संपूर्ण कार्य को समाहित किए हुए थी, को भेंट किया गया।

24 फरवरी, 1854 को निकोलस लोबस्कवी ने इस दुनिया को अलविदा कह दिया। सही मायने में एक गणितज्ञ की भूमिका को सार्थक करनेवाले लोबस्कवी को उनके काम करने के क्रांतिकारी ढंग को देखते हुए 'ज्यामिति के कॉपरनिकस' के नाम से भी जाना जाता है।

□

नील हैनरिक हाबिल

जन्म : 5 अगस्त, 1802 को नॉर्वे में।

मृत्यु : 6 अप्रैल, 1829 को फ्रोलैंड, नॉर्वे में।

महत्त्वपूर्ण योगदान : बहुपद प्रमेय का सभी संख्याओं के लिए वैध हेतु सिद्धीकरण, पंचक समीकरणों की समस्या, फलनों के एकीकरण का सिद्धांत, हाबिल सूत्र, हाबिल प्रमेय, हाबिल समूह।

नील हैनरिक हाबिल प्रतिभा की आकाश गंगा के ऐसे तारों में से हैं, जिन्होंने अपनी चमक से आकाश गंगा की शोभा में चार चाँद लगा दिए। उनकी योग्यता पर टिप्पणी करते हुए हेरमाइट ने कहा कि वे गणितज्ञों के समूह के लिए ऐसा कुछ देकर गए हैं, जो उनको अगले 500 वर्षों तक व्यस्त रखेगा। उन्नीसवीं शताब्दी के प्राथमिक दौर में नील हैनरिक संसार के सबसे प्रतिष्ठित गणितज्ञों में से थे। संभवत: वे अब तक नॉर्वे देश में जितने भी गणितज्ञ हुए, उन सब में अग्रणी स्थान पर विराजमान हैं। नील ने बहुत ही कम उम्र में अपनी गणितीय क्षमता को सराहनीय स्तर तक विकसित कर लिया था। एक बार जब उनसे पूछा गया कि उन्होंने यह किस प्रकार किया तो उनका जवाब था—

"शिष्यों के बजाय गुरुओं के द्वारा उपलब्ध ज्ञान का अध्ययन करके।"

नील हैनरिक पास्टर जॉर्ज हाबिल और एनी मैरी सिमोनसेन की दूसरी संतान थे। उनका जन्म 5 अगस्त, 1802 को नॉर्वे देश के फिनोय स्थान पर हुआ था। उनके जन्म के कुछ समय के पश्चात् ही उनका परिवार जेस्टार्ड के लिए रवाना हो गया। उनके पिता सोरेन जॉर्ज हाबिल एक ल्यूथरियन मंत्री थे। उनके पिता ने

अपनी शिक्षा कोपेनहेगन विश्वविद्यालय से पूर्ण की थी और उनके पास धर्मशास्त्र में स्नातक की डिग्री मौजूद थी। वे नॉर्वे के एक प्रख्यात राष्ट्रवादी नेता थे, जो राजनीतिक रूप से बहुत ही सक्रिय थे। उन्होंने अपने देश को स्वतंत्रता दिलाने के लिए चल रहे आंदोलन में बहुत ही महत्त्वपूर्ण योगदान दिया था। नील हैनरिक की माता एनी मैरी एक समृद्ध व्यापारी की पुत्री थीं। नील हैनरिक के जन्म के पश्चात् उनके माता-पिता के द्वारा उनको जेस्टार्ड लाया गया, जहाँ पर उनके पिता की नियुक्ति उनके पिता के स्थान पर एक पादरी के तौर पर हुई।

नील हैनरिक और उनके छह भाइयों को स्कूली शिक्षा उनके पिता के द्वारा हाथ से लिखी गई पुस्तकों से पढ़ाकर दी गई। 13 वर्ष की उम्र में नील हैनरिक का दाखिला कैथेड्रल के क्रिस्टीनिया विद्यालय में करवाया गया, जहाँ पर ईश्वर से उपहार-स्वरूप प्राप्त हुई उनकी अद्‍भुत प्रतिभा को बर्न्ट माइकल होमबो ने पहचाना। उनके निर्देशन में ही किशोर नील हैनरिक ने यूलर, लाग्रेंज और लाप्लेस के कार्य को पढ़ना आरंभ कर दिया। सन् 1816 में नील के पिता जॉर्ज हाबिल का राजनीतिक कॅरिअर भीषण आपदाओं में उलझकर समाप्त हो गया और उनको शराब की बुरी लग गई।

सन् 1820 में जब नील मात्र 18 वर्ष के थे तो पिता की मृत्यु के पश्चात् उनकी माता भारी कर्ज से डूब गईं। नील हैनरिक के पिता अपनी मृत्यु के पश्चात् अपने परिवार को बहुत ही गरीबी की हालत में छोड़ गए। हाबिल परिवार के पास अब इतना भी पैसा नहीं था कि नील अपनी शिक्षा को पूर्ण कर सकते। इन हालात में उनके गणित के अध्यापक ने शिक्षा पूरी करने में नील की सहायता अपनी स्कूली शिक्षा को पूरा करने में की। अपने परिवार को भीषण निर्धनता की स्थिति से बाहर निकालने के लिए नील को बहुत ही मेहनत करनी पड़ी। नील जब अपने जीवन के इस कठिन दौर का सामना कर रहे थे तो उनको एक वैज्ञानिक व अन्वेषक क्रिस्टोफर हंसटीन की पत्नी के रूप में दूसरी माँ मिल गईं, जिन्होंने उनके इस कठिन समय को पार करने में हर संभव सहायता की। नील की बिगड़ी माली हालत को देखते हुए कुछ प्रोफेसरों ने भी आर्थिक तौर पर उनकी सहायता की। विश्वविद्यालय के द्वारा भी उनको रहने के लिए निःशुल्क कमरा प्रदान किया गया। बाद में नॉर्वेजियन सरकार के द्वारा उनको फ्रांस व जर्मनी की यात्रा करने और गणितज्ञों से मुलाकात करने हेतु अनुदान भी दिया गया।

क्रिस्टीनिया वापस आने के पश्चात् हाबिल के द्वारा पंचक समीकरणों की समस्या पर काम आरंभ किया गया और उन्होंने ठीक प्रकार से यह भी दिखाया कि

इनको मौलिक रूप से पूरी तरह से समाप्त नहीं किया जा सकता। बीजगणित में उनके सभी सर्वोत्तम पूर्ववर्तियों ने इसके लिए पूरा प्रयास किया कि वे किसी समाधान का निर्माण कर सकें, लेकिन उन्हें इसमें सफलता नहीं प्राप्त हुई। सन् 1823 में उन्होंने मैग्जिन 'फॉर नेचरविदेनस्काबेर' नॉर्वे पहला वैज्ञानिक जर्नल जिसके संस्थापकों में एक नाम प्रोफेसर हंसटीन का भी था, में पहली बार अपना महत्त्वपूर्ण पेपर, जो कि निश्चित पूर्णांक के विषय पर आधारित था, को प्रकाशित करवाया। इस पेपर में पहली बार पूर्णांक समीकरण के समाधान को सम्मिलित किया गया था। इसके अतिरिक्त उन्होंने फलनों के एकीकरण पर एक और महत्त्वपूर्ण और मूल्यवान् कार्य को पूर्ण किया था। उनके द्वारा किए गए कार्य, जो कि पेपर के रूप में प्रकाशित हुए, गणित के विषय के लिए बहुत ही महत्त्वपूर्ण थे; लेकिन उनका काम उनको ख्याति अथवा नौकरी दिलवाने में सफल नहीं हो सका।

सन् 1826 में क्रिस्टीनिया के विश्वविद्यालय सीनेट ने उनकी अद्‌भुत प्रतिभा को पहचाना और यह निश्चय किया कि वे राज्य के द्वारा हाबिल के लिए कोश एकत्र करेंगे, जिससे कि उन्हें अध्ययन करने हेतु पेरिस जाने का अवसर प्रदान किया जा सके। लेकिन हाबिल ने अपना अधिकतर समय बर्लिन में ही व्यतीत किया, जहाँ पर वे इंजीनियर और गणितज्ञ अगस्त क्रेल से मिले, जिन्होंने जर्नल 'फॉर प्योर एंड एप्लाइड मैथ' की स्थापना की, जिसे आमतौर पर 'क्रेल के जर्नल' के तौर पर जाना जाता था। हाबिल जब क्रेल से मिले तो वे उनसे बहुत ही प्रभावित हुए। परिणामतः क्रेल हाबिल के विश्वसनीय सलाहकार बन गए। उन्होंने हाबिल को इसके लिए प्रेरित किया कि वे अपने परिणामों को उनके जर्नल में प्रकाशित करवाएँ। क्रेल के द्वारा प्रकाशित जर्नल के सर्वप्रथम संस्करण में हाबिल के सात पेपरों को प्रकाशित किया गया। इसके पश्चात् हाबिल ने अपने अधिकांशतः सभी महत्त्वपूर्ण कार्यों को क्रेल के जर्नल में प्रकाशित करवाया। हाबिल के पास उपलब्ध सीमित धन ने आखिरकार उनको अपनी यात्रा को छोड़ने के लिए बाध्य कर दिया और वह जनवरी 1827 में बर्लिन वापस आ गए। उनको क्रेल के जर्नल में संपादक के पद पर कार्य करने का निमंत्रण भी प्राप्त हुआ था; लेकिन उन्होंने उसे छोड़ने का विकल्प ही चुना। मई 1827 तक वे वापस नॉर्वे आ चुके थे। क्रेल ने हाबिल के कार्यों को प्रकाशित किया और इसके साथ ही उन्होंने अपने प्रभाव से इसके लिए भी पूरा जोर लगाया कि वह जर्मनी में हाबिल के लिए उपयुक्त पद पर नियुक्ति को संभव कर सकें। हाबिल के बारे में अगस्त लियोपोल्ड क्रेल ने लिखा कि—"हाबिल के द्वारा किए गए सभी कार्यों में उनकी प्रतिभा की छाप साफ दिखाई देती है और उनमें जिस

प्रकार के विचारों का बल दिया गया होता है, वे असामान्य होते हैं और कभी-कभी तो वे आश्चर्यचकित कर देते हैं। अपितु, यदि लेखक की युवावस्था पर विचार नहीं किया जाए तो कोई भी यह नहीं कह सकता है कि वह समस्या की जड़ में विद्यमान सभी बाधाओं के भीतर तक जाकर एक ऐसी शक्ति के साथ समाप्त करने में सक्षम हैं, जो अप्रतिशोध्य प्रतीत होती है। वे अपने सामने उपस्थित समस्या पर अद्‌भुत ऊर्जा शक्ति के साथ धावा बोलते हैं। वे उन्हें सर्वोपरि मानते हैं और उनको उनकी वर्तमान स्थिति से बहुत ही ऊँचे स्थान पर स्थापित करने में सक्षम हो जाते हैं, जिससे कि ऐसा प्रतीत होता है कि सभी कठिनाइयाँ उनकी प्रतिभा के विजयी आक्रमण के अंतर्गत आकर समाप्त हो जाती हैं।''' लेकिन यह केवल उनकी अद्‌भुत प्रतिभा का ही प्रभाव नहीं है, जिसने उनके भीतर हाबिल के लिए सम्मान की भावना को बल दिया है और उनकी क्षति को असीम रूप से खेदजनक बना दिया है। उन्होंने अपने व्यक्तित्व की पवित्रता और श्रेष्ठता के गुण से भी स्वयं को समान रूप से सबसे अलग बना दिया है और व्यक्ति के चरित्र में दुर्लभता से मिलनेवाली विनम्रता ने उनके व्यक्तित्व को उसी स्तर पर स्थापित कर प्यारा बना दिया है, जिस स्तर पर उनको उनकी प्रतिभा ने पहुँचा दिया है।

हाबिल के द्वारा सर्वोत्तम कार्य दीर्घवृत्तीय सिद्धांतों और बीजगणितीय फलनों में किया गया। उनके इस आविष्कार से पूर्व गणितज्ञों ने अपना ध्यान दीर्घवृत्तीय पूर्णांकों से संबंधित समस्याओं पर केंद्रित किया था। उन्होंने यह प्रदर्शित किया कि इन समस्याओं को इन पूर्णांकों के विपरीत फलनों पर ध्यान देने के माध्यम से बहुत हद तक सरल किया जा सकता है, इसलिए इनको दीर्घवृत्तीय फलन का नाम दिया गया। उन्होंने एक आधारभूत सूत्र को भी सिद्ध किया, जिसे 'हाबिल का सूत्र' के नाम से जाना गया, जो इस प्रकार है—यदि हमारे पास ऐसे बहुत से फलन मौजूद हैं, जिनके व्युत्पन्न एक के मूल भी हो सकते हैं और जिनका बीजगणितीय समीकरण भी समान है, उन सभी का गुणांक एक परिवर्तनशील चर का तार्किक फलन होता है। हम सदैव इस प्रकार के फलनों की किसी भी संख्या के योग को बीजगणितीय और लघुगणिकीय फलनों के द्वारा अभिव्यक्त कर सकते हैं। यहाँ पर यह दिया गया होता है कि हम एक बीजगणितीय संबंधवाली निश्चित संख्या, जो समीकरण में मौजूद फलनों के परिवर्तनशील चरों के बीच होती है, को स्थापित करते हैं।

हाबिल जिन दिनों पेरिस में थे उन्हीं दिनों उनको तपेदिक की बीमारी ने जकड़ लिया। लेकिन उन्होंने अपनी बिगड़ती सेहत की परवाह न करते हुए अपने सिद्धांतों को लिखना जारी रखा। सन् 1828 में क्रिस्मस के त्योहार पर उन्होंने

अपनी मंगेतर से मिलने के लिए फिर से फ्रोलैंड की यात्रा की। अपनी इस यात्रा के दौरान ही वह गंभीर रूप से बीमार हो गए। हालाँकि बीमारी में कुछ सुधार ने इस प्रेमी युगल को कुछ समय साथ-साथ आनंदपूर्वक समय बिताने का अवसर अवश्य प्रदान किया, लेकिन जल्द ही हाबिल को रक्तस्राव की बीमारी ने अपने शिकंजे में ले लिया और 6 अप्रैल, 1829 को उनकी जीवन लीला 26 वर्ष की अल्पायु में ही समाप्त हो गई। यह विडंबना ही थी कि उनकी मृत्यु अगस्त क्रेल के उस पत्र के आने से दो दिन पूर्व हुई, जिसमें उन्होंने जर्मनी में प्रोफेसर के तौर पर उनकी नियुक्ति की पुष्टि की थी।

उस महान् गणितज्ञ की मृत्यु के पश्चात् गणित के क्षेत्र में उनके द्वारा किए गए कार्यों के कारण उन्हें सम्मान देते हुए नॉर्वे सरकार के द्वारा कई बार उनके नाम पर डाक टिकटों को भी जारी किया गया। नॉर्वे के ओस्लो नामक स्थान पर इनकी बड़ी सी प्रतिमा भी लगाई और चाँद पर मानवकृत स्मृति का भी नामकरण उनके नाम पर ही किया गया। सन् 2002 में उनके नाम पर 'हाबिल पुरस्कार' की भी स्थापना की गई।

□

पाइथागोरस

जन्म : 570 ईसा पूर्व, समोस, इओनिया में।

मृत्यु : 495 ईसा पूर्व।

महत्त्वपूर्ण योगदान : पाइथागोरस सूत्र, सम और विषम संख्याएँ, त्रिभुजाकार संख्याएँ, पूर्ण संख्याएँ आदि की खोज; पाइथागोरियन के नाम से प्रसिद्ध आविष्कार, जिनमें विभिन्न सूत्र सम्मिलित हैं जैसे– एक त्रिभुज के कोणों का योग दो समकोणों के बराबर होता है, अतार्किक का आविष्कार, घनों का निर्माण इत्यादि, पृथ्वी ब्रह्मांड के केंद्र में वृत्त के रूप में विद्यमान है।

पश्चिमी सभ्यता में पाइथागोरस को प्राय: सबसे पहले गणितज्ञ की उपाधि दी जाती है। निस्संदेह ही वे गणित विषय के विकास में बहुत ही महत्त्वपूर्ण शख्सियत हैं। लेकिन अफसोस की बात यह है कि अन्य ग्रीक गणितज्ञों की भाँति जिनके द्वारा लिखी गई सब नहीं तो कुछ पुस्तकों को तो हम अवश्य ही संगृहित कर पाए हैं, हमारे पास पाइथागोरस द्वारा लिखित कोई भी कार्य पुस्तक के तौर पर उपलब्ध नहीं है। उनकी लेखनी के बारे में हमारा जो भी ज्ञान है, वह उनके बाद के गणितज्ञों के द्वारा उनके बारे में लिखी गई बातों पर ही आधारित है।

वैसे तो पाइथागोरस के बचपन के बारे में बहुत ही कम जानकारी वर्तमान समय में विद्यमान है, लेकिन जितना कुछ ज्ञात है, उसके आधार पर उनके बारे में कुछ बातों को यहाँ पर शामिल किया जा रहा है। पाइथागोरस के पिता, जिनका नाम मैसर्चुअस था, एक व्यापारी थे और उनकी माता का नाम पाइथाइस था। ऐसा

माना जाता है कि पाइथागोरस के दो भाई थे। लेकिन इस संदर्भ में कुछ विशेषज्ञों का मानना यह भी है कि उनके तीन भाई थे। पाइथागोरस महान् गणितज्ञ थेल्स और उनके विद्यार्थी एनाग्जिमेंडर के गणितीय विचारों से बहुत अधिक प्रभावित थे। वे दोनों ही मिलेटस में रहते थे। पाइथागोरस ने थेल्स से भेंट करने के उद्‌देश्य से मिलेटस की यात्रा तब की, जब उनकी उम्र 18 से 20 वर्ष के बीच थी। उस समय थेल्स एक बुजुर्ग व्यक्ति थे। उन्होंने पाइथागोरस को अपने विचारों से बहुत अधिक प्रभावित अवश्य किया था, लेकिन उन्होंने उनको नियमित रूप से शिक्षा प्रदान नहीं की, अपितु उन्होंने पाइथागोरस को यह सलाह दी कि यदि वे खगोलशास्त्र और गणित में अपने ज्ञान को बढ़ाना चाहते हैं तो मिस्र की यात्रा करें। 535 ईसा पूर्व के समय पाइथागोरस ने मिस्र की यात्रा की।

पाइथागोरस के बारे में एक बहुत ही रोचक कहानी प्रचलित है कि जब सामोस में अकाल पड़ा तो वे मकई की खेती को सामोस लेकर आए। सामोस के शासक के द्वारा कृतज्ञता प्रकट करते हुए उन्हें सामोस की नागरिकता प्रदान की गई। अपने बचपन के शुरुआती दिनों को पाइथागोरस ने सामोस में ही व्यतीत किया। लेकिन कुछ बड़े होने पर उन्होंने अपने पिता के साथ खूब यात्राएँ कीं। पाइथागोरस के जीवन काल का अध्ययन करते हुए ऐसा प्रतीत होता है कि उन्होंने अपने पिता के साथ इटली की भी यात्रा की।

पाइथागोरस के द्वारा क्रोटन (जिसे अब 'क्रोटेने' के नाम से जाना जाता है, यह स्थान दक्षिणी इटली के पिछले भाग के पूर्व में स्थित है) नामक स्थान पर एक दार्शनिक एवं धार्मिक विद्यालय की स्थापना की गई, जिसके बहुत सारे अनुयायी थे। पाइथागोरस उस विद्यालय के भीतर रहकर शिक्षा ग्रहण करनेवाले अनुयायियों के समुदाय के प्रमुख थे, जिन्हें 'मैथेमैटईकोई' के नाम से जाना जाता था। वे विद्यालय में स्थायी तौर पर निवास करते थे। पाइथागोरस ने अपने इस विद्यालय का नाम सेमीसर्कल रखा था। इस विद्यालय के समुदाय का सदस्य बनने हेतु पुरुष व महिलाओं दोनों को ही अनुमति प्रदान की जाती थी। इस विद्यालय के संदर्भ में पाइथागोरस की मान्यताएँ इस प्रकार थीं—

"बहुत गहरे स्तर पर वास्तविकता यही है कि संपूर्ण प्रकृति में गणित व्याप्त है। आध्यात्मिक शुद्धीकरण के लिए दर्शनशास्त्र का प्रयोग किया जा सकता है। आत्मा को इस स्तर तक ऊपर उठाया जा सकता है कि वह परमात्मा से मिल जाए।"

कुछ संकेतों का महत्त्व रहस्यमयी होता है।

क्रमशः सभी भाइयों को गोपनीयता और वफादारी का अनुसरण सख्ती से

करना चाहिए।

पाइथागोरस के इस विद्यालय से शिक्षा प्राप्त करनेवाले पुरुष ही नहीं, अपितु बहुत सी महिला विद्यार्थी भी आगे चलकर प्रसिद्ध दार्शनिक बनी थीं।

गणित के क्षेत्र में इतने महत्त्वपूर्ण योगदान देनेवाले पाइथागोरस का वास्तविक कार्य, जिस विषय में उन्होंने शिक्षा ग्रहण की, जिस क्षेत्र को उन्होंने अपने जीविकोपार्जन के लिए चुना, इन सबके बारे में कोई जानकारी उपलब्ध नहीं है। पाइथागोरस का विद्यालय वैसे तो गोपनीय ढंग से ही कार्य करता था, लेकिन उस समय सांप्रदायिकता की हवा ने उनके और उनके अनुयायियों के द्वारा किए गए कार्यों के बीच के अंतर को और भी अधिक जटिल बना दिया। इस बात में तनिक भी संदेह नहीं कि उनके विद्यालय ने गणित के क्षेत्र में अद्‍भुत योगदान दिया है और संभवत: इस बात को लेकर भी आश्वस्त है कि इस प्रकार पाइथागोरस का भी इस क्षेत्र में योगदान सराहनीय रहा। पाइथागोरस का मानना था कि सभी संबंधों को संख्याओं के संबंधों तक सीमित किया जा सकता है। जैसा कि अरस्तू ने कहा—

पाइथागोरियन को गणित के शोध में लाया गया है, यह एक विचार है। जो कहता है, सभी वस्तुएँ संख्या हैं और संपूर्ण ब्रह्मांड एक माप और एक संख्या है।''

पाइथागोरस ने संगीत के गणितीय सिद्धांत में उल्लेखनीय योगदान दिए हैं। वह बहुत ही अच्छे संगीतकार थे। वह वीणा बजाते थे और संगीत का प्रयोग बीमार लोगों को ठीक होने में सहायता करने हेतु एक माध्यम की भाँति करते थे।

पाइथागोरस ने ही संख्याओं के गुणों का अध्ययन कर उनके विषय में किए गए रोचक सत्यों को संसार के सामने रखा। पाइथागोरस के द्वारा दिए संख्या सिद्धांतों से हम आज भी भलीभाँति परिचित हैं, जैसे कि सम और विषम संख्याएँ, त्रिभुजाकार संख्याएँ, पूर्ण संख्याएँ इत्यादि। पाइथागोरस का संख्याओं से लगाव उनकी इस मान्यता से ही झलकता है कि उनके अनुसार संख्याओं का भी अपना व्यक्तित्व होता है; लेकिन आज हम इन्हें गणित के रूप में ही बड़ी कठिनाई के साथ पहचान पाते हैं।

प्रत्येक संख्या का अपना एक अलग व्यक्तित्व होता है। वे या तो पुल्लिंग होते हैं या स्त्रीलिंग, पूर्ण होते हैं या अपूर्ण, खूबसूरत होते हैं या बदसूरत। पाइथागोरस की इस सोच का आधुनिक गणित में जान-बूझकर सफाया कर दिया गया है; लेकिन हम अब भी इस अहसास को काल्पनिक साहित्य व कविताओं के माध्यम से महसूस कर सकते हैं। 10 संख्या एक बहुत ही अच्छी संख्या थी, क्योंकि इसमें

पहले चार पूर्णांक एक, दो, तीन और चार सम्मिलित होते हैं। 1 + 2 + 3 + 4 = 10 और इनको नीचे बिंदुओं के माध्यम से दरशा कर त्रिभुजों का आकार दिया गया था।

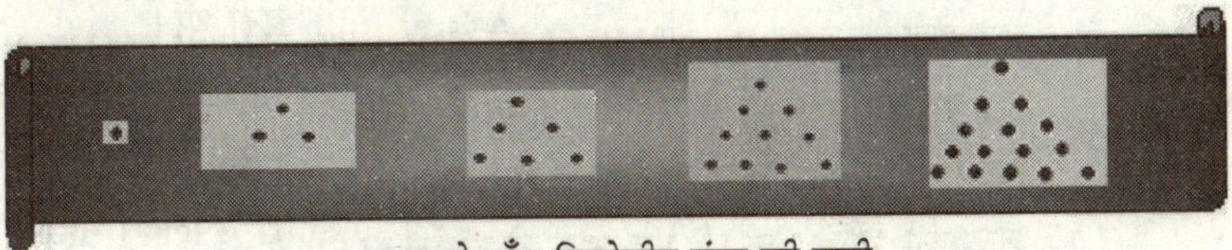

पहले पाँच त्रिकोणीय नंबर की सूची

हीथ ने भी ऐसे सूत्रों की सूची प्रदान की है, जो पाइथागोरस की देन हैं अथवा जिन्हें आमतौर पर 'पाइथागोरियन' के नाम से पहचाना जाता है।

(1) एक त्रिभुज के कोणों का योग दो समकोणों के योग के बराबर होता है। इसके अतिरिक्त पाइथागोरियन सूत्रों में सामान्यीकरण की भी उपस्थिति होती है, जो कहती है कि द पक्षोंवाला बहुभुज आंतरिक कोणों 2द दृ 4 समकोणों का योग होता है और बाहरी कोणों का योग चार समकोणों के बराबर होता है।

(2) पाइथागोरस का सूत्र—एक समकोणवाले त्रिभुज में कर्ण का वर्ग अन्य दो पक्षों के वर्गों के योग के बराबर होता है।

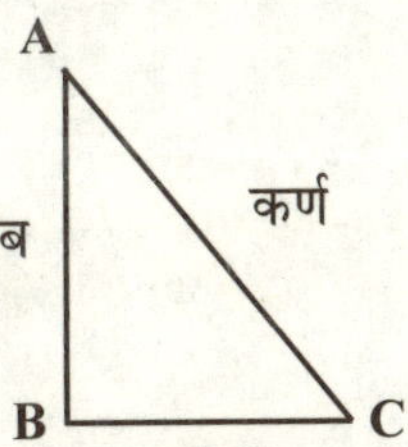

त्रिभुज **ABC** में $AC^2 = AB^2$ होता है।

अर्थात् यहाँ पर $(\text{कर्ण})^2 = (\text{आधार})^2 + (\text{लंब})^2$।

(3) अतार्किक का आविष्कार।

(4) ऐसा माना जाता है कि पाँच में पहले तीन घनों का निर्माण किस प्रकार किया जाता है, यह पाइथागोरस स्वयं जानते थे। लेकिन अविश्वसनीय बात यह है कि उनको अगले दो घनों का निर्माण

करना नहीं आता होगा।

(5) खगोल विद्या में पाइथागोरस ने सिखाया कि पृथ्वी ब्रह्मांड के केंद्र में वृत्त के रूप में विद्यमान है। उन्होंने संसार को इस बात से भी परिचित करवाया कि चाँद का अक्ष पृथ्वी की भूमध्य रेखा की ओर झुका हुआ है। पाइथागोरस ही वे पहले व्यक्ति थे, जिन्होंने यह महसूस किया कि रात्रि का तारा कहा जानेवाला शुक्र भी सुबह का तारा कहे जानेवाले शुक्र की भाँति एक ही ग्रह शुक्र से संबंध रखता है।

ऐसा कहा जाता है कि अपने बहु प्रचलित सूत्र, जिसे आज हम 'पाइथागोरस सूत्र' के नाम से पहचानते हैं, का आविष्कार करने के पश्चात् पाइथागोरस इतने उत्साहित हो गए कि उन्होंने ईश्वर को 200 बैलों की बलि चढ़ाई। पाइथागोरस ने ही प्रथम अतार्किक संख्या $\sqrt{2}$ का आविष्कार किया था और इसके ज्यामितीय साक्ष्य को भी प्रस्तुत किया था। पाइथागोरस के जीवन के बारे में जिस प्रकार ज्यादा जानकारियाँ उपलब्ध नहीं हैं, उसी प्रकार उनकी मृत्यु को लेकर भी कुछ इसी प्रकार की स्थिति है। उनकी मृत्यु कब और कहाँ हुई, इस बारे में कोई प्रमाण नहीं मिलते; लेकिन कुछ गणितज्ञों ने यह दावा किया कि पाइथागोरस लगभग 100 वर्ष के आस-पास के थे, जब उनकी मृत्यु हुई। कुछ गणितज्ञों का यह भी मानना है कि उनकी मृत्यु 475 ईसा पूर्व में हुई।

□

पियरे दे फर्मेट

जन्म : 17 अगस्त, 1601 को।

मृत्यु : 12 जनवरी, 1665 को।

महत्त्वपूर्ण योगदान : गुरुत्त्वाकर्षण के सिद्धांत में विकास; वक्री रेखाओं की अधिकतम, न्यूनतम व स्पर्श रेखा के निर्धारण हेतु पद्धति; संभाव्यता के गणितीय सिद्धांत के संस्थापकों में से एक, विश्लेषणात्मक ज्यामिति के संस्थापक।

फर्मेट को 17वीं शताब्दी के आरंभिक समय का अग्रणी गणितज्ञ माना जाता है। पियरे दे फर्मेट के पिता चमड़े के एक समृद्ध व्यापारी होने के साथ-साथ बीयुमोंट दे लोमैग के दूसरे राजदूत भी थे। जहाँ तक पियरे की स्कूली शिक्षा का प्रश्न है, हालाँकि उसके बारे में हमारे पास बहुत कम प्रमाण उपलब्ध हैं कि सही मायने में उनकी शिक्षा कहाँ और कैसे संपन्न हुई, लेकिन इसकी प्रबल संभावना है कि संभवत: उनकी स्कूली शिक्षा स्थानीय फ्रांसीसी समुदाय के मठ में हुई होगी। पियरे पेशेवर गणितज्ञ न होने के बजाय केवल शौकिया गणितज्ञ थे।

उन्होंने वर्ष 1620 के मध्य के बाद के समय में बोर्डिऑक्स जाने से पूर्व टाउलुस विश्वविद्यालय में अध्ययन किया। बोर्डिऑक्स में उन्होंने अपने पहले गणितीय शोध पर गंभीरता से काम करना आरंभ किया और सन् 1629 में वहाँ के एक गणितज्ञ को अपने अपोलोनियस प्लेन लोसी के पुनर्स्थापित रूप की एक कॉपी दी। बोर्डिऑक्स के बाद फर्मेट ओर्लींस गए, जहाँ पर उन्होंने विश्वविद्यालय में कानून की पढ़ाई की और अपने संपूर्ण पेशेवर जीवन को एक कॉस्ट्रेस के एक

छोटे से प्रांतीय शहर में न्यायाधीश के रूप में व्यतीत किया।

फर्मेट जब टाउलुस शहर में थे तो उनको गणित विषय से जुड़ा हुआ एक और साथी मिला, जिनका नाम कारकावी था। सन् 1636 में कारकावी शाही पुस्तकालयाध्यक्ष के तौर पर पेरिस गए, जहाँ पर उनकी मुलाकात गणितज्ञ मर्सेन और उनके समूह के अन्य साथियों से हुई। मर्सेन ने जब कारकावी से फर्मेट के नीचे की ओर जानेवाले निकायों के आविष्कार के बारे में सुना था तो उनकी फर्मेट व उनके आविष्कार के बारे में जानने की इच्छा हुई और उन्होंने फर्मेट को पत्र लिखा। 26 अप्रैल, 1636 को फर्मेट ने मर्सेन को जवाब देते हुए अपने आविष्कार के बारे में लिखने के साथ-साथ यह भी बताया कि उनका मानना है कि गैलीलियो ने वृक्षों के गिरने का जो वर्णन प्रस्तुत किया था, उसमें गैलीलियो से कुछ गलतियाँ हुई थीं। गणितज्ञ मर्सेन का भी गणित के भौतिक विज्ञान के अनुप्रयोगों में थोड़ी बहुत रुचि थी, अपितु मुक्त पतन के संबंध में उन्हें जो परिणाम प्राप्त हुए थे, वे उनके संबंध को वास्तविक संसार के साथ सिद्ध करने के बजाय उनके ज्यामितीय सूत्रों को सिद्ध करने में अधिक रुचि ले रहे थे। फर्मेट ने मर्सेन को एक पत्र लिखा, जिसमें उन्होंने महत्तम पर दो समस्याओं को सम्मिलित किया था, जिसे उन्होंने मर्सेन से पेरिस के अन्य गणितज्ञों को भी दिखाने के लिए कहा था। फर्मेट के पत्रों की यही प्रवृत्ति थी कि वे अन्य लोगों के सामने उन परिणामों को प्राप्त करने की चुनौती रखते थे, जिन परिणामों को वे पहले ही प्राप्त कर चुके थे। पेरिस के एक अन्य गणितज्ञ रोबेरवल व मर्सेन ने पाया कि फर्मेट के पहले और बाद में आए पत्र में जिन समस्याओं को सामने रखा गया है, वे अत्यंत ही जटिल हैं और सामान्यत: उनके पास जो तकनीक उपलब्ध हैं, उनका प्रयोग करते हुए उन समस्याओं का हल तलाशना संभव नहीं है। उन्होंने फर्मेट से अपनी पद्धतियों का खुलासा करने के लिए कहा और बदले में फर्मेट ने उन्हें वक्री रेखाओं के लिए अधिकतम व न्यूनतम तथा स्पर्श रेखा का निर्धारण करने हेतु अपनी पद्धति भेजी।

दुनिया के अग्रणी गणितज्ञ के रूप में उनकी छवि शीघ्र ही संसार के समक्ष आ गई, लेकिन उनके द्वारा किए गए काम को प्रकाशित करवाने के प्रयास असफल रहे। इसका प्रमुख कारण यह था कि फर्मेट वास्तव में यह कभी नहीं चाहते थे कि उनके द्वारा किए गए कार्यों को परिष्कृत रूप में दुनिया के समक्ष प्रस्तुत किया जाए, हालाँकि उनकी कुछ पद्धतियों को करसस मैथेमेटिक्यस (हैरीगोन के द्वारा किया गया काम) में प्रकाशित किया गया। फर्मेट गणितज्ञ पास्कल के साथ संभाव्यता के गणितीय सिद्धांत के संस्थापक भी रहे। पियरे दे फर्मेट ने स्वतंत्र रूप से काम करते

हुए गणित विषय की एक नई शाखा, जिसे 'विश्लेषणात्मक ज्यामिति' के नाम से पुकारा गया, की स्थापना भी की। उनके द्वारा किए गए इस काम ने एक अन्य गणितज्ञ, जिनका नाम रेने डेसकॉर्ट्स था, के साथ उनके हिंसात्मक विवाद को भी बढ़ावा दिया। क्योंकि उन्होंने भी इस विषय पर काम किया और उन दोनों महान् गणितज्ञों के बीच इस बात को लेकर विवाद रहा कि प्रथम तौर पर इसकी स्थापना किसने की? सन् 1636 में फर्मेट के विश्लेषणात्मक ज्यामिति के विषय पर मार्ग प्रशस्त करनेवाले उनके कार्य को डेसकॉर्ट्स की प्रसिद्ध पुस्तक 'ला ज्योमेतेरे' के प्रकाशित होने के पश्चात् उचित समय से पूर्व की तिथि के साथ पांडुलिपियों के रूप में चारों ओर भेजा गया। सन् 1679 में इस पांडुलिपि को फर्मेट के मरणोपरांत 'वारिया ओपरा मैथमेटिका' में एड लोकोस प्लानोस एट सॉलीडोस इसागोच (प्लेन और सॉलिड लोसी का परिचय) के नाम से प्रकाशित किया गया।

मैथोपैड्स एड डिस्क्वाडियम मैक्सिमम एट मिनीमा और डे टैनजैनटीबस लीनियरम करवारम, में फर्मेट ने विभिन्न वक्रों जो विभेदनों के समतुल्य होते हैं, के अधिकतम, न्यूनतम और स्पर्श रेखा का निर्धारण करने के लिए एक पद्धति को विकसित किया।

फर्मेट को संभवतः उनके संख्या सिद्धांत के विषय पर किए गए कार्यों के लिए सर्वाधिक लोकप्रियता प्राप्त हुई। अनेक समस्याओं का हल प्रस्तुत करनेवाले फर्मेट एक समस्या को बिना हल किए ही छोड़ गए, जिसे फर्मेट के अंतिम सूत्र के नाम से जाना जाता है।

यह सूत्र कहता है कि $X^n + y^n = Z^n$ और Z के लिए जब $N > 2$ कोई भी गैर शून्य पूर्णांक का समाधान नहीं है। ड्योफनट्स की 'अर्थमैटिका के बचैट' के द्वारा किए गए अनुवाद में अंतर के बारे में फर्मेट ने लिखा कि—"मैंने वास्तविक तौर पर एक अनूठे साक्ष्य का आविष्कार किया है, जिसके आधार पर यह अंतर इतना छोटा हो गया है कि इसको शामिल करना सूक्ष्मता की परिभाषा से परे होगा। फर्मेट के द्वारा अंतर पर बनाए गए। ये नोट्स संपूर्ण संसार के समक्ष सन् 1670 में तब आए, जब फर्मेट के पुत्र ने इन साक्ष्यों को ड्योफनट्स की 'अर्थमैटिका के बचैट' के द्वारा किए गए अनुवाद के साथ प्रकाशित करवाया। 300 वर्ष से भी अधिक समय से सूत्र को सिद्ध करने के असफल प्रयासों के कारण ही गणितज्ञ विनिमेय वलय सिद्धांत का आविष्कार तथा अन्य कई गणितीय आविष्कारों से इस विषय को संपन्न करने की ओर अग्रसर किया। फर्मेट के वचनों के सत्य के जून वर्ष 1993 में एक ब्रिटिश गणितज्ञ एंड्रयू के द्वारा सिद्ध किया गया।

सन् 1656 में फर्मेट ने एक अन्य प्रसिद्ध गणितज्ञ हुइजेंस के साथ पत्र-व्यवहार करना आरंभ किया। फर्मेट के साथ इस पत्र-व्यवहार के कारण ही हुइजेंस की रुचि भी संभाव्यता के विषय में हुई और फर्मेट के द्वारा शीघ्र ही इस पत्र-व्यवहार को संख्या सिद्धांत के विषय की ओर कुशलतापूर्वक मोड़ दिया गया हालाँकि हुइजेंस की इस विषय में रुचि विकसित नहीं हो पाई, लेकिन फिर भी फर्मेट ने इस दिशा में बहुत से प्रयास किए और सन् 1659 में कारकावी के माध्यम से 'इन द न्यू एकाउंट ऑफ डिस्कवरीज इन द साइंस ऑफ नंबर्स' विषय से अपने द्वारा किए गए काम को हुइजेंस तक पहुँचाए गए। हुइजेंस को भेजे गए अपने इस काम में फर्मेट ने अपनी बहुत सारी ऐसी पद्धतियों का खुलासा किया, जिसे उन्होंने अन्य लोगों के समक्ष प्रकट नहीं किया था। फर्मेट ने इसमें अपने अनंत पतन का वर्णन किया और इसका एक उदाहरण भी दिया कि किस प्रकार इसका प्रयोग यह सिद्ध करने के लिए किया जा सकता है कि $4k + 1$ प्रारूप की प्रत्येक अभाज्य संख्या को दो वर्गों के योग के तौर पर लिखा जा सकता है।

12 जनवरी, 1655 को पियरे दे फर्मेट की मृत्यु कास्ट्रेस के तरन नामक स्थान पर 64 वर्ष की आयु में हुई। उस महान् गणितज्ञ को श्रद्धांजलि देने के उद्देश्य से टाउलुस के सबसे पुराने और प्रतिष्ठित हाई स्कूल का नाम उनके नाम पर रखा गया।

□

पेरगा के अपोलोनियस

__जन्म :__ लगभग 262 ईसा के समय पूर्व पेरगा, पैंपफायलिया, ग्रीक आयोनिया (इसे अब मुर्टाना, एंटाल्या, तुर्की के नाम से जाना जाता है) में।

__मृत्यु :__ लगभग 160 ईसा पूर्व के दौरान सिकंदरिया, मिस्र में।

__महत्त्वपूर्ण योगदान :__ कोनिक का आविष्कार, प्रसिद्ध पुस्तक शृंखला 'कोनिक्स' (जिसके आठ भागों में से सात उपलब्ध हैं)।

पेरगा के अपोलोनियस को इस संसार में एक महान् रेखागणितज्ञ के तौर पर जाना जाता है। अकसर ऐसा देखा गया है कि कई बार कुछ खास शख्सियतों के नाम के साथ उनके जन्म-स्थान का नाम भी जोड़ दिया जाता है। ऐसा ही कुछ पेरगा के अपोलोनियस के साथ भी है। यहाँ पर एक बात ध्यान देने योग्य यह है कि इतिहास के पन्नों पर अपोलोनियस नाम के और भी प्रसिद्ध व्यक्ति हुए हैं; लेकिन यहाँ पर जिस गणितज्ञ के बारे में बताया जा रहा है, वे पेरगा नामक स्थान, जो वर्तमान में तुर्की में है, से संबंध रखते हैं। वैसे तो उनके जीवन के बारे में हमें बहुत ही कम जानकारी उपलब्ध हो पाई है, लेकिन गणित के विकास में उनका प्रभाव इतना अधिक रहा है कि गणित के विकास की चर्चा करते समय उनका नाम आना अनिवार्य माना जाता है। विशेष तौर पर उनकी प्रसिद्ध पुस्तक 'कोनिक्स' ने ही हमें अनुवृत्त (पैराबोला), दीर्घवृत्त (इल्लिप्स) और अतिपरवलय (हाइपरबोला) जैसे शब्दों से परिचित करवाया। पेरगा के अपोलोनियस के बारे में जो और थोड़ी-बहुत जानकारी प्राप्त होती है, वह 'कोनिक्स' पुस्तकों के आमुख से ही प्राप्त होती

है। कुछ इतिहासकारों का कहना है कि अपोलोनियस का जन्म 262 ईसा पूर्व के समय पेरगा, जिसे अब 'मुर्टाना' के नाम से जाना जाता है, में हुआ था। उस समय पेरगा संस्कृति का केंद्र हुआ करता था और इसी स्थान पर अपोलोनियस ने यूक्लिड के अनुयायियों की छत्रच्छाया में रहते हुए अपनी शिक्षा ग्रहण की। उनका अपोलोनियस नाम का एक बेटा भी था। उनके पुत्र के द्वारा ही 'कोनिक्स' की दो पुस्तकों के द्वितीय संस्करणों को सिकंदरिया से पेरगामम के यूडेमस लाया गया था। कोनिक्स आठ पुस्तकों का संकलन है, जिसमें से केवल पहली चार ही ग्रीक भाषा में उपलब्ध हैं; यद्यपि अरबी भाषा में भी इन आठ पुस्तकों में से पहली सात पुस्तकें ही उपलब्ध हैं। इन पुस्तकों के एक से लेकर चौथे संस्करण तक में 'कोनिक्स' की आधारभूत प्रकृति के प्रारंभिक परिचय को आधार बनाते हुए लिखा गया है। कोनिक (शंकु) विषय पर वैसे तो अरस्तू और यूक्लिड जैसे गणितज्ञों ने भी काम किया, लेकिन इस विषय को जितनी गहराई से अपोलोनियस ने पेश किया, उस स्तर तक कोई अन्य गणितज्ञ नहीं पहुँच सका।

अपोलोनियस ग्रीक गणितीय खगोल विज्ञान के महत्त्वपूर्ण संस्थापक भी थे। यहाँ पर उन्होंने ग्रहों के सिद्धांत की व्याख्या करने के लिए ज्यामितीय प्रतिमानों का प्रयोग किया। उन्होंने उन बिंदुओं के बारे में शोध किया, जहाँ से एक ग्रह स्थिर तौर पर प्रकट होता है। वे उस बिंदु पर उसे नाम देते थे, जहाँ पर ग्रह अग्रेषित गति या प्रतिगामी गति अथवा इसके विपरीत के लिए परिवर्तित होता है। अपोलोनियस ने 'कोनिक्स' के मूल सिद्धांत की प्रकृति को कार्तीय समीकरण के समकक्ष परिभाषित किया था, जिसे परोक्ष अक्षों पर लागू किया जाता है, जैसे—अक्षों में व्यास सम्मिलित होते हैं और स्पर्श-रेखा अपने सिरे पर होती है। इस अवस्था को तिरछे परिपत्र शंकु को काटकर प्राप्त किया जाता है।

उनके द्वारा लिखी गई पुस्तकों में से अधिकतर पुस्तकें अब गायब हो चुकी हैं, अपितु इन खो चुकी पुस्तकों की विषय-वस्तुओं के बारे में उनके बाद के लेखकों के द्वारा बहुत से संकेत दिए गए। इनमें विशेष तौर पर 'पापूस ऑफ अलैक्सनारिया' का नाम आता है। अपोलोनियस का काम मध्ययुगीन काल के इसलामिक संसार में ज्यामिति की उन्नति से प्रेरित था।

अपोलोनियस को पुरातन काल के एक ऐसे महान् गणितज्ञ के तौर पर याद किया जाता है, जिसका आज भी कोई पर्याय नहीं। उनको 'ज्यामिति का महान् ज्ञाता' की उपधि से सम्मानित किया जाता है। ऐसा प्रमुख तौर पर उनके द्वारा शंकु वर्ग पर किए गए काम के लिए किया जाता है। उनके द्वारा किए गए महानतम

कार्यों में 'कोनिक्स' नामक पुस्तक शृंखला, जिसमें आठ पुस्तकें शामिल हैं और लगभग 400 अन्य पुस्तकों के नाम सर्वोपरि हैं। 'कोनिक्स' नाम से लिखी गई उनकी सबसे महत्त्वपूर्ण पुस्तक की आठ पुस्तकों की शृंखला में से आठवीं पुस्तक गायब हो चुकी है; परंतु सात पुस्तकों को संरक्षित किया जा चुका है। आठ पुस्तकों में से पहली चार पुस्तकों को ग्रीक भाषा में लिखा गया है और इनमें यूक्लिड के कोनिक वर्ग के कार्य एवं अन्य गणितज्ञों के कार्यों को विस्तार से वर्णित किया गया है, जबकि शेष तीन पुस्तकों को नौवीं सदी में किए गए कार्यों के अरबी भाषा में किए गए अनुवाद के तौर पर अधिक विशिष्टता प्राप्त है।

अपोलोनियस एक खगोल-शास्त्री भी थे। ग्रहों की गति का प्रतिनिधित्व संकेंद्रित क्षेत्रों का उपयोग करते हुए प्रस्तावित किए गए ईडोक्स मॉडल के विपरीत उन्होंने दो वैकल्पिक मॉडलों—व्यवस्थित गति और अव्यवस्थित गति को प्रस्तावित किया। व्यवस्थित प्रणाली में कल्पना की गई थी कि एक ग्रह एक छोटी सी परिधि के आस-पास व्यवस्थित तौर पर घूमता है, जिसका केंद्र उस विशाल परिधि के घेरे के आस-पास व्यवस्थित तौर पर चक्कर लगाता है, जिसका केंद्र पृथ्वी का भी केंद्र होता है। जबकि अव्यवस्थित प्रणाली में ऐसी कल्पना की गई कि एक ग्रह एक ऐसी विशाल परिधि के आस-पास व्यवस्थित तौर पर चक्कर लगाता है, जिसका केंद्र एक ऐसी छोटी परिधि के घेरे के आस-पास व्यवस्थित तौर पर चक्कर लगाता है, जिसका केंद्र पृथ्वी का केंद्र होता है। बाद में टॉल्मी द्वारा सुझाव दिया गया कि इन योजनाओं के द्वारा ही ग्रहों की गति के लिए प्रणाली का निर्माण करने की ओर अग्रसर हुआ जाए।

अपोलोनियस के द्वारा ही तीन प्रकार के कोनिक (शंक्वाकार) भागों के लिए इल्लिप्स (दीर्घवृत्त), परवलय (पैराबोला), अतिपरवलय नामों से परिचित करवाया

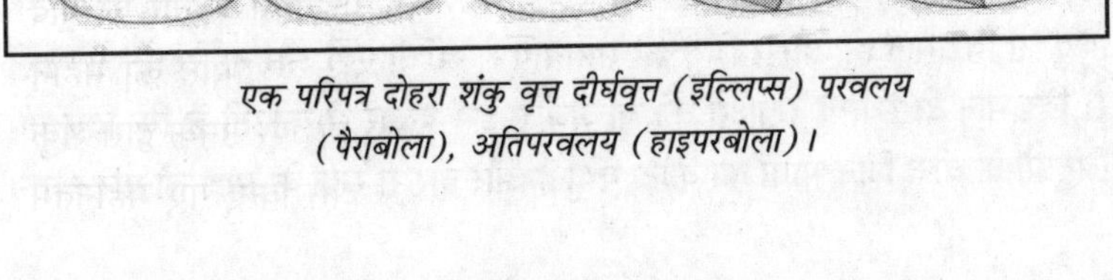

एक परिपत्र दोहरा शंकु वृत्त दीर्घवृत्त (इल्लिप्स) परवलय (पैराबोला), अतिपरवलय (हाइपरबोला)।

और एक दोहरे परिपत्र शंकु से कोनिक (शंक्वाकार) भागों को प्राप्त किया गया। कोनिक भागों को परिभाषित करते हुए उन्होंने कहा कि यदि दोहरे शंकु को एक समतल के द्वारा काटा जाए तो शंकु के कटावों के द्वारा जिस वक्र का निर्माण होता है, उस वक्र और उस समतल को कोनिक (शंक्वाकार) का भाग कहा जाता है। उन्होंने जब कोनिक भागों से संसार को परिचित करवाया तो यह सिद्ध किया कि एक शंकु का परिच्छेदन करनेवाले समतल के लिए यह आवश्यक नहीं है कि वे इस पर लंबवत् हों।

प्राचीन ग्रीक गणितज्ञों ने इस क्षेत्र में अपने समय में जितना भी कार्य किया और जो कुछ भी आविष्कारों के रूप में संसार के समक्ष रखा, उसमें से 'कोनिक्स' को सबसे मुश्किल और जटिल आविष्कारों/कार्य में से एक माना जाता है। कोनिक के पहले चार संस्करणों का हिलाल इब्न हिलाल अल हिम्सी ने अनुवाद किया, जबकि पाँचवें संस्करण से लेकर सातवें संस्करण का अनुवाद थाबित इब्न कुरूरराह ने किया। 'कोनिक्स' को अब तक गणित के विषय पर लिखी गई सभी पुस्तकों में सबसे महत्त्वपूर्ण पुस्तकों की श्रेणी में रखा जाता है। अपोलोनियस के द्वारा बहुत सारी पुस्तकें लिखी गईं, लेकिन उन सब में से केवल 'कोनिक्स' ही आंशिक रूप से हम सबके बीच उपस्थित होने में सफल हो पाई है। उनके द्वारा लिखी गई अन्य पुस्तकों में 'कटिंग ऑफ एन एरिया', 'कटिंग ऑफ एन रेएशो', 'डिटरमिनेट सेक्शन', 'इनक्लाइनेशन', 'प्लेन लोसी', 'क्वीक डिलीवरी' व 'टैनजेंसी' सम्मिलित हैं और इनमें से प्रत्येक पुस्तक को दो भागों में विभाजित किया गया था।

उनकी पुस्तक 'कटिंग ऑफ एन एरिया', में इस समस्या पर चर्चा की गई थी कि एक आयात, जिसमें दो रेखाएँ बराबर भागों में एक-दूसरे को काटती हुई आयत का निर्माण करती हैं, वह आयत दिए हुए आयत के बराबर होता है। सत्रहवीं शताब्दी के अंत में एडवर्ड बर्नार्ड ने इस पुस्तक के एक संस्करण को बोदेलियन पुस्तकालय में खोजा। यद्यपि उन्होंने इस पुस्तक का अनुवाद करना आरंभ किया, लेकिन इसके अनुवाद को हैली ने पूरा किया और सन् 1706 में उसे अपने पुस्तक के संबंधित किए गए संग्रहण में शामिल किया।

इसी प्रकार उनकी एक अन्य पुस्तक 'कटिंग ऑफ एन रेएशो' में जिस समस्या का समाधान प्रस्तुत किया गया, उसमें दी गई दो रेखाएँ, जिनमें प्रत्येक के साथ एक बिंदु भी विद्यमान हो, तीसरे बिंदु की सहायता से खींची एक और नई रेखा, जो पहले से विद्यमान दो स्थायी रेखाओं को बीचोबीच इस प्रकार से काटती है कि दिए गए बिंदुओं के बीच जिन भागों को काटा गया है और तीसरी रेखा के साथ जो परिच्छेदन

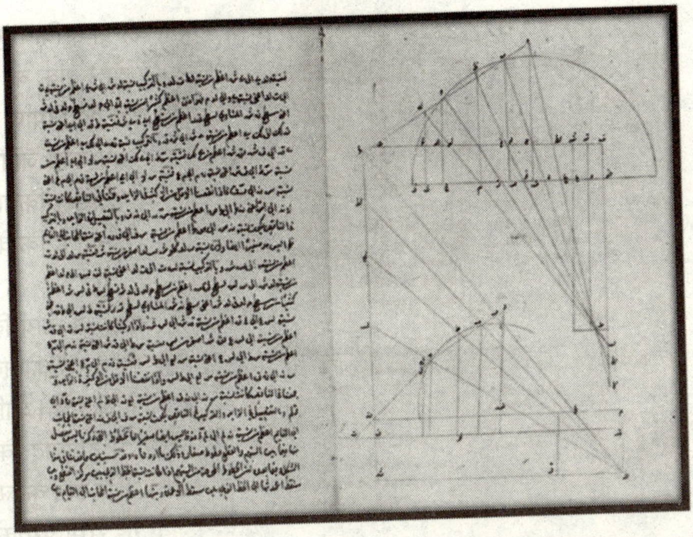

बिंदु है, उसका अनुपात पहले की रेखाओं के समान होगा।

उनकी एक अन्य पुस्तक 'डिटरमिनेट सेक्शन', में मौजूद समस्याओं के समाधान को इस प्रकार से प्रस्तुत किया गया है कि इसे विश्लेषणात्मक ज्यामिति के विषय पर आधारित पुस्तक कहा जाता है। इसी प्रकार अपोलोनियस के द्वारा लिखी गई पुस्तक 'इनक्लाइनेशन' में यह प्रदर्शित किया गया कि किस प्रकार दी गई लंबाई की एक रेखा दिए गए बिंदु की ओर प्रवृत्त होती है। इसे दी गई दो रेखाओं (सीधी अथवा वृत्तीय) के बीच डाली जा सकती है। अपोलोनियस की एक अन्य पुस्तक 'प्लेन लोसी' ऐसे प्रस्तावों का संकलन है, जो लोसी अर्थात् आठ सीधी रेखाओं से बनी आकृति या वृत्त से संबंधित है। चूँकि इनके बाद के गणितज्ञ पापूस ने इनके कार्यों का काफी हद तक पूरा विवरण प्रस्तुत कर उन्हें संकलित करने का प्रयास किया, इसलिए यह कहा जा सकता है कि अपोलोनियस के कार्यकाल के पश्चात् से ही उनके कार्य को संगृहित करने के प्रयास विभिन्न गणितज्ञों के द्वारा अपने प्रयासों को भी उनमें सम्मिलित कर किए जाते रहे हैं। अपोलोनियस के कार्यों की सूची यहीं पर समाप्त नहीं होती, अपितु इसके अतिरिक्त भी उन्होंने गणित विषय से जुड़े ऐसे बहुत से काम किए, जिन्होंने इस विषय को समृद्ध बनाया; लेकिन उनके सभी कार्यों का जिक्र यहाँ करना संभव नहीं। अपोलोनियस की मृत्यु के विषय में ऐसा माना जाता है कि उनकी मृत्यु 160 ईसा पूर्व के काल में हुई। □

बर्नहार्ड रीमैन

***जन्म :** 17 सितंबर, 1826 को हैनोवर (वर्तमान जर्मनी) में।*
***मृत्यु :** 20 जुलाई, 1866 को सलस्का (वर्तमान इटली) में।*
***महत्त्वपूर्ण योगदान :** कान से सुनने की प्रक्रिया का आविष्कार, रीमैन की पूर्णसांख्यिकी स्थिति, रीमैन की ज्यामिति, रीमैन की अवधारणा, पुस्तक 'थ्योरी ऑफ अबेलियन फंक्शंस', 'ऑन द नंबर ऑफ प्राइम लेस दैन अ गिवन मैग्निट्यूट'।*

बर्नहार्ड रीमैन एक प्रभावशाली जर्मन गणितज्ञ थे, जिन्होंने विश्लेषण और अंतरीय ज्यामिति में ऐसा योगदान दिया, जो सापेक्षता के सामान्य सिद्धांत के विकास के लिए प्राथमिक स्रोत सिद्ध हुआ। केवल 15 वर्षों के छोटे से कार्यकाल में उन्होंने गणित की प्रत्येक शाखा में अपना इतना अधिक योगदान दिया था कि उनके योगदान ने उन्हें महान् गणितज्ञों की सूची में सम्मिलित कर दिया। उन्होंने पूर्ण संख्या के सिद्धांत, मिश्रित अस्थिर अवयव के फलनों का सिद्धांत, कलन की विविधता, ऊर्जा का सिद्धांत इत्यादि पर भी कार्य किया। वैसे तो रीमैन को एक गणितज्ञ के तौर पर ही पहचाना जाता है, लेकिन उनका कार्यक्षेत्र केवल गणित की सीमाओं तक ही सीमित नहीं था, अपितु वे भौतिक विज्ञान से संबंधित विषयों के बारे में भी गहराई से विचार करते थे। इसके अतिरिक्त वे इस बारे में शोध व खोज करने हेतु प्रयत्नशील रहते थे कि गणित का भौतिक संसार से किस प्रकार का संबंध है। रीमैन ने गैस के सिद्धांत, अस्थिर गति-बोधक, ऊष्मा, प्रकाश चुंबकत्व और ध्वनिक जैसे विषयों पर भी लिखा। उन्होंने मानव द्वारा कान से सुनने की

प्रक्रिया का भी पता लगाया। ज्यामिति की स्थापना के बारे में उन्होंने जो कार्य किया, उसमें उन्होंने जिन प्रश्नों का उत्तर तलाशा अथवा तलाशने की माँग की, हमें हमारे आज के भौतिक संसार के विषय में जो भी ज्ञान प्राप्त हुआ है, वह पूर्णतः उनके उन्हीं प्रश्नों पर आधारित है।

रीमैन का पूरा नाम जॉर्ज फ्रेडरिक बर्नहार्ड रीमैन था। उनका जन्म 17 सितंबर, 1826 को जर्मनी के डैनबर्ग शहर के निकट ब्रीजलेंज नामक गाँव में हुआ। उनके पिता का नाम फ्रेडरिक बर्नहार्ड रीमैन था और वे एक गरीब लुथरेन पादरी थे, जिन्होंने सन् 1812-14 के नेपोलियन युद्धों में एक लेफ्टिनेंट के रूप में अपनी सेवाएँ प्रदान की थीं। रीमैन की माता श्लोंट ईबेल अदालत के पार्षद की बेटी थीं। जॉर्ज के पिता का विवाह उनकी माता से तब हुआ, जब वह अधेड़ अवस्था में थे। रीमैन दंपती के कुल छह संतानें थीं, जिनमें दो पुत्र और चार पुत्रियाँ शामिल थीं। जॉर्ज उनके दूसरे नंबर के पुत्र थे।

जॉर्ज रीमैन जब 5 वर्ष के थे तो उन्होंने इतिहास विषय में अपनी गहरी रुचि का प्रदर्शन किया और 6 वर्ष की उम्र में उन्होंने अपने पिता की निगरानी में अंकगणितीय समस्याओं को सुलझाना आरंभ कर दिया था। फ्रेडरिक रीमैन ने अपने बच्चों के लिए पिता के साथ एक अध्यापक की भूमिका भी निभाई थी। उन्होंने जॉर्ज को भी 10 वर्ष की आयु तक स्वयं ही शिक्षा दी। दस वर्ष की आयु में जॉर्ज की शिक्षा का दायित्व स्थानीय स्कूल, जिसका नाम 'स्कूल्ज' था, के एक अध्यापक पर भी उनके पिता के साथ साझा तौर पर था। 14 वर्ष की उम्र में जॉर्ज ने हैनोवर स्थित वेधशाला में सीधे तीसरी कक्षा में प्रवेश लिया। वह जब इस वेधशाला में पढ़ रहे तो इस दौरान वह अपनी नानी के साथ रहते थे। उनकी नानी की मृत्यु के पश्चात् उनको लुनेबर्ग की वेधशाला में स्थानांतरित कर दिया गया। स्कूली शिक्षा के दौरान जॉर्ज को उच्चतम श्रेणी का विद्यार्थी न मानकर औसत स्तर का विद्यार्थी माना गया, जो उत्कृष्ट विषयों जैसे हिब्रू और धर्मशास्त्र में पारंगत होने के लिए कड़ी मेहनत करते थे, इसके विपरीत जॉर्ज ने अपनी शिक्षा के आरंभिक दौर में गणित में विशेष रुचि भी दिखाई उनकी इस रुचि को देखते हुए वेधशाला के निदेशक ने उन्हें अपने विशेष पुस्तकालय से गणित से संबंधित पाठ्य-पुस्तकों को पढ़ने की अनुमति प्रदान कर दी। एक बार उन्होंने जॉर्ज बर्नहार्ड रीमैन को लेजेंड्रे की अंकों के सिद्धांत पर लिखी गई पुस्तक पढ़ने के लिए दी। वेधशाला के निदेशक को यह देखकर हैरानी हुई कि उन्होंने छह दिनों में ही उस पुस्तक के 900 पृष्ठ पढ़ डाले।

सन् 1846 में जॉर्ज रीमैन्न ने गोटिन जेन विश्वविद्यालय में प्रवेश लिया और अपने पिता की इच्छा का अनुसरण करते हुए धर्मशास्त्र में मैट्रिक की परीक्षा उत्तीर्ण की। लेकिन गणित में उनकी रुचि इतनी अधिक थी कि उन्होंने अपने पिता से दर्शन संकाय से अपने स्थानांतरण हेतु अनुमति माँगी, जिससे कि वे गणित का अध्ययन कर सकें। उन दिनों विश्वविद्यालय में गणित के प्रोफेसर के तौर पर महान् गणितज्ञ गॉस भी कार्यरत थे। गोटिनजेन विश्वविद्यालय में एक वर्ष व्यतीत करने के पश्चात् सन् 1847 में जॉर्ज रीमैन ने अपना स्थानांतरण बर्लिन विश्वविद्यालय में करवा लिया। विश्वविद्यालय में अध्ययन के दौरान उनको जैकोबी, डिरीशेल्ट, स्टेनर और आइंस्टीन जैसे अध्यापकों से शिक्षा ग्रहण करने का अवसर मिला। जॉर्ज रीमैन अपनी शिक्षा पूरी करने के लिए बर्लिन में दो वर्ष तक रुके और सन् 1849 में गोटिनजेन वापस आ गए। नवंबर 1851 के अंत तक जॉर्ज रीमैन ने अपनी डॉक्टरेट की डिग्री के लिए थीसिस, जिसका विषय 'फांउडेशंस फॉर ए जनरल थ्योरी ऑफ फंक्शंस ऑफ वन कॉम्प्लेक्स वैरीएबल सुपरवाइज बाय गॉस' था को जमा करवाया। यह थीसिस विश्लेषणात्मक फलनों के ज्यामितीय गुणों की जाँच हेतु समर्पित थी। जॉर्ज रीमैन के द्वारा तैयार की गई इस थीसिस पर अपनी रिपोर्ट में गॉस ने रीमैन के इस कार्य का वर्णन करते हुए लिखा कि—

"संपूर्ण भव्यता के साथ मौलिक भविष्य के लिए अत्यंत ही उपयोगी परिणाम।"

गॉस की सिफारिश पर जॉर्ज को गोटिनजेन में एक पद पर नियुक्त किया गया और उस पद पर रहकर उन्होंने अपने हैबीलेशन शोध को पूर्ण करने के लिए तैयारी शुरू कर दी। यह एक ऐसी डिग्री थी, जिसके आधार पर उनको व्याख्याता का पद प्राप्त होने वाला था। यह शोध त्रिकोणमिति शृंखला के द्वारा एक फलन के प्रस्तुतीकरण की क्षमता पर आधारित था। इस शोध में उन्होंने एक ऐसे फलन की स्थिति को दरशाया, जिसके पास पूर्णांक हैं। आज हम इसे रीमैन की पूर्णांक क्षमता की स्थिति के नाम से पहचानते हैं। इस शोध के दूसरे भाग में उन्होंने एक समस्या के समाधान को तलाशा, जिसका वर्णन उन्होंने इस प्रकार से किया—

"इन पेपरों पर किए गए पूर्ववर्ती कार्य से यह पता चलता है कि यदि एक फलन में फलाँ-फलाँ गुणों का प्रदर्शन होता है तो इसका प्रस्तुतीकरण फूरियर शृंखला के माध्यम से किया जा सकता है। लेकिन हम यहाँ पर इसके विपरीत प्रश्न करते हैं कि यदि एक फलन को त्रिकोणमिति शृंखला के माध्यम से प्रस्तुत किया जा सकता है तो इस व्यवहार के बारे में क्या कहा जाएगा?"

अपनी इस डिग्री को पूरा करने के लिए उन्हें एक व्याख्यान भी देना था। इस व्याख्यान की तैयारी के लिए उन्होंने तीन विषयों को चुना और तैयार किया। इनमें से दो विद्युतीकरण के विषय पर थे और एक ज्यामिति पर। गॉस को इनमें से एक का चुनाव करना था और उन्होंने रीमैन की इच्छा के विपरीत ज्यामिति पर तैयार किए गए व्याख्यान को चुना। रीमैन के इस व्याख्यान का विषय था कि उस अवधारणा पर जो ज्यामिति की नींव में निहित है। रीमैन ने इस व्याख्यान को 10 जून, 1854 को दिया और यह गणित विषय के लिए उत्कृष्ट साहित्य बन गया। उनके इस व्याख्यान का प्रमुख बिंदु वक्रता आतानक की परिभाषा थी, जबकि इसके दूसरे भाग में एक इस प्रश्न पर चर्चा की गई थी कि ज्यामिति का उस जगत् से क्या संबंध है, जिसमें हम निवास करते हैं। उनके द्वारा दिया गया यह व्याख्यान अपने समय से बहुत आगे तक की स्थितियों को ध्यान में रखकर तैयार किया गया था और उस समय के सभी गणितज्ञों ने इसकी खुलकर प्रशंसा की। इसके पश्चात् सन् 1853 में उन्हें वह डिग्री प्राप्त हुई, जिसके आधार पर वह एक व्याख्याता बन गए।

इसके पश्चात् उन्होंने दो वर्ष का समय गणित के विभिन्न क्षेत्रों में गहनता से कार्य करते हुए व्यतीत किया। जॉर्ज रीमैन के द्वारा एक फलन की क्षमता को त्रिकोणमितीय शृंखला के माध्यम से प्रस्तुत करने के विषय पर किए गए कार्य को उनकी मृत्यु के बाद प्रकाशित किया गया। उन्होंने उस फलन की स्थिति की जानकारी गणित के क्षेत्र को प्रदान की, जिसके पास पूर्ण संख्याएँ विद्यमान हैं। आज हम इसे रीमैन की पूर्णसांख्यिकी स्थिति के नाम से जानते हैं। जॉर्ज रीमैन ने अपना पहला व्याख्यान सन् 1854 में दिया, जिसने रीमैन को ज्यामिति के क्षेत्र में स्थापित किया और आइंस्टीन के सामान्य सापेक्षता के सिद्धांत के लिए मंच तैयार किया। जॉर्ज रीमैन के व्याख्यान के इस भाग का मुख्य बिंदु वक्री आतानक की परिभाषा था। जॉर्ज रीमैन के द्वारा किए गए इस कार्य से जिस विषय की खोज की गई, उसे रीमैन की ज्यामिति के नाम से जाना गया। रीमैन के द्वारा खोजा गया कि सतह की अंतरीय ज्यामिति को एन परिमापों तक विस्तार करने का उपयुक्त मार्ग है, जिसे गॉस ने अपनी पुस्तक 'थ्योरेमा इग्रेजियम' में सिद्ध किया था।

सन् 1857 में गोटिनजेन विश्वविद्यालय में रीमैन को असाधारण स्तर के प्रोफेसर के तौर पर प्रस्तुत करने के प्रयास किए गए। हालाँकि ये प्रयास विफल रहे, लेकिन अंततः इसका परिणाम यह निकला कि रीमैन को एक नियमित वेतन दिया जाने लगा। सन् 1857 में रीमैन के द्वारा किए गए सर्वोत्तम कार्यों को 'थ्योरी ऑफ अबेलियन फंक्शंस' नामक पुस्तक को प्रकाशित किया गया। सन् 1859 में

रीमैन को डिरीशेल्ट के जाने के पश्चात् रिक्त हुए स्थान पर गोटिनजेन विश्वविद्यालय में पूर्ण रूप से प्राध्यापक के तौर पर नियुक्त किया गया। उन्हें बर्लिन एकेडमी ऑफ साइंस का एक अनुरूप सदस्य मनोनीत किया गया। इस पद के लिए उनके नाम को तीन गणितज्ञों—कुम्मेर, बोरोचारडट और वेरेस्ट्रॉस के द्वारा प्रस्तावित किया गया था। बर्लिन एकेडमी ऑफ साइंस के नवनिर्वाचित सदस्य के द्वारा अपने हाल ही में किए गए शोध से संबंधित एक रिपोर्ट को पेश करने का नियम था। इसी नियम का अनुसरण करते हुए रीमैन के द्वारा 'ऑन द नंबर ऑफ प्राइम लेस दैन अ गिवन मैग्निट्यूट' (दिए गए परिमाण से कम अभाज्य संख्याओं पर) शीर्षक से अपनी रिपोर्ट को जमा किया गया। यह भी उनके द्वारा किए गए कार्यों में से सर्वोत्तम श्रेणी का कार्य था, जिसने गणित के क्षेत्र में की जानेवाली शोधों की दिशा को अर्थपूर्ण ढंग से परिवर्तित कर दिया। अपनी इस रिपोर्ट में रीमैन ने जेटा फलनों का परीक्षण किया। रीमैन ने जेटा फलनों की शृंखलाओं के प्रस्तुतीकरण की अभिसारिता का अध्ययन किया और जेटा फलनों के लिए फलन के समीकरण की खोज की।

सन् 1862 में 36 वर्ष की उम्र में रीमैन ने इलिस कोच, जो उनकी बहन की मित्र थीं, के साथ विवाह किया। रीमैन दंपती की एक बेटी भी थी। अपने विवाह के वर्ष की शरद ऋतु में रीमैन को भयंकर सर्दी ने जकड़ लिया, जो अंतत: तपेदिक में बदल गया। अपनी बीमारी के कारण रीमैन ने सन् 1862-63 की सर्दियों को सिसली में व्यतीत किया और उसके पश्चात् उन्होंने इटली की यात्रा की। रीमैन इटली के गणितज्ञों बेट्टी, ब्रियोशी और कैसोरेती को उनकी गोटिनजेन की यात्राओं के समय से ही जानते थे। अपनी इटली की यात्रा के समय उन्होंने उनसे मुलाकात की। जून 1863 में रीमैन वापस गोटिनजेन लौट आए, लेकिन एक बार फिर उनका स्वास्थ्य खराब रहने लगा और एक बार फिर उनको इटली जाना पड़ा। अगस्त 1864 से लेकर अक्तूबर 1865 तक का समय उत्तरी इटली में व्यतीत करने के बाद सन् 1865-66 की सर्दियों में वे वापस गोटिनजेन आ गए। दुर्भाग्य से 20 जुलाई, 1866 को 40 वर्ष की आयु में ही रीमैन की मृत्यु तपेदिक की बीमारी के कारण हो गई। उनके शव को बिगानजोला के ग्राम में दफनाया गया। रीमैन की मृत्यु के बाद उनके पेपरों में एक नोट मिला, जिस पर लिखा था कि—"जेटा के इन गुणों को इन्हीं के एक प्रकटन से लिया गया है, हालाँकि जिसे मैं प्रकाशित करने हेतु सरल करने में सफल नहीं हो सका।" इनमें से एक गुण को 'रीमैन की अवधारणा' के नाम से जाना गया।

वास्तविक विश्लेषण में रीमैन का योगदान बहुत ही व्यापक स्तर का रहा। उन्होंने रीमैन पूर्ण संख्या को रीमैन जोड़ के माध्यम से परिभाषित किया और त्रिकोणमिति की श्रृंखला के ऐसे सिद्धांत को विकसित किया, जो फूरियर श्रृंखला नहीं थी। यह सामान्यीकृत फलन सिद्धांत की दिशा में पहला कदम था। रीमैन के द्वारा आधुनिक विश्लेषणात्मक संख्या सिद्धांत में कुछ बहुत ही प्रचलित योगदान दिए। वैसे तो जॉर्ज रीमैन का जीवन काल अधिक बड़ा नहीं था, लेकिन गणित के क्षेत्र में किए गए अद्भुत योगदानों ने उन्हें इस क्षेत्र के लिए अविस्मरणीय बना दिया।

□

ब्रह्मगुप्त

जन्म : लगभग 598 ईसा पश्चात्।

मृत्यु : लगभग 670 ईसा पश्चात्।

महत्त्वपूर्ण योगदान : नकारात्मक संख्याओं व शून्य की प्रवृत्ति का ज्ञान संसार को करवाना; 'ब्रह्मस्फुटसिद्धांत', 'खंडकखाद्यक'।

वैसे तो ब्रह्मगुप्त को भारतीय खगोलशास्त्री और गणितज्ञ के तौर पर पहचाना जाता है। इसके साथ-साथ उन्हें आज भी उनके विलक्षण साहस और आत्मसम्मान को सर्वोपरि रखकर जीवनयापन करनेवाले आदर्श व्यक्तित्व के तौर पर भी जाना जाता है। उनमें सत्य को अवलोकित करने और परिणाम की सटीकता को सामने रखने की अद्‌भुत प्रतिभा थी। भारतीय गणितज्ञों की बात करें तो ऐसा माना जाता है कि गणितज्ञों की सूची में सर्वप्रथम नाम आर्यभट्ट का आता है। उसके पश्चात् भास्कराचार्य और तत्पश्चात् ब्रह्मगुप्त को सूचीबद्ध किया जाता है। अर्थात् सबसे बड़े तीन नामों में ब्रह्मगुप्त का नाम सम्मिलित है।

ब्रह्मगुप्त के जन्म के बारे में वैसे तो कोई सही व सत्यापित जानकारी उपलब्ध नहीं है, लेकिन स्वयं ब्रह्मगुप्त ने अपनी उत्कृष्ट कृति 'ब्रह्मस्फुटसिद्धांत' (ब्रह्मांड की उत्पत्ति) में लिखा कि उन्होंने अपने इस महानतम कार्य को वर्ष 628 ईसा पश्चात् के समय संकलित किया, जब उनकी उम्र 30 वर्ष की थी। उनके इस कथन से यह स्पष्ट तौर पर प्रमाणित होता है कि उनका जन्म वर्ष 598 ईसा पश्चात् में हुआ। उनका जन्म एक गरीब ब्राह्मण परिवार में हुआ था।

ब्रह्मगुप्त गुजरात की उत्तरी सीमा पर स्थित भिनामाला नगर में निवास करते

थे। उनके पिता जिश्नूगुप्त ने गणित और खगोल विद्या पर कई महत्त्वपूर्ण कार्य पूर्ण किए। वह जाने-माने वास्तु-शास्त्री भी थे, इसलिए ब्रह्मगुप्त का भी वास्तु-शास्त्र और राजदरबार से बचपन से ही नाता रहा। ब्रह्मगुप्त के हमजोली और उनके बहुत अच्छे मित्र गुर्जर वंश के राजा व्याग्रमुख थे। ब्रह्मगुप्त समय-समय पर अपने मित्र की राजकार्यों में भी सहायता करते और उनका पूरा साथ देते। व्याग्रमुख भी अपने मित्र के लिए राजकीय कोष के द्वारों को सदैव खुला रखते। अल-बरूनी, जो कि अरब के एक विद्वान् थे, ने उस समय भारत की यात्रा की थी। उन्होंने अपनी इस यात्रा के बारे में लिखते हुए कहा कि—''पूर्व की संस्कृति के इतिहास में ब्रह्मगुप्त का बहुत ही महत्त्वपूर्ण स्थान है। ब्रह्मगुप्त ने ही अरबों को उनके द्वारा लोटमी के कार्य से परिचित होने से पूर्व खगोल विद्या का ज्ञान करवाया। अरबी साहित्य में प्राय: 'सिंध हिंद' और 'अल-अरकंद' का उल्लेख किया जाता है। यह ब्रह्मगुप्त की कालजयी रचनाओं 'ब्रह्मस्फुटसिद्धांत', 'खंडकखाद्यक' का अनुवादित रूप हैं।''

ब्रह्मगुप्त उस समय उज्जैन में स्थित खगोल विद्या पर काम करनेवाली वेधशाला, जो प्राचीन भारत में गणित विषय का प्रमुख केंद्र मानी जाती थी, के प्रमुख बने। 'ब्रह्मस्फुटसिद्धांत' में कुल 25 अध्याय और 1,008 छंदों को सम्मिलित किया गया था, जिसमें से साढ़े चार अध्यायों को मूलभूत रूप से गणित विषय के लिए ही समर्पित किया गया। इस ग्रंथ को उनका पहला ग्रंथ माना जाता है। इस ग्रंथ में 12वाँ अध्याय गणित, अंकगणित श्रृंखलाओं और ज्यामिति के बारे में लिखा गया था। इस ग्रंथ के बारे में कहा जाता है कि जब ब्रह्मगुप्त ने इस ग्रंथ की रचना की तो बहुत बड़ी संख्या में लोगों ने उसका विरोध करना आरंभ कर दिया, क्योंकि अपने इस ग्रंथ में उन्होंने आर्यभट्ट की बहुत सी खोजों को गलत बताया था। लोगों के प्रश्नों का उत्तर देने के लिए ही उन्होंने अपने दूसरे ग्रंथ 'खंडकखाद्यक' की रचना की। इस ग्रंथ को पढ़ने के बाद लोगों ने उनकी वास्तविक प्रतिभा को पहचाना।

'ब्रह्मस्फुटसिद्धांत' के अतिरिक्त वर्ष 665 में, जब वह 67 वर्ष के थे, उन्होंने गणित और खगोल विद्या पर आधारित एक और ग्रंथ भी लिखा था। सभ्यता और संस्कृति के आरंभिक विकास के दौर में भी ब्रह्मगुप्त की संख्या प्रणाली के बारे में जानकारी इतनी अधिक थी कि उसने उन्हें अपने समय काल से कहीं आगे के काल के लिए भी एक आदर्श बना दिया था। 'ब्रह्मस्फुटसिद्धांत'

में उन्होंने शून्य को परिभाषित करते हुए लिखा कि "यह एक ऐसी संख्या है, जिसमें से कुछ भी घटाए या इसमें कुछ भी जोड़े जाने पर यह पूर्ववत् ही बनी रहती है।" गणित की भाषा में $a - a = 0$ उन्होंने शून्य के विभिन्न गुणों को भी परिभाषित करते हुए लिखा कि—

"जब शून्य को किसी संख्या में जोड़ा जाता है अथवा घटाया जाता है तो उस संख्या में किसी प्रकार का परिवर्तन नहीं होता और जब किसी संख्या को शून्य के साथ गुणा किया जाता है तो वह संख्या भी शून्य में परिवर्तित हो जाती है।"

गणित की भाषा में $a + 0 = a$, $a - 0 = a$, $a \times 0 = 0$ इसके अतिरिक्त उन्होंने एक भाजक के तौर पर शून्य के परिचालन को परिभाषित करते हुए लिखा कि— "जब सकारात्मक अथवा नकारात्मक संख्याओं को शून्य के साथ भाग दिया जाता है तो शून्य हर के तौर पर शून्य एक अंश बन जाता है।"

ब्रह्मगुप्त ही वह पहले व्यक्ति थे, जिन्हें नकारात्मक संख्याओं का ज्ञान प्राप्त हुआ। उन्होंने ही सौभाग्य (सकारात्मक संख्याएँ) और गण (नकारात्मक संख्याएँ) के संदर्भ में अंकगणित के नियमों को प्रदान किया—

"जब शून्य में से किसी गण (नकारात्मक संख्याएँ) को घटाया जाता है तो सौभाग्य (सकारात्मक संख्याएँ) प्राप्त होता है। एक सौभाग्य (सकारात्मक संख्याएँ) से जब शून्य को घटाया जाता है तो गण (नकारात्मक संख्याएँ) प्राप्त होता है।"

ब्रह्मगुप्त ने प्रारूप $ax + c = by$ के अनिश्चित समीकरण और $ax^2 + c = y^2$ प्रकार के द्विघाती अनिश्चित समीकरण को हल करने के लिए भी पद्धतियाँ प्रस्तुत कीं।

ब्रह्मगुप्त ने पहली n प्राकृतिक संख्याओं के वर्गों के जोड़ और पहली द प्राकृतिक संख्याओं के घन जोड़ के लिए भी सूत्र प्रदान किए, जिन्हें गणित की भाषा में निम्न प्रकार से व्यक्त किया गया—

$$1^2 + 2^2 + \ldots\ldots\ldots + n^2 = n (n + 1) (2n + 1)/6$$

$$1^3 + 2^3 + \ldots\ldots\ldots + n^3 = n^2 (n + 1) (n + 1) 2/4$$

उन्होंने एक चक्रीय चतुर्भुज के क्षेत्रफल को ज्ञात करने के लिए भी विलक्षण सूत्रों का आविष्कार किया। अपने इस सूत्र के बारे में लिखते हुए उन्होंने अपने ग्रंथ 'ब्रह्मस्फुटसिद्धांत' में लिखा कि—

'भुजयोगार्धचतुष्टय भुजोनघातत् पदं सूक्ष्मम्।'

यदि एक ABCD चक्रीय चतुर्भुज की चार भुजाएँ a, b, c, d हैं तो उनका जोड़ (ABCD) = [s (s - a) (s - b) (s - c) (s - d)]1/2

अपने दूसरे ग्रंथ 'खंडकखाद्यक' में उन्होंने sines के मूल्य की गणना करने के लिए प्रक्षेप सूत्र भी दिया। ब्रह्मगुप्त के बहुत बड़े प्रशंसक भास्कराचार्य, जो स्वयं एक बहुत बड़े गणितज्ञ और खगोल-शास्त्री थे, ने उन्हें 'गणक चक्र चूडामणि' की उपाधि से नवाजा, जिसका अर्थ है कि—'गणित की विशिष्ट मंडली के आभूषण'। इस महान् गणितज्ञ की मृत्यु वर्ष 670 ईसा पश्चात् में हुई।

□

ब्लेज पास्कल

जन्म : 19 जून, 1623 को।
मृत्यु : 19 अगस्त, 1662 को।
महत्त्वपूर्ण योगदान : ट्रिटिईज ऑन द इक्विलीबिरम, ट्रिटिईज ऑन द अर्थमैटिकल ट्राइएंगल, द जेनरेशन ऑफ कोनिक सेक्शन।

ब्लेज पास्कल का जन्म 19 जून, 1623 को फ्रांस के क्लेयरमाउट में हुआ था। वे ईटैन पास्कल की तीसरी संतान और इकलौते पुत्र थे। ब्लेज की माता का देहांत तब हुआ, जब वह मात्र 3 वर्ष के थे। ब्लेज पास्कल के पिता का मानना था कि उनकी शिक्षा गैर-परंपरागत ढंग से होनी चाहिए। इसलिए उनकी शिक्षा की जिम्मेदारी स्वयं पर लेते हुए उन्होंने ब्लेज को प्रारंभिक शिक्षा प्रदान की। उनके पिता ने यह निर्णय भी लिया कि वे ब्लेज को 15 वर्ष की उम्र तक गणित की शिक्षा प्रदान नहीं करेंगे। अत: उन्होंने अपने घर से गणित विषय से संबंधित सभी पुस्तकों को घर से बाहर निकाल दिया, हालाँकि पिता के द्वारा उठाए गए इस कदम से नन्हे ब्लेज के मन में इस विषय को लेकर उत्सुकता और अधिक बढ़ गई और उन्होंने स्वयं ही ज्यामिति पर काम करना आरंभ कर दिया।

12 वर्ष की अल्पायु में ही उन्होंने खोज की कि एक त्रिभुज के कोण का जोड़ दो समकोणों के बराबर होता है। ब्लेज के पिता को जब उनकी इस खोज के बारे में पता चला तो वे अपने निर्णय को लेकर नरम पड़ गए और ब्लेज को यूक्लिड की एक प्रति को पढ़ने की अनुमति दे दी। सन् 1631 में ब्लेज के पिता ने कोर दे अदास में अपने दूसरे अध्यक्ष के पद को 65,665 की राशि में बेच दिया और इस धनराशि

को एक सरकारी बॉण्ड में निवेश कर दिया। ब्लेज के पिता की सोच थी कि निवेश की गई इस राशि से उनका परिवार भविष्य में एक खुशहाल जीवन व्यतीत करेगा। लेकिन सन् 1638 में अचानक युद्ध के लिए धन एकत्र करने के राजशाही कदम ने सरकारी बॉण्ड की कीमतों में भारी गिरावट ला दी। परिणामतः ब्लेज पास्कल के पिता की 60,000 मूल्य की राशि अब केवल 7,300 से भी कम रह गई। अन्य लोगों की भाँति राजशाही राजकोषीय नीतियों का विरोध करने के कारण ब्लेज के पिता को अपने तीन बच्चों को पड़ोस की एक सुंदर स्त्री, जो कि अपने व्यवहार के कारण काफी बदनाम थी, के पास छोड़कर पेरिस जाने के लिए बाध्य किया गया। लेकिन सौभाग्य से उनके पिता के दिन पेरिस में राजा के पास कर आयुक्त की नौकरी मिलने के कारण बदल गए और दिसंबर 1639 में ब्लेज के परिवार ने पिता को अपर नॉरमैंडी में कर आयुक्त की नौकरी के भरोसे पर फ्रांस छोड़कर पेरिस जा बसे, जहाँ पर उनका घर रुऑन में स्थित था। इसी स्थान पर उनके पिता को कर आयुक्त के तौर पर नौकरी प्राप्त हुई थी।

सन् 1642 में अपने पिता को अदा किए गए कर और भुगतान किए जानेवाले करों की गणना करने के थकाऊ और बार-बार गणना करने के काम को सरल करने के उद्देश्य से ब्लेज, जो उस समय 19 वर्ष के भी नहीं हुए थे, ने एक यांत्रिक मशीन का आविष्कार किया, जो दुनिया का पहला कैलकुलेटर था। यह कुछ पलों में संख्याओं को घटाने और जोड़ने में सक्षम था। इस मशीन को उस समय 'पास्कल कैलकुलेटर' अथवा 'पास्कल लाइन' के नाम से जाना गया। पिता की अचानक दुर्घटना में हुई मृत्यु ने ब्लेज की सोच को बदल दिया और वह धर्म में पूरी तरह से आस्था रखनेवाले व्यक्ति बन गए। अपने इस बदलाव को उजागर करते हुए उन्होंने लिखा कि यदि ईश्वर का अस्तित्व नहीं है तो कोई उनपर विश्वास करके कुछ भी नहीं खोएगा; यद्यपि यदि ईश्वर है तो व्यक्ति उस पर विश्वास न करके सबकुछ गँवा देगा।

पिता की मृत्यु के पश्चात् मई 1653 में ब्लेज पास्कल गणित और भौतिक विज्ञान पर आधारित अपनी पुस्तक पर 'ट्रिटिईज ऑन द इक्विलीबिरम ऑफ लिक्विड' (1653) जिसमें उन्होंने पास्कल के दबाव के नियम की व्याख्या की।

इसके अतिरिक्त उन्होंने कोनिक सेक्शन (शांक्व खंड) पर काम किया और प्रक्षेपी ज्यामिति में महत्त्वपूर्ण प्रमेयों का आविष्कार किया। वैसे तो उनकी पुस्तक 'द जेनेरेशन ऑफ कोनिक सेक्शंस' मार्च 1648 में लगभग पूरी हो गई थी, लेकिन उन्होंने 1653 और 1654 में एक बार फिर इस पर पुनर्विचार कर इसे पूरा किया।

ब्लेज पास्कल का मानना था कि एक वृत्त के केंद्र में प्रक्षेपण के द्वारा कोनिक (शांक्व) का निर्माण होता है।

हालाँकि पास्कल त्रिभुज का अध्ययन करनेवाले ब्लेज पास्कल पहले व्यक्ति नहीं थे, लेकिन उन्होंने इस विषय पर अपनी पुस्तक 'ट्रिटिईज ऑन द अर्थमैटिकल ट्राईएंगल' के माध्यम से इस विषय पर जो कुछ प्रस्तुत किया, वह बहुत ही महत्त्वपूर्ण था और अपितु वैल्लिस व ब्लेज पास्कल के द्वारा द्विपद गुणांक पर जो काम किया उसने ही न्यूटन को अपने आविष्कार 'आंशिक और नकारात्मक शक्तियों के लिए सामान्य द्विपद सूत्र' की ओर अग्रसर किया।

$$
\begin{array}{ccccccccccc}
 & & & & & 1 & & & & & \\
 & & & & 1 & & 2 & & 1 & & \\
 & & & 1 & & 3 & & 3 & & 1 & \\
 & & 1 & & 4 & & 6 & & 4 & & 1 \\
 & 1 & & 5 & & 10 & & 10 & & 5 & & 1
\end{array}
$$

पास्कल का त्रिभुज

किसी भी शक्ति के द्विपद विस्तार में उपर्युक्त त्रिभुज सहायक होता है। आइए, एक उदाहरण लेते हैं, जिससे यह प्रदर्शित किया जा सके कि यह त्रिभुज कितने प्रभावशाली ढंग से काम करता है।

निम्न सूत्र की सहायता से हम किसी भी शक्ति के द्विपद विस्तार से परिचित हो जाएँगे—

$$(a + b)^n = {}^nC_0\, a^n + {}^nC_1\, a^{n-1}\, b^1 + {}^nC_2\, a^{n-2}\, b^2 + \ldots\ldots\ldots\ldots + {}^nC_n\, b^n$$

द्विपद विस्तार के लिए इस सूत्र में ${}^nC_0, {}^nC_1$ .... ${}^nC_n$ को शामिल किया गया है और इसलिए यह कुछ अधिक लंबा भी हो जाता है; लेकिन पास्कल के त्रिभुज में इस काम को कम कर दिया गया है। यहाँ पर प्रत्येक n^{th} पंक्ति में जिस संख्या को लिखा जाता है, वह विस्तार की n^{th} शक्ति के गुणांकों का मूल्य होता है।

$$(a + b)^3 = 1\, a^3\, n^0 + 3a^2b^1 + 3a^1b^2 + 1a^0b^3$$

यहाँ पर पास्कल के त्रिभुज में 1, 3, 3 और 1 तीसरी पंक्ति के गुणांक हैं।

सन् 1654 में अपने एक मित्र, जो कि जुआ खेलने का शौकीन था, की समस्या से प्रेरित होकर ब्लेज पास्कल ने फर्मेट के साथ पत्रों के माध्यम से इस विषय पर चर्चा की और उनके सहयोग से ही पास्कल ने संभावना के सिद्धांत को जन्म दिया। जुए से संबंधित अपनी समस्या को लेकर ब्लेज पास्कल के पास

आनेवाले मित्र की विचित्र समस्या यह थी कि दो खिलाड़ी अपने खेल को वर्तमान परिस्थिति में शीघ्र ही समाप्त करना चाहते हैं। वे चाहते हैं कि उनके बीच राशि का बँटवारा भी न्यायपूर्ण ढंग से दोनों खिलाड़ियों के जीतने की संभावना के आधार पर हो। इस चर्चा के आधार पर ही उम्मीद के मूल्य की धारणा का प्रारंभ हुआ। बाद में ब्लेज पास्कल ने एक संभाव्य तर्क पास्कल का दाँव के प्रयोग ईश्वर में आस्था और धार्मिक जीवन के औचित्य को बताने के लिए किया। फर्मेट और ब्लेज पास्कल के द्वारा कलन की संभावनाओं पर जो काम किया गया, उसने आगे चलकर लाइबनिट्स के सूत्रीकरण अत्यणुकलन के लिए आधारभूत व अति महत्त्वपूर्ण कार्य की भाँति काम किया।

अक्तूबर 1654 के आसपास माह तक ब्लेज पास्कल एक दुर्घटना में लगभग अपना जीवन खो चुके थे। घोड़ागाड़ी में बैठे ब्लेज पास्कल की गाड़ी घोड़ों से अलग होकर सैनी नदी पर बने पुल पर लटक गई। हालाँकि उनको बिना किसी शारीरिक चोट के बचा लिया गया; लेकिन इस घटना का असर उनपर मानसिक तौर पर बहुत गहरा पड़ा। इसके कुछ ही समय के बाद उनको 23 नवंबर, 1654 को एक और धार्मिक अनुभव से गुजरना पड़ा, जिसने एक बार फिर उनके जीवन की दिशा को पूरी तरह से धार्मिकता की ओर मोड़ दिया। उन्होंने अपना जीवन ईसाई धर्म के प्रतिभूत कर दिया, लेकिन सन् 1658 में वह एक बार गणितीय समस्याओं के बारे में सोचने लगे। सन् 1662 की एक रात वह भयानक दर्द के कारण सो नहीं सके और 39 वर्ष की उम्र में 19 अगस्त, 1662 को उनकी मृत्यु हो गई। (ब्लेज की मृत्यु पेट से होकर उनके मस्तिष्क तक पहुँचनेवाले भयानक दर्द से हुई।)

□

भास्कराचार्य

__जन्म__ : सन् 1114 ई. में भारत के विजयवाड़ा नगर (आधुनिक कर्नाटक के बीजापुर) में हुआ।

__मृत्यु__ : 1185 ई. भारत के उज्जैन नगर में हुआ।

__महत्त्वपूर्ण योगदान__ : भास्कराचार्य भारत के पहले ऐसे गणितज्ञ थे, जिन्होंने अनंत संख्या, शून्य का परिचालन, नकारात्मक संख्या, तीन के नियम के बारे में लिखा। उनके द्वारा 'सिद्धांत शिरोमणि' नामक विशाल ग्रंथ लिखा गया, जिसके चार भाग थे—लीलावती, बीजगणित, गोलाध्याय और ग्रह गणिताध्याय।

हिंदू सभ्यता में जब भी गणित के क्षेत्र में किए गए आविष्कारों का जिक्र किया जाता है तो भास्कराचार्य का नाम एक ऐसे अलंकार के तौर पर गर्व से सम्मिलित किया जाता है, जिसकी उपस्थिति ने इस समृद्धिशाली देश को और भी अधिक समृद्ध बना दिया। वह मध्यकालीन भारत के महान् गणितज्ञ थे। भास्कराचार्य का जन्म देश्रेष्ठ ब्राह्मण समुदाय में सन् 1114 में भारत के विजयवाड़ा नगर में हुआ था। वह सह्यद्री नामक क्षेत्र में रहते थे। उनके पिता अपने समय के जाने-माने ज्योतिषाचार्य थे। उन्होंने ही अपने पुत्र को गणित की शिक्षा प्रदान की और भास्कराचार्यजी ने भी इस परंपरा को आगे बढ़ाते हुए अपने पुत्र को भी अपने पास संचित समस्त ज्ञान प्रदान किया। सन् 1207 में भास्कराचार्य के पुत्र लोकसमुद्र के द्वारा भास्कराचार्य की लेखनी का अध्ययन करने हेतु स्थापित किए जा रहे विद्यालय में अपना भरपूर सहयोग प्रदान किया गया। भास्कराचार्य

ने गणित विषय से संबंधित अपने समय में जो भी आविष्कार किए गए, उनका स्तर उस समय में यूरोपीय जगत् में किए गए गणितीय आविष्कारों से बहुत अधिक उच्च था।

भास्कराचार्य उज्जैन स्थित वेधशाला के प्रमुख बने, जिसे उस समय भारत का गणित विषय का अग्रणी केंद्र माना जाता था। भारत के प्रमुख और ऐतिहासिक गणितज्ञ जैसे वराह मिहिर व ब्रह्मगुप्त भी वहाँ पर कार्य करते थे और वहाँ पर गणितीय खगोल विद्या के लिए एक शक्तिशाली विद्यालय का भी निर्माण किया गया था। हिंदू खगोलविदों में पहली बार चाँद के समीकरण को दुनिया के समक्ष प्रस्तुत करने का गौरव भी भास्कराचार्य को ही प्राप्त हुआ था।

भास्कराचार्य के द्वारा लिखी गई विभिन्न पुस्तकों में वास्तविक ज्यामिति, संयोजन और अग्रिम अंकगणित की पद्धतियाँ जैसे विषयों को सम्मिलित किया गया। भास्कराचार्य ने 'सिद्धांत शिरोमणि' नामक एक विशाल ग्रंथ लिखा, जिसके लीलावती, बीजगणित, गोलाध्याय और ग्रह गणिताध्याय नामक चार भाग थे। इन चार भागों में अंकगणित, बीजगणित, ग्रहों का गणित और क्रमशः वृत्तों को शामिल किया गया था। इसके अतिरिक्त भास्कराचार्य के द्वारा 'करण कौतूहल' नामक पुस्तक को भी लिखा गया।

भास्कराचार्य ने 'बीजगणित' नामक पुस्तक में कई समीकरणों का हल प्रस्तुत किया, जिनमें दूसरे क्रम का डायोफैनटिन, द्विघाती, ब्राउंसकेर और प्रसिद्ध पेल के समीकरण $p = 8, 11, 32, 61$ और 67 के लिए समीकरण $px^2 + 1 = y^2$ का हल खोजा था। इसमें उन्होंने $x = 226153980, y = 1776319049$ भी खोजा। वहीं दूसरी ओर $p = 67$ के लिए उन्होंने जो समाधान पाया, उसमें $x = 5967,\ y = 48842$ प्राप्त किया। वे शून्य और नकारात्मक संख्याओं से भी भलीभाँति परिचित थे। उनके मन में बीजगणित के मौलिक प्रमेय का भी विचार आया था। इस सत्य का उद्‌घाटन उस चरण से होता है, जब एक उदाहरण के बारे में लिखते हुए वे कहते हैं कि $x^2 = 9$ के दो समाधान होते हैं। इसके अतिरिक्त उन्होंने सूत्र भी लिखा, जो इस प्रकार है—

$$\sqrt{a \pm \sqrt{b}} = \sqrt{a + \frac{\sqrt{a^2 - b}}{2}} \pm \sqrt{\frac{a - \sqrt{a^2 - b}}{2}}$$

इसके अतिरिक्त उनकी पुस्तक 'बीजगणित' में और भी कई विषयों,

जैसे—सकारात्मक और नकारात्मक संख्याएँ, शून्य, अनजाना, अघोष, कृत्तक, अनिश्चित द्विघाती समीकरण, साधारण समीकरण, द्विघाती समीकरण, एक से अधिक अनजानी वस्तुवाले समीकरण, एक से अधिक अनजानी वस्तुवाले द्विघाती समीकरण, कई अनजानोंवाले उत्पाद के साथ परिचालन को सम्मिलित किया गया है। अपनी पुस्तकों में उन्होंने नकारात्मक संख्याओं के बारे में भी लिखा, भास्कराचार्य के द्वारा अपनी पुस्तकों में नकारात्मक संख्याओं को चिह्नित करने के लिए उन संख्याओं पर बिंदु अंकित कर उनको दरशाया जाता था।

अपनी पुस्तक बीजगणित में इसके अतिरिक्त उन्होंने यह भी लिखा कि—

उस मात्रा के निर्वाचकगण में, जिसमें अपने भाजक के लिए शून्य है, किसी प्रकार का परिवर्तन नहीं है, हालाँकि यहाँ पर कुछ डाला और निकाला जा सकता है, लेकिन यहाँ पर अनंत और अपरिवर्तनीय में किसी प्रकार का बदलाव नहीं होता। भगवान् के बनाए इस संसार में निर्माण और विध्वंस होता रहता है, हालाँकि कई आदेशों को अवशोषित अथवा आगे रखा जाता है।

$$a / 0 = \infty \quad \infty - 0 = \text{अनंत} \quad \infty + 0 = \infty$$

भास्कराचार्य के द्वारा लिखी गई दूसरी महत्त्वपूर्ण पुस्तक 'लीलावती' है, उन्होंने इस पुस्तक का नाम 'लीलावती' अपनी पुत्री के नाम पर रखा। यह पुस्तक पिता-पुत्री के बीच हुए संवादों के रूप में लिखी गई है। इस पुस्तक में बहुत ही सीधी व साधारण भाषा में गणित और खगोलशास्त्रों के सूत्रों को समझाया गया है। इस पुस्तक में शून्य के विभिन्न परिचालनों, जिसमें किसी भी संख्या के साथ शून्य के विभाजन, गुणा करने के दो भिन्न तरीके, संख्याओं का वर्गमूल और तीन का नियम सम्मिलित है। भास्कराचार्य ने 'लीलावती' में एक ऐसी मात्रा के बारे में लिखते हुए कहा, जिसका हर शून्य हो, कि—

ख : भाजितो राशि खहर स्यात्।

फयाजी, जिन्होंने 'लीलावती' का अनुवाद फारसी भाषा में किया, लीलावती के बारे में प्रचलित एक दंतकथा का जिक्र करते हुए कहा कि—

"लीलावती भास्कराचार्य की पुत्री का नाम था। भास्कराचार्य ने जब अपनी पुत्री की जन्म-कुंडली का अध्ययन किया तो पाया कि लीलावती का विवाह यदि एक विशेष दिन, विशेष घंटे के शुभ समयकाल में नहीं हुआ तो उसके पति की शीघ्र ही मृत्यु हो जाएगी। भास्कराचार्यजी ने उस विशेष समय का पता लगाने के लिए एक यंत्र का निर्माण किया। उस यंत्र में उन्होंने पानी से भरे एक बड़े पात्र के ऊपर एक छोटा खाली पात्र रख दिया। छोटे बरतन में एक छेद बना दिया, जिससे

कि बड़े बरतन से पानी छोटे बरतन में आ सके। इस प्रकार उन्होंने यह पता लगाना चाहा कि शुभ घंटे में पात्र भर जाए। जब सबकुछ तैयार था तो लीलावती ने उत्सुकतावश उस पात्र में झाँककर देखा और उनके परिधान से एक मोती टूटकर उस पात्र में जा गिरा, जिससे छेद बंद हो गया। शुभ समय बिना पात्र के भरे ही बीत गया। भास्कराचार्य ने अपनी उदास पुत्री, जो अब विवाहित जीवन का सुख नहीं भोग पाएगी, को दिलासा देने के लिए विचार किया कि उसके नाम पर गणित की पुस्तक लिखी जाए, और इस प्रकार 'लीलावती' लिखी गई।''

ऐसा माना गया कि न्यूटन के गुरुत्त्वाकर्षण के नियम की खोज करने के 550 वर्ष पूर्व ही भास्कराचार्य ने पृथ्वी के गुरुत्त्वाकर्षण की शक्ति को समझा दिया था। उन्होंने 'लीलावती' में पुत्री के द्वारा पूछे गए प्रश्न कि पिताजी, पृथ्वी जिस पर हम रहते हैं, किस पर टिकी है? इसके उत्तर में भास्कराचार्यजी ने कहा कि लीलावती, कुछ लोग जो कहते हैं कि यह पृथ्वी शेषनाग अथवा कछुए या हाथी या फिर इसी प्रकार की किसी अन्य वस्तु पर आधारित है, तो वे लोग गलत हैं। यदि हम यह मान भी लें कि यह किसी वस्तु पर टिकी हुई है, तो भी यह प्रश्न तो बना ही रहता है कि वह वस्तु किस चीज पर टिकी है। वास्तव में पृथ्वी में आकर्षण शक्ति है। पृथ्वी अपनी आकर्षण की शक्ति से भारी चीजों को अपनी ओर खींचती है और आकर्षण के कारण ही वह जमीन पर गिरते हैं। लेकिन आकाश में जब समान रूप से शक्ति चारों ओर से लगती है तो कोई कैसे गिर सकता है? इसका अर्थ है कि आकाश में ग्रह निरावलंब रहते हैं। चूँकि आकाश में विभिन्न ग्रहों की आकर्षण शक्तियाँ उनके बीच संतुलन बनाए रखती हैं।

भास्कराचार्य की 'लीलावती'

'लीलावती' पुस्तक के निष्कर्ष में भास्कराचार्य ने लिखा कि—

> येशां सुजातिगुणवर्ण विभूषितांगी
> शुद्धाखिलव्यवहृतिः खलु कण्ठसक्ता।
> लीलावतीहसरसोक्तमुदाहरन्ती
> तेषां सदैववसुखसम्पदुपैतिवृद्धिम्॥

अर्थात्—खुशी और आनंद वास्तविक हैं और इस संसार में उन लोगों के लिए सदैव वास्तविक खुशी और आनंद का इजाफा होता रहता है, जिनको 'लीलावती' कंठस्थ होती है। लीलावती जिसे सदस्यों को खंडों, गुणन और यौगिकता की स्पष्ट कटौती, समाधान की भाँति विशुद्ध और परिपूर्ण और बोली की भाँति मधुर है, से सजाया गया है, जो एक उदाहरण की तरह है।

भास्कराचार्य ने चक्रवाला पद्धति का भी आविष्कार किया था। यह पद्धति दूसरे क्रम के समीकरण का समाधान तलाशने के लिए गणितीय आरंभ का आरंभिक स्तर का अनुप्रयोग है। इस पद्धति के लिए कहा गया कि यह भाषा से पहले संख्याओं की पद्धति में उपलब्ध की गई सबसे बेहतर उपलब्धि है। उन्होंने कई प्रकार से कलन को प्रत्याशित किया। उन्होंने रोल्स सूत्र का प्रयोग किया। संभवतः वह पहले व्यक्ति थे, जिन्होंने इस तथ्य का प्रयोग किया कि $d\sin x = \cos x^0\, dx$. त्रिकोणमिति में, जिसे वे इसकी स्वयं की सुंदरता और साथ ही व्यावहारिक अनुप्रयोग के लिए आवश्यक मानते थे। वे ही पहले व्यक्ति थे, जिन्होंने गोलाकार ट्रिग को विकसित किया था और उन्होंने ही सबसे पहले—

$$\text{Sin}\,(a + b) = \sin a^0 \cos b + \sin b^0 \cos a$$

$$\text{Sin}\,(a - b) = \sin a^0 \cos b - \cos a^0 \sin b$$

का आविष्कार किया।

भास्कराचार्य यह कहने के लिए कि व्युत्पन्न उच्चतम पर पहुँचकर आलोप हो जाता है, इससे भी आगे बढ़े। उन्होंने कहा कि—

"यत्र ग्रहस्य परमं फलं तत्रैवगतिफलाभावेन भवितव्यम्।"

इसका अर्थ है—जहाँ पर ग्रहों की गति अधिकतम रहती है, वहाँ पर गति के फल की अनुपस्थिति होती है।

भास्कराचार्य की मृत्यु सन् 1185 में भारत के उज्जैन नगर में हुई। उनकी

स्मृति-स्वरूप एक भारतीय मंदिर, जिसे मध्यकालीन समय में बनवाया गया था, में ये कथन खुदवाए गए, जिनमें यह कहा गया कि—

''विश्व-विख्यात भास्कराचार्य एक विजेता हैं, जिनके द्वारा किए गए आविष्कारों को बुद्धिमान और विद्यार्थी दोनों ने पूरी श्रद्धा के साथ सीखा और उनका ज्ञान प्राप्त किया गया। एक ऐसे कवि, जो धार्मिक योग्यता और प्रसिद्धि से संपन्न हैं। वे मोर के सिर पर सुशोभित मुकुट के समान हैं।

□

$$S_n = \frac{ar(^n - 1)}{r - 1}$$

महावीराचार्य

जन्म : *800 ईसा पश्चात् कर्नाटक, भारत में।*

मृत्यु : *870 ईसा पश्चात् भारत में।*

महत्त्वपूर्ण योगदान : *दीर्घवृत्त की परिधि के सन्निकटीकरण मूल्य की खोज, 10 से 1024 तक शक्तिवाली संख्याओं की नामकरण योजना, घनों के योग के लिए सूत्र, नकारात्मक संख्याओं के वास्तविक वर्ग मूल की उपस्थिति के सत्य को उजागर करनेवाले प्रथम गणितज्ञ, क्षेत्रफल और आयतन की गणना हेतु तकनीक। सर्वप्रथम उन्होंने ही विभिन्न अंकगणितीय और ज्यामितीय श्रृंखलाओं का अध्ययन किया; पुस्तक 'गणित सार-संग्रह'।*

भारत के संदर्भ में गणित का इतिहास प्राचीन काल से जैन गणितज्ञों से सुशोभित होता रहा है। भारत में ऐसे बहुत से जैन गणितज्ञ हुए, जिन्होंने इस विषय को अपनी खोजों से समृद्ध बनाया। इस श्रृंखला में सर्वोपरि स्थान पर महावीराचार्य के नाम को रखा जाता है। महावीराचार्य का संबंध कर्नाटक राज्य से था और लगभग 800 ईसा पश्चात् काल के आस-पास उनका जन्म हुआ था। इस महान् गणितज्ञ के व्यक्तिगत जीवन के बारे में कुछ भी जानकारी प्राप्त नहीं होती है। इतिहास के पन्नों की खाक छानने के बाद केवल इतना ज्ञात होता है कि प्रतिष्ठित जैन गणितज्ञ महावीराचार्य प्रसिद्ध और उदार राजा अमोघवाचार्य निरपतुंगा के शाही दरबार में एक अलंकरण की भाँति शोभायमान थे। उनकी पुस्तक 'गणित सार संग्रह', जिसे 850 ईसा पश्चात् लिखा गया, ब्रह्मगुप्त की शिक्षाओं पर आधारित

थी; लेकिन इसके साथ-साथ उसमें कुछ सरलीकृत और अतिरिक्त सूचनाओं को भी सम्मिलित किया गया था। उस पुस्तक में कुल नौ अध्याय थे और नौवीं शताब्दी के मध्य में गणित विषय से संबंधित जितनी भी जानकारी भारत में उपलब्ध थी, उन सबको उस पुस्तक में सम्मिलित किया गया था।

अपनी इस पुस्तक में उन्होंने खंडों के साथ परिचालन, जिसमें पूर्णांक के अपघटन की पद्धतियाँ और खंडों के इकाई खंड में खंडन को सम्मिलित किया गया था।

लब्धहरः प्रथमस्यच्छेदः सस्वांशकोऽद्वयमपरस्य।
प्राक्स्वपेरण हतोऽन्त्यः स्वांशेनैकांश्के योगे॥

कल्पना करें कि आपको 1/4 को सात भागों में विभाजित करना है, तो इस प्रक्रिया को आप इस प्रकार करेंगे—

1/4 = 1/4.5 + 1/5.6 + 1/6.7 + 1/7.8 + 1/8.9 + 1/9.10 + 1/10

इकाई खंड के विभिन्न इकाई खंडों के योग में अपघटन की तकनीक महावीराचार्य की पुस्तक की ऐसी विशिष्ट सुंदरता है कि अंकगणित के इस भाग को महावीराचार्य के द्वारा जिस स्तर पर पहुँचा दिया गया, उसका स्पर्श कोई भी अन्य भारतीय गणितज्ञ नहीं कर पाया। यूरोप में भी इस पद्धति का प्रयोग 15वीं शताब्दी में किया गया। उससे पूर्व वहाँ के गणितज्ञों के लिए भी यह अनभिज्ञ थी। गणित के कठोर तर्कों की काव्यात्मक कल्पना कर उनको बहुत ही मधुर और लुभावने ढंग से प्रस्तुत करने का श्रेय भी इस महान् गणितज्ञ को ही जाता है।

उदाहरण के तौर पर, 'गणित सार-संग्रह' में दी गई एक समस्या, जिसमें द्विघाती समीकरणों की समस्या के बारे में बताया गया है, इस प्रकार से है—

गजयूथस्य त्र्यंशः शेषपंद च त्रिसंगुणे सानौ।
सरसि त्रिहस्तिनीभिर्नागो दृष्टः कतीह गजाः॥

इसका अर्थ यह है कि हाथियों के एक झुंड का एक-तिहाई और शेष बचे झुंड के भाग के वर्ग मूल के तीन गुने को एक पहाड़ की ढलान पर देखा गया और एक झील भी दिखाई दी, जहाँ पर एक हाथी तीन हथिनियों के साथ मग्न था तो बताओ, वहाँ पर कितने हाथी थे?

महावीराचार्य के द्वारा एक ज्यामितीय प्रगमन की एन शक्ति के योग का पता लगाने के लिए भी एक सूत्र प्रदान किया। इस सूत्र के बारे में उन्होंने लिखा कि—

गुणसंकलितान्त्य धनं विगतैक पदस्य गुणधनं भवति।
तदगुणं गुणं मुखोने व्येकोत्तर भाजितं सारम्॥

गणित के आधुनिक संकेत पद्धति के अंतर्गत यदि एक ज्यामितीय प्रगमन की एन शक्ति का योग S_n, जिसका पहली शक्ति a और सामान्य अनुपात r है तो—

$$S_n = \frac{a(r^n - 1)}{r - 1}$$

महावीराचार्य प्रथम व्यक्ति थे, जिन्होंने इस सत्य को उजागर किया कि नकारात्मक संख्याओं के वास्तविक वर्ग मूल का कोई अस्तित्व नहीं होता। काल्पनिक संख्याओं की पहचान तब तक नहीं की जाती, जब तक लियोनार्ड यूलर इनके लिए i के संकेत चिह्नों के साथ सामने नहीं आते। महावीराचार्य ने योगों के घन को प्राप्त करने हेतु भी सूत्र प्रदान किए। इसके अतिरिक्त उन्हें संसर्ग ^nC_r के लिए सामान्य सूत्र को प्रदान करने का भी श्रेय जाता है। संपूर्ण संसार के गणित के इतिहास में ऐसा पहली बार हुआ था। शून्य के भिन्न-भिन्न परिचालन के विस्तृत नियम, जिन पर 'गणित सार-संग्रह' में चर्चा की गई है, इस प्रकार हैं—

तडितः खेन राशिः खं सोऽविकारी तो युतः।
हीनोऽपि खवधादि खं योगे खं योज्यरूपकम्॥

गणित की आधुनिक संकेत पद्धति में उपर्युक्त व्याख्या को निम्न प्रकार से लिखा सकता है—

$a + 0 = a$ $a - 0 = a$ $a \times 0 = 0$ $a/0 = 0$

यदि भारत में गणित के इतिहास पर नजर डालें तो हम पाते हैं कि केवल महावीराचार्य ही प्राचीन काल में एकमात्र ऐसे गणितज्ञ थे, जिन्होंने दीर्घवृत्तीय आकृति को विशेष स्थान पर रखा। हालाँकि उन्होंने दीर्घवृत्त के क्षेत्रफल को ज्ञात करने के लिए जो सूत्र दिया था, वह गलत सिद्ध हुआ; लेकिन वे एक दीर्घवृत्त की परिधि के सन्निकटीकरण मूल्य को खोजने में अवश्य सफल हुए थे।

महावीराचार्य की इस पुस्तक में 10 से लेकर 10^{24} संख्याओं के लिए एक नामकरण योजना भी दी गई थी, जो एक, दस··· महकशोभा थी, को महावीराचार्य की पुस्तक में दिया गया। ऐसा प्रतीत होता था कि जैसे महावीराचार्य के द्वारा 24 की शक्ति तक संख्याओं का नामकरण इसलिए किया गया, क्योंकि जैन धर्म में

तीर्थंकरों की संख्या भी 24 थी।

उन्होंने संख्याओं का वर्ग करने की पद्धति की भी जाँच की। हालाँकि दो संख्याओं को गुणा करने के एक विशेष मामले में गणना को विशेष पद्धति का प्रयोग करते हुए किया जा सकता था। उन्होंने प्रथम डिग्री के अनिश्चित समीकरण के पूर्णांक समाधान को कुत्तक पद्धति के द्वारा प्राप्त करने के विषय पर भी चर्चा की। कुत्तक (अथवा पल्वराइज) पद्धति यूक्लिड के कलन विधि के प्रयोग पर आधारित थी, अपितु समाधान की यह विधि यूलर के द्वारा सन् 1764 में दिए गए निरंतर खंड की प्रक्रिया जैसी भी प्रतीत होती थी।

महावीराचार्य उच्च मानसिक क्षमता से भरपूर तथा मौलिकता के गुण से परिपूर्ण ऐसे गणितज्ञ थे, जिन्होंने इस विषय की विभिन्न शाखाओं में अपना पूरा-पूरा योगदान दिया। भारतीय गणित के इतिहास की इस अद्‌भुत प्रतिभा ने 870 ई. में इस संसार से विदा ली।

□

यूक्लिड

__जन्म :__ लगभग 325 ईसा पूर्व।

__मृत्यु :__ लगभग 265 ईसा पूर्व।

__महत्त्वपूर्ण योगदान :__ ज्यामिति के जनक, यूक्लिडियन ज्यामिति सिद्धांतों के निर्माता। इन्होंने परिप्रेक्ष्य, कोनिक भागों, वृत्तीय ज्यामिति, संख्या सिद्धांत और परिशुद्धता जैसे विषयों में भी अपना अमूल्य योगदान दिया; पुस्तक 'द ऐलीमेंट', 'फियेनोमेन'।

यूक्लिड ऑफ एलेक्जेंड्रिया, जिन्हें दुनिया भर ज्यामिति के जनक के रूप में भी जाना जाता है, वह प्राचीन काल के सबसे अधिक प्रख्यात गणितज्ञ थे, जिन्हें उनकी पुस्तक 'द ऐलीमेंट' के लिए जाना पहचाना जाता था। उनकी इस पुस्तक को इसके प्रकाशन की अवधि से लेकर 19वीं शताब्दी के अंत और 20वीं शताब्दी के आरंभिक काल तक पाठ्य-पुस्तक की भाँति विद्यार्थियों को गणित विषय का ज्ञान देने (विशेष तौर पर ज्यामिति के अध्ययन हेतु) के लिए उपयोग किया जाता रहा। वैसे तो प्राचीन काल के इस महान् गणितज्ञ के बारे में बहुत ही कम जानकारी उपलब्ध हो पाई है। इनके बारे में जो थोड़ी-बहुत जानकारी उपलब्ध हो पाई है, उसके आधार पर यह अनुमान लगाया गया है कि यूक्लिड के जन्म व मृत्यु का समय संभवत: 325 ईसा पूर्व और 265 ईसा पूर्व का रहा होगा। उनके जन्म व मृत्यु के समय क्या और कैसी परिस्थितियाँ थीं, इस प्रश्न का उत्तर इतिहास के पन्नों को गहराई तक खँगालने के बाद भी नहीं मिल पाया है। यूक्लिड का जन्म एलेक्जेंड्रिया नामक स्थान पर हुआ, जैसाकि प्राय: कई शख्सियतों के नाम के साथ उनके निवास-स्थान को भी

जोड़ा जाता है। इसी परंपरा के फलस्वरूप यूक्लिड के नाम के साथ भी उनके निवास-स्थान एलेक्जेंड्रिया को जोड़ा जाता है। यूक्लिड ग्रीक भाषा के नाम का अंग्रेजी संस्करण है, जिसका अर्थ होता है—गौरवपूर्ण प्रशंसा।

एक अरबी लेखक, अल-क्फिती (1248) ने लिखा कि यूक्लिड के पिता का नाम नॉक्रैस्ट्स था और उनके दादा का नाम जिनारजियस था। वे एक ग्रीक थे। उनका जन्म टायर में हुआ था और वे डमस्कस में रहते थे। लेकिन इस बात के कोई प्रमाण प्राप्त नहीं होते कि क्फिती ने जिस यूक्लिड के बारे में जानकारियाँ उपलब्ध करवाईं, वे यूक्लिड ऑफ अलेजेंड्रिया ही थे। टॉल्मी के शासनकाल के दौरान वे एलेक्जेंड्रिया में पढ़ाया करते थे। टॉल्मी के द्वारा एलेक्जेंड्रिया में एक बहुत ही विशाल पुस्तकालय का निर्माण किया गया था, जिसे म्यूजियम के नाम से जाना जाता था, क्योंकि इसे कला और विज्ञान के लिए चिंतन गृह माना जाता था। वहाँ पर बहुत से विद्वान् कार्य करते और पढ़ाते थे। यही वह स्थान था, जहाँ पर यूक्लिड ने अपनी कालजयी पुस्तक 'द ऐलीमेंट' को लिखा।

यूक्लिड के बारे में एक बहुत ही रुचिपूर्ण कहानी प्रसिद्ध है कि—

एक बार एक विद्यार्थी, जिसने अभी-अभी यूक्लिड से ज्यामिति का ज्ञान अर्जित करना आरंभ किया था, जब उसने ज्यामिति का पहला सूत्र सीखा तो यूक्लिड से पूछा कि मुझे ज्यामिति विषय में सम्मिलित इन सभी बातों को सीखने के पश्चात् क्या प्राप्त होगा? यूक्लिड ने अपने दास को बुलाया और उस विद्यार्थी को 3 पेंस का सिक्का देने के लिए कहा, जिससे कि उसने जो कुछ भी सीखा उससे उसे कुछ लाभ अवश्य प्राप्त हो।

यूक्लिड के बारे में 450 ईसा पश्चात् के काल में हुए एक दार्शनिक प्रोकुलस ने बताते हुए लिखा कि—

"एक बार गणितज्ञ टॉल्मी ने यूक्लिड से पूछा कि ज्यामिति का अध्ययन करने के लिए उनकी पुस्तक 'ऐलीमेंट' को पढ़ने के अतिरिक्त अन्य कोई छोटा मार्ग है?

टॉल्मी की इस बात का उत्तर देते हुए यूक्लिड ने कहा कि—ज्यामिति तक पहुँचने के लिए कोई शाही मार्ग नहीं है।"

यूक्लिड को सबसे अधिक प्रसिद्धि अपनी पुस्तक 'द ऐलीमेंट' के लिए मिली। यह पुस्तक उस संपूर्ण ज्ञान के भंडार का संकलन थी, जो 2000 वर्षों से गणितीय शिक्षा का केंद्र रही है। संभवतः अपनी पुस्तक में यूक्लिड के द्वारा जो भी परिणाम प्रस्तुत किए गए, वे यूक्लिड के द्वारा पहली बार सिद्ध नहीं किए गए थे। 'द ऐलीमेंट' को 13 भागों में विभाजित किया गया था, जिनमें साधारण ज्यामिति, अंकगणित और संख्या

के सिद्धांत, अतार्किक संख्याएँ और ठोस ज्यामिति विषयों को सम्मिलित किया गया था।

यूक्लिड ने पहले से ज्ञात ज्यामिति के विचारों को व्यवस्थित करने का कार्य किया। इसकी शुरुआत उन्होंने साधारण परिभाषाओं, सूक्तियों, निरूपित कथन जिनको सूत्र कहा जाता है और तार्किक साक्ष्यों के लिए गतिशील पद्धतियों को तय करने से की। अपनी इस पुस्तक में उन्होंने गणित विषय से संबंधित सत्यों, सूक्तियों व अभिधारणाओं को स्वीकार किया और सहज व ठोस ज्यामिति में 467 तार्किक प्रस्तावों को भी प्रदर्शित किया। उनकी पुस्तक में सम्मिलित साक्ष्यों में से एक साक्ष्य पाइथागोरस सूत्र के लिए था, जिसमें यह सिद्ध किया गया कि यह समीकरण सदैव ही प्रत्येक समकोण के त्रिभुज के लिए सत्य साबित होगा। इन तत्त्वों को व्यापक तौर पर आज तक पाठ्य-पुस्तकों में प्रयोग किया जाता है। यूक्लिड की इस पुस्तक के प्रथम प्रकाशन, जो कि सन् 1482 में हुआ, से लेकर अब तक 1,000 से भी अधिक संस्करणों में पुनः-पुनः प्रकाशित करवाया जा चुका है और इस पुस्तक की प्रतियों की बिक्री को लेकर ऐसी मान्यता है कि 'बाइबिल' के अतिरिक्त किसी भी अन्य पुस्तक से इसकी प्रतियों के बिकने की संख्या अधिक रही है। यह दुर्भाग्यपूर्ण बात है कि यूक्लिड के वास्तविक अवयवों को संरक्षित नहीं किया जा सका है, लेकिन अरबी भाषा के गणितज्ञों के विषय में एक अच्छी बात यह है कि उनके पास 'द ऐलीमेंट' का अरबी भाषा में अनुवादित संस्करण, जिसका प्रकटन 8वीं शताब्दी ईसा पूर्व में हुआ था, आज भी उपलब्ध है।

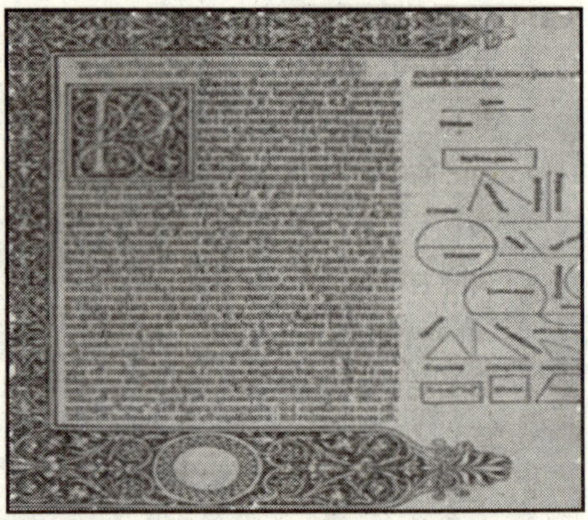

यूक्लिड की पुस्तक 'द एलीमेंट' का एक पृष्ठ

यूक्लिड का मानना था कि हम किसी भी अवधारणा के विषय में तब तक निश्चित नहीं हो सकते, जब तक हमारे पास उसके लिए साक्ष्य उपलब्ध न हो। इस लिए उन्होंने इन्हें सिद्ध करने के लिए तार्किक चरणों का आविष्कार किया। यूक्लिड की पुस्तक में 5 सूक्तियाँ और 5 अभिधारणाएँ पाई गईं। उन्होंने सूक्ति के लिए 'सामान्य धारणा' शब्दों का प्रयोग किया, क्योंकि वह सभी प्रकार के विज्ञान में एक जैसी होती थी।

सामान्य धारणाएँ

1. वे वस्तुएँ, जो समान वस्तुओं के समान होती है, वे अन्यों के भी समान होती हैं।
2. यदि समान वस्तुओं को समान में जोड़ा जाता है तो उनका योग समान होता है।
3. यदि समान वस्तुओं को समान में से घटाया जाता है तो उनसे प्राप्त अवशेष भी समान होते हैं।
4. वे वस्तुएँ, जो एक-दूसरे के अनुरूप होती हैं, वे एक-दूसरे के समान होती हैं।
5. संपूर्ण भाग से बड़ा होता है।

अभिधारणाएँ

1. आप किन्हीं दो बिंदुओं के बीच एक सीधी रेखा खींच सकते हैं।
2. आप उस रेखा को अनंत सीमा तक बढ़ा सकते हैं।
3. आप किसी भी रेखा खंड का प्रयोग करते हुए, जिसमें एक बिंदु अर्ध व्यास और अंतिम छोर के बिंदु को केंद्र बनाते हुए एक वृत्त का निर्माण कर सकते हैं।
4. सभी समकोण समान होते हैं।
5. दी गई एक रेखा और बिंदु में आप बिंदु के द्वारा केवल एक रेखा खींच सकते हैं, जो कि पहली रेखा के समांतर हो।

कुछ समय के पश्चात् यूक्लिड की उपर्युक्त पाँचवीं अभिधारणा ज्यामिति की एक नई शाखा, जिसे गैर यूक्लिडियन ज्यामिति के नाम से जाना गया, के आविष्कार का कारण बनी।

यूक्लिड की पुस्तक 'द एलीमेंट' स्पष्टीकरण के लिए उत्कृष्ट बन गई, जिसके आधार पर सूत्रों को नियत और उनको सिद्ध किया गया। इस अद्‌भुत पुस्तक पर, यदि इसकी सभी कमियों के साथ, इसके लिखे जाने की तिथि को ध्यान में रखते हुए विचार किया जाए तो ये कमियाँ अपेक्षाकृत कम ही प्रतीत होती हैं और निस्संदेह ही इस पुस्तक को समय सीमा से परे कालजयी पुस्तक कहना उचित ही प्रतीत होता है।

यूक्लिड ने यह सिद्ध किया कि सबसे बड़ी अभाज्य संख्या की खोज करना संभव नहीं है; क्योंकि यदि आप सबसे बड़ी अभाज्य संख्या को उदाहरण-स्वरूप लेते हैं, यदि आप उसमें एक अंक और जोड़ देते हैं तो आपको एक और अभाज्य

संख्या प्राप्त हो जाएगी। इस सूत्र के लिए यूक्लिड के द्वारा जो साक्ष्य उपलब्ध करवाए गए, उसको एक उत्कृष्ट साक्ष्य के रूप में इसकी संक्षिप्तता और स्पष्टता के कारण स्वीकार किया जाता है। लाखों की संख्या में अभाज्य संख्याएँ आज हमारे पास मौजूद हैं और आनेवाले समय में इस बात की पूरी संभावना है कि बड़ी संख्या में और अभाज्य संख्याओं को गणितज्ञों व कंप्यूटर वैज्ञानिकों के द्वारा सामने लाकर इनकी संख्या में इजाफा किया जाए। यूक्लिड के कार्यकाल के दौरान से ही अभाज्य संख्याओं के अनुक्रम की प्रणाली को ज्ञात करने के लिए असफलतम प्रयास कर रहे हैं।

यूक्लिड के द्वारा लिखी गई पुस्तक 'द एलीमेंट' को वैसे तो ज्यामिति के क्षेत्र में प्राप्त किए गए परिणामों के लिए जाना जाता है, लेकिन इस पुस्तक में इसके अतिरिक्त इसमें संख्या सिद्धांत को भी सम्मिलित किया गया था। इसे पूर्ण संख्याओं और मर्सेन प्राइम्स, अभाज्य संख्याओं की अनंतता, गुणन पर यूक्लिड की प्रमेयिका (जो अंकगणित के आधारभूत सूत्रों को अभाज्य गुणन की विशिष्टता की ओर अग्रसर करते हैं) और दो संख्याओं के सर्वश्रेष्ठ सामान्य भाजक को ज्ञात करने के लिए यूक्लिडियन कलन-विधि के बीच संबंध के लिए भी मान्यता दी गई।

यूक्लिड के द्वारा 'डाटा' नामक एक अन्य पुस्तक भी लिखी गई, जिसमें 94 प्रस्तावों, फिएनोमेन, जो वृत्तीय खगोल विज्ञान से संबंधित थी, कालोपिट्रिक्स, जो प्रतिबिंबों के बारे में था, ऑप्टिक्स, परिप्रेक्ष्यों का सिद्धांत और संगीत सिद्धांत के भी कार्य को सम्मिलित किया गया था। ऑप्टिक्स के बारे में यूक्लिड के द्वारा जो कार्य किया गया, उसमें उन्होंने प्रकाशीय किरणों को ज्यामिति का हिस्सा बनाया। उनके साथ उसी प्रकार कार्य किया, मानो जैसे वे सीधी रेखा में हों। यूक्लिड के द्वारा और बहुत सारा कार्य किया गया, जिसका अब या तो अस्तित्व ही नहीं बचा या वे अपूर्ण होने के कारण प्रत्यक्ष तौर पर संसार के समक्ष उपस्थित नहीं हो सके।

□

रिचर्ड डेडकाइंड

__जन्म :__ 5 अक्तूबर, 1831 को ब्रंसविक (वर्तमान जर्मनी) में।

__मृत्यु :__ 12 फरवरी, 1916 को ब्रंसविक (वर्तमान जर्मनी) में।

__महत्त्वपूर्ण योगदान :__ अनुकूल सिद्धांत का आविष्कार, बीजीय पूर्णांकों के सिद्धांत का विकास, तार्किक समूहों के क्रमबद्ध समूह से संभागों को लेकर वास्तविक संख्याओं के निर्माण हेतु प्रयोग की जानेवाली पद्धति के रचयिता। पुस्तक 'वोर्लेसुनजेन अबर जहेलेथ्योरे' (संख्या सिद्धांत पर दिए गए व्याख्यान), 'वाज सिंडुंड वाज सोलेनडाई जहलेन' (संख्याएँ क्या हैं और इन्हें क्या होना चाहिए?)।

रिचर्ड डेडकाइंड (1831-1916) का नाम 19वीं शताब्दी के महान् गणितज्ञों की सूची में सम्मिलित किया जाता है। इसके साथ-साथ वे संख्या सिद्धांत और बीजगणित में सबसे अधिक योगदान देनेवाले गणितज्ञों के तौर पर भी पहचाने जाते हैं। जब भी गणित के इतिहास का विस्तृत वर्णन किया जाता है तो रिचर्ड डेडकाइंड के नाम को उनके अनुकूल सिद्धांत के आविष्कार व बीजीय संख्या, क्षेत्र, मापदंड, जाली इत्यादि से संबंधित की गई जाँच-पड़ताल के लिए आवश्यक रूप से सम्मिलित किया जाता है। कदाचित् ऐसा नहीं किया जाए तो गणित के इतिहास का वर्णन कभी संपूर्ण नहीं हो पाए। रिचर्ड डेडकाइंड गॉस के शिष्यों में से एक थे।

रिचर्ड डेडकाइंड का जन्म 5 अक्तूबर, 1831 को ब्रंसविक में हुआ। यह वही स्थान था, जहाँ कभी गॉस का भी जन्म हुआ था। रिचर्ड के पिता जूलियस

लेविन अलरिक डेडकाइंड कालेजियम कारोलीनम में वकील थे और उनकी माता कारडाइन हेनरीट्टे कारोलीनम के एक प्राध्यापक की पुत्री थीं। डेडकाइंड दंपती की चार संतानों में से रिचर्ड डेडकाइंड सबसे छोटे थे।

6 वर्ष की उम्र में रिचर्ड का प्रवेश ब्रंसविक स्थित एक वेधशाला में करवाया गया, जहाँ पर आरंभिक दौर में उनका झुकाव भौतिक विज्ञान और रसायन-शास्त्र की ओर अधिक था, लेकिन बाद में उन्होंने निर्णय किया कि वह गणित की ओर ही अपना ध्यान केंद्रित करेंगे। सन् 1848 में उनका दाखिला कारोलीनम में करवाया गया, जहाँ पर उन्होंने ज्यामिति, बीजगणित, यांत्रिकी और कलन के विश्लेषण के तत्त्वों का अध्ययन किया। सन् 1850 में रिचर्ड डेडकाइंड गॉस के द्वारा न्यूनतम वर्ग की पद्धति पर दिए व्याख्यानों और उसके बाद उनके अग्रिम भू-गणित पर दिए गए व्याख्यानों में भी अपनी उपस्थिति दर्ज करवाई।

सन् 1852 में रिचर्ड डेडकाइंड ने गॉस के निर्देशन में अपनी डॉक्टरेट की डिग्री से संबंधित शोध के कार्य को यूलेरियन की संख्याओं के सिद्धांत पर आधारित शोध निबंध के साथ पूरा किया। उस समय बर्लिन विश्वविद्यालय गणित से संबंधित शोध कार्यों को पूरा करने के लिए जर्मनी में अग्रणी केंद्र था, इसलिए रिचर्ड डेडकाइंड शोध करने हेतु दो वर्ष के लिए बर्लिन चले गए, जहाँ पर रीमैन उनके समकालीन शोधकर्ता थे। सन् 1855 में रिचर्ड डेडकाइंड ने महान् गणितज्ञ डिरीशेल्ट के द्वारा संख्याओं के सिद्धांत, संभाव्यता सिद्धांत, परिमित पूर्ण संख्याएँ और आंशिक अंतरीय समीकरण जैसे विषयों पर दिए गए व्याख्यानों को सुना। इन व्याख्यानों ने डेडकाइंड के मस्तिष्क पर गहरा प्रभाव डाला और इसके प्रभाव के कारण ही वह डिरीशेल्ट सोशल ग्रुप के सदस्य बन गए।

सन् 1858 में डेडकाइंड को ज्यूरिख में स्थित पॉलिटेक्निक में प्रोफेसर के पद पर नियुक्त किया गया। सन् 1862 में उनको ब्रंसविक स्थित पॉलिटेक्निक में स्थानांतरित कर दिया गया और इस स्थान पर उन्होंने इस संस्थान के साथ अपने शेष अध्यापक जीवन को व्यतीत किया। सन् 1894 में उन्हें सेवानिवृत्ति प्रदान की गई। लेकिन ऐसा नहीं था कि इसके बाद उनका अध्यापन से नाता टूट गया; इसके पश्चात् भी वह कभी-कभी संस्थान के विद्यार्थियों से अपने ज्ञान को बाँटते थे। इसके साथ ही उन्होंने अपने प्रकाशन से संबंधित कार्य को अंत समय तक चालू रखा। रिचर्ड डेडकाइंड ने जीवन भर विवाह नहीं किया। वह जीवन भर अपनी अविवाहित बहन जूलिया के साथ ही रहे।

डेडकाइंड के द्वारा विज्ञान के क्षेत्र में किया गया समस्त कार्य बहुत ही गहरे

स्तर तक डिरीशेल्ट और रीमैन से प्रभावित जान पड़ता है, जिनके साथ उन्होंने अपने बहुत सारे कार्यों व विचारों को बाँटा। डेडकाइंड को तार्किक समूहों के क्रमबद्ध समूह से संभागों को लेकर वास्तविक संख्याओं के निर्माण हेतु प्रयोग की जानेवाली पद्धति के रचयिता के रूप में व्यापक तौर पर पहचाना जाता है। उनकी इस पद्धति में किए जानेवाले संभाग के पीछे यह विचार था कि अतार्किक संख्या तार्किक संख्याओं को दो वर्गों (समूहों) में विभाजित कर देती है, जिसमें उच्चतम वर्ग की सभी संख्याएँ निर्विवाद रूप से दूसरे वर्ग (न्यूनतम वर्ग) के सभी सदस्यों (संख्याओं) से बड़ी होती हैं। इस पद्धति को 'डेडकाइंड कट' के तौर पर बेहतर जाना जाता है।

उन्होंने बीजीय पूर्णांकों के एक सिद्धांत को भी विकसित किया था। डेडकाइंड ने डिरीशेल्ट, गॉस और रीमैन के द्वारा किए संकलित कार्य को भी संपादित किया। डेडकाइंड के द्वारा डिरीशेल्ट के कार्यों के अध्ययन ने ही उनको कुछ समय पश्चात् किए जानेवाले बीजीय संख्याओं के क्षेत्र और अनुकूल पर किए गए शोध की ओर अग्रसर किया था। सन् 1863 में उन्होंने डिरीशेल्ट के संख्या सिद्धांत पर दिए गए व्याख्यानों को 'वोर्लेसुनजेन अबर जहेलेथ्योरे' (संख्या सिद्धांत पर दिए गए व्याख्यान) के नाम से प्रकाशित किया, जिसके बारे में उन्होंने लिखा कि—"हालाँकि यह पुस्तक निस्संदेह ही डिरीशेल्ट के द्वारा दिए गए व्याख्यानों पर आधारित है और कदाचित् डेडकाइंड के द्वारा भी जीवन भर इस पुस्तक को डिरीशेल्ट के द्वारा लिखित ही माना गया है, लेकिन इस संपूर्ण पुस्तक को डेडकाइंड के द्वारा ही लिखा गया है। इस पुस्तक के अधिकतर भागों को डिरीशेल्ट की मृत्यु के बाद लिखा गया है।" (एडवर्ड, 1983)

सन् 1888 में उन्होंने समूहों के बारे में अपने विचारों को अपनी पुस्तक 'वाज सिंडुंड वाज सोलेनडाई जहलेन' (संख्याएँ क्या हैं और उन्हें क्या होना चाहिए?) में विस्तृत रूप से समझाया। इसमें उनकी अंत समूह की एक परिभाषा को भी सम्मिलित किया गया था। उन्होंने प्राकृतिक संख्याओं के लिए, जिनका प्राथमिक वर्ग एक और परवर्ती फलन होता है, स्वतःसिद्ध नीव को प्रस्तावित किया। इन वर्षों में पियानो ने डेडकाइंड का हवाला देते हुए स्वयं सिद्ध के समान ही, परंतु उससे सरल आधार को निरूपित किया, जो अब मानकीकृत है।

यद्यपि यह संक्षिप्त कालक्रम संकेत दे रहा है कि डेडकाइंड विविध प्रतिभाओं के धनी और बहुत ही सृजनात्मक गणितज्ञ थे, अपितु उनके बारे में यह बात भी ठीक है कि वह अपने किसी भी कार्य को बहुत धीरे-धीरे अपना पूरा समय देते हुए

तथा ध्यान से प्रकाशित करते थे। उनकी इस संक्षिप्त जीवनी से यह भी पता चलता है कि वह गणित की विलक्षण परंपरा का अभिन्न अंग थे। इस परंपरा के उन्नीसवीं सदी के दौरान हुए विस्तार की बात करें तो इस क्रम में गॉस और डिरीशेल्ट के बाद रीमैन, स्वयं डेडकाइंड, कैनटोर और वेबर सम्मिलित हैं। इसी क्रम को आगे बढ़ाते हुए यदि बीसवीं सदी में आएँ तो इसमें डेविड हिल्बर्ट, एमी नोथेर, बी.एल. वैनदेर वायादेन, निकोलस बोरबाकी इत्यादि का नाम सम्मिलित है।

हालाँकि डेडकाइंड एक महान् आविष्कारक थे, लेकिन गणित के क्षेत्र को नित अपने नए-नए आविष्कारों से समृद्ध करनेवालों में और भी कई नाम शामिल थे, जिन्होंने गणित को सैद्धांतिक समूह, अनंतता और संरचनावादी दिशा की ओर मोड़ा है। ऐसे गणितज्ञों का ऐसा एक बहुत विशाल समूह था, जिन्होंने एक समय पर दिशा में अत्यधिक सैद्धांतिक पद्धति की ओर अग्रसर किया, जिनमें ऐसे बहुत सारे गणितज्ञ थे, जो डेडकाइंड के साथ गोटिनजेन में प्राध्यापक के रूप में भी कार्य कर चुके थे।

डेडकाइंड की प्रतिभा केवल यहीं तक सीमित नहीं थी कि उन्होंने प्रमेयों और अवधारणाओं का विकास किया, अपितु उनके अंदर अपने विचारों को निरूपित व स्पष्ट तौर पर अभिव्यक्त करने की ऐसी अद्‍भुत क्षमता थी, जिसके बल पर उन्होंने गणित के क्षेत्र में एक ऐसी नई प्रकार की शैली से दुनिया को अवगत करवाया, जिसने इस क्षेत्र पर अपना बहुत ही गहरा प्रभाव डाला। उनकी इस विशेषता के बारे में लिखते हुए एडवर्ड (लेखक एच.एम. एडवर्ड, जिनकी सन् 1983 में डेडकाइंड के आविष्कारों पर आधारित एक पुस्तक प्रकाशित हुई) कहा कि—

"डेडकाइंड की विरासत में केवल महत्त्वपूर्ण प्रमेय, उदाहरण और अवधारणाएँ ही सम्मिलित नहीं हैं, अपितु इसमें गणित की एक संपूर्ण शैली सम्मिलित है, जो उनके बाद आनेवाली प्रत्येक पीढ़ियों के लिए प्रेरणास्रोत बनी।"

गणित के क्षेत्र में अपने अतुलनीय योगदान के लिए डेडकाइंड को अनेक पुरस्कारों और सम्मानों से भी सम्मानित किया गया। सन् 1862 में उन्हें गोटिनजेन अकादमी,1880 में बर्लिन अकादमी, द एकेडमी ऑफ रोम, द लियोपोलदिनो—कारोलिना नेचारे क्यूरोसोरम अकादिमिया और 1900 में पेरिस स्थित अकादिमिए देस साइंसेज के लिए मनोनीत किया गया। उनको क्रिस्टीनिया विश्वविद्यालय (ओस्लो), ज्यूरिख और ब्रंसविक के द्वारा डॉक्टरेट की उपाधि से भी नवाजा गया।

एक महान् गणितज्ञ के साथ-साथ रिचर्ड डेडकाइंड संगीत के भी बहुत अच्छे ज्ञाता थे। 12 फरवरी, 1916 को 84 वर्ष की आयु में डेडकाइंड की मृत्यु

बहुत ही शांतिपूर्ण ढंग से हुई। उनकी मृत्यु के बाद ऐसा कहा गया कि—"रिचर्ड डेडकाइंड न केवल एक महान् गणितज्ञ थे, अपितु गणित के संपूर्ण इतिहास की एक महानतम शख्सियत थे। गणित विषय के अतीत और वर्तमान समय ने इस महान् युग के अंतिम हीरो, गॉस के अंतिम विद्यार्थी, जिनके कार्य से न केवल हमने अपितु हमारे अध्यापकों और हमारे अध्यापकों के अध्यापकों ने भी सीखा है, वे निस्संदेह रिचर्ड डेडकाइंड हैं।"

□

रेने डेसकॉर्टेस

__जन्म__ : 31 मार्च, 1596 को फ्रांस में।

__मृत्यु__ : 11 फरवरी, 1650 को स्टॉकहोम, स्वीडन में।

__महत्त्वपूर्ण योगदान__ : सह-समन्वय प्रणाली, विश्लेषणात्मक ज्यामिति के जनक, बीजगणित और ज्यामिति के बीच सेतु, अत्यल्प कलन व विश्लेषण के आविष्कार में महत्त्वपूर्ण भूमिका। पुस्तकें 'ले मॉण्डे ऑर इ वर्ल्ड', 'डिस्कोर्स ऑन मैथड', 'मैडिटिएशन दे प्रिमा फिलोसिफिया', 'द प्रिंसीपल्स ऑफ फिलोसफी'।

गणित के क्षेत्र में सृजनात्मकता का समावेश करनेवाले गणितज्ञों की सूची में प्रथम नाम रेने डेसकॉर्टेस का आता है। रेने डेसकॉर्टेस एक सृजनात्मक गणितज्ञ थे। वे एक प्रख्यात फ्रेंच गणितज्ञ, वैज्ञानिक और दर्शनशास्त्री थे। विवादास्पद रूप से वे आधुनिक युग के प्रथम ऐसे प्रमुख दार्शनिक थे, जिन्होंने अविश्वास को पराजित करने के लिए गंभीर रूप से प्रयास किए। पिछली तीन शताब्दियों से उनके ज्ञान और यथार्थता के बारे में दृष्टिकोण और मन व मस्तिष्क के बीच के संबंध के बारे में विचारों का प्रभाव संपूर्ण संसार पर बहुत गहराई से पड़ा है। उनके प्रभावशाली व्यक्तित्व को देखते हुए ही उनको आधुनिक दार्शनिकता के जनक की उपाधि से सम्मानित किया गया है। अपने जीवन काल में वे सर्वप्रथम एक गणितज्ञ, उसके पश्चात् एक प्राकृतिक वैज्ञानिक या प्राकृतिक दर्शनशास्त्री और उसके पश्चात् अभौतिकवादी की भूमिका का निर्वाह सफलता से करते रहे।

क्रिस्टियान की सह-समन्वय प्रणाली, जिसने बीजीय समीकरण को द्विआयामी

सह-समन्वय प्रणाली में ज्यामितीय आकार में अभिव्यक्त करने की अनुमति प्रदान की, उसे इन्हीं के नाम के साथ जोड़ा जाता है। इनको विश्लेषणात्मक ज्यामिति के जनक, बीजगणित और ज्यामिति के बीच सेतु, अत्यल्प कलन व विश्लेषण के आविष्कार के महत्त्वपूर्ण अंग की भाँति माना जाता है।

डेसकॉर्टेस का जन्म 31 मार्च, 1596 को फ्रांस के टोरेन नामक क्षेत्र के ला हये में उनके नाना-नानी के घर पर हुआ था। जब वह एक वर्ष के थे तो उनकी माता जेनी ब्रोकार्ड की मृत्यु हो गई थी। उनके पिता प्रांतीय संसद् के सदस्य थे। नन्हे रेने ने अपने जीवन का शुरुआती एक वर्ष अपने बड़े भाई पियरे और बहन जीनी के साथ ला हये में अपनी नानी जीनी सेन ब्रोकार्ड के साथ ही व्यतीत किया। 8 वर्ष की उम्र में उन्होंने ला फ्लेचे स्थित जेसुइट कॉलेज रॉयल हेनरी-ला-ग्रांडड में इस कॉलेज के खुलने के कुछ माह के पश्चात् ही प्रवेश लिया। उन्होंने सन् 1612 तक वहीं रहकर अरस्तू के उत्कृष्ट, तार्किक और पारंपरिक दर्शनशास्त्र का अध्ययन किया। अपनी स्कूली शिक्षा के दौरान उनका स्वास्थ्य बहुत ही खराब रहता था, इस कारण उनको सुबह 11 बजे तक सोने के लिए अनुमति प्रदान की गई थी। बाद में उनके लिए यह एक आदत बन गई, जिसका अनुसरण उन्होंने अपनी मृत्यु के वर्ष तक किया।

अपनी स्कूली शिक्षा के दौरान डेसकॉर्टेस को यह ज्ञात हुआ कि उनका ज्ञान कितना सीमित है। उनके लिए सीखने के लिए असीमित ज्ञान पुस्तकों में व्याप्त है। वह एक विषय, जो उनकी आँखों को संतुष्टि देता था, वह गणित ही था। यह वही विचार था, जिसने उनकी विचारधारा के लिए मार्ग प्रशस्त किया और उनके द्वारा किए गए सभी कार्यों के लिए आधार तैयार किया था। डेसकॉर्टेस ने बाद में यह स्वीकार भी किया था कि उनकी शिक्षा ने तुच्छ मात्रा में ही भौतिक ज्ञान प्रदान किया और वह केवल गणित विषय था, जिसने उन्हें निश्चित ज्ञान प्रदान किया। वर्ष 1616 के दिसंबर माह में स्नातक की शिक्षा पूर्ण करने के पश्चात् उन्होंने पोइटियरे विश्वविद्यालय में पढ़ाई की और 'बकालुरेट' की उपाधि प्राप्त की, इसके साथ ही उन्होंने कानून की भी पढ़ाई पूरी कर उसमें लाइसेंस प्राप्त किया। कानून की पढ़ाई उन्होंने अपने पिता की इच्छा कि वे एक वकील बनें, का अनुसरण करते हुई की।

सन् 1618 में उन्होंने ब्रेडा स्थित सैनिक विद्यालय में प्रवेश लिया। डेसकॉर्टेस अपने खाली समय में डच वैज्ञानिक आइजक बिकमैन के मार्गदर्शन में गणित और यांत्रिकी विषयों का अध्ययन किया और एक एकीकृत प्रकृति विज्ञान की खोज

आरंभ कर दी। इसी समय डेसकॉर्टेस ने आधारभूत परिज्ञान का आविष्कार कर उसे बिकमैन को संप्रेषित कर दिया था, जिसने विश्लेषणात्मक ज्यामिति (सभी प्रकार की शृंखलाओं की व्याख्या करने के लिए गणितीय समीकरण, जिनकी लंबाइयों के बीच में अनुपात को सम्मिलित किया गया होता था) के प्रयोग के साथ इस तकनीक को संभव बना दिया। डेसकॉर्टेस को स्वयं इसकी उम्मीद नहीं थी कि वे बीजीय सूत्रों के साथ ज्यामितीय संरचना को निश्चित स्थान पर स्थापित करेंगे। इसके बजाय वे ज्यामिति को आधारभूत गणितीय विज्ञान के तौर पर देखते थे और उनका मानना था कि उनकी बीजीय तकनीक वास्तविक सीमा और मापक के लिए तब शक्तिशाली विकल्प उपलब्ध करवाएगी, जब परवर्ती बहुत ही जटिल बन जाएगी। उन्नीसवीं शताब्दी में जब बीजगणित और विश्लेषण ने ज्यामिति पर अपनी श्रेष्ठता को सिद्ध किया तो बीजीय ज्यामिति की सीधी समन्वय की प्रणाली को डेसकॉर्टेस के आविष्कार को सम्मानित करने हेतु 'कार्टिसियन कॉर्डिनेट्स' के नाम से जाना गया।

उनके दार्शनिक विचार कि मैं विचार कर रहा हूँ, इसलिए मेरा अस्तित्व है, ही उनके उस आविष्कार के लिए प्रारंभिक सत्य बने, जिनकी उन्होंने कल्पना की थी। डेसकॉर्टेस ईश्वर में पूर्ण विश्वास करते थे। सत्य की पहचान पर चर्चा करते हुए डेसकॉर्टेस ने ये सुझाव दिए कि मानव बुद्धि उसी प्रकार विश्वसनीय है, जिस रूप में यह विद्यमान है, क्योंकि यह ईश्वर की कृति है। शरीर के लिए इंद्रिय-बोध की कार्यात्मक प्रणाली को सुचारु रूप से चलाने और उसे सुरक्षित रखने के लिए उन्होंने व्याख्या की कि ईश्वर ने मस्तिष्क और शरीर के बीच होनेवाले समन्वय को इस प्रकार से व्यवस्थित किया है, जो शरीर के लिए सुचालक होता है। इन सबके बावजूद प्रत्येक मामले में गलती की संभावना उतने ही व्यापक स्तर पर बनी रहती है, जिस प्रकार मानव के लिए गलत नैतिक विकल्पों का चुनाव तब भी किया जाता है, जबकि ईश्वर ने मनुष्यों को ऐसी इच्छा-शक्ति प्रदान की है, जो सहज रूप से उनको अच्छाई की ओर अग्रसर करती है।

हॉलैंड में दो वर्षों का समय व्यतीत करने के पश्चात् उन्होंने संपूर्ण यूरोप की यात्रा की और उसके पश्चात् 1619 में बारवारियन सेना में सम्मिलित हुए। 10 नवंबर, 1619 की रात को डेसकॉर्टेस ने तीन स्वप्न देखे। ऐसा प्रतीत होता था जैसे इन सपनों ने उनको जीवन में एक मिशन दिया है। उन्होंने इन दृष्टिकोणों से यह निष्कर्ष निकाला कि उनके लिए विज्ञान की तलाश सिद्ध करना, विवेक की तलाश और उनके काम का सबसे महत्त्वपूर्ण दौर अभी शेष है। डेसकॉर्टेस ने यह भी

स्पष्ट रूप से देखा कि सभी सत्य एक-दूसरे से संबंधित हैं, अतः एक आधारभूत सत्य को तलाशना और तार्किक तौर पर उसके साथ व्यवहार करना विज्ञान के सभी अंगों के लिए मार्ग खोल देता है।

वर्ष 1620 से लेकर 1628 तक डेसकॉर्टेस ने संपूर्ण यूरोप की यात्रा की। सन् 1622 में जब वे पेरिस में थे तो उन्होंने इन पद्धतियों के विषय पर अपना पहला निबंध 'रेगुलैई अद डायरेक्शनेम इनजेनी' (रूल्स फॉर द डायरेक्शन ऑफ माइंड अर्थात् मस्तिष्क को निर्देशित करने हेतु नियम) तैयार किया । सन् 1628 का दौर आते-आते डेसकॉर्टेस अपनी लगातार चल रही यात्राओं से थक चुके थे और अपना घर बसाना चाहते थे। जब वे हॉलैंड में थे तो उनका सदैव यह प्रयास रहता था कि वे अपने निवास-स्थान के पते को गुप्त रखें। अपनी इसी कोशिश में सफल होने हेतु वे जल्दी-जल्दी बार-बार अपना निवास-स्थान बदलते रहते थे। अपने जीवन जीने के तरीके को लेकर उनका कहना था कि जीवन अच्छी तरह से व्यतीत करने के लिए आपको गुप्त तरीके से रहना चाहिए। जल्दी-जल्दी अपने निवास-स्थान को बदलते रहने के बावजूद उन्होंने अपने जीवन काल में जितने भी महत्त्वपूर्ण कार्य किए, वे सभी 20 से 30 वर्ष के बीच की उम्र में तब किए, जब वे हॉलैंड में रहते थे और जहाँ पर उनको गणित व दर्शनशास्त्र विषयों में क्रांति के दौर को आरंभ करने में सफलता अर्जित हो गई थी। डेसकॉर्टेस जब हॉलैंड में थे तो उन्होंने विज्ञान विषय से संबंधित 'ले मॉण्डे ऑर इ वर्ल्ड' नामक उत्कृष्ट कार्य की रचना की, जिसे उन्होंने सन् 1634 में प्रकाशित करवाया। यद्यपि; उस समय उन्होंने यह भी पाया कि गैलीलियो की कोपरनिकसवाद की शिक्षा देने के लिए निंदा की गई, इसलिए उन्होंने समझदारी दिखाते हुए अपनी पुस्तक के प्रकाशन को कुछ समय के लिए रोक दिया।

सन् 1638 में डेसकॉर्टेस ने एक पुस्तक को प्रकाशित किया, जिसमें गणित और वैज्ञानिक विषयों पर आधारित तीन निबंधों को सम्मिलित किया गया था। इसके साथ ही उन्होंने 'डिस्कोर्स ऑन मैथड' नामक एक पुस्तक को भी प्रकाशित किया। सन् 1641 में उन्होंने पुस्तकों के प्रकाशित करने के क्रम को जारी रखते हुए 'मैडिटिएशन दे प्रिमा फिलोसिफिया' (मैडिटेशन ऑन फर्स्ट फिलोसफी अर्थात् प्रथम दर्शनशास्त्र पर चिंतन-मनन), सन् 1643 में कार्टिसियन दर्शनशास्त्र की यूट्रेक्ट विश्वविद्यालय में आलोचना की गई और डेसकॉर्टेस ने बोहमिया की राजकुमारी एलिजाबेथ के साथ लंबे समय तक पत्र-व्यवहार किया, जो मुख्यतः नैतिक व मनोवैज्ञानिक विषयों को ही समर्पित होते थे। 'मैडिटिएशन' नामक पुस्तक के

प्रकाशन के बाद सन् 1644 में डेसकॉर्टेस ने 'द प्रिंसीपल्स ऑफ फिलोसफी' नामक पुस्तक को प्रकाशित किया, जो उनकी परिपक्व दार्शनिकता का सबसे संपूर्ण कथन व साधारणतः कार्टिसियन प्रणाली का रूप थी। इस पुस्तक के भाग 1 में डेसकॉर्टेस के आध्यात्मिक दृष्टिकोण की व्याख्या की, जबकि दूसरे भाग कार्टिसियन में भौतिकता के सिद्धांतों का विस्तृत विवरण प्रस्तुत किया। भाग 3 भौतिकता के उन सिद्धांतों को इस ब्रह्मांड का विस्तृत वर्णन प्रस्तुत करने के लिए लागू किया गया था और पुस्तक का चौथा भाग स्थलीय घटना की विस्तृत विविधताओं से सरोकार रखता था। इसके अतिरिक्त डेसकॉर्टेस ने दो और भागों की भी योजना बनाई थी, जिनमें पेड़-पौधों व जानवरों एवं मानव का वर्णन किया जाना था; लेकिन वे पूर्ण नहीं हो सके।

डेसकॉर्टेस के द्वारा किए गए एक ऐसे कार्य, जिसे उनकी स्थायी विरासत माना जाता है, वह उनके द्वारा कार्टिसियन अथवा विश्लेषणात्मक ज्यामिति विषय पर किया गया विकास है, जिसमें ज्यामिति की व्याख्या करने के लिए बीजगणित का प्रयोग किया गया है। उन्होंने समीकरण में अज्ञात के प्रस्तुतीकरण को x, y व z के द्वारा और ज्ञात के प्रस्तुतीकरण को a, b व c के द्वारा करने हेतु रीति का आविष्कार किया। इसके अतिरिक्त उन्होंने मानक संकेतन के लिए भी मार्ग प्रशस्त किया, जिसमें शक्ति अथवा घातांक को प्रदर्शित करने के लिए सुपर स्क्रिप्ट का प्रयोग किया गया था। उदाहरण के लिए, x^4 में वर्ग के वर्ग को प्रदर्शित करने हेतु उन्होंने 4 का प्रयोग किया था। न्यूटन और लैब्निज के द्वारा विकसित किए कलन के सिद्धांत के लिए डेसकॉर्टेस का कार्य ही आधार बना था, जिन्होंने अत्यल्प को स्पर्श रेखा की समस्याओं पर लागू किया। इस प्रकार उन्होंने आधुनिक गणित की इस शाखा के क्रमिक विकास की अनुमति प्रदान की। डेसकॉर्टेस के संकेतों का नियम भी आमतौर पर एक बहुपदीय के सकारात्मक संख्याओं व नकारात्मक संख्याओं के मूल का निर्धारण करने हेतु प्रयोग की जानेवाली पद्धति है।

सन् 1649 में उन्होंने 'लेस पैशंस दे लामे' (पैशंस ऑफ द सोल अर्थात् आत्मा का आवेग) नामक पुस्तक को प्रकाशित किया। अपनी इस पुस्तक को उन्होंने राजकुमारी को समर्पित किया। इसी वर्ष डेसकॉर्टेस ने स्वीडन की रानी क्वीन क्रिस्टीना के उस आमंत्रण को स्वीकार किया, जिसमें उनको रानी के दरबार में सम्मिलित होने के लिए आमंत्रित किया गया था। राजदरबार में उनको एक शिक्षक के रूप में कार्य करने हेतु बुलाया गया था। स्वीडन की रानी के अनुरोध पर उन्होंने स्वीडिश रॉयल अकादमी के अधिनियम की रचना की। रानी ने डेसकॉर्टेस

से कहा कि वे सुबह के 5 बजे आकर उनको गणित की शिक्षा प्रदान करें। लेकिन डेसकॉर्टेस को अपने स्वास्थ्य की संवेदनशीलता के कारण सुबह 11 बजे तक सोने की आदत थी। अपनी आदत की परवाह न करते हुए भी डेसकॉर्टेस ने रानी को खुश करने के लिए उनकी बात मान ली और सुबह 5 बजे उनको पढ़ाना आरंभ कर दिया और ठंड के मौसम का कहर झेलते हुए 11 फरवरी, 1650 को उनकी मृत्यु निमोनिया की बीमारी के कारण हो गई।

□

लाइबनिट्स

जन्म : 1 जुलाई, 1646 को लिप्जिंग में।

मृत्यु : 14 नवंबर, 1716 को हैनोवर में।

महत्त्वपूर्ण योगदान : विशेषक कलन के उत्पादीय नियम की खोज, अंतरीय और पूर्णांक कलन विषय में अपने संस्करण का आविष्कार, बहुत सी संकेत पद्धतियों का आविष्कार जिनका आज भी प्रयोग होता है; मैट्रिक्स के सिद्धांत को सर्वप्रथम इन्होंने ही पहचाना। पुस्तक 'ऑन द आर्ट ऑफ कॉम्बीनेशंस'।

गोटफ्रेड विल्हेम लाइबनिट्स एक जर्मन दर्शनशास्त्री और गणितज्ञ थे, जिनको आइजक न्यूटन के अति सूक्ष्म कलन को स्वतंत्र रूप से विकसित करने का श्रेय जाता है। उन्होंने वैसे तो बहुत सारी भाषाओं में लिखा, लेकिन उनका कार्य प्रमुखत: लैटिन, फ्रेंच और जर्मन भाषा में लिखा गया। गोटफ्रेड लाइबनिट्स का जन्म 1 जुलाई, 1646 को लिप्जिंग में हुआ था। उनके पिता फ्रेडरिक लाइबनिट्स लिप्जिंग में नैतिक दर्शनशास्त्र के प्रोफेसर थे, जबकि उनकी माता एक वकील की पुत्री थीं। गोटफ्रेड विल्हेम लाइबनिट्स जब केवल 6 वर्ष के थे तो उनके पिता की मुत्यु हो गई। इसलिए उनका संपूर्ण लालन-पालन उनकी माता के द्वारा ही किया गया। कदाचित् उनके भीतर जिन नैतिक व धार्मिक मूल्यों का संचार हुआ, वे उनकी माता की ही देन थे। उनके भीतर समाहित इन मूल्यों ने उनके जीवन और दर्शनशास्त्र में बहुत ही महत्त्वपूर्ण भूमिका निभाई। जैसा कि उल्लेखित है कि उनके पिता नैतिक दर्शन-शास्त्र के लिप्जिंग विश्वविद्यालय में प्रोफेसर थे। इसके

परिणाम-स्वरूप ही लाइबनिट्स को अपने पिता का व्यक्तिगत पुस्तकालय पैतृक संपत्ति के रूप में प्राप्त हुआ। पुस्तकों के माध्यम से ज्ञान अर्जित करने का क्रम उन्होंने 7 वर्ष की उम्र से बिना किसी धन व्यय के आरंभ किया। 7 वर्ष की उम्र में ही लाइबनिट्स ने लिप्जिंग के निकोलई विद्यालय में प्रवेश किया, जहाँ पर उन्होंने लैटिन और ग्रीक भाषाएँ सीखीं और 14 वर्ष की उम्र में उन्होंने लिप्जिंग विश्वविद्यालय में दाखिला लिया, जहाँ पर उन्होंने दर्शनशास्त्र और गणित विषयों का अध्ययन किया। लाइबनिट्स 12 वर्ष की उम्र में ही लैटिन भाषा में दक्ष हो चुके थे और उम्र के 13वें वर्ष में उन्होंने अपने विद्यालय में प्रात:काल में आयोजित एक विशेष समारोह में प्रस्तुत करने के लिए लैटिन भाषा में एक कविता के 300 पदों की रचना की। लाइबनिट्स ने कानून विषय में स्नातक की उपाधि प्राप्त की और फिर दर्शनशास्त्र में स्नातकोत्तर की डिग्री ली। सन् 1666 में लाइबनिट्स ने अपनी पहली पुस्तक 'ऑन द आर्ट ऑफ कॉम्बीनेशंस' को प्रकाशित किया। अपनी बढ़ती हुई ख्याति और प्राप्त छात्रवृत्ति के बावजूद उन्हें लिप्जिंग विश्वविद्यालय में कानून विषय में डॉक्टरेट की डिग्री के देने से मना कर दिया गया। इस इनकार के पश्चात् लाइबनिट्स शीघ्र ही ओडोल्फ विश्वविद्यालय चले गए, जहाँ उन्हें फरवरी 1667 में अपने शोध निबंध 'डे कासीबस परप्लैसिक्स' (पेचीदा मामलों पर) के लिए कानून विषय में डॉक्टरेट की उपाधि प्रदान की गई।

लाइबनिट्स के व्यक्तिगत जीवन की बात करें तो उन्होंने जीवन भर शादी नहीं की। लेकिन पूरे यूरोप में उनके बहुत से मित्र और प्रशंसक थे। जहाँ तक उनके धार्मिक होने की बात है तो लाइबनिट्स ईश्वर में आस्था रखनेवाले व्यक्ति थे। वैसे तो व्यक्तिगत तौर पर वे आकर्षक, शिष्ट, हास्य और कल्पना से परिपूर्ण व्यक्ति थे; लेकिन ऐसे बहुत से अवसर भी आए, जब उन्होंने मान्यताओं से परे हट और अपनी व्यक्तिगत जानकारियों व क्रियाओं में फेर-बदल की। यही बातें कलन विवाद के समय उनके अपयश का कारण बनीं।

लाइबनिट्स ने जब काम करना आरंभ किया तो उन्हें पहला पद नूर्नबर्ग में वेतनभोगी कीमियागार का प्राप्त हुआ; यद्यपि वे उस विषय के बारे में कुछ भी नहीं जानते थे। जल्द ही वे जोहान क्रिस्टियान वॉन बोइनबर्ग (1622-1672) से मिले, जो मैंज के निर्वाचक जोहान फिलिप्प वॉन स्कॉनबर्न के पूर्व बरखास्त मुख्यमंत्री थे। वॉन बोइनबर्ग ने लाइबनिट्स को अपने सहायक के तौर पर रख लिया और उसके कुछ समय के पश्चात् ही उन्होंने लाइबनिट्स का परिचय देते हुए उनकी मुलाकात निर्वाचक से करवाई। लाइबनिट्स ने कानून के विषय पर लिखे गए

अपने एक निबंध को उन्हें यह सोचकर समर्पित किया कि शायद उन्हें नौकरी मिल जाए और उनकी यह युक्ति काम कर गई। निर्वाचक ने लाइबनिट्स से कहा कि वे उनके निर्वाचक मंडल के लिए कानूनी नियमों के पुन: प्रारूपण के कार्य हेतु सहायक के तौर पर करें। सन् 1669 में अपीलीय न्यायालय में लाइबनिट्स को आकलन करनेवाले के पद पर नियुक्त किया गया। यद्यपि वर्ष 1672 के समाप्ति के दिनों में वॉन बोइनबर्ग की मुत्यु हो गई थी, लेकिन लाइबनिट्स अपने पद पर सन् 1674 में उनकी विधवा के अंतर्गत तब तक बने रहे। जब तक उन्होंने उन्हें उनकी सेवाओं से बरखास्त नहीं कर दिया। लाइबनिट्स की गणित विषय संबंधी प्रतिभा में और भी निखार तब आया, जब वे डच के भौतिकज्ञ और गणितज्ञ क्रिस्टियान हुइजेंस से मिले। हुइजेंस के रूप में एक गुरु के मिलने के बाद उन्होंने आत्म अध्ययन का एक कार्यक्रम आरंभ किया, जिसने शीघ्र ही उन्हें इन दोनों ही विषयों में कई महत्त्वपूर्ण योगदानों को करने की दिशा में अग्रसर कर दिया। उनके द्वारा दिए गए योगदान में अंतरीय और पूर्णांक कलन के अपने संस्करण का आविष्कार भी सम्मिलित था। सन् 1673 में उन्होंने गणना करनेवाली एक मशीन को प्रदर्शित किया, जिसपर वे 1670 के समय से रॉयल सोसाइटी के दिनों से काम कर रहे थे। उनके द्वारा तैयार की गई यह अपनी तरह की पहली मशीन थी, जो गणित के सभी चार आधारभूत अंकगणितीय परिचालनों को करने में सक्षम थी। उनकी इस उपलब्धि के बाद रॉयल सोसाइटी ने उन्हें बाहरी सदस्य के तौर पर स्वीकृति प्रदान कर दी।

सन् 1676 के अंत में लाइबनिट्स ने बहुत थोड़े समय के लिए लंदन की यात्रा की, जहाँ पर न्यूटन के द्वारा उन पर यह आरोप लगाया कि वे कलन विषय पर न्यूटन के कुछ अप्रकाशित विषय को दिखा रहे हैं। सन् 1677 में वे वापस ब्रूनस्विक आ गए, जहाँ पर उन्होंने हाउस ऑफ ब्रूनस्विक के तीन क्रमागत शासकों के लिए अपनी सेवाएँ इतिहासकार, राजनीतिक सलाहकार और परिणामत: पुस्तकालयाध्यक्ष के तौर पर प्रदान कीं। लाइबनिट्स के सबसे महत्त्वपूर्ण गणितीय पेपर का प्रकाशन वर्ष 1682 से लेकर 1692 के बीच हुआ। उनके इन पेपरों का प्रकाशन सामान्यत: एक जर्नल में हुआ, जिसकी स्थापना उन्होंने और ऑटो मैंक ने मिलकर 1682 में की थी, जिसका नाम 'एक्टा एराडिटोरम' था। इस जर्नल की भूमिका लाइबनिट्स की एक ऐसे गणितज्ञ और वैज्ञानिक की छवि को ऊँचाई की बुलंदियों पर पहुँचाने में बहुत ही महत्त्वपूर्ण थी, जिसने इन विषयों में अपना अभूतपूर्व योगदान दिया और जिसके कारण कूटनीति, इतिहास, धर्मशास्त्र एवं दर्शनशास्त्र जैसे विषयों में उनकी श्रेष्ठता को और बढ़ाया। त्रिकोणमिति में फलन और लघुगणक

तालिका की स्पष्टता का प्रयोग करनेवाले वे पहले गणितज्ञ थे, जिन्होंने यह देखा कि रेखीय समीकरण की प्रणाली के गुणांकों को एक शृंखला समूह में व्यवस्थित किया जा सकता है, जिसे अब 'मैट्रिक्स' के नाम से जाना जाता है।

सन् 1708 में जॉन किल के द्वारा यह आरोप लगाया गया कि उन्होंने न्यूटन के कलन की चोरी की है; लेकिन रॉयल सोसाइटी द्वारा की गई औपचारिक जाँच ने किल के आरोप को न्यूटन और लाइबनिट्स के कलन के संस्करण में निहित महत्त्वपूर्ण अंतर को स्पष्ट करते हुए इन आरोपों के निराधार होने की पुष्टि की। उन्होंने बहुत सारी ऐसी संकेत पद्धतियों का आविष्कार किया, जिनका आज भी प्रयोग किया जाता है। उदाहरण के लिए, पूर्णांक के लिए प्रयोग होनेवाला संकेत 'एक लंब है' का प्रतिनिधित्व करता है, जो कि लैटिन शब्द 'सुमा' से लिया गया है और विशेषक के प्रयोग होनेवाले क शब्द को लैटिन शब्द 'डिफरंशिया' से लिया गया है। कलन के लिए बड़ी ही कुशलता के साथ सुझाई गई यह संकेत पद्धति संभवतः सबसे अधिक स्थायी गणितीय विरासत है। लाइबनिट्स ने सन् 1684 तक कलन के विषय अपने किसी भी काम को प्रकाशित नहीं किया। विशेषक कलन के उत्पादीय नियम को आज भी 'लाइबनिट्स का नियम' ही कहा जाता है। इसके अतिरिक्त वह सूत्र, जिसमें यह बताया गया है कि पूर्णांक संकेतों के बीच में कब और कैसे अंतर किया जाए, को 'लाइबनिट्स का पूर्णांक नियम' कहा जाता है। सन् 1711 में जॉर्ज I के निमंत्रण पर लाइबनिट्स हैनोवर गए, जहाँ पर सन् 1716 में उनकी मृत्यु हो गई।

□

लाग्रेंज

जन्म : 25 जनवरी, 1736 को तुरिन सारोदोनिया (अब इटली) में।

मृत्यु : 11 अप्रैल, 1813 को पेरिस, फ्रांस में।

महत्त्वपूर्ण योगदान : लाग्रेंजियन बिंदु (तीन भागोंवाली समस्या) का समाधान; पुस्तक 'मैक्निक्वे एनैलाटिक्वे'।

लाग्रेंज, जिनका पूरा नाम जोसफ लुइस लाग्रेंज था, के बारे में कहा जाता है कि वह एक फ्रेंच गणितज्ञ हैं। लेकिन इतावली विश्वकोश में उनको प्रसिद्ध इतावली गणितज्ञ माना गया है। उनका जन्म 25 जनवरी, 1736 को हुआ था। उनके पिता ग्यूसेप फ्रांसिस्को लुडोविको लाग्रेंजिया तुरिन के एक सरकारी कार्यालय में कोषाध्यक्ष के पद पर कार्य करते थे और उनकी माता टेरेसा ग्रोसा एक चिकित्सक की पुत्री थीं। लाग्रेंज ग्यूसेप और ग्रोसा की ग्यारह संतानों में से एक थे। एक समृद्ध परिवार से होने के बावजूद लाग्रेंज का बचपन बहुत ही तंगहाली और गरीबी में बीता, क्योंकि उनके पिता ने अपना अधिकांश धन जुए की बुरी लत के कारण गँवा दिया।

लाग्रेंज के जन्म से 16 वर्ष पूर्व ही सन् 1720 में तुरिन सारोदोनिया साम्राज्य की राजधानी बन चुकी थी। लाग्रेंज के पिता के पूर्वजों का संबंध फ्रांस देश से था। उनके परदादा फ्रेंच घुड़सवार फौज के कप्तान थे और काम की तलाश में वह सैवी ड्यूक आए थे। लाग्रेंज अपने पूर्वजों के फ्रांस से इस संबंध के प्रति सदैव आकर्षित रहते थे। वह अपने पारिवारिक नाम के फ्रेंच उच्चारण को ही अपने हस्ताक्षर में प्रयोग करते थे।

लाग्रेंज के पिता चाहते थे। उनका पुत्र एक सफल वकील बने। लेकिन किस्मत ने उनके लिए शायद कुछ अलग ही तय कर रखा था। एक दिन उन्होंने ब्रिटिश खगोल-शास्त्री एवं गणितज्ञ एडमंड हैली का एक लेख पढ़ा, जिसमें कलन की श्रेष्ठता पर चर्चा की गई थी। उस लेख को पढ़ने के बाद लाग्रेंज ने तय किया कि वे इसी विषय का अध्ययन करेंगे। लाग्रेंज के एक कथन से यह सिद्ध हुआ कि उनकी खराब माली हालत ही कदाचित् उनके गणित की ओर आकर्षित होने का कारण बनी। इसका दावा करते हुए लाग्रेंज ने लिखा कि—

''यदि मैं अमीर होता तो संभवत: स्वयं को गणित विषय के प्रति समर्पित नहीं करता।''

लाग्रेंज स्वयं को गणित विषय के लिए पूरी तरह से समर्पित कर चुके थे। वे इस विषय पर बिना किसी के मार्गदर्शन के अकेले ही काम करते थे। सन् 1754 में पहली बार उनका गणित विषय से जुड़ा हुआ कोई कार्य प्रकाशित हुआ। यह इतावली में लिखा गया एक पत्र था, जिसमें बहुपद प्रमेय और फलन के उत्पादों के क्रमिक व्युत्पादित के बीच सादृश्य को सरेखित किया गया था। यद्यपि उनका यह कार्य किसी प्रकार का कोई कमाल नहीं दिखा सका, लेकिन इससे एक बात स्पष्ट हो गई कि वह गणित विषय के विशेषज्ञ के परामर्श के बिना इस विषय पर कार्य कर रहे हैं।

वर्ष 1754 के अंत तक लाग्रेंज ने टाउटोक्रोने नामक विषय पर कुछ महत्त्वपूर्ण आविष्कार कर लिया था। आगे चलकर इन आविष्कारों ने आंशिक रूप से एक नए विषय कलन के भेदों (जिस पर गणितज्ञों ने अध्ययन करना तो आरंभ कर दिया था, लेकिन इस विषय को यह नाम सन् 1766 में यूलर के द्वारा दिए गए इस नाम से पहचाना गया।) में अपना महत्त्वपूर्ण योगदान दिया। लाग्रेंज ने सन् 1755 में टाउटोक्रोने के विषय पर प्राप्त अपने मैक्सिमा और मीनिमा के परिणामों के बारे में बताते हुए यूलर को पत्र लिखा। लाग्रेंज ने यह पत्र 12 अगस्त को लिखा और 6 सितंबर को यूलर ने उनके पत्र का जवाब देते हुए उन्हें लिखा कि वे लाग्रेंज के नए विचारों से बहुत अधिक प्रभावित हुए हैं।

केवल 19 वर्ष की उम्र में ही उन्हें तुरिन के तोपखाने के रॉयल स्कूल में गणित विषय के प्रोफेसर के तौर पर नियुक्त किया गया। इस समय तक वे गणित की दुनिया के लोगों को अपने विचारों की मौलिकता और योग्यता सिद्ध कर चुके थे। सन् 1755 में लाग्रेंज ने कलन की विभिन्नताओं का यांत्रिकी के लिए प्रयोग किया और यह दिखाया कि न्यूनतम क्रिया के प्रारूप में यह सक्रिय समस्याओं का

समाधान तलाशने के लिए सामान्य प्रक्रिया को प्रस्तावित करती है। लाग्रेंज ने अपने इन परिणामों को गणितज्ञ यूलर को संप्रेषित किया, जो उनके काम से बहुत ही प्रभावित हुए और उन्हें बर्लिन अकादमी में सहयोगी विदेशी सदस्य के तौर पर मनोनीत कर दिया। लाग्रेंज की अद्‌भुत क्षमता की प्रशंसा करते हुए बर्लिन अकादमी के अध्यक्ष माउपर्तिस ने कहा कि लाग्रेंज न केवल एक बहुत अच्छे गणितज्ञ हैं अपितु वे न्यूनतम क्रिया के सिद्धांत के बहुत बड़े समर्थक भी हैं और उन्हें यह कहने में तनिक भी हिचक नहीं हो रही है कि वे उनको पर्शिया में एक सम्मानित पद देकर लुभाने का प्रयास कर रहे हैं। उन्होंने इस बारे में यूलर से भी बात की कि वे लाग्रेंज को यह विश्वास दिलवाएँ कि वे पर्शिया में जो पद देंगे, वह उनके तत्कालीन पद से अधिक सम्मानजनक होगा।

सन् 1759 में तुरिन अकादमी ने पहली बार अपने संस्मरण के प्रथम अंक को प्रकाशित किया, जिसमें लाग्रेंज के भी तीन लेखों को सम्मिलित किया गया। वर्ष 1760 के समय तक लाग्रेंज की छवि यूरोप के महानतम गणितज्ञ के तौर पर स्थापित हो चुकी थी। उनको पेरिस की विज्ञान अकादमी के द्वारा पुरस्कृत कर सम्मानित भी किया जा चुका था। सन् 1766 में उन्होंने फ्रेडरिक द ग्रेट के निमंत्रण पर बर्लिन अकादमी में लियोनार्ड यूलर के पश्चात् गणित विषय के निदेशक के तौर पर पदभार सँभाला। सन् 1788 में उन्होंने अपने जीवनकाल के सबसे महत्त्वपूर्ण और प्रसिद्ध पुस्तक, जिसका नाम 'मैक्निक्वे एनैलाटिक्वे' था, को प्रकाशित किया। ऐसा कदापि नहीं है कि लाग्रेंज का योगदान केवल गणित तक सीमित रहा, अपितु उन्होंने खगोल विद्या और संख्या सिद्धांत के विषयों में भी अपना भरपूर योगदान दिया। उनके द्वारा समीकरण के सिद्धांत के विषय पर जो काम किया गया, उसने आगे चलकर गणितज्ञ नील्स एबल की अपने समूह सिद्धांत को विकसित करने में बहुत अधिक सहायता की। खगोलशास्त्र में उन्होंने तीन भागोंवाली समस्या, जिसे 'लाग्रेंजियन बिंदु' कहा जाता है, के लिए समाधान तलाश किया।

बर्लिन आने के एक वर्ष के भीतर लाग्रेंज का विवाह उनकी कजन विटोरिया कोंटी से हुआ। परंतु लाग्रेंज दंपती की कोई संतान नहीं थी। बच्चों के बारे में अपनी राय बताते हुए लाग्रेंज ने स्वीकार करते हुए कहा कि वे नहीं चाहते कि उनके बच्चे हों। अपनी पत्नी के बारे में लाग्रेंज ने लिखा कि—

"मेरी पत्नी, जो मेरी कजन भी हैं और वे काफी समय तक मेरे परिवार के साथ भी रही हैं, वे एक बहुत ही अच्छी गृहिणी हैं और किसी प्रकार के दिखावे से भी कोसों दूर हैं।"

यूलर ने लाग्रेंज को बर्लिन अकादमी के होनेवाले चुनावों में सम्मिलित होने का भी प्रस्ताव रखा। इस दौरान वे तुरिन स्थित साइंटिफिक सोसाइटी, जो आगे चलकर रॉयल सोसाइटी ऑफ तुरिन के नाम से पहचानी गई, के संस्थापक सदस्य भी थे। इस सोसाइटी की एक बड़ी भूमिका यह थी कि इनके द्वारा 'मेलेंनेज दे तुरिन' नामक वैज्ञानिक जर्नल का भी प्रकाशन किया जाता था, जिसमें लैटिन और फ्रेंच भाषा में विषय से संबंधित लेखों को प्रकाशित किया जाता था। लाग्रेंज का एक बड़ा योगदान इस जर्नल के प्रथम भाग, जो सन् 1759 में प्रकाशित हुआ, भाग 2, जिसका प्रकाशन 1762 और भाग 3, जिसका प्रकाशन 1766 में हुआ, के प्रकाशन में भी रहा।

सन् 1795 में लाग्रेंज को ईकोल पॉलिटेक्निक में गणित के प्रोफेसर के पद पर नियुक्त किया गया। इसके साथ ही नेपोलियन बोनापार्ट ने उनको एक सीनेटर के तौर पर भी नियुक्त किया। लाग्रेंज की आयु जब 70 के पार हो चुकी थी तो उन्होंने अपने द्वारा किए गए सर्वोत्तम कार्य 'मैक्निक्वे एनैलाटिक्वे' को पुनः संशोधित करना आरंभ किया; हालाँकि दिन भर में लंबे समय तक काम करने के कारण उनके स्वास्थ्य पर बहुत ही बुरा प्रभाव पड़ने लगा और 77 वर्ष की आयु में 11 अप्रैल, 1813 को उनकी मृत्यु हो गई। उनके मृत शरीर को विज्ञान के क्षेत्र में उनके द्वारा दिए गए योगदान का सम्मान करते हुए जिस स्थान दफनाया गया, वहाँ उनके स्मारक का निर्माण किया गया।

□

लाप्लेस

जन्म : 23 मार्च, 1749 को फ्रांस में।

मृत्यु : 5 मार्च, 1827 को पेरिस, फ्रांस में।

महत्त्वपूर्ण योगदान : सूर्य से ग्रह की औसत दूरी से संबंधित सत्य का सिद्धीकरण, लंबाई की इकाई का नामकरण, संभाव्यता के आधुनिक युग के संस्थापक। पुस्तक 'मैकनिक्वे सेलेस्ते', 'थ्योरे एनेलैटिक्यू डेस प्रोबाबिलिटी'।

लाप्लेस, जिनका पूरा नाम मारक्विस पियरे सिमोन डे लाप्लेस था, फ्रांस के ऐसे महान् गणितज्ञ थे, जिनके काम को गणितीय खगोल विद्या और सांख्यिकी के विकास में निर्णायक माना जाता है। लाप्लेस के बारे में लिखते हुए ई.टी. बेल, जिन्हें गणित के लिए समर्पित व्यक्ति कहा जाता था, ने कहा कि एक गणितीय खगोल-शास्त्री के रूप में लाप्लेस को 'फ्रांस का न्यूटन' कहा जाता है। एक गणितज्ञ के तौर पर संभवतः उनको संभाव्यता के सिद्धांत के आधुनिक युग का संस्थापक और 'सबसे अधिक प्रभावशाली वैज्ञानिक' की उपाधि दी जा सकती है। लाप्लेस फ्रांस के सुनहरे युग के सबसे अधिक ख्याति पानेवाले वैज्ञानिक थे। इसके साथ ही उनको इस सृष्टि के प्रारंभ से लेकर अब तक के सभी वैज्ञानिकों में सबसे अधिक प्रभावशाली वैज्ञानिक भी माना जाता है। उनके भीतर असाधारण प्राकृतिक गणितीय क्षमता थी, जिसने उन्हें उनके सभी प्रतिद्वंद्वियों से श्रेष्ठ बना दिया। ऐसा माना जाता है कि अब तक जितने भी गणितज्ञ और वैज्ञानिक इस संसार में जनमे हैं, उन सबमें लाइबनिट्स सबसे अधिक बुद्धिमान और बहुफल क्षमतावाले

दार्शनिक व गणितज्ञ थे और गणित विषय पर उन्होंने जो प्रभाव डाला, वह बहुत ही गहरे स्तर तक इस विषय में समाहित हो चुका है। ऐतिहासिक तौर पर बालपन में बौद्धिक क्षमता की जाँच के लिए किए जानेवाले परीक्षण में लाइबनिट्स का स्तर दूसरे स्थान पर आता है; जबकि पहले स्थान पर गेटे का नाम आता है, जो एक जर्मन लेखक, कलाकार और राजनीतिज्ञ थे।

लाप्लेस, जिनका पूरा नाम पियरे सिमोन लाप्लेस था, पियरे लाप्लेस और मैरी ऐनी की दूसरी संतान थे। उनका जन्म 23 मार्च, 1749 को फ्रांस में हुआ था। वैसे तो लाप्लेस के आरंभिक जीवनकाल के बारे में थोड़ी-बहुत ही जानकारी प्राप्त है, लेकिन उनके माता-पिता के बारे में इतनी जानकारी अवश्य मिलती है कि वे बॉमाउंट-एन-ऑग नामक स्थान पर किसानी कर अपना जीवनयापन करते थे। लाप्लेस ने अपने माता-पिता के पेशे पर कभी गर्व नहीं किया। उन्हें इस बात को लोगों के सामने स्वीकार करने में शर्म आती थी कि उनके माता-पिता किसान हैं। उन्होंने अपने इस सत्य को लोगों से छिपाए रखने के पूरे प्रयत्न किए। 7 वर्ष की उम्र में स्थानीय बेनिदित्तिन (संत बेनिडिक्ट के अनुयायियों से संबंधित शिक्षा ग्रहण करने का स्थान) में शिक्षा के लिए दाखिला लिया। उनके अंकल यहाँ पर अध्यापक थे। लाप्लेस के पिता चाहते थे कि वे अपना कॅरिअर चर्च में ही बनाएँ। सन् 1766 में लाप्लेस ने सैद्धांतिक प्रशिक्षण प्राप्त करने के लिए काएन विश्वविद्यालय में प्रवेश किया। विश्वविद्यालय में शिक्षा प्राप्त करते हुए उनके गणित विषय के दो बेहद उत्साही अध्यापकों क्रिस्टोफर गैडबेल्ड और पियरे ले कानू ने इस विषय के लिए उनके उत्साह को जगाया। यही वह स्थान था, जहाँ पर उन्होंने अपने जीवन का पहला पेपर लिखा, जिसे तुरिन की रॉयल सोसाइटी के 'मिलानजेस' में प्रकाशित किया गया।

सन् 1768 में 19 वर्ष की उम्र में उन्होंने पेरिस की यात्रा की। इस यात्रा पर जाते समय उन्होंने विश्वविद्यालय के अपने प्रोफेसर ले कानू से डी. एलेंबर्ट को देने हेतु एक सिफारिशी पत्र भी लिखा। लाप्लेस को पेरिस के सैनिक विद्यालय में गणित के प्रोफेसर का पद मिल गया। यहाँ पर उनका काम सैनिक विद्यालय के कैडेटों को प्राथमिक तौर पर गणित का ज्ञान देना था।

पेरिस अकादमी का एक सदस्य बनने के लक्ष्य को साधने के लिए लाप्लेस ने अपने शोध-पत्रों को स्थायी सचिव के पास भेजना आरंभ कर दिया। लाप्लेस ने सन् 1771 और 1772 में अकादमी का सदस्य बनने के लिए होनेवाले चुनावों में हिस्सा लिया; लेकिन वे सदस्यता पाने में सफल नहीं हो सके। सन् 1773 में वे

अकादमी की सदस्यता प्राप्त करने के अपने उद्‌देश्य में 24 वर्ष की उम्र में सफल हो गए। शुरुआती दौर में लाप्लेस के द्वारा किया गया काम सन् 1771 में प्रकाशित किया गया। इसकी शुरुआत उन्होंने अंतरीय समीकरण और परिमित विभेदक जैसे विषयों से की। लाप्लेस का गणित में दिया गया सबसे पहला महत्त्वपूर्ण योगदान सन् 1773 में दिया गया था, जिसमें उन्होंने सिद्ध किया था कि सूर्य से ग्रह की औसत दूरी कुछ साधारण आवधिक भिन्नताओं के अंतर्गत सदैव एक जैसी रहती है।

लाप्लेस न्यूटन के बहुत बड़े प्रशंसक थे। उन्होंने अपने जीवनकाल के दौरान किए गए काम—संपूर्ण सौर प्रणाली—के लिए न्यूटन के गुरुत्त्वाकर्षण के नियम का विस्तृत अनुप्रयोग के प्रति स्वयं को पूरी तरह से समर्पित कर दिया। डी. एल्मबर्ट को लिखे गए एक पत्र में लाप्लेस ने लिखा कि मैंने सदैव ही व्यर्थ की छवि की इच्छा के बजाय अपनी रुचि के अनुसार गणित विषय से संबंधित शोधों को पूरा किया है।

सन् 1776 में लाप्लेस ने एक संस्मरण को प्रकाशित किया, जिसमें उन्होंने सर्वप्रथम गुरुत्त्वाकर्षण के ऐसे संभावित प्रभावों की खोज की, जिनकी प्रतिक्रिया जल्दी नहीं होती। अंततः वे न्यूटन के गुरुत्त्वाकर्षण में एक बौद्धिक निवेश पर वापस लौट गए। लाप्लेस को विज्ञान की सभी शाखाओं की व्यापक स्तर पर जानकारी थी और उन्होंने वर्ष 1783 और 1786 में हुई सभी चर्चाओं में अपना वर्चस्व कायम रखा। लाप्लेस ने खगोलीय यांत्रिकी की प्रमुख समस्याओं की जाँच भी की। इसके साथ ही उन्होंने पृथ्वी के आस-पास चंद्रमा के गति-वर्धन का भी वर्णन किया। लाप्लेस ने पेरिस के महत्त्वपूर्ण जीवन संबंधी आँकड़ों का अध्ययन किया और फ्रांस की कुल जनसंख्या का अनुमान लगाने के लिए संभाव्यता तकनीकों का प्रयोग किया। लाप्लेस के द्वारा तीन भागों में प्रथम वर्ष 1784, द्वितीय वर्ष 1785 और अंतिम वर्ष 1786 में ग्रहों से संबंधित असमानताओं के विषय पर एक संस्मरण को भी प्रस्तुत किया, जिसमें प्रमुख तौर पर गड़बड़ियों की पहचान और उनके व्याख्यान पर ध्यान केंद्रित किया गया था, जिसे आज हम महत्त्वपूर्ण बृहस्पति-शनि की असमानताओं के नाम से जानते हैं।

लाप्लेस ने इन ग्रहों की गति से संबंधित एक ऐसी समस्या का समाधान तलाशा, जो लंबे समय से बनी हुई थी। उन्होंने सामान्य विचारों से ही यह प्रदर्शित किया—प्रथम, दो ग्रहों की कोई भी साझा क्रिया उनके कक्ष में विकेंद्रता और झुकाव में बहुत बड़ा परिवर्तन नहीं ला सकती; लेकिन फिर भी, यहाँ पर इससे भी महत्त्वपूर्ण बात यह है कि बृहस्पति-शनि की प्रणाली में जो अनूठापन उत्पन्न होता है, उसका कारण बृहस्पति-शनि की औसत गति की सम्मेय क्षमता के निकटतम

मार्ग होता है। लाप्लेस ने चंद्रमा की गति से संबंधित एक महत्त्वपूर्ण समस्या के समाधान के लिए एक विश्लेषणात्मक समाधान भी प्रस्तुत किया था। लाप्लेस ने चंद्र त्वरण से संबंधित अपने परिणामों का प्रयोग तब भी किया, जब वे इस मान्यता के एक रिक्त स्थान पर कठोर भागों का संकलन विचरण करता है, के आधार पर संपूर्ण सौर प्रणाली के स्थिर होने के प्रमाण को सिद्ध करने का प्रयास कर रहे थे।

गणितज्ञ लाइबनिट्स गणित विषय के सामान्य तर्कों, जिनमें इसकी बारंबारता, विभिन्नता और सांकेतिक पक्ष भी सम्मिलित थे, के पथ-प्रदर्शक थे। उन्होंने ही सर्वप्रथम इनकी खोज की। लाइबनिट्स के द्वारा गणित विषय के जिन क्षेत्रों में नवीनता का संचार किया गया था, उनमें समाकलन के संकेत, विभेदन, मैट्रिक्स का निर्धारण और गॉस का उन्मूलन, ज्यामितीय आवरण का सिद्धांत और द्विवर्गीय संख्या प्रणाली सम्मिलित हैं। उन्होंने किसी भी अन्य गणितज्ञ की तुलना में सबसे अधिक गणितीय शब्दों का निर्माण किया। उनके द्वारा निर्मित शब्दों में फलन, चर, भुज, प्राचल और समन्वय सम्मिलित हैं।

सन् 1785 में 36 वर्ष की उम्र में उनको अकादमी की सदस्यता संपूर्ण तौर पर प्रदान कर दी गई। उनको सैनिक विद्यालय के तोपखाने के सैनिक छात्रों के परीक्षक के पद पर तब नियुक्त किया गया, जब ऐसे कयास लगाए जा रहे थे कि शायद उन्हें नेपोलियन बोनापार्ट के परीक्षक के पद पर नियुक्त किया जाएगा।

सन् 1788 में उनका विवाह मैरी शेर्लोट डू कार्ली डे रमाजेस से हुआ। लाप्लेस की पत्नी उम्र में उनसे 20 वर्ष छोटी थीं। लाप्लेस दंपती की दो संतानें थीं।

सन् 1799 में लाप्लेस ने लाग्रेंज और मोंज के साथ मिलकर लंबाई, क्षेत्रफल, परिमाण और बड़े पैमाने के साथ दशमलव उपविभाजन और गुणजों की इकाई के लिए विशेषताओं का निर्माण किया। लाप्लेस के सुझाव पर ही लंबाई की इकाई का नाम 'मीटर' रखा गया। नेपोलियन की शक्ति के विस्तार को देखते हुए वे एक ऐसे व्यक्ति का साथ चाहते थे, जो निष्ठावान् हो और उनकी महत्त्वाकांक्षी परियोजना में उनका साथ दे सके। नवंबर 1799 में लाप्लेस को इंटीरियर मंत्री बनाया गया; लेकिन बाद में छह सप्ताह से कम समय में ही उनको उनके पद से हटा दिया गया।

लाप्लेस ने सौर प्रणाली के निरूपण की नैबुलर परिकल्पना का विकास किया। पहली बार इसका सुझाव इमैनुएल स्वीडनबोर्ग के द्वारा दिया गया और इसका विस्तार इमैनुएल कांत के द्वारा किया गया। यह एक ऐसी परिकल्पना थी, जिसने ग्रहों की प्रणाली की उत्पत्ति के विषय पर लंबे समय तक अपना आधिपत्य

बनाए रखा था। लाप्लेस के अनुसार, इस परिकल्पना का वर्णन इस प्रकार था कि सौर प्रणाली का विकास गरम गैस के गोलाकार समूह के घूर्णन, जो कि इसके समूह के केंद्र के माध्यम से एक धुरी के चारों ओर घूमता है, से हुआ है। जैसे-जैसे यह ठंडा होता है, ये समूह एक-दूसरे के संपर्क में आते हैं और क्रमिक वलय अपनी बाहरी सीमा से टूट जाती है। यह वलय ठंडी हो जाती है और अंततः एक ग्रह में घनीभूत हो जाती है; जबकि सूर्य केंद्रीय मूल का प्रतिनिधित्व करता है, जो अब भी मौजूद है। लाप्लेस के द्वारा सौर प्रणाली का जो विश्लेषणात्मक विवरण प्रस्तुत किया गया, उसे उनकी पुस्तक 'मैकनिक्वे सेलेस्ते' में भी सम्मिलित किया गया है। इस पुस्तक का प्रकाशन पाँच अंकों में किया गया था।

सन् 1812 में लाप्लेस ने अपनी पुस्तक 'थ्योरी ऐनेलैटिक्यू डेस प्रोबाबिलिटी' को जारी किया, जिसमें उन्होंने सांख्यिकी से संबंधित बहुत सारे आधारभूत परिणामों को सम्मिलित किया। सन् 1819 में उन्होंने संभाव्यता के विषय पर किए गए अपने प्रसिद्ध कार्य को प्रकाशित किया। सन् 1816 में लाप्लेस ने पहली बार एक नए विषय की ओर ध्यान केंद्रित करते हुए कहा कि हवा में ध्वनि की गति ऊष्मा के क्षमता अनुपात पर निर्भर करती है।

लाप्लेस ने अपने जीवन में बहुत सी उपलब्धियों को स्पर्श किया, लेकिन उसके बावजूद वह सारा जीवन विनम्र बने रहे। उनमें अपनी उपलब्धियों को लेकर लेशमात्र भी अभिमान नहीं आया। उनका कहना था कि हम जो कुछ भी जानते हैं, वह पर्याप्त नहीं है। हम जो कुछ नहीं जानते हैं, वह बहुत अधिक गहराई तक समाया हुआ है। उनके इन वाक्यों में उनके भीतर सरलता और विनम्रता की झलक साफ तौर पर दिखाई देती है।

5 मार्च, 1827 के दिन इस महान् आत्मा ने अपनी आँखें बंद कर इस संसार से विदा ले ली। उनके द्वारा इस क्षेत्र में दिए गए कई महत्त्वपूर्ण योगदानों को सम्मान देते हुए उनका नाम एफिल टावर पर अंकित नामों में सम्मिलित किया गया है।

□

लियोनहार्ड यूलर

जन्म : *15 अप्रैल, 1707 को स्विट्‌जरलैंड स्थित बेसल स्थान पर।*
मृत्यु : *17 सितंबर, 1783 को सेंट पीटर्सबर्ग, रूस में।*
महत्त्वपूर्ण योगदान—*विभिन्न संकेत पद्धतियों को प्रचलित किया, जैसे फलन के लिए* ***f(X), i (iota)*** *इत्यादि। पुस्तक 'इंट्रोडिसियो इन एनैलाइसिन इनफिनिटोरियम', 'इंस्टीट्यूटशने कैलकुली डिफरेंशियलिस'।*

लियोनहार्ड यूलर 18वीं शताब्दी के सर्वोत्कृष्ट और सबसे अधिक सफल गणितज्ञों में से एक थे। उनका जन्म 15 अप्रैल, 1707 को स्विट्‌जरलैंड के बेसल शहर में हुआ था। लियोनहार्ड यूलर के पूर्वज शिल्पकारी का काम करते थे। उनके पिता पॉल यूलर रोमन मत-विरोधी धार्मिक पुस्तक संबंधी सुधार चर्च के पादरी थे, जबकि उनकी माता मारग्रेट ब्रूकर एक पादरी की बेटी थीं। लियोनहार्ड के जन्म के पश्चात् उनका परिवार निकट के गाँव रिहैन में जाकर बस गया, जहाँ पर लियोनहार्ड का अधिकांश बचपन बीता। लियोनहार्ड को प्रारंभिक शिक्षा उनके घर पर प्राप्त हुई और बाद में उनको शहर में उनकी नानी के साथ रहने और शिक्षा ग्रहण करने हेतु भेज दिया गया। इस विद्यालय में उनके पास सीखने को कुछ अधिक नहीं था। गणित के विषय में उनकी रुचि अपने पिता से प्राप्त हुई जानकारियों के कारण ही बनी, इसके साथ-साथ उन्होंने स्वयं भी गणित से संबंधित विभिन्न पुस्तकों को पढ़ा और व्यक्तिगत तौर पर सबक सीखे। यूलर के पिता चाहते थे कि उनका पुत्र उनकी ही तरह चर्च में पादरी के पद पर आसीन हो और इसलिए उन्होंने यूलर को बेसल विश्वबिद्यालय भेजने का निर्णय लिया, जिससे कि वह इस क्षेत्र में पारंगत हो सकें।

लियोनहार्ड के पिता पॉल यूलर की बेरनॉली परिवार (जोहान बेरनॉली) से अच्छी मित्रता थी, जिन्हें उस समय यूरोप का सर्वश्रेष्ठ गणितज्ञ माना जाता था। कदाचित् नन्हे लियोनहार्ड पर भी उनका प्रभाव सबसे अधिक रहा। 13 वर्ष की उम्र में ही लियोनहार्ड ने मैट्रिक की परीक्षा पास कर ली और बेसल विश्वविद्यालय में आगे की शिक्षा ग्रहण करने हेतु प्रवेश लिया। सन् 1723 में उन्होंने दर्शनशास्त्र में स्नातकोत्तर की डिग्री शोध निबंध के साथ प्राप्त कर ली। उनके शोध निबंध की तुलना डेसकॉर्ट्स और न्यूटन के दर्शनशास्त्र से की गई। हालाँकि यूलर ईसाई धर्म में पूरी आस्था रखते थे; लेकिन वे दर्शनशास्त्र, हिब्रू और ग्रीक जैसे विषयों का उतनी रुचि के साथ नहीं अध्ययन कर पाए, जिस प्रकार से वे गणित का करते थे। उन दिनों लियोनहार्ड यूलर जोहान बेरनॉली से अंशकालिक तौर पर भी शिक्षा प्राप्त कर रहे थे और जोहान के द्वारा शीघ्र ही अपने इस नए विद्यार्थी में गणित के लिए छुपी अद्भुत प्रतिभा को खोज निकाला गया। दुर्भाग्य से लियोनहार्ड के पिता यह नहीं चाहते थे कि वे गणित के क्षेत्र में अपना कॅरिअर बनाएँ। लेकिन जोहान बेरनॉली के समर्थन से वह अपने पिता को यह समझाने व मनाने में सफल हो गए कि उनका वास्तविक लक्ष्य गणित है।

अपनी शिक्षा पूरी करने के पश्चात् यूलर ने बेसल विश्वविद्यालय में भौतिक विज्ञान के प्रोफेसर के पद के लिए आवेदन किया। लेकिन उन्हें यह पद इसलिए प्राप्त नहीं हो सका, क्योंकि उनकी उम्र बहुत ही कम थी। सन् 1725 में यूलर इंपीरियल रशियन एकेडमी के चिकित्सा अनुभाग के एक प्रसिद्ध पद को प्राप्त करने में सफल हो गए। लेकिन वहाँ पर कुछ महीनों का समय व्यतीत करने के पश्चात् उन्होंने अपना तबादला गणित विषय के अनुभाग में करवा लिया। बाद में वह इस संस्थान के अध्यक्ष पद पर भी आसीन हुए। सन् 1727 से लेकर 1730 तक यूलर ने रूसी नौसेना में चिकित्सा लेफ्टीनेंट के तौर पर भी कार्य किया। इस दौरान वह डेनियल बेरनॉली के साथ रहे, जिन्होंने यूलर से स्विट्जरलैंड से अपने साथ चाय, कॉफी, शराब और अन्य व्यंजनों को लाने का अनुरोध किया, जिनकी कमी वे रूस में महसूस करते थे। सन् 1730 में वे अकादमी में भौतिकी के प्रोफेसर के पद पर आसीन हुए। इस नियुक्ति के पश्चात् उनको पूर्णरूप से अकादमी का सदस्य भी मान लिया गया। अब वह अपने रूसी नौसेना के पद को आसानी से छोड़ सकते थे।

सेंट पीटर्सबर्ग में अपने निवास के दौरान उन्होंने 7 जनवरी, 1734 को कैथरिना गैजाल (1707–1773) से विवाह किया, जो जॉर्ज गैजाल (वेधशाला अकादमी के एक पेंटर) की पुत्री थी। यूलर ने रूस के स्कूली विद्यार्थियों के लिए प्रारंभिक और

अग्रिम दोनों स्तर की पुस्तकें लिखीं। गणित के प्रोफेसर होने के अतिरिक्त वे भूगोल विभाग के प्रभारी भी रहे, जहाँ पर उनके द्वारा किए जानेवाले कार्यों की सूची में देश के लिए मानचित्र तैयार करने का कार्य भी शामिल था। सन् 1736 में उन्होंने कोनिसबर्ग के सात पुलों को लेकर उपजी समस्या को हल किया। उनकी इस सफलता ने गणित की एक नई शाखा, जिसे 'ग्राफ थ्योरी' नाम दिया गया, का आरंभ किया।

सन् 1735 में यूलर जब सूर्य का अवलोकन कर रहे थे तो वे अपनी दाईं आँख की दृष्टि खो बैठे। अपनी आत्मकथा में यूलर ने कहा कि उनको दृष्टि संबंधी समस्या सन् 1738 में तब आरंभ हुई, जब वे मानचित्र संबंधी अपने कार्य को लेकर आवश्यकता से अधिक कार्य कर रहे थे।

सन् 1738 और 1740 में पेरिस अकादमी के द्वारा अपने अद्भुत योगदान के लिए 'ग्रांड पुरस्कार' प्राप्त करने के पश्चात् वर्ष 1740 का दौर आते ही यूलर एक प्रतिष्ठित गणितज्ञ बन चुके थे। उनकी इसी प्रतिष्ठा के कारण उनको बर्लिन से एक प्रस्ताव प्राप्त हुआ। लेकिन यूलर की प्राथमिकता यही थी कि वे सेंट पीटर्सबर्ग में ही रहे। लेकिन राजनीतिक उथल-पुथल के कारण रूस में विदेशियों के जीवन को बहुत ही कठिन बना दिया था और इस कारण यूलर को अपना इरादा बदलना पड़ा।

19 जून, 1741 को यूलर ने बर्लिन अकादमी में प्राप्त हुए पद पर कार्य करने हेतु सेंट पीटर्सबर्ग छोड़ दिया। इस पद का प्रस्ताव उनको पर्शिया के महान् फ्रेडरिक के द्वारा दिया गया। वह बर्लिन में अगले 25 वर्षों तक रहे, जहाँ पर उन्होंने 380 से भी अधिक लेख लिखे। बर्लिन में रहते हुए उन्होंने अपने उन दो कार्यों को प्रकाशित किया, जिनके लिए उन्हें सबसे अधिक प्रसिद्धि प्राप्त हुई—'इंट्रोडिसियो इन एनेलाइसिन इनफिनिटोरियम', फलनों पर लिखी गई पठन सामग्री, जिसे सन् 1748 में प्रकाशित किया गया और 'इंस्टीट्यूटशने कैलकुली डिफरनशियलिस' जो अंतर कलन के विषय पर आधारित थी। इसे सन् 1755 में प्रकाशित किया गया। सन् 1755 में यूलर को रॉयल स्वीडिश एकेडमी ऑफ साइंस के विदेशी सदस्य के तौर पर निर्वाचित किया गया। सन् 1766 में अपनी खोज के कुछ सप्ताह के पश्चात् ही अपनी बाईं (उनकी दाईं आँख की रोशनी पहले ही जा चुकी थी) आँख में मोतियाबिंद की बीमारी हो गई, जिस कारण वे लगभग पूरी तरह से अंधे हो गए। यद्यपि उनकी इस शारीरिक क्षति ने उनकी गणित की सृजनात्मक क्षमता को किसी प्रकार से प्रभावित नहीं किया, क्योंकि उनकी मानसिक तौर पर गणना करने की क्षमता और स्मरण-शक्ति अद्भुत थी।

यूलर ने लगभग 25 वर्ष का समय बर्लिन में व्यतीत किया। इस दौरान उन्होंने

लगभग 380 लेख लिखे और विभिन्न विषयों जैसे कलन के भेद, ग्रहों के कक्ष की गणना, तोपखाने व प्राक्षेपिकी, विश्लेषण, जहाज निर्माण और नेविगेशन, चंद्रमा की गति, विभेदक कलनों पर दिए गए व्याख्यानों पर भी पुस्तकों को लिखा। इसके अतिरिक्त उन्होंने जर्मनी की राजकुमारी को वैज्ञानिक प्रकाशनों पर लिखे गए पत्रों को भी पुस्तक के रूप में प्रकाशित किया। विभिन्न विषयों पर लिखी गई पुस्तकों में यूलर को अपने पुत्रों का भी भरपूर सहयोग प्राप्त हुआ। उनके दो पुत्र जोहान अलब्रेक्ट यूलर, जो सन् 1766 में सेंट पीटर्सबर्ग स्थित अकादमी में भौतिकी के पद पर आसीन हुए और 1769 में सचिव भी बने। उनके दूसरे पुत्र क्रिस्टोफर यूलर का सैनिक कॅरिअर था। यूलर को अकादमी के दो अन्य लोगों डब्ल्यू.एल. क्राफ्ट और ए.जे. एक्सेल का भी अपने कार्य में पूरा-पूरा सहयोग प्राप्त हुआ। इसके अलावा उनको एक युवा गणितज्ञ एन. फस का भी सहयोग प्राप्त हुआ, जिन्हें अकादमी ने सन् 1772 में स्विट्जरलैंड से आमंत्रित किया था। फस, जो यूलर की पोती के पति भी थे, सन् 1776 में यूलर के सहायक भी बने।

यूलर बहुत ही सफल और प्रभावशाली अध्यापक थे। अपने अंधेपन के बावजूद अपनी सहज ज्ञान-युक्त अंतर्दृष्टि की सहायता से उन्होंने अनेक नवीन व महत्त्वपूर्ण निष्कर्षों को प्राप्त किया। उन्होंने 900 से भी अधिक गणित विषय की लगभग सभी शाखाओं पर पेपर, संस्मरण और पाठ्य-पुस्तकों को प्रकाशित किया। यूलर ने गणित के लगभग सभी क्षेत्रों जैसे ज्यामिति, अत्यणुकलन, त्रिकोणमिति, बीजगणित और संख्या सिद्धांत के साथ-साथ सातत्य भौतिकी, चांद्र सिद्धांत और भौतिक विज्ञान के अन्य क्षेत्रों में भी काम किया। यूलर ने अपनी अनेक और व्यापक तौर पर प्रचलित पाठ्य-पुस्तकों के द्वारा विभिन्न संकेत पद्धतियों से लोगों को परिचित करवाने के साथ उनको प्रचलित भी किया। फलन के लिए $f(X)$ संकेत का प्रयोग करनेवाले पहले व्यक्ति यूलर ही थे। गणित के क्षेत्र में i (iota), e (यूलर के स्थिर) और सिग्मा के लिए संकेत को विकसित करने का श्रेय यूलर को ही जाता है। 18 सितंबर, 1783 को इस महान् प्रतिभा का सेंट पीटर्सबर्ग में निधन हो गया।

□

लियोनार्डो फिबोनाकी

जन्म : 1170 ईसा पश्चात्, पीसा (वर्तमान इटली) में।
मृत्यु : 1250 ईसा पश्चात् पीसा (वर्तमान इटली)।
***महत्त्वपूर्ण योगदान :** भारतीय सूचकों की प्रणाली को अपने कार्यों के द्वारा संपूर्ण यूरोप में प्रचलित किया, फिबोनाकी संख्याएँ और फिबोनाकी अनुक्रम के जनक, ब्रह्मगुप्त–फिबोनाकी पहचान, फिब़ोनाकी बहुपद। पुस्तक 'लिबेर अबासी' (1202), 'प्रेक्टिसिया ज्योमेतेरे' (1220), 'लिबेर क्वांड्राटोरियम', 'फ्लोस'।*

लियोनार्डो पिसानो, जिन्हें उनके उपनाम 'फिबोनाकी' के माध्यम से अधिक जाना जाता था, एक इतालवी गणितज्ञ थे। फिबोनाकी स्वयं के लिए कभी–कभी 'बिगोल्लो' नाम का प्रयोग भी प्रयोग करते थे, जिसका अर्थ था—बेकार अथवा यात्री। उनका जन्म 1170 ईसा पश्चात् के समय पीसा में हुआ था। फिबोनाकी संभवत: मध्यकालीन युग के सबसे बेहतरीन गणितज्ञ थे। उनकी शिक्षा उत्तरी अफ्रीका में हुई, जहाँ पर उनके पिता गिल्लोमो एक राजनयिक के पद पर आसीन थे। फिबोनाकी को गणित की शिक्षा बुगिया में प्राप्त हुई। उन्होंने अपने पिता के साथ विभिन्न देशों की यात्रा की और जिन देशों की उन्होंने यात्रा की, उनमें प्रयोग की जानेवाली विभिन्न गणितीय प्रणालियों के लाभों का भी ज्ञान अर्जित किया।

फिबोनाकी ने अपनी यात्राओं का दौर लगभग वर्ष 1200 में समाप्त किया। संख्याओं के सूचकों की आधुनिक प्रणाली (0, 1, 2, 3,...........9) जिसकी

उत्पत्ति भारत में हुई और संसार के पश्चिमी भाग को, जिनसे पहली बार अल ख्वारिज्मी ने अवगत करवाया, यूरोपीय देशों में व्यापक स्तर पर फिबोनाकी के द्वारा किए गए कार्यों के कारण प्रचलित हुई। उनकी पुस्तक 'लिबेर अबासी', जिसे वर्ष 1202 में प्रकाशित किया गया, ने ही भारतीय संख्यात्मक प्रणाली को संसार भर में प्रचलित किया। यह पुस्तक अंकगणित और बीजगणित के उस ज्ञान पर आधारित थी, जिसे फिबोनाकी ने अपनी यात्रा के दौरान एकत्रित किया था। यह पुस्तक, जिसकी व्यापक तौर पर प्रतिलिपियाँ तैयार की गईं और इसका अनुसरण किया गया, ने हिंदू-अरबी महत्त्वपूर्ण स्थान दशमलव प्रणाली से संसार को अवगत करवाया और इसके साथ-साथ अरबी में संख्याओं के लिए प्रयोग किए जानेवाले संकेत चिह्नों को यूरोप में प्रचलित कर उनको प्रयोग में लाने के चलन की शुरुआत की। हालाँकि वास्तव में, यह पुस्तक विशेष तौर पर अरबी संख्या के प्रयोग के विषय पर आधारित थी, जिन्हें बाद में 'अरबी दशमलव लेखन' के नाम से जाना गया, इसके साथ ही इस पुस्तक में रैखिक समीकरण के बारे में जानकारियों को सम्मिलित किया गया था। 'लिबेर अबासी' नामक इस पुस्तक के तीसरे भाग में मौजूद एक समस्या ने फिबोनाकी संख्याओं और फिबोनाकी अनुक्रम, जिसके लिए आज फिबोनाकी को सबसे अधिक याद किया जाता है, की नींव डालने की ओर अग्रसर किया।

एक व्यक्ति ने चारों ओर दीवारों से घिरे एक स्थान पर एक जोड़ी खरगोशों को रखा। एक वर्ष में उस एक जोड़ी खरगोशों के द्वारा कितने नए खरगोशों का जन्म संभव है? यदि ऐसा मान लिया जाए कि प्रत्येक माह प्रत्येक जोड़ी खरगोश एक ऐसी जोड़ी खरगोश को जन्म देता है, जो अगले माह स्वयं नए खरगोशों को जन्म देने में सक्षम हो जाता है?

ऐसी कल्पना की जाती है कि किसी भी खरगोश की मृत्यु नहीं होती तो जन्म लेनेवाले खरगोशों की संख्या फिबोनाकी अनुक्रम के अनुसार इस प्रकार होगी—

माह	वयस्क जोड़े	बच्चे जोड़े	कुल
1	1	1	2
1	2	1	3
3	3	2	5

4	5	3	8
5	8	5	13
6	13	8	21
7	21	13	34
8	34	21	55
9	55	34	89

परिणामस्वरूप प्राप्त हुआ अनुक्रम इस प्रकार है—1, 1, 2, 3, 5, 8, 13, 21, 34, 55,............... फिबोनाकी के अनुक्रम में प्रत्येक संख्या दो पूर्ववर्ती संख्याओं का योग होती है। 1 + 1 = 2, 1 + 2 = 3, 2 + 3 = 5 और इसी प्रकार क्रम आगे बढ़ता रहता है। इस अनुक्रम के बहुत ही लाभकारी परिणाम प्राप्त हुए और गणित व विज्ञान के विभिन्न क्षेत्रों में इनका प्रयोग किया जाने लगा। फिबोनाकी अनुक्रम की परिभाषा इस प्रकार है—

$$F_{n+1} = F_{n-1} + F_{n},\ \text{यदि}\ n > 1$$

जोड़ों की संख्या
फिबोनाकी के
खरगोश

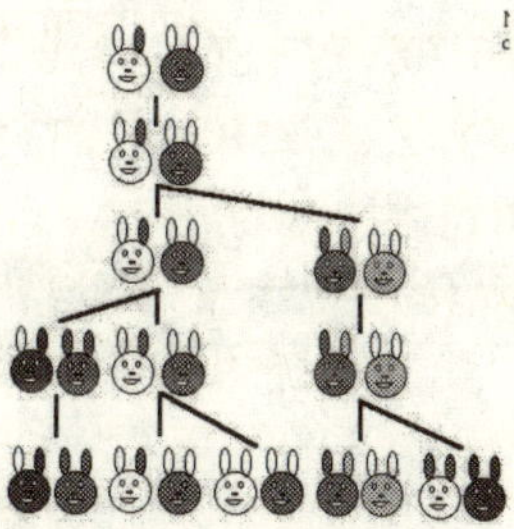

1
1
2
3
5

फिबोनाकी की संख्याओं को पास्कल के त्रिभुज की सहायता से उत्पन्न किया जा सकता है। आम तौर पर पास्कल के त्रिभुज को इस प्रकार लिखा जाता है—

1

1 1

1 2 1

1 3 3 1

अब इसमें फिबोनाकी की संख्याओं को तलाशने के लिए इसके अंकों को

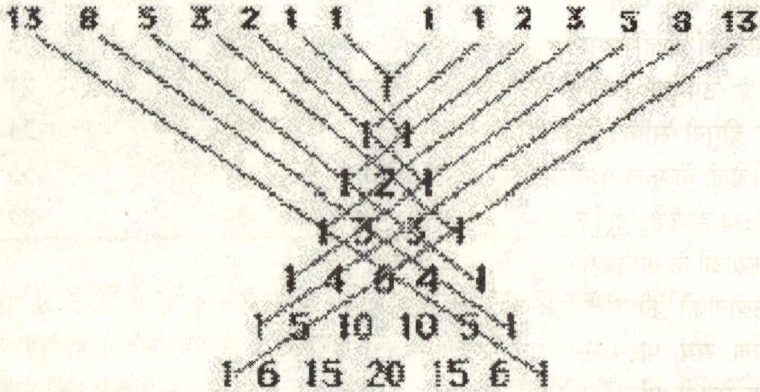

व्यवस्थित करना होगा। हमें इस व्यवस्था को इस प्रकार से करना होगा कि बाईं ओर जो एक अंक बचता है, वह एक-दूसरे के ठीक नीचे स्थापित हो, जैसकि निम्न चित्र में दिखाया गया है। फिबोनाकी की संख्याओं को तीर के माध्यम से जिन अंकों को दिखाया गया उन सबको संक्षेपित कर प्राप्त किया जा सकता है।

इनके व्यवहार में सबसे महत्त्वपूर्ण बात यह है कि इनमें फिबोनाकी की संख्याओं की मौजूदगी है। 1, 1, 2, 3, 5, 8, 13, 21, 34, 55, 89, 144, 253, 377 .... ये फिबोनाकी की संख्याएँ हैं।

नीचे उन फूलों के नाम दिए जा रहे हैं, जिनकी पंखुड़ियाँ फिबोनाकी के अनुक्रम से हैं—

फूलों का नाम	**पंखुड़ियों की संख्या**
आइरिस, कमल	3
जंगली गुलाब, कपोतीय	5
नीला फूल	8
गेंदा, सिनेरिया	13
कासनी	21

उपर्युक्त तालिका से प्रदर्शित होता है कि इन फूलों में पंखुड़ियों की संख्या फिबोनाकी के अनुक्रम के अनुसार ही है। अनन्नास और पाइन कोन घड़ी की विपरीत दिशा और घड़ी की दिशा में फिबोनाकी की संख्या प्रणाली का अनुसरण करते हैं। पंखुड़ियों की संख्या अथवा सूरजमुखी के बीज के सिरे पर सर्पिल रेखा

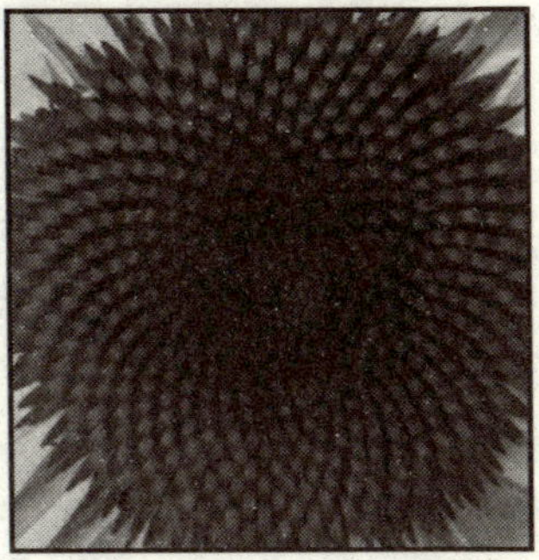

अथवा कोन फूल अधिकांश फिबोनाकी की संख्याओं के ही समान होते हैं।

उपर्युक्त चित्र से डेजी के फूल के सिर पर दोगुनी सर्पिल रेखाओं का खुलासा होता है। डेजी के फूल में सर्पिल रेखाओं का अनुपात 21:34 होता है, जो कि दो निकटवर्ती फिबोनाकी संख्याओं के तदनुरूप होता है। इसके अतिरिक्त फिबोनाकी की संख्याओं को कुछ फल जैसे केला, सेब, पाइनकोन इत्यादि में देखा जा सकता है। केले के तीन भाग होते हैं; एक सेब के पाँच भाग होते हैं; जबकि एक पाइनकोन में घड़ी के घूमने की दिशा में आठ सर्पिल रेखाएँ और 13 घड़ी की विपरीत दिशा में होती हैं।

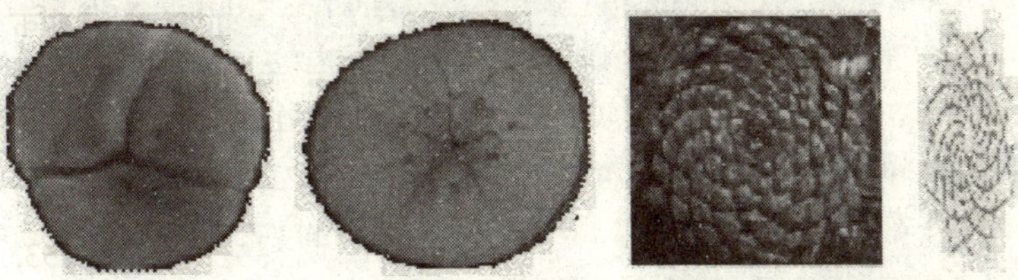

केला 3 *सेब 5* *पाइनकोन (8 और 13)*

प्रकृति की समानताओं को खोजने के क्रम में फिबोनाकी की संख्याओं की यात्रा यहीं पर समाप्त नहीं होती। ऐसी बहुत सी सब्जियाँ हैं, जिनमें फिबोनाकी की संख्याओं का क्रम प्रदर्शित होता है।

फिबोनाकी के द्वारा एक और अन्य पुस्तक वर्ष 1220 में लिखी गई, जिसका नाम 'प्रैक्टिसिया ज्योमेतेरे' था। इस पुस्तक को फिबोनाकी ने डोमोनिक्स को समर्पित किया था, जिसका उल्लेख पहले किया गया है। इस पुस्तक में बड़ी संख्या में ज्यामिति की समस्याओं को सम्मिलित किया गया था, जिन्हें आठ अध्यायों में उन सूत्रों के अनुसार व्यवस्थित किया गया, जो यूक्लिड के अवयवों और यूक्लिड के विभागों पर आधारित थे। सटीक साक्ष्यों के साथ ज्यामितीय सूत्रों के अतिरिक्त इस पुस्तक में सर्वेक्षकों या निरीक्षकों के लिए व्यावहारिक सूचनाओं को भी सम्मिलित किया गया था। इसमें उस अध्याय को भी सम्मिलित किया गया था, जिसका विषय था कि किस प्रकार एक लंबी वस्तु की ऊँचाई की गणना एक समान त्रिभुजों का प्रयोग करते हुए की जाए।

सम्राट् फ्रेडरिक II फिबोनाकी के द्वारा गणित के क्षेत्र में दिए एक योगदान से बहुत ही प्रभावित थे। उन्होंने फिबोनाकी को अपने दरबार में आमंत्रित किया। सम्राट् फ्रेडरि II के दरबार में कुछ अन्य विद्वान् भी मौजूद थे। उनमें से एक विद्वान् जिनका नाम पलेर्मो के. जोहानिस था, ने फिबोनाकी के समक्ष गणित विषय से संबंधित कुछ समस्याओं को रखा और फिबोनाकी के सामने उनको हल करने की चुनौती रखी। उनमें से तीन समस्याओं का हल फिबोनाकी के द्वारा प्राप्त कर लिया गया और उन्हें अपनी पुस्तक 'फ्लोस' में भी सम्मिलित किया गया। उनकी अगली पुस्तक 'लिबेर क्वांड्राटोरियम' (वर्गीय संख्याओं पर पुस्तक), जिसे वर्ष 1225 में प्रकाशित किया गया था, इस पुस्तक को उन्होंने अपने संरक्षक पवित्र रोमन सम्राट् फ्रेडरिक II को समर्पित किया था। फिबोनाकी की यह पुस्तक में दूसरे क्रम के ड्योफनट्स के समीकरणों पर आधारित थी। इस पुस्तक में पाइथागोरियन त्रिक की रचना पर भी चर्चा की गई थी। हालाँकि फिबोनाकी के द्वारा कुछ अन्य पुस्तकों को भी लिखा गया, लेकिन दुर्भाग्य की बात यह है कि वे लुप्त हो चुकी हैं।

इटली के इस महान् गणितज्ञ ने वर्ष 1250 में इस संसार को अलविदा कह दिया। लेकिन उनके द्वारा भारतीय संख्यात्मक प्रणाली से पश्चिम को परिचित करवाने का जो अतुलनीय कार्य किया गया, उसने अनादिकाल तक उनकी छाप को पश्चिमी गणितीय संसार पर दृष्टिगोचर रखा।

□

वराह मिहिर

__जन्म__ : 505 ईसा पश्चात् उज्जैन, भारत में।

__मृत्यु__ : 587 ईसा पश्चात् भारत में।

__महत्त्वपूर्ण योगदान__ : त्रिकोणमिति के सूत्रों का आविष्कार, पंकासिद्धनतिका, समय मापक यंत्र का निर्माण, इंद्रप्रस्थ में लौह स्तंभ का निर्माण इसके अतिरिक्त वराह मिहिर के द्वारा तीन महत्त्वपूर्ण पुस्तकें भी लिखी गईं, जो इस प्रकार हैं—पंच सिद्धांत, वृहद् संहिता, बृहद् जातक।

वराह मिहिर राजा विक्रमादित्य के दरबार के नौ रत्नों में से एक थे, इस तथ्य की पुष्टि निम्न श्लोक के माध्यम से होती है—

धन्वर्न्ताक्षपणकामरसिंह शङ्कुवेतालभट्टघटखपर कालिदासाः।
ख्यातो वराहमिहिरो नृपतेस्सभायां रत्नानि वै वररुचिर्नवविक्रमस्य॥

इसका अर्थ है कि—

प्रसिद्ध वराह मिहिर राजा विक्रमादित्य के नौ रत्नों में से एक थे। उनके दरबार के अन्य रत्नों में धन्वंतरि, क्षपणक, अमरसिंह, शंकु, वेतालभट्ट, घटकखपर, कालिदास और वररुचि थे।

वराह मिहिर भारत के एक बहुत ही महत्त्वपूर्ण, प्रसिद्ध प्राचीनकाल के गणितज्ञों में से हैं। हालाँकि उनके बारे में हमारे पास बहुत ही सीमित मात्रा में जानकारियाँ उपलब्ध हैं। ऐतिहासिक जानकारियों से ऐसा लगता है कि उनका

जन्म संभवत: 505 ईसा पश्चात् में प्रसिद्ध नगरी अवंती (उज्जयिनी) के पास कापित्थक में हुआ था। वराह मिहिर के पिता का नाम आदित्यदास था और उन्होंने अपने पिता से ही ज्योतिष विद्या में महारत प्राप्त की थी। वराह मिहिर के पिता सूर्य के बहुत बड़े उपासक थे और कदाचित् इसीलिए उन्होंने अपने पुत्र का नाम 'मिहिर' अर्थात् सूर्य रखा।

वराह मिहिर बचपन से ही बहुत ही मेधावी और तेजस्वी बालक थे। वराह मिहिर के विषय में कहा जाता है कि उन्होंने यह भविष्यवाणी की थी कि राजा विक्रमादित्य के पुत्र की मृत्यु 18 वर्ष की आयु में हो जाएगी। इस अनहोनी को टालने के लिए राजा के द्वारा कई प्रयत्न किए गए, लेकिन सबके बावजूद अठारहवें वर्ष में राजा के पुत्र की मृत्यु हो गई। राजा ने मिहिर को अपने पास बुलाया और कहा कि आप जीते, मैं हारा। मिहिर ने विनम्रतापूर्वक उत्तर देते हुए कहा कि महाराज, वास्तव में मैं नहीं, खगोल-शास्त्र के भविष्य-शास्त्र का विज्ञान जीता है। उसी समय महाराज ने उनको मगध देश का सर्वोच्च सम्मान 'वराह' प्रदान किया और इसके पश्चात् वे 'वराह मिहिर' के नाम से पहचाने जाने लगे। खगोल-शास्त्र और गणित में उनके अमूल्य योगदान के कारण ही राजा विक्रमादित्य ने उनको अपने दरबार के नौ रत्नों में स्थान दिया।

वराह मिहिर उज्जैन नगर में अपना काम किया करते थे। 400 ईसा पश्चात् के काल में उज्जैन गणित के लिए एक महत्त्वपूर्ण केंद्र हुआ करता था। उज्जैन में वराह मिहिर के काम करने के कारण उस समय में गणित का ज्ञान प्रदान करनेवाली पाठशालाओं की स्थापना वहाँ पर बड़ी संख्या में हुई और लंबे समय तक देश के दो बड़े गणित के विषय पर गहनता से काम करनेवाले नगरों में एक नाम इस शहर का भी बना रहा।

वराह मिहिर के बारे में अपने विचारों को व्यक्त करते हुए अल-बरूनी ने कहा कि "वराह मिहिर ने अपने आपको हमारे समक्ष ऐसे व्यक्ति के रूप में प्रकट किया, जो पृथ्वी के सही-सही आकार को जानता है।... संपूर्ण तौर पर उनके बारे में कहें तो उनके पैर सत्य की ठोस जमीन पर थे और उन्होंने बड़ी ही कुशलता के साथ सत्य को खुले तौर पर सबके समक्ष रखा।"

वराह मिहिर ने तीन प्रमुख पुस्तकों—पंच सिद्धांत, वृहद् संहिता और बृहत् जातक की रचना की। वराह मिहिर के द्वारा किया गया सबसे प्रचलित कार्य 'पंचसिद्धांतिका' (पाँच खगोलीय सिद्धांत) इसे 575 ईसा पश्चात् की तिथि पर पूर्ण किया गया। यह कार्य अपने आप में ही बहुत महत्त्वपूर्ण होने के साथ-साथ

हमें उन प्राचीन भारतीय पठन सामग्री के बारे में जानकारियाँ प्रदान करता है, जो अब खो चुकी हैं। यह गणितीय खगोल विद्या पर आधारित पुस्तक है और इसमें इससे पूर्व तैयार की गई पाँच खगोल विद्या की पुस्तकों को सम्मिलित कर इसे एक समृद्ध रूप दिया गया है। इस पुस्तक में जिन पाँच प्राचीन पुस्तकों की जानकारियों को सम्मिलित किया गया है, उनमें सूर्या, रोमाका, पॉलिसा, वसिष्ठ, पिताम्हा के सिद्धांत शामिल हैं। अपनी पुस्तक 'पंचसिद्धांतिका' में वराह मिहिर के द्वारा पाँच विभिन्न प्रणालियों के अनुसार सूर्य और चंद्रमा की स्थितियों की गणना करने के लिए भिन्न-भिन्न पद्धतियाँ प्रदान की गई हैं। 'पंचसिद्धांतिका' में स्थान-मूल्य संख्या प्रणाली का प्रयोग के साथ कई उदाहरण भी सम्मिलित किए गए थे।

वराह मिहिर ने कुछ अति महत्त्वपूर्ण गणितीय खोजों को हमारे समक्ष प्रस्तुत किया है। यह कुछ त्रिकोणमिति से संबंधित सूत्र हैं, जिन्हें हमारी आज की भाषा में रूपांतरित कर यहाँ पर दिया जा रहा है, जिससे कि पाठक वर्ग को इन्हें समझने में आसानी हो—

$\sin x = \cos (\text{पाई} / 2 - x)$

$\sin^2 x + \cos^2 x = 1$ और

$(1 - \cos 2x) / 2 = \sin^2 x$

एक पुस्तक, जिसे वराह मिहिर के द्वारा सारगर्भित किया गया, वह 'रोमाका-सिद्धांत' थी, जो सूर्य और चंद्रमा की गति के परिधि सिद्धांत पर आधारित थी। यह सिद्धांत प्रथम शताब्दी ईसा पश्चात् में ग्रीक वासी के द्वारा संसार को दिया गया था। 'रोमाका सिद्धांत' नामक पुस्तक हिपारकूस के उष्णकटिबंधीय वर्ष और उन्नीस वर्षों के मैटोनिक चक्र पर आधारित थी।

वराह मिहिर ने अपनी खगोल विद्या पर आधारित पुस्तक 'बृहत् जातक' में राशि चक्र के संकेतों की नामों जैसी क्रिया, तावूरी, जीतूमा इत्यादि उन्होंने अलग प्रकार से संयोजन की समस्या को भी अपनी पुस्तक में शामिल किया। उन्होंने महीनों के भी चार प्रकारों में वर्गीकृत किया, जैसे—

सौर

चंद्र

वर्षीय और

पाक्षिक।

वराह मिहिर ने गणित विषय में विद्यार्थियों को पारंगत करने के उद्देश्य से गुरुकुल की स्थापना की थी। उस गुरुकुल का अस्तित्व उनके जाने के बाद भी

700 वर्षों तक बना रहा। अपने जीवनकाल में वराह मिहिर ने कई सुदूर देशों की यात्रा भी की थी। यहाँ तक कि वे यूनान भी गए थे।

वराह मिहिर की मुलाकात आर्यभट्ट से हुई। उनके साथ मुलाकात का उन पर बहुत गहरा प्रभाव पड़ा। इतिहास में ऐसा उल्लेख भी मिलता है कि आर्यभट्ट वराह मिहिर के गुरु थे। आर्यभट्ट की भाँति वराह मिहिर भी मानते थे कि पृथ्वी गोल है। इसके अतिरिक्त उन्होंने इस सत्य को भी उजागर किया कि पृथ्वी किसी अज्ञात बल के कारण सभी वस्तुओं को अपनी ओर खींचती है। आगे चलकर इसी बल को न्यूटन के गुरुत्त्वाकर्षण बल के नाम से परिभाषित किया।

वराह मिहिर की मृत्यु के बारे में वैसे तो कोई ठोस प्रमाण प्राप्त नहीं हो पाए हैं, लेकिन इस संबंध में एक श्लोक प्रचलित है—

स्वाधिक पञ्चशतसङख्याशाके वराहमिहिराचार्यो दिवङ्गतः ।

इस श्लोक के माध्यम से यह स्पष्ट हो जाता है कि वराह मिहिर ने इस पृथ्वी पर 587 ईसा पश्चात् के समय तक जीवनयापन किया और तत्पश्चात् उनकी मृत्यु हो गई।

□

विलियम रॉवन हैमिल्टन

जन्म : 4 अगस्त, 1805 को डबलिन, आयरलैंड में।
मृत्यु : 2 सितंबर, 1865 को डबलिन, आयरलैंड में।
महत्त्वपूर्ण योगदान : चतुष्क का आविष्कार, हैमिल्टन का सैद्धांतिक फलन, न्यूटन की यांत्रिक प्रणाली का पुनः निरूपण, क्वाटरनियन के लिए सूत्रों का निर्माण। पुस्तकें 'जनरल मैथड इन डायनेमिक', 'अलजेब्रा एज द साइंस ऑफ प्योर टाइम' को भी लिखा गया।

विलियम रॉवन हैमिल्टन एक आयरिश गणितज्ञ थे, जिन्होंने गतिशीलता और प्रकाश को समझने में अपना महत्त्वपूर्ण योगदान दिया। यांत्रिक और प्रकाश प्रणाली पर किए गए उनके शोध ने उन्हें नई यांत्रिक अवधारणाओं व तकनीकों की खोज करने की ओर अग्रसर किया। हैमिल्टन के द्वारा सबसे महत्त्वपूर्ण आविष्कार की बात करें तो वह निस्संदेह चतुष्क का आविष्कार है। गणित के क्षेत्र में उनका सबसे बड़ा योगदान संभवतः उनके द्वारा न्यूटन की यांत्रिक प्रणाली का किया गया पुनः निरूपण ही है, जिसे अब 'हैमिल्टन की यांत्रिक प्रणाली' के नाम से जाना जाता है। उनके कुछ समकालीन विशेषज्ञों ने इस सत्य की पुष्टि की कि हैमिल्टन भी न्यूटन की भाँति ही बौद्धिक क्षमता के धनी व्यक्ति थे।

विलियम का जन्म 4 अगस्त, 1805 को आयरलैंड में हुआ था। उनके पिता आर्कीबॉल्ड हैमिल्टन एक वकील थे। वे अपने व्यवसाय के सिलसिले में प्रायः इंग्लैंड में रहते थे, इसलिए उनके पास अपने पुत्र की शिक्षा पर ध्यान देने का समय नहीं था। विलियम की माता एक स्कॉटिश महिला थीं। ऐसा माना जाता है कि

विलियम में जो अद्भुत प्रतिभा थी वह उन्हें अपनी माता से ही प्राप्त हुई थी।

पिता की माली हालत ठीक न होने के कारण नन्हे विलियम हैमिल्टन को उनके माता-पिता ने उनके अंकल रिवर्ड जेम्स हैमिल्टन के पास भेज दिया। विलियम हैमिल्टन के अंकल जेम्स हैमिल्टन एक शास्त्रीय विद्वान् थे। उन्होंने अपनी स्नातक की शिक्षा ट्रिनिटी विश्वविद्यालय से की थी। विलियम हैमिल्टन का बचपन में अपने अंकल के साथ बिताए गए समय के दौरान अपने माता-पिता के साथ ज्यादा मेल नहीं हो पाता था; अपितु उनकी चार बहनें कभी-कभी उनसे मिलने अवश्य आती थीं। नन्हे विलियम ने बचपन में ही अपनी कुशाग्र बुद्धि का प्रदर्शन करना आरंभ कर दिया था। 10 वर्ष की अल्पायु में ही वे लैटिन, ग्रीक और हिब्रू जैसी शास्त्रीय भाषाओं में महारत प्राप्त कर चुके थे।

12 वर्ष की उम्र में वे गणित के विद्वान् जरह कोलबर्न से मिले और उनके साथ मानस अंकगणित में प्रतियोगिता की। वास्तविक रूप से उनकी गणित की शिक्षा का आरंभ 13 वर्ष की उम्र से तब आरंभ हुआ, जब उन्होंने सबसे पहले ऐलिक्स क्लाउड क्लेरॉट (ऐलिक्स क्लेरॉट एक फ्रेंच गणितज्ञ थे, जिन्होंने न्यूटन-हुइजेंस की इस मान्यता पर कार्य किया कि पृथ्वी एक ध्रुव पर चपटी अवस्था में स्थित है) द्वारा लिखित पुस्तक 'बीजगणित' को पढ़ा। उनके लिए इस पुस्तक को पढ़ना सरल इसलिए भी हो गया था, क्योंकि वे इस समय तक फ्रेंच भाषा में भी दक्ष हो चुके थे। इसके पश्चात् उन्होंने यूक्लिड, न्यूटन और लाप्लेस के द्वारा किए गए कार्यों के बारे में पढ़ा। विलियम हैमिल्टन ने न्यूटन की पुस्तक 'अर्थमैटिका यूनिवर्सलिस' को पढ़ा, जिसने उन्हें आधुनिक विश्लेषण से परिचित करवाया। हैमिल्टन ने बाद में 'प्रिंसिपिया ऑफ न्यूटन' नामक पुस्तक को भी पढ़ना आरंभ किया और 16 वर्ष की उम्र तक वह इस पुस्तक की इतनी जानकारियों को प्राप्त कर चुके थे कि वह स्वयं भी इसके एक भाग की भाँति बन गए थे। सन् 1822 में उन्होंने व्यवस्थित तौर पर 'लाप्लेसजेस मैकेनिक सेल्सस्ते' का अध्ययन करना आरंभ किया और पाया कि लाप्लेस के एक प्रदर्शन में एक महत्त्वपूर्ण अभाव था। निष्कर्षतः उन्होंने जॉन ब्रिंकले, आयरलैंड के कुलीन खगोलशास्त्री, का ध्यान अपनी ओर खींचा। विलियम हैमिल्टन के बारे में अपने विचार व्यक्त करते हुए उन्होंने कहा कि "यह युवा व्यक्ति, मैं ऐसा नहीं कह रहा हूँ कि होगा, अपितु अपने युग का प्रथम गणितज्ञ है।"

सन् 1824 में विलियम हैमिल्टन ने ट्रिनिटी कॉलेज में प्रवेश किया और उसी वर्ष उन्होंने एक नोट को भी प्रकाशित किया, जिसमें उन्होंने लाप्लेस के कार्य

की छोटी–छोटी गलतियों में सुधार किया था। ट्रिनिटी कॉलेज में अपने 4 वर्ष के अध्ययन काल के दौरान उन्होंने अभूतपूर्व प्रदर्शन दिखाया और अपने प्रदर्शन के लिए उन्हें दो अलग–अलग सर्वोत्कृष्ट पुरस्कारों से भी सम्मानित किया गया। पिछले 20 वर्षों में भिन्न–भिन्न विद्यार्थियों को कॉलेज में अपने अध्ययन के दौरान दिखाए गए उत्कृष्ट प्रदर्शन के लिए दिए जानेवाले सम्मानों से यह सम्मान अलग व भिन्न था। उन्होंने अपनी पढ़ाई के दौरान ही, जब वे विद्यार्थी थे, अपनी योजनाबद्ध पुस्तक 'प्रकाश विज्ञान' के भाग को लिख लिया था। इस पुस्तक के प्रस्तुतीकरण को रॉयल आयरिश अकादमी के समक्ष क्षारक (प्रतिबिंब और अपवर्तन के द्वारा प्रकाश का स्वरूप) के साथ प्रस्तुत किया।

सन् 1827 में ट्रिनिटी विश्वविद्यालय में खगोल विद्या की तामील देनेवाले विशेषज्ञ का पद रिक्त हुआ और हैमिल्टन को उस पद के लिए आवेदन करने हेतु बुलाया गया। आयु व अनुभव के तय पैमानों को पूरा न करने के बावजूद उनको खगोल–शास्त्र के प्रोफेसर के पद पर नियुक्त किया गया। कॉलेज के द्वारा लिये गए इस निर्णय का कारण इसी कॉलेज में स्नातक की शिक्षा ग्रहण करते हुए उनका अद्‍भुत प्रदर्शन और इसके फलस्वरूप उनका आयरलैंड के राजकीय खगोल–शास्त्री के तौर पर पदेन होना और डंकसिंक में वेधशाला में निदेशक के पद पर आसीन होना था। सन् 1827 में हैमिल्टन के द्वारा एकल फलन का सिद्धांत प्रस्तुत किया गया, जिसे अब 'हैमिल्टन का सैद्धांतिक फलन' कहा जाता है। इस सिद्धांत के माध्यम से ही यांत्रिकी, प्रकाशिकी और गणित को एक साथ लाया गया, जिसने प्रकाश के तरंगीय सिद्धांत को स्थापित करने में सहायता की। रॉयल आयरिश अकादमी के पेपरों को अंततः 'थ्योरी ऑफ सिस्टम ऑफ रेज' शीर्षक प्रदान किया गया और सन् 1828 में इसके प्रथम भाग को ट्रांजेक्शन ऑफ द रॉयल आयरिश एकेडमी में प्रकाशित किया गया।

हैमिल्टन के द्वारा गणित विषय के लिए किए गए सबसे महत्त्वपूर्ण कार्यों को उनकी पुस्तक 'जनरल मैथड इन डायनेमिक्स' में सम्मिलित किया गया था। इस पुस्तक की एक खास बात यह भी है कि इसको तैयार करने में हैमिल्टन के द्वारा सबसे कम समय लिया गया। उन्होंने इस सिद्धांत के एक बड़े भाग, जो व्यापकता व अमूर्तता में लगभग अद्वितीय था, का निर्माण तीव्रता से करने में अपनी क्षमता के असाधारण स्तर का प्रदर्शन किया गया था। सन् 1830 के समय के दौरान उन्होंने अपने काम के लिए जीवन का सबसे अधिक सक्रिय और समर्पित समय व्यतीत किया। यह उनके जीवन के वे वर्ष थे, जिनमें उन्होंने समय सीमा की

परिधि से परे प्रकाशिकी, गतिशीलता और बीजगणित के लिए अनेक आविष्कारों को पूरा करने हेतु कार्य किया।

हैमिल्टन की प्रकाशिकी का शोध प्रकाश के लहरीले सिद्धांत पर आधारित था, जिसे उनके शंक्वाकार अपवर्तन के तथ्य हेतु बताए गए उनके आगम कथन का समापन था। हैमिल्टन के इस विचार को बाद में प्रायोगिक रूप से सिद्ध किया गया। हैमिल्टन ने इस क्षेत्र में जो विशेषण किए, लोगों के समक्ष अब तक गणितीय संरचना को जिस स्तर पर समझा और उसका बोध किया जाता था, उसके और अधिक गहरे स्तर को उजागर किया। सन् 1835 में अपनी इस खोज के लिए 30 वर्षीय हैमिल्टन ने रॉयल सोसाइटी ऑफ लंदन की ओर से रॉयल मेडल प्राप्त होने के साथ ही आयरलैंड के प्रमुख प्राधिकारी के हाथों राजा की ओर से 'नाइट' (शूरवीर) की पदवी से भी नवाजा गया।

इसी बीच 8 अप्रैल, 1833 को हैमिल्टन का विवाह हेलन मारिया बाइली से हुआ। हैमिल्टन पूरी श्रद्धा के साथ अपने धर्म का पालन करनेवाले व्यक्ति थे। उनके लिए उनकी पत्नी की प्रबल धर्मपरायणता का बहुत अधिक महत्त्व था। उनकी पत्नी अपनी निर्बलताओं के बावजूद सदैव हैमिल्टन के जीवन का केंद्र बनी रहीं।

सन् 1835 में हैमिल्टन ने अपनी पुस्तक 'अलजेब्रा एज द साइंस ऑफ प्योर टाइम' को प्रकाशित किया, जो उनके द्वारा किए गए शोधों के पक्ष से प्रेरित होकर लिखी गई थी। हैमिल्टन ने अपनी इस पुस्तक को ब्रिटिश संघ के साथ हुई एक भेंट में इसे विज्ञान की उन्नति के उद्देश्य से प्रस्तुत किया। अपने जीवन के इन वर्षों के दौरान हैमिल्टन ने त्रिपक्षीय ज्यामिति के लिए इसकी अनिवार्यता को महसूस करते हुए $a + ib + jc$ स्वरूप के त्रिपक्ष के साथ व्यवहार करने हेतु एक बीजगणित का विकास करने का प्रयास किया, जहाँ पर a, b, c वास्तविक अंक हैं और i, j काल्पनिक संख्याएँ हैं। हैमिल्टन अपने त्रिक के साथ इतना अधिक व्यस्त रहते थे कि उनके बच्चे भी इस बात से भलीभाँति परिचित हो चुके थे। वे प्रत्येक सुबह अपने पिता से पूछते हुए कहते कि 'पापा, क्या आप त्रिक को गुणा कर सकते हैं?'

अक्तूबर 1843 की एक सुबह डबलिन में शाही नदी के किनारे सैर करते हुए हैमिल्टन को यह ज्ञान प्राप्त हुआ कि इस प्रकार की संख्याओं पर बीजगणितीय प्रचलन के लिए ज्यामितीय आकार में एक चौथे पक्ष की आवश्यकता होगी। उस समय तत्क्षण ही उन्होंने चौगुनी संख्या (क्वाड्रपल) पर काम करने की कल्पना की, जिसे बाद में उन्होंने 'क्वाटरनियन' का नाम दिया। वे क्वाटरनियन के लिए सूत्र को

बनाने हेतु अपने प्रयोजन को रोक नहीं सके। उनका सूत्र इस प्रकार है—

$$i^2 = j^2 = K^2 = ijk = -1$$

ब्रूमे पुल के पत्थरों में

क्वाटरनियन बीजगणित के बारे में हैमिल्टन की प्रेरणा के उपलक्ष्य में पट्टिकाओं को पुल पर स्थापित किया गया है, जहाँ पर उन्होंने इस सूत्र को उकेरा था। हैमिल्टन ऐसा महसूस करते थे कि यह खोज गणितीय भौतिक विज्ञान में क्रांतिकारी परिवर्तन लेकर आएगा। उन्होंने अपने शेष जीवन को क्वाटरनियन पर काम करते हुए व्यतीत कर दिया। उन्होंने लिखा कि—

''मुझे अब भी जोर देकर कहना चाहिए कि मुझे ऐसा दिखाई दे रहा है कि उन्नीसवीं शताब्दी के मध्य में इस खोज का महत्त्व ठीक उसी प्रकार होगा, जैसे कि सत्रहवीं शताब्दी के अंत में सतत परिवर्तन की खोज (कलन) का महत्त्व था।''

सन् 1853 में क्वाटरनियन पर दिए गए उनके व्याख्यानों को प्रकाशित किया गया। 2 सितंबर, 1865 को हैमिल्टन की मृत्यु गठिया के गंभीर आघात के कारण इस समाचार को सुनने के कुछ समय के पश्चात् ही हो गई कि उनको अमेरिका की नेशनल एकेडमी ऑफ साइंसेज में प्रथम विदेशी सदस्य के तौर पर चुना गया है। 'एलीमेंट्स ऑफ क्वाटरनियन' नाम से लिखी गई उनकी पुस्तक को सन् 1866 में मरणोपरांत प्रकाशित किया गया।

□

श्रीनिवास रामानुजन

__जन्म :__ 22 दिसंबर, 1887 को मद्रास प्रांत के इरोड नगर, भारत में।

__मृत्यु :__ सन् 1920 में, तमिलनाडु, भारत में।

__महत्त्वपूर्ण योगदान :__ घनों के समीकरण को हल करने की पद्धति का विकास, बरनॉली नंबरों का विकास व उनकी जाँच-पड़ताल, यूलर के स्थिरांक की 15 दशमलव तक गणना, रामानुजन प्राइम और रामानुजन थेटा फंक्शन, सर्कल पद्धति के विकास में महत्त्वपूर्ण योगदान।

श्रीनिवास आयंगार रामानुजन का जन्म 22 दिसंबर, 1887 को मद्रास प्रांत के इरोड नगर में एक ब्राह्मण परिवार में हुआ था। उनके पिता श्री के. श्रीनिवास आयंगार साड़ी की एक दुकान में मुंशी के पद पर काम करते थे। थानजापुर जिले में सभी उनका सम्मान करते थे। उनकी माता कोमलताम्मल एक गृहिणी थीं और एक स्थानीय मंदिर में भजन गायन भी किया करती थीं। श्रीनिवास रामानुजन अपने माता-पिता के साथ कुंभकोणम शहर की सारंगापानी गली में एक परंपरागत घर में रहते थे। श्रीनिवास रामानुजन का परिवार जिस घर में निवास करता था, अब उस घर को एक संग्रहालय में परिवर्तित कर दिया गया है।

श्रीनिवास रामानुजन ने अपनी प्राथमिक शिक्षा कुंभकोणम के कंगायन प्राइमरी स्कूल में प्राप्त की। अपनी प्राथमिक शिक्षा के दौरान ही उन्होंने अपनी अद्‌भुत प्रतिभा का परिचय देते हुए प्राइमरी कक्षा की परीक्षा में पूरे जिले में प्रथम स्थान प्राप्त किया।

इसके पश्चात् अपनी आगे की शिक्षा के लिए उनका दाखिला टाउन हायर सेकंडरी स्कूल में करवाया गया, जहाँ पर पहली बार उन्होंने औपचारिक रूप से गणित की शिक्षा आरंभ की। श्रीनिवास रामानुजन ने गणित के लिए अपने इस प्रेम को एकांत और सभी से अलग-थलग रहते हुए विकसित किया।

बचपन में श्रीनिवास रामानुजन बहुत ही शांत प्रवृत्ति के और प्राय: अपने आप में ही मग्न रहनेवाले बालक थे। उनमें विलक्षण स्मरण क्षमता थी। स्कूल में वे अकसर अपने साथियों का संस्कृत के मूल शब्दों की विभिन्न अवनतियों और किसी भी दशमलव तक पाई के मान को सुनाकर उनका मनोरंजन किया करते थे। श्रीनिवास रामानुजन उस समय तक के दुनिया के सभी महान् गणितज्ञों जैसे यूलर, गॉस, जैकोबी व न्यूटन के बारे में जानते और उनके द्वारा आविष्कृत सूत्रों को सुलझाते हुए ही अपना सारा समय अपने प्रिय विषय के साथ व्यतीत करते थे। गरीबी के उस दु:खदायी समय में भी। जब उनके पास अपने समीकरणों पर काम करने के लिए कागज भी नहीं होता था, रामानुजन स्लेट पर ही लिखकर अपने समीकरणों को हल किया करते थे।

12 वर्ष की उम्र में उन्होंने एस.एल. लोनी की पुस्तक 'एडवांस ट्रिग्नोमैट्री' को उधार लिया और उस पुस्तक को भलीभाँति पढ़कर उसमें पूरी तरह से महारत हासिल कर ली और स्वयं कई जटिल प्रमेयों का आविष्कार भी कर लिया। 16 वर्ष की उम्र में उन्होंने अपने मित्र के द्वारा पुस्तकालय से ली गई एक पुस्तक, जो जी.एस. कारर के द्वारा लिखी गई थी, को उधार लिया। उस पुस्तक का नाम था 'ए स्नॉपसिस ऑफ एलीमेंटरी रिजल्ट्स इन प्योर ऐंड एप्लाइड मैथमैटिक्स' इस पुस्तक ने रामानुजन के जीवन को पूरी तरह से बदल दिया। इस पुस्तक में 6,165 ऐसी प्रमेयों को संकलित किया गया था, जिनका व्यावहारिक तौर पर कोई प्रमाण उपलब्ध नहीं था। श्रीनिवास रामानुजन ने न केवल उन सभी प्रमेयों को हल किया, अपितु उन सभी को सिद्ध भी किया। इसके साथ ही उन्होंने स्वतंत्र रूप से बरनॉली नंबरों को विकसित व उनकी जाँच-पड़ताल भी की और यूलर के स्थिरांक की 15 दशमलव तक गणना की। इसके साथ ही उन्होंने {(1/n) शृंखलाओं की जाँच-पड़ताल भी की।

सन् 1904 में जब उन्होंने टाउन हायर सेकंडरी स्कूल से स्नातक की डिग्री प्राप्त की तो उन्हें 'के. रंगनाथन राव पुरस्कार' से गणित में उत्कृष्ट प्रदर्शन के लिए स्कूल के प्रधानाध्यापक कृष्णास्वामी अय्यर के द्वारा सम्मानित भी किया गया। रामानुजन को सम्मानित करते हुए उनके प्रधानाध्यापक ने विशेष तौर पर उनकी प्रशंसा करते हुए अन्य विद्यार्थियों से कहा कि रामानुजन एक विलक्षण प्रतिभा के धनी छात्र हैं। वे गणित में संभावित अधिकतम अंकों से भी अधिक पाने की योग्यता रखते हैं।

श्रीनिवास रामानुजन को अपनी आगे की शिक्षा को पूरी करने के लिए कुंभकोणम में स्थित गवर्नमेंट आर्ट्स कॉलेज में छात्रवृत्ति प्राप्त हुई। हालाँकि यहाँ पर पढ़ाई करते हुए रामानुजन ने गणित पर अपना इतना अधिक ध्यान केंद्रित किया कि वे अन्य विषयों की तैयारी भी नहीं कर सके, जिसका परिणाम यह निकला कि अन्य अधिकतर विषयों में वह फेल हो गए और इस प्रक्रिया में उन्हें अपनी छात्रवृत्ति को गँवाना पड़ा। इसके पश्चात् उन्होंने मद्रास (वर्तमान चेन्नई) के पचाईयप्पा कॉलेज में दाखिला लिया। एक बार फिर उन्होंने गणित में तो बहुत ही अच्छा प्रदर्शन किया; लेकिन अन्य विषय जैसे जीव विज्ञान में उनका प्रदर्शन बहुत ही खराब रहा। इसके पश्चात् उन्होंने बिना डिग्री प्राप्त किए ही कॉलेज छोड़ दिया और स्वतंत्र रूप से गणित में अपने शोधकार्य को जारी रखने में जुट गए। अपने जीवन के इस पड़ाव पर उन्हें बहुत ही बुरी आर्थिक स्थिति से गुजरना पड़ा और कई बार भुखमरी जैसी भयानक स्थिति का भी सामना करना पड़ा।

14 जुलाई, 1909 को रामानुजन का विवाह 9 वर्षीया जानकी अमोल से हुआ, हालाँकि उन्होंने अपनी पत्नी के साथ रहना तब तक आरंभ नहीं किया जब तक वे 12 वर्ष की नहीं हो गईं। सन् 1912 में उन्होंने अपने लिए मद्रास पोर्ट ट्रस्ट के कार्यालय में क्लर्क की नौकरी सुरक्षित कर ली। वहाँ उनका काम बहुत अधिक नहीं था, अत: वहाँ उनके लिए यह भी आसान था कि वे अपना बहुत सारा वक्त गणितीय शोध के लिए समर्पित कर सके। श्रीनिवास रामानुजन के लिए यह सौभाग्य की बात थी कि उनके कार्यालय के प्रबंधक भी एक गणितज्ञ थे और वे रामानुजन के साथ बहुत ही दयालुतापूर्ण व्यवहार करते तथा उनको गणितीय शोध करने हेतु प्रेरित भी करते। उन्होंने रामानुजन को यह सुझाव भी दिया कि वे जी.एच. हार्डी, ट्रिनिटी कॉलेज, कैंब्रिज विश्वविद्यालय के एक प्रसिद्ध गणितज्ञ को पत्र लिखें।

श्रीनिवास रामानुजन ने श्री जी.एच. हार्डी को अपने 120 प्रमेयों का संकलन अपने काम की प्रस्तुति-स्वरूप भेजा। श्री हार्डी ने पाया कि रामानुजन के द्वारा जो कार्य किया गया है, वह कमाल का है। अत: उन्होंने रामानुजन को इंग्लैंड आने के लिए आमंत्रित किया। सन् 1914 में श्री हार्डी ने टिप्पणी की कि "इन प्रमेयों ने मुझे पूरी तरह से हरा दिया है। मैंने कभी भी पहले इस प्रकार का काम नहीं देखा। रामानुजन पानी के जहाज के मार्ग से इंग्लैंड पहुँचे और वहाँ पर दर्जन भर से भी अधिक शोध-पत्रों पर प्रो. हार्डी के साथ काम किया। अगले तीन वर्षों में उन्होंने 30 से भी अधिक शोध-पत्रों को प्रकाशित किया। इनमें सबसे अधिक उल्लेखनीय पत्रों में फलन का विभाजन सम्मिलित है। रामानुजन और प्रो. हार्डी ने साथ मिलकर एक नई पद्धति को

इस फलन को प्राप्त करने के लिए अनंतस्पर्शी सूत्र को विकसित किया, जिसे अब 'सर्कल पद्धति' के नाम से जाना जाता है। रामानुजन और प्रो. हार्डी ने साथ मिलकर एक और मूलभूत पेपर को विकसित किया, जिसे अब 'नॉर्मल ऑर्डर मैथड' के नाम से जाना जाता है। यह पद्धति योगात्मक अंकगणितीय फलन की प्रवृत्ति का विश्लेषण करती है। लेकिन वह पेपर, जिसने 20वीं शताब्दी के गणित के पाठ्यक्रम को पूरी तरह से बदल दिया, उसे सन् 1916 में लिखा गया। उसका शीर्षक था 'ऑन सटर्न अर्थमैटिकल फंक्शंस'। इस पेपर में श्रीनिवास रामानुजन ने प्रमापीय प्रारूप के चौथे गुणांक के गुणों की जाँच-पड़ताल की। उस समय इस पेपर का महत्त्व बहुत ही अधिक था, क्योंकि उस समय तक प्रमापीय प्रारूप की पद्धति को विकसित भी नहीं किया गया था। मार्च 1916 में श्रीनिवास रामानुजन को अधिकतम अंकों के साथ अपने इस कार्य के लिए शोध कार्य में बी.ए. की डिग्री (आगे चलकर इसी डिग्री को पी-एच.डी. का नाम दिया गया) प्रदान की गई। उनके पेपर को बाद में 'जर्नल ऑफ द लंदन मैथमेटिकल सोसाइटी' के नाम से प्रकाशित किया गया। 50 पृष्ठों के इस पेपर में सिद्ध की गई इस प्रकार की संख्याओं के विभिन्न गुणों को सम्मिलित किया गया था।

इस पर अपने विचारों को व्यक्त करते हुए प्रो. हार्डी ने कहा कि इस समय तक गणितीय शोध पर तैयार किए गए पेपरों में से यह सबसे असाधारण पेपर है और इस प्रयोग को करते समय रामानुजन ने अपनी असाधारण मतिसूक्ष्मता का उपयोग किया है। 6 दिसंबर, 1917 को रामानुजन को लंदन मैथमेटिकल सोसाइटी के लिए चयनित किया गया और सन् 1918 में वह रॉयल सोसाइटी के साथी बन गए। इस उपाधि को प्राप्त करनेवाले वह दूसरे भारतीय थे। इतना ही नहीं, रॉयल सोसाइटी के उस समय तक के इतिहास में साथी बननेवालों में उनका नाम सबसे कम उम्र के सदस्य के तौर पर भी दर्ज हुआ। 13 अक्तूबर, 1918 को ट्रिनिटी कॉलेज, कैंब्रिज विश्वविद्यालय में अपने दीर्घवृत्तीय फलनों में की गई पड़ताल और संख्याओं के सिद्धांत के लिए किए गए कार्य के आधार पर सदस्य के तौर पर चुने जानेवाले पहले भारतीय बने। रामानुजन के बारे में जुड़े एक किस्से का संबंध संख्या 1729 से यह है कि प्रो. हार्डी रामानुजन के निवास-स्थान पर कैब संख्या 1729 में बैठकर ही पहुँचे थे। प्रो. हार्डी ने यह टिप्पणी भी की थी कि 1729 संख्या अरुचिकर लगती है और रामानुजन ने तत्क्षण ही उनको जवाब देते हुए कहा था कि गणितीय रूप से देखा जाए तो वास्तव में यह एक अत्यंत ही रुचिकर संख्या है। यह सबसे छोटी प्राकृतिक संख्या है, जिन्हें दो घनों के जोड़ के तौर पर दो भिन्न प्रकारों से लिखा जा सकता है—

$$1729 = 1^3 + 12^3 = 9^3 + 12^3$$

उन दिनों इंग्लैंड में प्रथम विश्व युद्ध के दौरान शाकाहारी भोजन की हुई कमी के कारण और संभवत: तनाव के कारण हुई उत्तेजना के चलते रामानुजन की तबीयत बहुत ही खराब हो गई। उनको क्षय की बीमारी के साथ ही शरीर में गंभीर रूप से विटामिन की कमी भी हो गई, जिसके फलस्वरूप उनका जीवन अस्पताल के बिस्तर तक ही सीमित होकर रह गया। सन् 1919 में अपनी बीमारी के कारण वे वापस भारत आ गए और 1920 में 32 वर्ष की अल्पायु में ही उनकी मृत्यु हो गई।

रामानुजन अपनी मृत्यु के बाद अपने पीछे असंख्य अप्रकाशित नोटबुक्स को छोड़ गए, जो गणितीय प्रमेयों से भरी पड़ी थीं। इन नोटबुक्स का अध्ययन गणितज्ञों के द्वारा लंबे समय तक किया जाता रहा। जी.एन. वॉटसन, जो बर्मिंघम में प्योर मैथमैटिक्स के मैसन प्रोफेसर थे, ने सन् 1918 से लेकर 1951 तक उनके 14 पेपरों को शीर्षक 'थ्योरम्स स्टेट बाय रामानुजन' के अंतर्गत प्रकाशित किया और इसके अतिरिक्त उन्होंने 30 ऐसे पेपरों को भी प्रकाशित किया, जो रामानुजन के कार्य से प्रेरित थे। हार्डी, जिन्होंने रामानुजन के साथ मिलकर अनेक शोधकार्यों को पूरा किया था, बड़ी संख्या में ऐसी पांडुलिपियों को सौंपा, जिन पर उन्होंने सन् 1914 से पूर्व काम किया था। इनमें से कुछ तो ऐसे थे, जिन्हें रामानुजन के द्वारा उनकी मृत्यु से पूर्व अंतिम वर्ष में भारत में तैयार किया गया था।

इसमें तनिक भी संदेह नहीं कि श्रीनिवास रामानुजन के रूप में गणित के संसार ने ऐसा अलंकार खो दिया, जिसके बल पर आगे चलकर यह संसार बहुत ही समृद्धिशाली बनता। रामानुजन की 75वीं वर्षगाँठ के उपलक्ष्य में भारत सरकार के द्वारा डाक टिकट भी जारी किया गया था। भारत सरकार ने वर्ष 2012 को 'राष्ट्रीय गणित वर्ष' के तौर पर मनाए जाने की घोषणा की है और 22 दिसंबर को भारत में जनमे इस प्रतिभाशाली व महान् गणितज्ञ का सम्मान करते हुए 'राष्ट्रीय गणित दिवस' के रूप में मनाए जाने की घोषणा की गई है।

□

सिमोन डेनिस पॉइसन

जन्म : 21 जून, 1781 को पीथीवियर्स, फ्रांस में।

मृत्यु : 25 अप्रैल, 1840 को सॉक्स (पेरिस के पास), फ्रांस में।

महत्त्वपूर्ण योगदान : वर्तमान सीमित सतह और चुंबकत्वीय आयतन के सिद्धांत का सूत्रीकरण, विशाल संख्याओं के अशक्त नियम का व्युत्पन्न, पॉइसन का समीकरण। पुस्तक ट्रिटे द मेकैनिक, रिसर्चे सुर ला प्रॉबिलिटे डेस जजमेंट्स, प्योर मैथमेटिक्स, द एप्लीकेशन ऑफ मैथमेटिक्स टू फिजिकल प्रॉब्लम्स, द प्रॉबिबिलिटी ऑफ रैंडम इवेंट्स, द थ्योरी ऑफ इलेक्ट्रोसिटिक्स एंड मैग्नेटिक्स, फिजिकल एस्ट्रोनॉमी, वेब थ्योरी।

सिमोन डेनिस पॉइसन एक फ्रेंच गणितज्ञ, सर्वेक्षक और भौतिक विज्ञानी थे। वे महान् गणितज्ञ लाप्लेस के विद्यार्थी थे, जिनके अपने काम के प्रति समर्पण भाव ने उनको यह कथन लिखने हेतु बाध्य किया कि "जीवन दो चीजों के लिए अच्छा है—गणित में ज्ञान अर्जित करना और गणित के ज्ञान को दूसरों में बाँटना।' 'पॉइसन ने ट्रिटे द मेकैनिक' नाम पुस्तक के प्रकाशन के माध्यम से विश्लेषण यांत्रिकी के स्थान पर भौतिक यांत्रिकी के सिद्धांत को विस्तृत रूप प्रदान किया। यह सिद्धांत आणविक और बल की परिकल्पना पर आधारित था। उन्होंने यह दिखाया कि दो समानोन्मुखी दीर्घवृत्ताभीय आभ्यंतरों के बीच स्थापित कण के द्वारा किसी प्रकार के बल का अनुभव नहीं किया जाता। उन्होंने गणित को विद्युत् शक्ति व चुंबकत्व पर भी लागू किया, जिसके आधार पर उन्होंने लाप्लेस के

समीकरण को और विस्तारित कर उसका सूत्रीकरण किया। इसके पश्चात् इस समीकरण को 'पॉइसन के समीकरण' के नाम से जाना गया। पॉइसन ने गौर किया कि एक परिचालक की सतह पर संभाव्यता निरंतर बनी रहनी चाहिए और इसके विश्लेषण के पश्चात् उन्होंने पाया कि दो वृत्तीय परिचालकों पर प्रतिभारित घनत्व सामयिक तौर पर महत्त्वहीन, परंतु भाषा-विज्ञान के संबंध में महत्त्व रखनेवाले फलनों के संदर्भ में होता है। पॉइसन ने वर्तमान सीमित सतह और चुंबकत्वीय आयतन के सिद्धांत का भी सूत्रीकरण किया। पॉइसन को संभाव्यता के विषय, जिसमें पॉइसन डिस्ट्रीब्यूशन भी सम्मिलित है, पर किए गए उनके कार्य के लिए भी जाना जाता है। आज हम जिसे विशाल संख्याओं के अशक्त नियम के नाम से जानते हैं, उसे उन्होंने ही व्युत्पन्न किया। संभाव्यता पर उनके द्वारा जो कार्य किया गया, उसे 'रिसर्चे सुर ला प्रॉबिलिटे डेस जजमेंट्स' में प्रकाशित किया गया।

पॉइसन का जन्म 12 जून, 1781 को फ्रांस के पिथिवियर्स लाइरेट नामक स्थान पर हुआ। वे एक असैन्य सेवाधिकारी व सेवानिवृत्त सैनिक सिमोन पॉइसन के पुत्र थे। सेना से अपनी सेवानिवृत्ति के पश्चात् सिमोन पॉइसन को उनके पैतृक गाँव में ही छोटा सा प्रशासनिक पद प्रदान किया गया था। जब फ्रांसीसी क्रांति ने पूरे देश को अपनी चपेट में ले लिया तो सिमोन डेनिस पॉइसन के पिता ने अपने गाँव में सरकार द्वारा किए जानेवाले सभी कार्य व अधिकारों को ग्रहण कर लिया और शीघ्र ही वे स्थानीय तौर पर सर्वोच्च पदाधिकारी बन गए। ऐसा नहीं था कि सिमोन डेनिस पॉइसन अपने परिवार में जन्म लेनेवाली पहली संतान थे, बल्कि उनके कई बड़े भाई और बहनों ने जन्म तो लिया, परंतु वह अधिक समय तक जीवित नहीं रह सके और सिमोन के साथ भी कुछ ऐसा ही था। वास्तव में, जन्म के पश्चात् से ही सिमोन डेनिस का स्वास्थ्य अच्छा नहीं रहता था और इसे उनका सौभाग्य ही कहा गया कि वह जीवित बचे रहे। इस कारण उनकी माता अपने पुत्र को लेकर सदैव भयभीत रहती थीं, उनकी माता को सदैव यह डर लगा रहता कि कहीं उनके इस पुत्र की भी छोटी उम्र में ही मृत्यु न हो जाए। इसलिए अपने पुत्र को इस नाजुक दौर से निकालने के लिए उन्होंने सिमोन डेनिस को एक नर्स की देखरेख में रखा।

उनके पिता का अपने इस छोटे से पुत्र पर बहुत ही गहरा प्रभाव था। उनके पिता ने ही उनको प्रारंभिक तौर पर लिखना और पढ़ना सिखाया। सिमोन डेनिस पॉइसन के पिता चाहते थे कि उनका पुत्र चिकित्सा के क्षेत्र में अपना कॅरिअर बनाए, जिससे कि उनका भविष्य सुरक्षित हो जाए। और उनके पिता के इस निर्णय को उनके अंकल, जो कि फोंटेनेब्लू में मेडिकल सर्जन थे, का भी समर्थन मिला।

सिमोन डेनिस पॉइसन को उनके अंकल के पास प्रशिक्षु सर्जन बनने के लिए भेज दिया गया। यद्यपि पॉइसन ने वहाँ जाकर पाया कि वह सर्जन बनने के लिए फिट नहीं हैं। उनमें न तो हस्त-निपुणता है और न ही वे सर्जन के तौर पर अपने कॅरिअर को पूरी गंभीरता के साथ आगे बढ़ाने की इच्छा रखते हैं। पॉइसन फोंटेनेब्लू से अपने प्रशिक्षण में बिना सफलता प्राप्त किए घर वापस आ गए और उनके पिता एक बार फिर अपने पुत्र के लिए सही कॅरिअर के बारे में गंभीरता से विचार करने में जुट गए। घर आने के पश्चात् डेनिस पॉइसन के द्वारा अपने पिता को भेजे गए आधिकारिक पेपरों के समूह में से पॉलिटेक्निक स्कूल के द्वारा भेजे गए कागजों में से एक प्रश्न-पत्र के सेट की एक प्रति को पाया और अचानक ही हाथ आए इस अवसर ने उनके कॅरिअर का आधार तैयार कर दिया।

सन् 1796 में उन्होंने गणित की शिक्षा प्राप्त करने के लिए फोंटेनेब्लू स्थित इकोले सेंट्राले में प्रवेश लिया। इकोले सेंट्राले में उनके अध्यापक उनकी प्रतिभा से इतने प्रभावित थे कि उन्होंने उनको पेरिस में स्थित इकोले पॉलिटेक्निक में प्रवेश पाने के लिए संस्थान के द्वारा आयोजित की जानेवाली प्रवेश परीक्षा में बैठने के लिए प्रोत्साहित किया। वे उस परीक्षा में बैठे और अपने अध्यापकों को सही साबित कर दिया।

दो वर्ष के पश्चात् वे पेरिस, इकोले पॉलिटेक्निक में, जहाँ पर उन्हें प्रवेश प्ररीक्षा में प्रथम स्थान की प्राप्ति के साथ प्रवेश दिया गया था, जाने के लिए निकल पड़े। पेरिस में उन्होंने अपनी शिक्षा पियरे लाप्लेस और जोसफ लुइस लाग्रेंज जैसे महान् गणितज्ञों की निगरानी के अंतर्गत की। वे दोनों ही सिमोन डेनिस पॉइसन की क्षमता से बहुत अधिक प्रभावित थे। 18 वर्ष की उम्र में सिमोन डेनिस पॉइसन ने परिमित विभेद पर एक संस्मरण लिखा। वह संस्मरण इतना अधिक प्रभावशाली था कि शीघ्र ही उसका प्रकाशन एक प्रतिष्ठित जर्नल में हो गया। सन् 1799 में पॉइसन ने समीकरण के सिद्धांत पर एक और पेपर अपनी डिग्री को प्राप्त करने के लिए जमा किया। पॉइसन ने इकोले पॉलिटेक्निक से न केवल अपनी स्नातक की डिग्री प्राप्त की, अपितु उन्हें वहाँ पर एक प्राध्यापक के तौर पर नियुक्त भी किया गया।

सन् 1806 तक पॉइसन को एक प्रोफेसर के पद का अवसर तब प्राप्त हो गया, जब प्रोफेसर का एक पद जीन-बाप्तीस्ते-जोसफ फोरियर के जाने से रिक्त हो गया। इसी पद को पॉइसन की नियुक्ति के साथ पुनः भरा गया। सन् 1808 में वे ब्यूरो डेस लोंगीट्यूस के खगोल-शास्त्री बन गए। इसी वर्ष जब फैकेल्टे डेस साइंसेज की स्थापना की गई तो सिमोन डेनिस पॉइसन को वहाँ पर तार्किक यांत्रिकी

के प्रोफेसर के तौर पर नियुक्त किया गया। सन् 1808 और 1809 के समय के दौरान पॉइसन ने साइंस एकेडमी के साथ तीन महत्त्वपूर्ण पेपरों को प्रकाशित किया। अपने प्रथम पेपर 'सुर लेस इनेगल्तिस डेस मोयनेस माउवेमेंट डेस प्लानेटेस' में उन्होंने लाप्लेस और लाग्रेंज के द्वारा ग्रहों की गड़बड़ के बारे में उठाई गई गणितीय समस्याओं पर अपना ध्यान केंद्रित किया। इन समस्याओं के प्रति उनका दृष्टिकोण समस्या के निकटतम हल की व्युत्पत्ति के लिए श्रृंखलाओं के विस्तारीकरण का प्रयोग करना था। इसके अतिरिक्त उन्होंने सन् 1808 में क्लेयरॉट के 'थ्योरे डे ला फिगर डे ला टेररे' के नए संस्करण का प्रकाशन भी किया। इस कार्य के प्रथम संस्करण का प्रकाशन सन् 1743 में क्लेयरॉट के द्वारा किया गया था और इसमें न्यूटन-हुइजन के की धारणा की पुष्टि की गई थी कि पृथ्वी ध्रुवों पर तीव्रता से शिथिल पड़ी थी। सन् 1811 में पॉइसन ने अपनी पुस्तक 'ट्रेटे डे मैक्निक्वे' के दो भागों को प्रकाशित किया, जो स्पष्ट तौर पर इकोले पॉलिटेक्निक में पढ़ाए गए उनके कोर्स से संबंधित नोट्स पर विशेष तौर से आधारित था।

पॉइसन अपने पहले से ही व्यस्त जीवन में और अधिक जिम्मेदारियों को शामिल करते रहे। सन् 1815 में वे इकोले मिलिटियारे के लिए परीक्षक बन गए और इसी क्रम में आगे बढ़ते हुए वह इकोले पॉलिटेक्निक में होनेवाले अंतिम व निर्णायक परीक्षाओं के भी परीक्षक बन गए। उन्होंने विद्युत् और चुंबकत्व के सबसे महत्त्वपूर्ण कार्य को पूर्ण करते हुए लोचशील सतह विषय पर किए गए कार्य को प्रस्तुत किया। इसी क्रम में आगे बढ़ते हुए उन्होंने गैसों में ध्वनि के वेग, ऊष्मा का प्रसारण और लोचशील कंपन जैसे विषयों पर किए अपने कार्य से संबंधित पेपरों को प्रस्तुत किया। सन् 1815 में उन्होंने ऊष्मा के विषय पर किए गए अपने कार्य को प्रकाशित किया, जिसने फूरियर को नाराज कर दिया। इस बारे में अपने विचारों को व्यक्त करते हुए फूरियर ने लिखा कि "पॉइसन के पास बहुत अधिक क्षमता व योग्यता है, जिसे वे अन्य कई कार्यों पर लागू कर सकते हैं। जिसके बारे में पहले ही सबको ज्ञात है उसका आविष्कार करना व्यर्थ है।"

सन् 1817 में पॉइसन का विवाह नैंसी दे बारदी के साथ हुआ और पॉइसन दंपती की चार संतानें भी हुईं। मार्च 1818 में पॉइसन को रॉयल सोसाइटी के जन के तौर पर नियुक्त किया गया। सन् 1820 में पॉइसन को फ्रेंच की शिक्षा-प्रणाली को सुचारु रूप से चलाने और उसमें आवश्यक सुधार करने हेतु प्रशासन के उच्चतम स्तर में सम्मिलित किया गया। उनको काउंसिल रॉयल दे अलयूनिवर्सिटे के पद पर नियुक्त किया गया। एक शिक्षक के तौर पर पॉइसन के पास रूढ़िवादी सरकारी

नीतियों के विरुद्ध विज्ञान का बचाव करने के लिए महत्त्वपूर्ण शक्ति का प्रयोग करने का अधिकार विद्यमान था। सन् 1823 में पॉइसन को रॉयल स्वीडिश एकेडमी ऑफ साइंस में विदेशी सदस्य के तौर पर मनोनीत किया गया।

अपने कॅरिअर की शुरुआत में पॉइसन के द्वारा विद्युत् और चुंबक के व्यवहार को समझने में बहुत ही महत्त्वपूर्ण योगदान दिया गया। पॉइसन ने ही उस सूत्र का गणितीय प्रमाण प्रस्तुत किया, जिसके माध्यम से विद्युत् के द्वारा प्रभारित उपकरण की सतह पर दबाव की गणना की जाती है। पॉइसन के द्वारा किए गए सैद्धांतिक कार्यों ने विगत समय में चार्ल्स-ऑगस्टिन कोलोंब के प्रयोगों को बल देने और उन्हें प्रमाणित करने में अपना भरपूर सहयोग दिया। सन् 1824 के समय में पॉइसन ने चुंबक के संपूर्ण सिद्धांत को दो प्रवाही मॉडलों का प्रयोग कर, जो कि एक सामान्य गणितीय प्रकटन को निगमित करते थे, को प्रस्तुत किया। इस सिद्धांत में पॉइसन के द्वारा चुंबकीय क्षमता को दिखाने के लिए पूर्ण संख्याओं का प्रयोग किया गया था।

इसके अतिरिक्त पॉइसन के द्वारा विशाल संख्याओं के नियम को भी निरूपित किया गया, जो उनके मरणोपरांत प्रकाशित पुस्तक 'रिसर्चे सुर ला प्रॉबिलिटे देस जजमेंट' में प्रकट होता है। सन् 1837 में पॉइसन के एक महत्त्वपूर्ण कार्य 'रिसर्चे सुर ला प्रॉबिलिटे देस जजमेंट एन मातिरे क्रिमिनिले एट मातिरे सिविले' में प्रकाशित किया गया, जहाँ पर पहली बार पॉइसन का वितरण दिखाई पड़ा।

पॉइसन की मृत्यु 25 अप्रैल, 1840 को फ्रांस में हुई। पॉइसन का नाम विभिन्न विचारों की शृंखलाओं के साथ जोड़ा जाता है। उदाहरण के लिए, पॉइसन की पूर्ण संख्या, संभाव्यता सिद्धांत में पॉइसन का समीकरण, अंतरीय समीकरणों में पॉइसन का ब्रैकेट, लोचशीलता में पॉइसन का अनुपात और विद्युत् में पॉइसन के स्थिरांक। अपने संपूर्ण जीवन काल के दौरान पॉइसन ने 300-400 के बीच पांडुलिपियों के साथ-साथ गणित से संबंधित विभिन्न विषयों को आधार बनाकर पुस्तकें लिखीं। उनके द्वारा लिखी गई इन पुस्तकों में 'प्योर मैथमैटिक्स', 'द एप्लीकेशन ऑफ मैथमैटिक्स टू फिजिकल प्रॉब्लम्स', 'द प्रॉबिबिलिटी ऑफ रैंडम इवेंट्स', 'द थ्योरी ऑफ इलेक्ट्रोसिटिक्स एंड मैग्नेटिक्स', 'फिजिकल एस्ट्रोनॉमी और वेब थ्योरी' सम्मिलित हैं।

□

हपाशा

जन्म : लगभग 370 ईसा पश्चात् सिकंदरिया, मिस्र में।
मृत्यु : 415 ईसा पश्चात् सिकंदरिया, मिस्र में।
महत्त्वपूर्ण योगदान : एस्ट्रोबल का आविष्कार, शंक्व खंड के विचार पर किए गए कार्य। पुस्तक 'वर्क ऑन द कोनिक्स ऑफ अपोलोनियस' (संपादन)।

सिकंदरिया की हपाशा पहली महिला थीं, जिन्होंने गणित विषय के विकास में अपना योगदान देकर उसे और भी समृद्धि व संपन्नता प्रदान की। वे एक ग्रीक नियोप्लाटोनिस्ट दार्शनिक थीं, जो मिस्र के रोमन समुदाय की थीं। वे सिकंदरिया स्थित प्लाटोनिस्ट विद्यालय की प्रमुख भी थीं। यहाँ पर विद्यार्थियों को दर्शनशास्त्र और खगोल विद्या का ज्ञान दिया जाता था।

हपाशा का जीवन एक ऐसी महिला का जीवन था, जो ज्ञान को अधिक-से-अधिक अपने भीतर समाहित करने की जिज्ञासा से पूरा करने के लिए सदैव तत्पर रहती थीं और अपने इस उद्देश्य को पूरा करने के लिए हर संभव प्रयास करती थीं। हपाशा के जीवन के विभिन्न पहलुओं को लेकर इतिहासकारों के बीच शंका की स्थिति सदैव बनी रही है। उनकी जन्मतिथि एक ऐसा विषय है, जिसे लेकर सदा ही विवाद बना रहा है। कुछ इतिहासकारों का मानना है कि उनका जन्म 370 ईसा पश्चात् में हुआ; जबकि कुछ इतिहासकारों का तर्क है कि अपनी मृत्यु के समय वे एक बुजुर्ग महिला थीं, जिनकी उम्र लगभग 60 वर्ष की थी। इसलिए उनकी जन्मतिथि लगभग 355 ईसा पश्चात् की होगी। हपाशा सिकंदरियों के थ्योन की बेटी थीं, जो

मिस्र में स्थित सिकंदरिया के संग्रहालय में गणित विषय के अध्यापक थे। हपाशा के पिता सिकंदरिया के थ्योन ने अपनी पुत्री के पालन-पोषण विचारों के वातावरण के बीच में किया; अर्थात् हपाशा का पूरा बचपन विभिन्न विचारों के बीच ही गुजरा। इतिहासकारों का ऐसा मानना है कि थ्योन की अपनी पुत्री को लेकर सदैव यह कोशिश रही कि वे उसमें एक संपूर्ण मानव का विकास कर सकें। थ्योन स्वयं एक जाने-माने विद्वान् और सिकंदरिया विश्वविद्यालय में गणित के प्रोफेसर थे। पिता और पुत्री में एक बहुत ही मजबूत बंधन था, हपाशा के पिता थ्योन ने अपनी पुत्री को अपना ज्ञान तो दिया ही, इसके साथ ही किसी अज्ञात के हल को तलाश करने की अपनी उत्सुकता को भी अपनी बेटी के साथ बाँटा।

हपाशा जैसे-जैसे बड़ी होती गईं, उनमें गणित, विज्ञान—विशेष तौर पर खगोल विद्या और ज्योतिष विद्या—को लेकर उत्साह भी बढ़ता गया। वैसे हपाशा के गणित विषय से जुड़े किसी भी प्रकार के शोध को मौलिक रूप से करने के संकेत प्राप्त नहीं होते; लेकिन इतना अवश्य है कि उन्होंने अपने पिता के द्वारा किए गए कार्यों में पूरा-पूरा सहयोग दिया। उनके पिता ने टॉल्मी के 'अमालजेस्ट' पर 11 भागों में समीक्षा तैयार की। इसके साथ ही उन्होंने अपने पिता की यूक्लिड के द्वारा लिखी गई पुस्तक 'द ऐलीमेंट' के नवीनतम संस्करण को तैयार करने में भी भरपूर सहायता की। अपने पिता की सहायता करने के अतिरिक्त हमें सुईदास से प्राप्त जानकारियों से यह भी पता चलता है कि हपाशा ने ड्योफनटस की 'अर्थमैटिका', अपोलोनियस के 'कोनिक्स' व टॉल्मी के द्वारा खगोलशास्त्र पर किए गए कार्यों पर समीक्षा भी तैयार की। आज हमारे लिए दुःख की बात यह है कि हपाशा के द्वारा जो भी कार्य किया गया, वह सब लुप्त हो चुका है। इस संदर्भ में अब केवल कुछ शीर्षक और संदर्भ ही प्राप्त होते हैं।

हपाशा के एक विद्यार्थी, जिनका नाम सिनेसिस था, के पत्रों के संदर्भ से यह पता चलता है कि एस्ट्रोबल के आविष्कार का श्रेय हपाशा को ही जाता है। एस्ट्रोबल एक ऐसा यंत्र था, जिसका प्रयोग खगोल विद्या का अध्ययन करने के लिए किया जाता था। अधिकतर इतिहासकारों का मानना है कि हपाशा ने बहुत ही कम उम्र में अपने पिता के संपूर्ण ज्ञान को प्राप्त कर उनसे भी आगे बढ़ने की दिशा में कदम रख दिया था। यद्यपि उस समय भी वे पूरी तरह से अपने पिता के बनाए नियमों का पालन करती थीं। वे उनके अनुशासन में ही रहती थीं। उनके पिता ने उनके लिए एक शारीरिक दिनचर्या का भी विकास किया था, जिससे कि उनका शरीर स्वस्थ रहे और उनका दिमाग उच्चतम स्तर पर क्रियाशील रहे। हपाशा को दी जानेवाली

शिक्षा के दौरान ही उनके पिता ने उनको संसार के विभिन्न धर्मों के विषय में भी जानकारी दी और उनको यह भी सिखाया कि किस प्रकार अपने शब्दों के जादू से लोगों को प्रभावित किया जाता है। उन्होंने अपनी पुत्री को शिक्षण के मूलभूत तत्त्वों से भी अवगत करवाया। इसके परिणाम-स्वरूप ही हपाशा एक प्रभावशाली वक्ता बनीं। उनके अपने शहर के अतिरिक्त अन्य शहरों से भी लोग हपाशा के पास पढ़ने और सीखने के लिए आते थे।

लगभग 400 ईसा पश्चात् के समय हपाशा सिकंदरिया स्थित प्लाटोनिस्ट विद्यालय की प्रमुख बन गई थीं। वहाँ पर वे गणित और दर्शनशास्त्र पर व्याख्यान देतीं। यहाँ पर उनके शिक्षण का प्रमुख विषय नियोप्लाटोनिजम का दर्शनशास्त्र होता। हपाशा की शिक्षा उन प्लानोनिस्ट पर आधारित होती, जो नियोप्लाटोनिज्म के संस्थापक और लगभाग 300 ईसा पश्चात् के समय नियोप्लाटोनिज्म का विकास करनेवाले लंब्लीचस थे। हपाशा एक महिला की पोशाक के बजाय एक विद्वान् अथवा अध्यापक की भाँति पोशाक धारण करती थीं। वे बिना किसी बंधन के आराम से सभी जगहों पर मुक्त रूप से घूमती-फिरतीं, अपने रथ को खुद ही चलातीं। उनका व्यवहार उस समय की अन्य महिलाओं के व्यवहार के बिलकुल विपरीत होता था। हपाशा का अपने शहर पर बहुत व्यापक स्तर पर राजनीतिक प्रभाव था।

हपाशा को उनके द्वारा खगोल-शास्त्र में किए गए कार्यों की अपेक्षा गणित विषय में किए गए कार्यों के लिए अधिक प्रसिद्धि मिली। उन्होंने प्रमुख तौर से अपोलोनियस के द्वारा सर्वप्रथम प्रस्तुत किए गए शंक्व खंड के विचार पर जो काम किया, उसने उन्हें विख्यात किया। इसके अतिरिक्त हपाशा ने अपोलोनियस के कार्य 'वर्क ऑन द कोनिक्स ऑफ अपोलोनियस' का संपादन भी किया, जो एक शंकु को एक समतल के द्वारा विभिन्न भागों में बाँटता है। इस धारणा ने ही हाइपरबोला, पैराबोला और दीर्घवृत्त के विचारों को विकसित किया। इस महत्त्वपूर्ण पुस्तक पर हपाशा के द्वारा जो भी कार्य किया गया, उसने ही इस अवधारणा को समझने में बेहद सरल बना दिया और यही कारण है कि कई शताब्दियों तक इस पुस्तक ने अपने अस्तित्व को बनाए रखा। हपाशा पहली महिला थीं, जिन्होंने आरंभिक दौर में पनपे गणित के विचारों को लंबे समय तक जिंदा रखने के लिए अथक प्रयास कर अपनी अमिट और गहरी छाप छोड़ी। 'सुदा लैक्सिकॉन', जो कि 10वीं शताब्दी का विश्वकोश है, के अनुसार, हपाशा ने सिकंदरिया के ड्योफनटस द्वारा रचित 'अर्थमैटिका', पेरगा के अपोलोनियस के 'कोनिक्स' और खगोलीय सिद्धांतों पर टिप्पणियाँ लिखीं। उनके द्वारा किए गए कार्यों के जाने-माने शीर्षकों को सिनेसिस

के पत्रों के साथ जोड़ा गया, जिन्होंने अपनी शिक्षिका हपाशा से एस्ट्रोबल के निर्माण और एक हाइड्रोस्कोप के बारे में परामर्श किया था। हपाशा के द्वारा रचित कोई भी पूर्ण रूप से दार्शनिकता पर आधारित कार्य दुनिया के लिए अज्ञात ही बना हुआ है।

हपाशा सिकंदरिया में उस समय रहती थीं, जब ईसाई धर्म ने अन्य धर्मों पर अपना प्रभुत्व दिखाते हुए उनको दबाना आरंभ कर दिया था। 390 ईसा पश्चात् के काल के आरंभिक समय में विभिन्न धर्मों के बीच दंगा-फसाद की स्थिति बार-बार उत्पन्न होती रहती थी। सिरिल, जो ईसाई समूह का प्रमुख था और ओरस्टीस, जो कि नगर का राज्यपाल था, एक-दूसरे का विरोध करते रहते थे। हपाशा की ओरस्टीस से मित्रता थी और ऐसा माना जाता है कि सिरिल ने इस मित्रता के कारण ही हपाशा के बारे में उग्र अफवाहें फैला दीं। 415 ईसा पश्चात् के समय, जब हपाशा अपने घर की ओर जा रही थीं तो मार्ग में एक भीड़ ने उन पर हमला कर दिया। भीड़ में शामिल लोगों ने उन्हें निर्वस्त्र कर दिया और टूटे हुए मिट्टी के बरतनों के टुकड़ों से मार-मारकर उनकी हत्या कर दी। उनके हत्यारों के बारे में कहा गया कि उनकी हत्या निस्संदेह ही उन ईसाइयों के द्वारा की गई, जो उनकी विद्वत्ता, अध्ययन और वैज्ञानिक समझ की गहराई से डरे हुए थे। यह घटना सिकंदरिया के इतिहास में एक बहुत बड़ा परिवर्तन-बिंदु सिद्ध हुई। इस घटना का वर्णन करते हुए कहा गया कि—

"इस हत्या के पीछे चाहे जो भी कारण रहे हो, लेकिन हपाशा के इस दुनिया से प्रस्थान को बहुत सारे विद्वानों ने प्राचीन अध्ययन के लिए एक बड़े केंद्र के तौर पर सिकंदरिया के पतन की शुरुआत माना।"

हपाशा के जीवन का अंत बहुत ही दुःखद ढंग से हुआ, यद्यपि इस बात में तनिक भी संदेह नहीं कि उनके द्वारा किए गए कार्यों के माध्यम से उनकी मौजूदगी सदैव बनी रहेगी। उनके बाद उनके द्वारा किए गए कार्यों का आगे चलकर डेसकार्टेस, न्यूटन और लाइबनिट्स ने विस्तार किया। हपाशा ने उस समय की महिलाओं के लिए एक असाधारण जीवन का उदाहरण पेश किया। दार्शनिक उनको एक ऐसी महिला के तौर पर परिभाषित करते हैं, जिनके ज्ञान का स्तर बहुत ही ऊँचा था। इसके साथ-साथ वे एक उत्कृष्ट अध्यापिका थीं, जिन्होंने अपने ज्ञान को और लोगों के बीच भी बाँटा।

□

हेनरी पोंकारे

जन्म : 29 अप्रैल, 1854 को नैंसी, लॉरेंस, फ्रांस में।

मृत्यु : 9 जुलाई, 1912 को पेरिस, फ्रांस में।

महत्त्वपूर्ण योगदान : आकाशीय यांत्रिकी के विषय पर किए गए कार्य, सांस्थिति के संस्थापकों में से एक। पुस्तक 'न्यू मैथड ऑफ सेलेस्टियल मैकेनिक', 'एनालेसिस सचिव', 'साइंस एट मैथड', 'साइंस एंड हाइपोथिसिस', 'द वैल्यू ऑफ साइंस'।

हेनरी पोंकारे एक फ्रेंच गणितज्ञ थे, जिनका कार्यकाल एक बदलती शताब्दी का भी गवाह बना। उन्होंने गणित विषय में बहुत से आधारभूत योगदान दिए। इनको संसार भर में विज्ञान का एक प्रभावशाली दार्शनिक भी माना जाता है। प्राकृतिक विज्ञान के क्षेत्र में उनको आकाशीय यांत्रिकी के विषय पर किए गए अपने मौलिक कार्य के लिए सबसे अधिक प्रशंसा प्राप्त हुई। उनके द्वारा किए गए कार्यों की शृंखला को देखते हुए उन्हें प्राय: 'बहुश्रुत व्यक्ति' की भी उपाधि दी जाती है और गणित के क्षेत्र में द लास्ट यूनिवर्सलिस्ट (ऐसे अंतिम व्यक्ति, जिसका विश्वास हो कि जीवन का अंत होने पर सबको मोक्ष की प्राप्ति होगी) की भाँति उन्होंने अपने समय में मौजूद इस क्षेत्र के सभी भागों में वे उत्कृष्ट बने रहे और उनकी यह छवि जीवन भर बनी रही। 'पोंकारे अनुमान' के निरूपण करने का श्रेय भी पोंकारे को ही जाता है, जो गणित की सबसे बड़ी व प्रसिद्ध अनसुलझी समस्याओं में से एक थी, जब तक कि 2002-03 में इसका हल ढूँढ़ नहीं लिया गया। अव्यवस्थित नियतात्मक प्रणाली की खोज करनेवाले पहले व्यक्ति पोंकारे ही थे।

इसी प्रणाली ने आधुनिक अव्यवस्था सिद्धांत की नींव रखी। पोंकारे का नाम सांस्थिति के संस्थापकों की सूची में भी सम्मिलित किया जाता है।

हेनरी पोंकारे का जन्म 29 अप्रैल, 1854 को नैंसी के एक प्रभावशाली परिवार में हुआ था। उनके पिता का नाम लियोन पोंकारे और माता का नाम जेनी लोनॉज था। पोंकारे के पिता नैंसी विश्वविद्यालय में औषधि के प्रोफेसर थे। बचपन में एक बार पोंकारे बहुत बीमार पड़ गए। उस समय उनको डिप्थीरिया नामक बीमारी हो गई थी। इस बीमारी के कारण उनकी माता उनका विशेष ध्यान रखती थीं। उनकी माता की विशेष देखभाल के कारण ही एक बच्चे के मानसिक विकास की तुलना में उनका मानसिक विकास बहुत ही तीव्रता से हुआ। उन्होंने बहुत ही जल्दी बोलना सीख लिया। लेकिन पहले-पहल जब उन्होंने बोलना शुरू किया तो उनको कुछ परेशानियों का भी सामना करना पड़ा। उस समय वास्तव में वे जो कुछ सोचते, उस तीव्रता से शब्दों को उच्चारित नहीं कर पाते थे। इस कारण बचपन से ही उनका विचार को सोचने और उसके संचालन के बीच समन्वय बहुत ही कमजोर था। जब उन्होंने लिखना सीखा तो इस बात का भी पता चला कि वे उभयहस्त हैं, अर्थात् वे जिस प्रकार दाएँ हाथ से लिखते थे, उसी प्रकार बाएँ हाथ का प्रयोग करते हुए भी वैसा ही लिख सकते थे।

सन् 1862 में पोंकारे ने नैंसी के लिसी में प्रवेश लिया। वहाँ पर पोंकारे ने आरंभिक शिक्षा के दौरान अपनी अद्‌भुत बौद्धिक कुशाग्रता का परिचय दिया। हालाँकि प्रारंभिक दौर में उन्होंने गणित विषय में अपनी किसी प्रकार की विशेष रुचि का प्रदर्शन नहीं किया। शुरुआती दौर में उनका विशेष आकर्षण प्राकृतिक इतिहास की ओर रहा और अपने संपूर्ण जीवनकाल के दौरान वे पशुओं के बहुत बड़े प्रेमी बने रहे। पोंकारे ने लिसी में 11 वर्ष का समय व्यतीत किया और इन 11 वर्षों के दौरान उन्होंने जिस भी विषय का अध्ययन किया, उसमें अपना सर्वोत्तम प्रदर्शन करते हुए अपने आपको सबसे बेहतर विद्यार्थी सिद्ध किया। गणित विषय ने अपनी ओर पोंकारे को तब आकर्षित किया, जब वह 15 वर्ष के थे। हेनरी के बारे में उनके गणित के अध्यापक का मानना था कि वे गणित के दानव की भाँति हैं। उन्हीं दिनों फ्रांस में मौजूद सभी लिसियों के सबसे बेहतर विद्यार्थियों के बीच हुई प्रतियोगिता 'कोनकोर जनरल' में उनको प्रथम पुरस्कार प्राप्त हुआ। उन दिनों पोंकारे के लिए कुछ विषय ऐसे भी थे, जिनमें वे बिलकुल भी रुचि नहीं ले पाते थे। वे विषय थे। संगीत और शारीरिक शिक्षा। इन विषयों

में पोंकारे को औसत दर्जे के अच्छे विद्यार्थी के रूप में ही परिभाषित किया जाता था।

सन् 1873 में पोंकारे ने ईकोल विश्वविद्यालय में प्रवेश लिया, जहाँ वे चार्ल्स हेरमाइट के विद्यार्थी थे। सन् 1875 में उन्होंने अपनी स्नातक की डिग्री प्राप्त की। अन्य विद्यार्थियों की भाँति पोंकारे ने भी सभी विषयों में अपनी अद्‌भुत क्षमता का प्रदर्शन किया। कदाचित् अपनी कमजोर समन्वय शक्ति के कारण वे शारीरिक अभ्यास और कला के विषयों में औसत स्तर का ही प्रदर्शन दिखा पाए। पोंकारे ने बहुत ही व्यापक स्तर पर अध्ययन किया। अपने इस अध्ययन की शुरुआत उन्होंने प्रचलित विज्ञान लेखों से की और इसके बाद आगे बढ़ते हुए वे और भी अधिक अग्रिम पाठनों की ओर बढ़ गए। पोंकारे की स्मरण-शक्ति बहुत ही कमाल की थी और उन्होंने अपने जीवन काल में जितनी भी पुस्तकों को पढ़ा, उसमें से प्राप्त अधिकतर ज्ञान को उन्होंने सदा के लिए अपने भीतर समाहित कर लिया था।

अपनी स्नातक तक की शिक्षा को पूर्ण करने के पश्चात् वे खनन इंजीनियरिंग की पढ़ाई करने के लिए ईकोल दे माइंस चले गए। पोंकारे की किस्मत में खनन इंजीनियर बनना नहीं लिखा था, लेकिन इसके बावजूद उन्होंने अपने शैक्षिक काल के दौरान विषय पर अपनी अच्छी समझ का प्रदर्शन करते हुए यह अवश्य सिद्ध किया कि उनमें एक अच्छा खनन इंजीनियर बनने की भी क्षमता मौजूद है। पोंकारे ने अपनी पी-एच.डी. की डिग्री विशेषक समीकरण के क्षेत्र चार्ल्स हेरमाइट के मार्गदर्शन में प्राप्त की। पोंकारे ने इन समीकरणों के गुणों का अध्ययन करने के लिए एक नए मार्ग का आविष्कार किया। उन्होंने इस प्रकार के समीकरणों के पूर्णांक के निर्धारण से संबंधित प्रश्नों का ही सामना नहीं किया, अपितु वे इनके सामान्य ज्यामितीय गुणों का अध्ययन करनेवाले पहले व्यक्ति भी बने।

डॉक्टरेट की डिग्री प्राप्त होने के तुरंत बाद ही उनको काएन विश्वविद्यालय में गणितीय विश्लेषण का विषय पढ़ाने के लिए नियुक्त कर दिया गया। सन् 1881 में पोंकारे को विज्ञान संकाय, पेरिस में अध्यक्ष के पद पर नियुक्त किया गया। सन् 1886 में पोंकारे को सोरबोर्न (पेरिस की अकादमी व विज्ञान और साहित्य के संकायों का केंद्र) में गणितीय भौतिक विज्ञान व संभाव्यता के अध्यक्ष पद के लिए मनोनीत किया गया। इसी वर्ष पोंकारे ने सुश्री पॉलिन दे एंडेसी के साथ विवाह किया और पोंकारे दंपती की चार संतानें भी हुईं।

सन् 1887 में पोंकारे का चुनाव विज्ञान की फ्रेंच अकादमी के लिए किया गया। इस अवसर पर उनके नाम को प्रस्तावित करनेवाले ने उनके बारे में बोलते हुए कहा कि—"पोंकारे के द्वारा किया गया कार्य उनकी साधारण प्रशंसा से बहुत ऊपर है।" यह हमें अनिवार्य रूप से हाबिल के जैकोबी के द्वारा जो कुछ लिखा गया, उसकी याद दिलाता है। उन्होंने लिखा था कि वे उन प्रश्नों को सेट करते हैं, जिनकी कल्पना उनसे पहले कभी भी नहीं की गई। हमें इस बात की वास्तविकता को अवश्य पहचानना चाहिए कि हम गणितीय तुलना के क्षेत्र में एक ऐसी क्रांति के साक्षी बन रहे हैं, जिसने स्वयं को आधी शताब्दी पूर्व ही दीर्घवृत्तीय फलनों के द्वारा व्यक्त किया था। सन् 1887 में पोंकारे ने ऑस्कर द्वितीय, स्वीडन के राजा के द्वारा आयोजित की जानेवाली गणित विषय की प्रतियोगिता को जीता। इस प्रतियोगिता में उनको जीत तीन भागोंवाली एक समस्या का समाधान प्रदान करने के आधार पर प्राप्त हुई, जिसका संबंध विभिन्न परिक्रमा निकायों की मुक्त गति से था। सन् 1893 में पोंकारे फ्रेंच ब्यूरो देश-देशांतर में सम्मिलित हो गए, जिसने उन्हें संसार भर के समय को समकालीन बनाने की प्रक्रिया में व्यस्त कर दिया। इसी पद ने उन्हें अंतरराष्ट्रीय समय जोन की स्थापना और संबंधित गतियों के भागों में समय के समकालीनता के प्रश्न पर विचार करने के लिए अग्रसर किया।

गणितीय खगोल-विद्या के विषय में पोंकारे के द्वारा किए गए सबसे मौलिक कार्य को उनकी पुस्तक 'न्यू मैथड ऑफ सेलेस्टियल मेकैनिक' (आकाशीय यांत्रिकी के नवीन प्रकार) में सारगर्भित किया गया। पोंकारे के द्वारा सन् 1895 में अपनी पुस्तक 'एनालेसिस' को सचित्र प्रकाशित करवाया गया। पोंकारे के बारे में ऐसा कहा जा सकता है कि बीजगणितीय संस्थिति की उत्पत्ति का श्रेय उन्हीं को जाता है और सन् 1901 में उन्होंने ये दावे भी किए कि विभिन्न क्षेत्रों, जैसे—विशेषक समीकरण और विभिन्न पूर्णांकों में उनके द्वारा किए गए शोध कार्य ने ही उनको संस्थिति की ओर अग्रसर किया। पोंकारे ने सन् 1894 के अपने पेपर में आधारभूत समूह को प्रस्तुत किया। इस समूह को प्रस्तुत करने के पीछे उनका मकसद द्विपक्षीय सतह के विभिन्न वर्गों में अंतर स्पष्ट करना था। वे यह दिखाने में सफल रहे कि कोई भी द्विपक्षीय सतह, जिसमें एक समान आधारभूत समूह हो, ठीक उसी प्रकार होते हैं जिस प्रकार एक वृत्त की द्विपक्षीय सतह सांस्थितिक तौर पर वृत्त के समतुल्य होती है। उन्होंने यह अनुमान लगाया कि यह निष्कर्ष

विविध प्रकार के द्विपक्षीय के लिए सही होता है। उनके द्वारा निकाले गए इस निष्कर्ष का विस्तार बाद में उच्चतम पक्षों के लिए भी कर दिया गया। आश्चर्य की बात यह है कि पोंकारे के अनुमान के समतुल्य के लिए जिन प्रमाणों को प्रमाणित किया गया था, वे तीन से अधिक सभी पक्षों के लिए भी सख्ती से सही माना गया।

पोंकारे ने उस समय ऐसे कई प्रचलित वैज्ञानिक लेख भी लिखे, जिस समय फ्रांस की आम जनता के बीच विज्ञान के विषय का चलन न के बराबर था। पोंकारे के द्वारा खगोलीय शोध पर जितना भी काम किया गया, उसमें से अधिकतर कार्य में मात्रा के स्थान पर गुणवत्ता को आधार बनाया गया था। पोंकारे ने गणितीय आविष्कारों के विषय पर अपने विचारों को एक निबंध में शामिल किया। इस निबंध को वर्ष 1908 में पहली बार प्रकाशित किया गया और बाद में इसे पुनः उनकी पुस्तक 'साइंस एट मैथड' के रूप में प्रस्तुत किया गया। पोंकारे का मानना था कि गणितीय आविष्कारों की व्युत्पत्ति एक समस्या के समान होती है, जिसमें आविष्कारक को मनोवैज्ञानिकों की भाँति गहन रूप से रुचि लेनी चाहिए। यह एक ऐसी क्रिया है, जिसमें ऐसा प्रतीत होता है कि इनसानी दिमाग बाहरी संसार से बहुत कम मात्रा में ज्ञान व समझ को प्राप्त करता है और गणितीय विचारों की प्रक्रिया को समझने के बाद हमें यह आशा होती है कि हम उस वस्तु तक पहुँच जाएँ, जो इनसानी दिमाग के लिए सबसे जरूरी होती है।

बीसवीं शताब्दी के प्रथम दशक में पोंकारे की प्रसिद्धि बहुत ही तीव्रता से फैली और उनको विशेष रूप से फ्रांस में गणित विषय के संपूर्ण ज्ञाता के तौर पर देखा जाने लगा। प्रश्नों के सभी प्रकारों पर उनके द्वारा प्रकाशित विचार, जो राजनीति से लेकर नैतिकता तक के विषयों पर होते थे और प्रायः प्रत्यक्ष तौर पर प्रस्तुत किए गए तथा संक्षिप्त होते थे, को बड़ी संख्या में लोगों के द्वारा अंतिम निर्णय के तौर पर स्वीकार किया जाने लगा।

पोंकारे को अपनी सच्ची प्रतिभा का प्रदर्शन करते हुए गणित और विज्ञान के क्षेत्र में दिए गए योगदानों के लिए उच्चतम सम्मान से सम्मानित किया गया। सन् 1887 में उन्हें एकेडमी देस साइंसेज के लिए मनोनीत किया गया और 1906 में उनको इस एकेडमी के अध्यक्ष पद के लिए चुना गया। उनके शोधों की व्यापकता ने उनको अकादमी के पाँच विभागों, जिनमें ज्यामिति, यांत्रिकी, भौतिक विज्ञान, भूगोल और जल पर्यटन के विभाग के सभी सदस्यों का मत दिलवाया।

सन् 1908 में उन्हें एकेडमी फ्रेंकाइस के लिए चयनित किया और जिस वर्ष उनकी मृत्यु हुई, उस वर्ष उन्हें इस एकेडमी के निदेशक के पद पर भी नियुक्त किया गया। उनको 'लैजेन डे ऑनर' के वीर पुरुष के सम्मान से भी नवाजा गया। इसके साथ ही पोंकारे को बड़ी संख्या में संसार भर की प्रबुद्ध संस्थाओं के द्वारा भी सम्मानित किया गया। अपने जीवनकाल में उन्होंने अनेक पुरस्कार, पदक और सम्मान प्राप्त किए।

9 जुलाई, 1912 को पोंकारे की तबीयत खराब हुई और प्रोस्टेट ग्रंथि में समस्या के कारण उन्हें सर्जरी करवानी पड़ी। लेकिन 17 जुलाई, 1912 को उनकी मृत्यु अचानक ही अंत:शल्यता के कारण उस समय हो गई, जब वह कपड़े बदल रहे थे।

□□□